班主任与班级管理

张典兵　著

中国矿业大学出版社

内容提要

本书从班主任的工作对象、角色定位、职业素养、专业发展和教育科研等方面，对班主任基本理论问题展开论述；从了解研究学生、组织培养班集体、抓好课堂管理、进行个别教育、开展班级活动、建设班级文化和形成教育合力等方面，对班级管理相关内容进行深入分析。本书不仅吸收了国内外研究的最新成果，拓展了班主任与班级管理的研究视域，具有较强的创新性；而且借鉴了来自班主任与班级管理一线的生动事例，理论观点的阐释以鲜活经验为支撑，凸显价值取向的实践性。

本书可作为教师教育专业本科生和研究生的教学用书，也可作为各级各类学校班主任提高班级管理水平、增强专业素养的参考用书。

图书在版编目(CIP)数据

班主任与班级管理 / 张典兵著. —徐州：中国矿业大学出版社，2018.6

ISBN 978-7-5646-3968-6

Ⅰ.①班… Ⅱ.①张… Ⅲ.①班主任工作－研究②班级－学校管理－研究 Ⅳ.①G451.6②G424.21

中国版本图书馆CIP数据核字(2018)第106378号

书　　名 班主任与班级管理
著　　者 张典兵
责任编辑 陈振斌
责任校对 王慧颖
出版发行 中国矿业大学出版社有限责任公司
（江苏省徐州市解放南路　邮编 221008）
营销热线 (0516)83885307　83884995
出版服务 (0516)83885767　83884920
网　　址 http://www.cumtp.com　**E-mail**：cumtpvip@cumtp.com
印　　刷 徐州中矿大印发科技有限公司
开　　本 787×1092　1/16　**印张** 21　**字数** 524千字
版次印次 2018年6月第1版　2018年6月第1次印刷
定　　价 52.00元

前　言

班级是学校的基础细胞，是学校教育教学的基本单位，是学生学习、生活、交往和成长的主要场所。班主任是由学校任命和委派，全面负责一个班级学生教育与管理工作的教师，是班级的“主任级”教师。如果把学校比作一个由纵横交叉的各种渠道组成的网络系统，那么班主任就是它的“网结”。班主任不仅是班级的核心，而且是联络各种教育教学渠道的“纽带”与“桥梁”。最近网上流传着一段对班主任工作的调侃，说班主任“上得了课堂，跑得了操场；批得了作业，写得了文章；开得了班会，访得了家长；劝得了情种，管得住上网；解得了忧伤，破得了迷惘；hold得住多动，控得住轻狂；查得了案件，打得过嚣张”。这话虽然说得有点夸张，但也充分表明了班主任工作的意义和价值。在与学生的朝夕相处中，班主任成了学生生活中看得见、摸得着的“精神领袖”，成了学生每天学习、生活的直接帮助者，成了学生智力、潜能的系统开发者，成了学生人生信念的最初唤醒者，成了学生思想品德、审美修养和健全人格的深层塑造者，成了促进学生健康成长的“人生导师”。优秀的班主任一定是优秀的教师，而优秀的教师未必就是优秀的班主任。

班主任的中心工作是班级管理。在“向管理要质量，向管理要效率”的今天，班级管理作为学校管理的一个重要内容，不仅影响学校教育教学工作的顺利进行，而且从根本上影响学校人才培养任务和目标的最终实现。正如19世纪德国传统教育的代表人物赫尔巴特所说：“如果不坚强而温和地抓住管理的缰绳，任何功课的教学都是不可能的。”可以毫不夸张地说，班级管理的成功与否，在一定程度上决定着学校管理的成败，也决定着一所学校的教育质量、办学效益和办学水平。班主任要想搞好班级管理，就不能像过去那样仅靠经验的累积，而必须学习班主任与班级管理的基本原理，探明班主任与班级管理的客观规律，掌握新时期班主任与班级管理的方法技巧。正是基于这一认识，笔者尝试从理论与实践两个维度，对班主任和班级管理展开系统而深入的研究，以期使之能够逐步走上科学化与高效化之路。

作为一项创新性研究成果，本书的编写体现了以下几个特点：首先，内容丰富、结构完整，具有较高的理论性。基于对班主任与班级管理的长期思考，本书先从班主任的工作对象、角色定位、职业素养、专业发展和教育科研等方面，对班主任基本理论问题展开论述；然后从了解研究学生、组织培养班集体、抓好课堂管理、进行个别教育、开展班级活动、建设班级文化和形成教育合力等方面，对班级管理相关内容进行深入分析。这就使得本书内容十分丰富，结构非常完整，不仅符合班主任与班级管理学科知识内在的逻辑性和理论性，而且能够契合学习者的认知特点和接受水平。其次，本书吸收了国内外研究的最新成果，拓展了班主任与班级管理的研究视域，具有较强的创新性。例如，专门把“班主任的工作对象”“班主任的角色定位”“班主任的专业发展”“班主任的教育科研”“班级课堂管理”“班级文化建设”等作为专章，进行全面而深入的探究，充分彰显了该学科领域的发展性、时代性和创新性。最后，本书借鉴了来自班主任与班级管理一线的生动事例，理论观点的阐释以鲜活经验为支撑，凸显价值取向的实践性。班主任与班级管理既是一门理论学科，又是一门蕴涵于具体情境的应用学科；该学科理论知识的学习不是目的，其最大价值在于对实践的启迪和引领。鉴于此，本书在充分进行理论探讨的基础上，有意识地突出班主任与班级管理理论之于实践的指导作用，从而增强了可操作性与实效性。

本书是徐州工程学院张典兵教授多年来从事班主任与班级管理工作的创新成果，不仅反映了作者在理论上的探索、反思、创新与建构，而且凝聚了作者在长期班主任和班级管理实践中的感性认识与经验体悟。在写作过程中，作者广泛收集并认真研读了古今中外班主任与班级管理方面的著述，吸收和借鉴了许多专家学者的真知灼见和来自实践一线的鲜活经验。南京师范大学博士生导师徐文彬教授、重庆大学博士生导师陈永进教授、曲阜师范大学博士生导师唐爱民教授、江苏大学硕士生导师张忠华教授、江苏师范大学硕士生导师吴义昌教授、临沂大学硕士生导师张洪高教授为本书的写作提出了宝贵的意见和建议。山东省菏泽学院郓城分校祝海玉副教授撰写了第六章和第七章，徐州工程学院吕水平老师撰写了第十章，徐州工程学院张久红老师为本书编写做了大量工作。中国矿业大学出版社的领导和编辑独具慧眼，从书稿内容到编排出版，给予了支持与帮助。在此，作者一并向他们致以最真诚的感谢。

我国近代教育家陶行知先生说过：“教育者不是造神，不是造石像，不是造爱人。他们所要创造的是真善美的活人。”当代教育家叶澜教授认为：“教育具有鲜明的生命性，在一定意义上，教育是直面人的生命、通过人的生命、为了人的生命质量的提高而进行的社会活动，是以人为本的社会中最能体现生命关怀的事业。”班主任的生命体验与学生的生命成长互相依存、互相唤醒、互相激荡，构成了一个不可分割的“命运共同体”。在这个充满生机和活力的“命运共同体”中，学生的生命因班主任而精彩，班主任的生命也因学生而更有价值！

作 者

2018 年 3 月

目　录

绪　论

我认为，一个教师同时教几百个学生不独是可能的，而且也是紧要的；因为，为教师，为学生，这都是一个最有利的方法。教师看到眼前的学生的数目愈多，他对工作的兴趣便愈大；教师自己愈是热忱，他对学生便愈会显得热心。同样，在学生方面，大群的伴侣不仅可以产生效用，而且也可以产生愉快；因为他们可以互相激励，互相鼓励。

[捷克]夸美纽斯：《大教学论》

班级是学校进行教育教学工作的基本单位，是全面落实学校各项工作任务、实现学生健康成长的重要场所。班主任作为班级的组织者、教育者和指导者，在班级管理方面发挥着任何人都不能替代的独特作用，可以毫不夸张地说：一个好的班主任就一定能够带出一个好的班级。可见，班级、班主任与班级管理之间存在着密切的关系，班级是班主任工作的主要阵地，班级管理是班主任工作的核心职责，班主任的价值实现、专业发展和生命成长由此得以顺利达成。

第一节　问题的提出

研究班级、班主任和班级管理的基本原理，探明班主任班级管理工作的有效路径和方法，不仅是现代管理理论发展和基础教育改革的客观需要，而且也是提高班主任素质和促进学生全面健康成长的必然要求。

一、现代管理理论发展的新要求

当代社会科学技术日新月异，知识的更新以极快的速度进行着，新技术革命正在世界范围内兴起。科学技术作用的发挥，经济社会的发展进步，一刻也离不开管理的支撑。“向管理要效率，向管理要质量”，已经成为一句响亮的时代口号。当前世界发达国家对管理是极为重视的，他们将“科学、技术和管理”看作是现代文明社会的三大支柱。管理的地位之所以如此重要，是因为它有“立竿见影”的效果。一个单位，一个部门，如果管理得法，实行科学管理，那么它必然会走在同行的前列；反之，则会造成工作效率低下，人力、物力、财力上的浪费或严重事故等。因此，科学管理是一切社会组织得以正常运转的前提。任何一个有组织的集体活动，不论其性质如何，都只有在管理者的科学管理之下，才能朝着所要求的方向卓有成效地进行，才能实现组织的任务和目标。

现代管理理论是相对于传统管理理论来说的，主要是指 20 世纪西方发展起来的现代管理科学。改革开放以后，西方现代管理理论逐渐引入我国，对各行各业的管理工作产生了巨大的影响,对学校工作包括班主任工作也提出了新的要求。第一,现代管理理论要求班主任明确班级管理活动是可以控制的,通过设计一个合理的组织机构,编制一套完善的规章制度,遵循一系列科学的管理原则,再辅之以严格的奖惩手段,班级组织也能像其他一切组织一样,在有限的条件下实现最佳的管理目标。因此,班主任一定要重视班委会的组建,重视班级管理目标的设置及各项规章制度的制定,以此来进行严格的管理。第二,现代管理理论要求班主任明确这样一个道理,即管理好班级不仅要依靠规章制度,更重要的是建立良好的人际关系,从而调动学生的积极性。班主任要改变以往独断专行的工作作风,树立"以生为本"的管理思想,尊重、关心、信任和激励学生,并有意识地向学生灌输合作意识,以提高学生人际交往的能力。同时,在班级管理过程中还要发挥学生的主体作用,提倡民主管理,引导学生参与到班级管理中来,群策群力,使班级变成学生学习和生活的快乐场所。第三,现代管理理论要求班主任打破仅凭经验进行班级管理的传统思维方式,要以科学的理论假设为出发点,把调查、统计、测量、实验等科学研究方法所获得的结论作为班级管理行为选择的依据,以此来实施科学管理,进而提高班级管理的效率。不仅如此,它还要求班主任要重视班级组织的内外协作,既要和任课教师、学校各级教育组织联系起来,形成促进学生成长的校内教育合力,也要把家庭教育、社区教育、社会教育和网络教育等紧密地协调统一起来,形成校外教育合力,发挥整体教育的作用,取得最佳教育效果。

二、基础教育改革的新需要

我国当前的基础教育改革正在逐步深化,教育改革的重点由教育行政部门的体制、结构、条件等方面逐渐转向学校内部,即学校教育的整体形态和日常的教育实践要完成由"近代型"向"现代型"的转换。"近代型学校带有明显的工业社会教育的特征:按工业化、批量性生产的模式'塑造'学生,教师被誉为'人类灵魂的工程师';有统一的目标,基本划一的课程和教科书;设有整齐排列的通用教室;制订确定性的课时、教学周期和教学进度;按规定执行的教育教学过程。总之,学校的基本任务是知识的传递和为社会不同领域需要的规范化人才打好基础。"①"现代型学校的存在价值不再停留和满足于传递、继承人类已有知识,实现文化的'代际遗传'和社会生产力、生产关系的复制式再生,而是追求为社会更新发展、为个人终身发展服务的存在价值,使教育成为人类社会更新性的再生系统。"②学校教育的主旨"从以传递知识为主要直接目标转换到以通过包括知识教育在内的各种手段,培养具有主动发展意识与能力、能在各种不同(变化着)的具体情景中努力开发自己潜力的人为主要直接目标。……教育对象和目标的重心逐渐下移。学校不是只关心少数'尖子'学生……而是致力于每一个学生的发展,为学生的终身学习和发展奠定坚实的基础"③。学校教育的价值转型、重心转移、结构转型、实践转型和发展动力转型,构成了学校转型的综合结构。

作为学校教育教学活动的基本单位,班级是把学生组织起来的一个基本形式,它对于实现学校教育由"近代型"向"现代型"转换,达到学校教育的主旨,具有无法替代的重要作用,因而班级管理也应当体现出学校这种整体转型的特点。学校教育改革从"近代型"向"现代

① 叶澜.21世纪社会发展与中国基础教育改革[J].中国教育学刊,2005(1):4.
② 叶澜.21世纪社会发展与中国基础教育改革[J].中国教育学刊,2005(1):5.
③ 叶澜.21世纪社会发展与中国基础教育改革[J].中国教育学刊,2005(1):5.

型”的转变，落实到班级中主要体现为：第一，班级管理价值的提升。班级不仅仅是教学的场所，而更应当成为学生主动发展的承担者，为培养人的健康、主动发展的意识和能力创造条件。第二，班级教育的重心下移。在教育对象上，主要是把重心转向具体的学生个体，关注每一个学生的发展，而不仅仅是班集体的形成，要通过班集体的形成来达到教育学生的目的；在教育内容上，主要是关注学生真实生活的内容和发展需要，而不仅仅是为了机械地、单一地完成学校布置的各项任务和要求；在管理方式上，主要是“把班级还给学生”，让学生自我管理、参与管理，充分发挥学生的主动性和潜力，使班级充满生机。第三，班级教育结构的开放性。班级教育结构的开放性表现为两个向度：其一是向外的开放，包括对网络、媒体的开放，对社区、社会的开放，学校间、相关教育机构间的相互交流和沟通，以及校内沟通交流等；其二是向内的开放，即在管理上向师生的开放，在教育教学活动中向学生发展的可能世界开放。第四，班级教育过程的互动性。班级中的交流互动不应当是传统班主任对学生的单向传递，而应当是一种班主任与所有学生之间的多元、多层、多向、多群互动。第五，班级教育动力的内化。班级教育不能仅仅关注于学校的评价，以及自己在同类班级中的地位，而应将关注的重心转移到学生身上，挖掘、调动和开发学生身上的内在价值和动力，使学生在应对外在需求时保持主动、善于选择。由此可见，班级工作就是要推行素质教育，贯彻和落实教育改革目标和教育发展战略。班主任作为班级的组织者、指导者和教育者，恰恰肩负着这一重任。改革当前班主任在班级管理中存在的问题，提升班级管理的效率和质量，对于深化基础教育改革意义重大。

三、班主任素质提升的客观需要

伴随着世界范围的教师专业化运动的推进，班主任的专业化问题也已经引起教育界的普遍关注，由此对班主任队伍的素质也提出了更高的要求。我国一直以来都十分重视中小学班主任队伍建设，曾在一系列的重要文件中作出指示并专门提出具体的要求。2004 年中共中央国务院颁发了《关于进一步加强和改进未成年人思想道德建设的若干意见》，要求“完善学校的班主任工作制度，高度重视班主任工作，选派思想素质好、业务水平高、奉献精神强的优秀教师担任班主任”。2006 年教育部颁发了《关于进一步加强中小学班主任工作的意见》，明确指出“班主任岗位是具有较高素质和人格要求的重要专业性岗位，应由取得教师资格、思想道德素质好、业务水平高、身心健康、乐于奉献的教师担任”。同年，教育部又颁布了《关于启动实施全国中小学班主任培训计划的通知》，将中小学班主任培训纳入教师培训计划，力求从整体上提高中小学班主任队伍素质和班主任工作水平。

上述文件精神，已经成为当前班主任专业化发展的重要依据。班主任专业化发展问题之所以受到如此重视，其主要原因在于中小学班主任的素质现状令人担忧。从研究者所做的大量调查分析来看，有些班主任的思想道德素质不高，对学生缺乏爱心，对待学生简单粗暴，甚至体罚或变相体罚学生；有些班主任责任心、事业心不强，班级管理工作不求创新，只求无过；有些班主任在社会不良风气的影响下，作风不正，出现了收受学生礼品，找家长办私事等违背职业道德的现象。不仅如此，调查还显示，班主任的业务素质普遍不高，由于事务性工作繁忙，无暇顾及理论学习，导致自身管理知识普遍较为贫乏，班级管理工作缺乏科学的理论做指导，存在着一定的盲目性或仍然停留在经验型的水平上，因而使得班级管理效率低下。班主任专业发展的趋势与当前班主任队伍素质的现状之间的矛盾，必然要求班主任要不断提升自身专业素养，牢固树立终身学习和持续发展的观念，促进自身的专业发展和专业成长，以便能够更好地适应班级管理工作。

四、学生全面发展的必然要求

1995 年，联合国教科文组织在其出版的《教育——财富蕴藏其中》一书中，创造性地提出了当代教育的“四大支柱”，即学会认知、学会做事、学会共处和学会生存，已经成为 21 世纪人才必须具有的基本素质。《中华人民共和国教育法》也明确指出：“教育必须为社会主义现代化建设服务、为人民服务，必须与生产劳动和社会实践相结合，培养德、智、体、美等方面全面发展的社会主义建设者和接班人。”今天的中小学生是未来社会的主人，他们都必须成为全面发展的新人。然而，现有的学校教育却从根本上偏离了这一轨道。长期以来，我国的学校教育过分强调应试教育，在高考的指挥棒下，片面追求分数和升学率，忽视了学生的思想品德教育以及各种能力的培养。班主任的班级管理也是如此。在应试教育和片面追求升学率的不良影响下，班主任的一切工作往往都是围绕学生的学习来进行的，重视智育忽视德育、美育和体育，学生思想道德品质的培养被放在了可有可无的地位。课外活动和校外活动被无情地剥夺了，学生的兴趣、爱好被淹没在题海之中，个性难以得到健康发展。在这样的班级管理下，培养出来的学生往往是高分低能或高分低德，难以适应社会发展的客观需要。在教育供给侧改革和教育体制转型发展的新的历史时期，我国现代化建设需要大批德、智、体全面发展的高素质、高水平人才，这就必然对学校教育提出了更高的要求，而班主任在其中往往承担着更为重要的责任。基于此，班主任在班级管理中必须摆脱传统应试教育的桎梏，加强对学生的思想道德教育，发挥德育对其他各育的定向、导向、支柱和激励作用，协调处理好与智育、体育、美育和劳动技术教育之间的关系，使得“五育”能够和谐发展，全面提高教育质量，把我国的教育方针落到实处。

第二节　班　　级

自 17 世纪捷克教育家夸美纽斯首先从理论上论证班级授课制以来，其间虽有众多的教育家提出过不同的认识和主张，但班级作为学校教育教学的基本组织形式仍一直沿用至今。目前，我国中小学仍然采用班级授课制这种基本组织形式。

一、班级的含义

何谓班级？有学者主张从社会学的角度把班级定义为：“班级是一个以学生为主体，以个体社会化为目标的社会体系”①；也有学者主张从教育学的角度把班级定义为：“班级是由年龄相近、学业程度大致相同，有共同学习任务的学生群体组成”②。我们认为，班级是由教师和学生共同组成的，在学校进行教育和教学活动的基本单位，是学生学习、生活、发展的直接环境，同时也是其实现社会化发展的重要场所。

在奴隶社会和封建社会里，世界各国学校普遍采用个别教学的组织形式。如我国奴隶

① 林冬桂，张东，黄玉华. 班级教育管理学[M]. 广州：广东高等教育出版社，1999：5.

② 杨光，陈梦稀. 班级管理概论[M]. 合肥：安徽大学出版社，1998：8.

社会和封建社会的官学和私学、英国早期的平民学校、日本的"寺小屋"等，都是在一个屋子里聚集着年龄悬殊、程度不等的学生，班主任对学生个别施教。教学内容和教学进度各不相同，教学时间没有统一安排，修业年限也不固定，学生可以随时入学和退学，教学效率一般都很低。个别教学，是奴隶社会和封建社会个体手工业生产方式在教学组织形式上的反映。随着资本主义生产方式的建立和科学技术的进步，社会对劳动者素质的要求越来越高，因而对学校教育提出了新的要求：第一，扩大教育对象的范围。学校教育不仅培养统治阶级的子弟，还要培养通晓工业、商业等多方面知识的、为资产阶级服务的人才，以及能够从事各种生产的劳动者。第二，增加教学内容。学校除传递思想道德观点和一般知识外，又增加了自然、技术、艺术、职业等学科的内容。第三，规定教学期限，加快教学进度，以便尽快地如期培养各种人才和劳动者，以适应社会发展的需要。同时，劳动者特别是工人阶级为适应生产的变革，也在为获得受教育权而斗争。这样，原来的个别教学已不能满足社会发展的需要，要求学校改革教学组织形式，班级教学便应运而生，取代了个别教学的形式。

班级教学早在 16 世纪就已出现萌芽。在欧洲一些国家创办的古典中学里，就出现了班级教学的尝试。如法国的居耶纳中学，分为 10 个年级，以十年级为最低年级，一年级为最高年级。德国教育家斯图谟在斯特腊堡主持古典文科中学，也采取了分年级教学制度。到了 17 世纪，捷克教育家夸美纽斯于 1632 年发表了他的代表著作《大教学论》，他在总结前人和自己教育实践经验的基础上，对班级教学做了较全面的理论概括，并建立了一整套班级教学制度，从而奠定了班级教学的理论基础。此后，班级教学为许多国家所采用，大大提高了教学效率，因而得以逐步推广。我国最早采用班级教学是在 1862 年，即清政府在北京开办的京师同文馆，它是培养"译员""通事"的外国语学校，该馆采用了分级编班的教学组织形式。1901 年 12 月，清光绪皇帝下令全国废科举，兴学校。1902 年，又颁布了《钦定学堂章程》，要求各校通行班级教学。从此，班级教学制在我国学校普遍推广。时至今日，教学组织形式虽有多种，但班级教学仍为我国各级各类学校的基本组织形式，为社会主义现代化建设培养了大批人才。

班级是由班级活动主体、班级环境和班级管理过程等要素构成的一个复杂的动态系统。所谓班级活动主体，主要是指班主任和学生。班主任对学生的各项活动进行组织和指导，是班级的管理者、组织者和教育者，负责把握班级管理的目标、对象和活动过程。从这个角度上讲，班主任在班级管理活动中起主导作用。而学生不仅是班主任班级管理活动的客体，同时又是班级活动的主要承担者，在班级管理活动中具有主体作用。学生在班主任的引导下，积极参加一系列班级活动，通过发挥自己的主观能动性将班主任的教育要求转化为自己的实际行动。离开了学生的支持、参与与合作，班主任的教育要求就很难实现。所谓班级环境，主要包括班级的物质环境和精神环境两个方面。其中，班级的物质环境是指教室的布置、卫生状况等；精神环境是指师生之间、同学之间在活动和交往中形成的人际关系及相应达到的心理氛围，如教风、学风、班风、考风、集体舆论和班级传统等。环境的优劣对班级管理活动能否顺利开展有很大的影响。所谓班级管理过程，是指班主任和学生之间的积极互动过程。这一过程"由班级管理目标、班级管理内容、班级管理方法、班级管理形式等要素构成，班主任围绕这几个要素构成一个完整的班级管理活动"①。

① 吴秋芬.班级管理[M].合肥：安徽大学出版社，2002：3.

班级不仅是一种社会群体,也是一种社会组织。“学校的社会因素及社会功能与社会的教育因素及教育功能都最直接、最集中地反映在班级这一社会系统之中。”[①]作为社会群体,班级存在着群体成员之间的交往与互动,存在着一定的群体角色、人际关系和群体氛围;作为社会组织,班级具有作为教育基本单位的组织目标、组织机构体系、制度规范等。因此,在探讨班级和班级具体问题时,可以存在不同的研究视角。班级社会体系理论是欧美教育社会学理论的一个重要学派,该学派把班级看作是一种特殊的社会群体或社会系统,注意对班级结构和功能的研究,着眼于班级和课堂的人际交往、角色体系、学生亚文化等微观分析。班级集体力量则是苏联教育社会学的一个重要分支,该理论“把班级看作是一个集体教育,注重研究班级集体的社会特征、组织体系、组织活动、社会环境等问题,以及班级群体如何由自在群体向自为群体的转变和飞跃”[②]。此外,随着学校管理学的进一步发展,部分国内外学者还尝试着从管理学角度,探讨班级作为学校管理系统中的一个子系统的计划、组织、协调、控制等问题。

无论何种研究视角,都必须始终关注班级作为有意识地组织起来的学生群体的特殊性,关注班级作为教育教学基本单位的特殊性,特别是关注班级作为具有专门化功能的社会组织特性。在教育教学实践活动中,要想真正有效地发挥班级的育人功能,必须充分考虑班级作为社会群体或社会组织的诸种外在因素,如社会信息、社区环境、家庭氛围、学校文化等,也必须充分考虑班级作为社会组织的诸种内部因素,如组织结构、组织体系、制度规范、组织活动、人际关系和群体氛围等。

二、班级的特点

班级作为学生在学校生活中所属的正式群体,由学校、教师依据有关的教育法律法规,遵循一定的社会原则和教育原则来加以组织。班级群体成员的主要任务是通过学习获得身心全面健康发展。与其他正式群体或社会组织相比,班级具有以下几个重要特点。

(一)社会性与规范性

人的活动的首要特征是社会性,无论活动指向客观对象还是指向个人或集体,都不能脱离人的社会生活和社会关系。班级中的活动既反映着社会对学生的培养要求,又反映着社会环境的渗透和影响,只不过前者带有更多的自觉性,后者带有更多的自发性而已。班级有一系列规范化的规章制度和严格的组织纪律,以保证班级教育教学活动的顺利进行。这些规章制度是班级教育活动的依据,是处理问题、判断是非的标准。不管它是否成文,都要求其成员认真遵守,并辅之以必要的奖惩措施。

(二)学习性与平等性

对于班级中的学生而言,首要的属性是学习者,其基本任务是学习。学生学习是为将来进入社会生活做准备的奠基性学习。在现代社会中,学生的奠基性学习,尤其是社会文化的奠基性学习不可能在个体独处的空间里完成,必须在群体生活环境中进行。班级组织正是为学生提供了一种在校期间群体生活的基本环境。班级中所有的成员虽有固定的编制,有规定的权利和义务,有明确的职责分工,但成员之间无领导者与被领导者之分,学生干群之

① 鲁洁.教育社会学[M].北京:人民教育出版社,1990:401.

② 唐迅.班级社会学[M].南京:南京大学出版社,1990:22-34.

间是完全平等的，没有高低贵贱之分。

（三）功能自足性

班级作为一种正式群体或社会组织，具有多重社会功能。但一般的正式群体或社会组织的概念总是指向组织外部的，组织的发展主要取决于社会和组织外部成员的需要和愿望。与此不同，班级群体成员的核心角色是“学习者”，他们通过学习来享有现实的圆满生活，并通过学习获得发展从而为未来的生活做准备。班级的这种组织功能主要是自我指向性的，也就是为满足学习者自身的需要、达成学习者自身的愿望而服务，尽管不排除外部指向，如为学校管理目标、社会管理目标服务等，也不排除组织发展的外在制约性和社会制约性，但“一旦组织活动的重心发生转移，便可能直接损害班级作为学校履行育人职责的基本单位这一根本”①。

（四）半自治性

班级是以青少年儿童为主体的学生群体，寻求独立自主、自为自治是人的一种自然本性。但作为学习者和成长者，学生并不能完全根据自身的力量来实施自主管理，实现自我达成，而是在相对程度上借助外部力量。这种特性不仅由学生为所具有的未成年人属性所决定，而且也是班级组织的根本属性和功能自足性使然。从前者来看，学生作为未成年人，希望获得成年人的帮助和指导。他们对于成年人具有深厚的信任感和依赖心理，通过借助成年人的指导和帮助使他们的自主和自治能力不断得以提高。从后者来看，班级并非学生自发形成的某种非正式群体，而是一种专门的育人组织，其功能自足性以有利于学生的成长和发展为目的，服从于教育目标，而教师理所当然地被视为教育目标的理解者、转化者和实现者，具有较高的合法性和权威性，指导和促进班级组织的形成与发展是他们的重要职责。

三、班级的功能

班级是教育系统中的一个基本单位，它一旦形成，相对于个体来说，就会产生巨大的影响作用。

（一）社会化功能

“人的社会化过程，就是作为一个‘社会学习者’和一个‘社会参与者’的人的全面发展过程。”②班级是个体社会化的重要场所。班主任根据社会和学校的要求，有目的、有计划地向学生传递社会规范和价值观念，传授能使学生适应社会生活与生产的知识技能，培养学生担负未来社会角色的义务感和处理人际关系的能力，促进学生的社会化。在班集体形成之后，学生通过集体生活，逐渐认识社会生活准则，学会正确处理个人与他人、与集体、与社会的关系，学会服从社会的共同价值体系，履行自己的义务。班级成员在这种不断学习、内化和调适的过程中，促进他们的社会成熟。

（二）个性化功能

个体社会化的功能，同时也是学生增长个人阅历、发展自己个性的过程。在班级中，教师按照一定的社会要求来促进学生的社会化，只是一个“外铄”的过程。要真正使得外在的经验个体化和个性化，必须遵循学生身心发展的基本规律，从学生个体发展的实际需要与可

① 吴康宁. 教育社会学[M]. 北京：人民教育出版社，1998：276.

② 鲁洁. 德育社会学[M]. 北京：人民教育出版社，2007：135.

能出发，经由学生的内化机制和自主活动来加以实现。不仅如此，学生个体的这种个体化和个性化过程，也是他们不断地进行自我建构的过程。在有目的、有意识的班级活动与交往中，学生的自我意识可以不断得到唤醒，已经形成的“自我概念”和“自我印象”不断得到加工和改造。正是在这种“不断被唤醒”、“不断被加工”的过程中，学生关于自我、关于社会、关于世界的思想观念，以及独特的个性特征和自主生活方式也才逐步得以形成。

（三）教育性功能

班级是班主任对班级成员传授知识，进行思想品德教育，发展学生个性的主要场所，又是满足学生交往、友谊、娱乐、学习成就、自尊和荣誉等精神需要的主要场所，还是感染、熏陶学生的主要环境。教育功能是班级的主要功能，如果不能发挥教育功能，班级就失去了其存在的意义。正如教育家苏霍姆林斯基所说：“学习是学生的主要任务，但是，学习并不是学生唯一任务，而只是学生全部精神生活的一部分。”①

（四）选择性功能

班级的选择功能是指“班级可以为学生在多元价值观、多重社会角色以及不同的职业结构等方面提供多种参照和选择的可能”②。班级的选择功能具体表现在两个方面：一是通过班级的教育、训练、观察和考核，及时发现和选择各方面的人才；二是指导班级成员根据社会需要和自己的兴趣、特长选择职业。这种选择过程在班级教学中早就开始了，但在学段的最后阶段日益重要。例如，在班级组织和人际互动中，教师可以通过设置不同类型、不同层级的岗位，以便不同个性、不同才能的学生都有机会得到某种锻炼，并让他们在升迁、评选和交换过程中感受社会角色、岗位职责、人际交往的社会意义。

第三节　班　主　任

班主任是一个班级的“主任级教师”，他与一般教师相比，不仅是人类文化科学知识的传递者，而且担当着培养合格公民和促进学生人格发展的繁重任务。从教育内容上说，德、智、体、美、劳都要管；从教育环境上说，学校、家庭、社区、社会都要去联系；从教育组织上说，班委会、少先队、共青团、课外活动、校外活动都要统起来。因此，班主任作用巨大，使命光荣。

一、我国班主任制度的历史沿革

我国古代教育，不管是官学还是私学，大多采用个别教学的形式，不存在班级，当然也就没有班主任，更谈不上班主任制度。自 1862 年清政府在京师同文馆首次采用班级授课制以后，为了更好地管理班级，才有了班主任制度。从那时到现在，我国班主任制度经历了级任制、导师制和班主任制等三个不同阶段。

（一）级任制阶段

在我国，1862 年京师同文馆首次采用了班级授课制，至 1902 年，在清政府颁布的《钦定学堂章程》中规定：“学生每一班应置教习一人，……另置副教习一人。”③该学制虽然正式颁

① ［苏］苏霍姆林斯基．给教师的建议［M］．杜殿坤，译．北京：教育科学出版社，1981：195．

② 唐迅．班级社会学［M］．南京：南京大学出版社，1990：204．

③ 璩鑫圭，唐良炎．学制演变［M］．上海：上海教育出版社，1991：275．

布但并未在全国推行实施。1904 年，清政府颁布了《奏定学堂章程》，作为我国第一个正式实施的学制，明确规定了“凡初等小学堂儿童之数，六十人以上一百二十人以下，例置本科正教员一人；其力足添置副教员一人者听”，“正教员任教授学生之功课，且掌所属之职责”。① 1916 年公布的《国民学校令施行细则》中提到：“正教员担任儿童之教育，并掌管教育所属事务，助教员辅助正教员之职务。”②上述引文中的“教习”、“正教员”，大致相当于今天的班主任，其主要职责就是教授功课，管理学生的学习、思想和生活等。而“副教习”、“副教员”、“助教员”等，则相当于现在有些学校所设置的“副班主任”。1918 年《北高师附属中学概况》中在提到“训育及管理”时，有这样的表述：“本校设管理训育课，有学级主任分任各级训育，而统之以训育主任。施行方法：一曰学校训育，由主任或训育主任集全校生行之；一曰学级训育，教员于教授外均负有训育管理责任，并须随时报告考查情形，以为施行学校或学级训育之助。”③从此以后，我国学校上有训育主任，下有级任教师，中学的训育组织基本形成。

因此，所谓级任制，亦即“学级担任制”或“级任教员制”的简称，主要指的是一位教师在担任一个班级全部或大部分课程教学的同时，对这个班级负有管理与指导责任的制度。它是相对于一般意义上的“科任教师”来说的，因而这种教师往往被称为“级任教师”。④ “级任制”下“级任教师”的主要工作职责就是“课程教学”，以及对班级进行“管理和指导”。

（二）导师制阶段

在中华民国时期，级任教师制度并非是国统区唯一的学生行为管理与指导责任制度。当时，为了更好地对学生行为进行管理与指导，国民政府还实行过“指导制”、“分团指导法”和“导师制”。其中，以“导师制”影响最大。在 1938 年发布的《中等以上学校导师制纲要》中，规定“导师制”的主要内容是：第一，把每个班级的学生分成若干小组，每组 5～15 人，设一导师，由校长指定专任教师担任；第二，导师对于学生的思想、行为、学业及身心保健，均应体察个性，施以严密的训导，使其正常发展，以培养健全的人格；第三，导师除个别指导外，应充分利用课余时间及假期，以谈话会、讨论会、远足三类方式集体指导；第四，导师须对学生的情况加以记载，每个月分别向学校和家长报告；第五，学校中每个月召开一次导师会议；第六，导师对所指导的学生承担一定责任，学生在校期间或出校以后，无论优良表现还是不检点的行为，原任导师应同负责任；第七，学生毕业时，由导师考评。⑤

由此可以看出，“导师制”中的导师一般都是由校长指定的；导师对学生的思想、行为、学业、身体负有重要责任；导师教育学生的主要方式是个别教育；导师要经常和家长联系；导师要负责对学生进行考评。1944 年，国民政府教育部颁发了《中等学校导师制实施办法》，进一步明确了导师的职责以及导师的例会制度和管理制度。“导师制”至此定型，形成了一套比较完整的制度。由“级任制”改为“导师制”，由导师全面负责班级的管理工作，无疑与今天的班主任更加接近了。

（三）班主任制阶段

我国最早使用“班主任”这一名称，是在中国共产党领导的老解放区。1934 年《中华苏

---

① 璩鑫圭，唐良炎．学制演变[M]．上海：上海教育出版社，1991：301.

② 朱有瓛．中国近代学制史料[M]．上海：华东师范大学出版社，1990：148.

③ 朱有瓛．中国近代学制史料[M]．上海：华东师范大学出版社，1990：411.

④ 陈桂生．普通教育学纲要[M]．上海：华东师范大学出版社，2009：288.

⑤ 宋恩荣，章咸．中华民国教育法规选编(1912～1949)[M]．南京：江苏教育出版社，1990：159-160.

维埃共和国小学制度暂行条例》中规定:“每班设主任教员一人,一班学生在四十名以上者,得增设助教员一人。”“主任教员”也就相当于今天的“班主任”。1942年,绥德专署教育科编制的《小学训导纲要》中直接提到:“实行教导合一制,必须加强班主任的责任,否则教导主任就忙不过来。”①“班主任”首次出现在边区政府的文献中,并沿用至今。

1952年,教育部根据中国人民政治协商会议共同纲领文化教育政策及中央人民政府政务院《关于改革学制的决定》,制定并颁发了《小学暂行规程(草案)》和《中学暂行规程(草案)》。其中,《小学暂行规程(草案)》明确提出:“小学各班采取教师责任制,各设班主任一人,并酌设科任教师。”②《中学暂行规程(草案)》中也明确提出:“中学每班设班主任一人,由校长就各班教员中选聘,在教导主任和副教导主任领导下,负责联系本班各科教员指导学生生活和学习。”③自此以后,我国中小学普遍实行“班主任制”。

1979年,教育部印发了《关于普通中学和小学班主任津贴试行办法(草案)》,首次规定了班主任的选聘标准、工作要求及津贴标准。1988年,教育部颁布了《小学班主任暂行规定》和《中学班主任暂行规定》,这两个文件都对班主任的地位、作用、基本任务、工作职责、工作原则与方法、任职条件、待遇和奖励等方面做出了更为具体的规定。2006年,教育部颁布了《关于进一步加强中小学班主任工作的意见》,进一步明确了班主任的工作职责,并就班主任选聘和培训、班主任待遇和奖励制度、班主任合法权益等方面提出了更为明确的要求。2009年,教育部颁布了《中小学班主任工作规定》,就教师对学生的批评教育权利等问题做出了较为明确的规定。至此,我国中小学班主任制得到了进一步的发展和完善。

二、班主任的含义

2006年,教育部发布《关于进一步加强中小学班主任工作的意见》,明确指出:“班主任是学校教育第一线的骨干力量,是学校教育工作最基层的组织者和协调者。履行好班主任的职责,必须树立正确的教育理念,遵循中小学生身心发展的规律,运用科学的教育方法,善于利用各种教育资源。班主任老师不仅应该努力协调好各任课教师,做好班级的管理和建设工作、学生的教育和引导工作,积极支持少先队、共青团、班委会开展班级活动,还应该成为沟通学校、家庭、社会的纽带,及时了解学生在家庭和社区的表现,引导家长和社区配合学校共同做好学生的教育工作。”2009年,教育部又颁布了《中小学班主任工作规定》,就班主任的“配备与选聘、职责与任务、待遇与权利、培养与培训、考核与奖惩”等做出了明确的规定。《中小学班主任工作规定》突出了以下几个方面:一是明确了班主任的工作量,使班主任教师有更多的时间来做班主任工作;二是提高了班主任的经济待遇,使班主任有更多的热情来做班主任工作;三是保证了班主任教育学生的权利,使班主任有更多的空间来做班主任工作;四是强调了班主任在学校中的重要地位,使班主任有更多的信心来做班主任工作。

综上所述,我们认为,班主任是指由学校择优指定,全面负责一个班级学生的思想、学习、健康和生活等工作的教师。班主任是班级的组织者、教育者和指导者,是学生健康成长的导师和引路人,是学校办学思想的贯彻者和执行者,是联系班级各科任课教师的纽带,是

---

① 陕西师范大学教育研究所.陕甘宁边区教育资料(小学教育部分)[M].北京:教育科学出版社,1981:277.

② 中国教育年鉴编辑部.中国教育年鉴(1949~1981)[M].北京:中国大百科全书出版社,1984:728.

③ 中国教育年鉴编辑部.中国教育年鉴(1949~1981)[M].北京:中国大百科全书出版社,1984:731.

沟通学校、家庭、社区和社会各方面教育力量的桥梁。

三、班主任工作的特点

正是由于班主任在学校教育中所具有的特殊作用、任务和职责，决定了班主任工作具有多种不同的突出特点。

（一）抓好班级，带好学生，体现出工作的教育性

班主任工作的教育性特点是由我国社会主义学校办学的根本目的、班级在学校工作中的作用以及班主任应当担负的职责决定的。学校在现代社会中是个体成长的必经场所。学校教育是影响个体发展的最有效因素，在个体的发展中起着主导作用。因为学校总是根据一定社会的需要有目的、有计划、有组织地进行培养人的教育活动。我国社会主义学校办学的根本目的是培养社会主义事业所需要的全面发展的建设者和接班人。这既是由我国社会主义社会发展的需要决定的，同时又是与人的发展的要求相一致的。

班级授课制是现代学校教育的基本组织形式。学校教育就是通过这种基本形式，向学生传授科学文化知识与技能，发展学生的智力和能力，培养学生正确的思想道德观念，形成良好的思想品德与行为习惯。因此，班级是现代学校中的教育实体。在这个教育实体中，除了通过课堂教学实施学校教育的基本活动之外，还必须在学校统一的领导下，根据班级的具体特点，有目的、有计划地开展各种课堂教学以外的教育活动，即实施班级教育活动。这种班级教育活动，既从属于学校教育，是学校教育的具体落实；又服务于学校教育，是学校教育的补充。因此，班级教育是现代学校教育的基石。

班主任是班级教育活动的组织者、管理者和指导者。班主任有组织和培养班集体的责任，要带领全班学生结合文化科学知识的学习，培养良好的思想品德和行为习惯，锻炼健康的体魄。同时，还要协调班级各任课教师、学生家庭和社会诸方面力量共同担负起塑造学生全面素质的责任，真正实现班级在学校教育中的作用。因此，教育性是班主任工作的首要的和根本的特点。

（二）更新教育观念，提高育人能力，体现出工作的先进性

当今世界，科学技术迅猛发展，国际竞争日趋激烈，几乎所有国家都在进行着生活方式、思维方式和价值观念的变革。在我国，随着改革开放和市场经济的发展，新事物和新观念不断出现，生活方式日新月异。班主任必须正视这一现实，“面对新的形势，转变教育观念，提高育人能力，体现出班主任工作的时代性和先进性”①。

第一，在培养目标上，班主任要树立正确的学生观，把学生培养成为具有个性特长和创造精神的人才。在传统班主任工作中，有些班主任只把分数作为评价学生的唯一标准，把“听话”“老实”当作思想品德好。应该看到，由于我国政治生活和经济生活出现了生动活泼的局面，学生也解放了思想，开阔了视野，增长了才干。他们勤于思考，敢于创新，交际广泛，信息灵通。如果再用“老实”“听话”来衡量他们，用“分数”来束缚他们，已不能适应时代对人才的需要了。班主任必须面向现实，放眼未来，鼓励学生树立坚定正确的政治方向，不盲从，不盲动，善于运用所学知识去解决实际问题，为实现共同理想而奋斗。

第二，在师生关系方面，班主任要树立民主平等观。长期以来，有相当一部分班主任把

① 许高厚.初中班主任[M].北京：北京师范大学出版社，1995：10.

自己与行政上的领导完全等同起来，在处理与班级学生的关系时，把学生看成是单纯的被领导者，对班主任只能服从，只能根据班主任的意志去学习和活动，甚至当学生对班主任的某些不正确的做法或意见提出异议或要求矫正时，有些班主任却认为学生是不服从管理，对其加以打压。在新的历史时期，随着人们的思想解放和民主意识的深入人心，传统的管制和压服的方法已越来越显现其局限性。因此，《中学班主任工作暂行规定》指出，班主任是班集体的组织者、教育者和指导者，而不再提领导者了。这一改动，体现了新型的民主平等观，是十分正确的，也是完全必要的。它有助于调动班级学生的积极性、主动性和创造性，有利于发扬教育民主，充分发挥每个学生的个性和特长，也有助于班主任摆脱"事务主义"的束缚。当然，树立新型的、民主平等的师生关系，并不是一件轻而易举的事，它反映了教育思想上的一个新突破，也是班主任工作在指导思想上的创新，没有革故鼎新的精神，要这样做是不可能的。

第三，在活动形式方面，班主任要坚持开放的整体教育观。班主任要从以往那种局限于课内和校内的单一化、封闭型的做法中解脱出来。应该看到，现代社会交流广泛，校外教育机构越来越多，电视、广播、图书馆、书刊、互联网等，为交流信息和传播知识提供了极为便利的条件。它们能使学生获得广博的知识和从事实践活动的能力，并通过各种活动受到有益的品德影响。因此，班主任要充分利用课外、校外的有利条件，积极主动地通过多种渠道，采取多种形式，开展生动活泼的课外教育活动；同时，还要依靠各科教师以及家庭和社会教育机构的共同努力，使各种优越条件都能够得到充分发挥，使各种教育力量协调一致，取得最佳的整体教育效果。

（三）统筹兼顾，协调统一，体现出工作的全面性

班主任受党和人民的重托，肩负着教育、培养青少年一代的历史任务。这项工作的教育性特点决定了班主任工作同时又具有全面性的特点。

第一，班主任工作内容的全面性。班主任的每项工作都是为了造就个性完善、素质全面的人才，即担负着使学生在德、智、体、美、劳诸方面全面发展的重任。也就是说，班主任既要教会学生知识，又要教会学生学习；既要使学生具有较高的文化素质，又要教给学生做人的道理，培养他们高尚的品德；既要增强他们的身体素质，又要提高他们的心理素质。若仅仅局限于某个方面，如智力或文化知识方面，这样的教育就是片面的教育。片面的教育不利于学生的健康成长，不利于国民素质的全面提高，当然也不符合社会主义事业发展的需要。

第二，班主任工作对象的全面性。班主任的每项工作都应当着眼于全体学生，而不能只着眼于部分或少数几个学生。只关心和培养少数优秀生而冷落和抛弃那些学困生是不全面的。学校是培养人的"工厂"，但是班主任对待暂时在学业、品德方面落后的学生，不能像工人对待不合格的产品那样扔到废品堆，而应加倍努力地去关心和教育，使他们能克服自身的缺点和弱点，摘掉落后的帽子。

第三，班主任工作时空的全面性。学生在成长过程中，不仅受到来自学校的正面教育影响，而且还受到来自家庭和社会各方面的积极或消极的影响。因此，班主任不仅要关心和了解学生在学校接受教育的情况，而且要关心和了解学生在校外活动的情况；不仅要关心和了解学生在学习期间的情况，而且要关心和了解学生在假期生活中的情况。要随时随地把握学生发展的脉搏，并且争取在最大限度的空间和时间内，深入学生活动所及的领域开展教育工作，发挥积极健康的因素对学生的教育培养作用。例如，组织各种夏令营活动，开展家庭

访问，聘请模范人物担任校外班主任，举办家长参加的教育科学知识讲座等，把学生的活动尽可能地纳入健康有益的轨道之中。

（四）创新教育方法，因材施教，体现出工作的创造性

班主任的工作对象不是物，而是具有一定的天赋、理智、情感、意志以及各种独特个性品质的活生生的人。因此，在班级教育管理过程中，存在着各种矛盾和各种复杂的关系，需要班主任认真地加以解决和处理。班主任既要按照国家制定的统一要求培养教育学生，又要根据他们的个性特点，因材施教，使每一个学生都得到充分发展。这就要求班主任必须掌握正确的教育方法，充分体现出工作的创造性，主要表现在以下几个方面。

第一，班主任要处理好开放与禁堵的关系。当代学生除了从老师、家长那里接收信息外，还会受到社会上各种思潮的冲击，因而个性比较开放，思想比较活跃，具有明显的独立性。如果仍然用传统的教育方法进行工作，就很难培养出具有现代素质的青少年。班主任工作必须适应学生特点，更新教育方法，要把学生从教室和学校的狭小圈子里“放”出来，为学生接触社会、接触自然打开“绿灯”，以开阔学生的视野，提高学生适应社会的能力。当然，在开放的条件下，也可能有一些不利因素。对此，班主任应该做到：放中有防，疏中有禁，导中有堵。一方面要相信学生，让他们到社会上经风雨、受锻炼，增强辨别是非、抗拒腐蚀的能力；另一方面要防患于未然，加强指导，帮助学生抵御那些不健康的东西。只禁不放，学生思想僵化；只放不防，听任自流，也就失去了班主任工作的意义。

第二，班主任要处理好管理与自治、自理的关系。在管理方法上，要从“管教型”转变为“自主型”。学生围着班主任转，班主任的工作就是管教学生的做法已经过时了。现在的学生思想活跃，要求民主管理，再用“管、卡、压”的方法，即使苦口婆心，辛辛苦苦，也难收到好的效果。因此，班主任必须尊重和信任学生，发挥学生的积极性和主动性，给他们一定的自主权，让他们进行自我教育，运用自己的思考和集体的力量来开展班级工作，并通过学生自治、自理能力的培养，来达到自强、自主的目的。但是，学生正处在成长阶段，缺乏社会经验，独立生活能力不强，因而班主任还必须加强对他们的指导，而不能放手不管。班主任的指导作用，一方面体现在对学生加强政治教育，辨别是非观念，明确道德准则的指导；另一方面体现在对培养学生自理、自立、自主能力的指导。在班级管理过程中，班主任的指导作用要和学生的自主精神相结合，以充分调动班主任与学生两方面的积极性。

（五）以身作则，为人师表，体现出工作的示范性

班主任工作的示范性，表现为班主任要把自身各种特性作为手段去影响和感染学生，使学生受到潜移默化的影响。正如孔子所言：“其身正，不令而行；其身不正，虽令不从。”班主任工作的示范性是一种客观存在。这是因为，学生一般都有“向师性”，从幼儿园开始学生都有模仿班主任行为的倾向。学生都有较强的求知欲和完善人格的需要，对学识渊博、品德高尚的班主任有着崇拜、爱慕的心理。而班主任又是班级的教育者和指导者，在学生的心目中更占有特殊的地位，班主任的一言一行更容易对学生产生耳濡目染的影响。班主任工作的示范性，不但是客观存在的，而且也是强烈的。这是因为它持续的时间长而且连续，它不仅仅体现在班主任的教育活动过程中，而且体现于此外的更长的时间里。每一个学生也都有这样的体会，求学生涯中一些教师随着时光的流逝渐渐淡忘了，而最难忘最美好的记忆是属于班主任的。

班主任工作的示范性体现在教育活动的诸方面，既表现在进行知识信息的传递和转换

过程中，如教学中的教材分析、知识的论证、模型的制作、实验的演示，又表现在班主任自身的治学精神和科研水平上，如求知精神、科学态度、思维方式；既表现在班主任的思想和行为风貌上，如世界观、政治立场、道德修养、行为作风，又表现在班主任所特有的人格品质上，如情感、气质、性格、风度等。这一切，无不对学生产生强烈的影响。在这里，班主任作为教育者与其教育手段是融为一体的。这一特点决定了班主任要时时处处以身作则，为人师表，要求班主任在思想道德、言行作风，甚至衣着、仪表等方面都成为学生的表率。

（六）科学组织，合理安排，体现出工作的高效性

班主任作为班级的组织者、管理者、教育者和指导者，工作千头万绪。要实现班级目标，班主任必须合理地利用人力、财力和物力，讲求工作的效率，才能取得最佳效果。

要保证班主任工作的高效性，班主任首先要科学安排各项工作。班级工作纷繁复杂，哪些是经常性的，哪些是临时性的，班主任都要心中有数，并进行周密的计划和合理的安排，要使班级工作有组织、有纪律、有条不紊地进行，从而避免重复劳动和无效劳动，克服工作中的忙乱现象。其次，要合理有效地利用时间。班主任要特别重视时间的充分利用，能科学地支配时间，要善于根据工作的性质和需要来选择时间和活动方式。有时要化整为零，分散进行，如个别谈话、小组座谈；有时则化零为整，合并进行，如把几次班会时间集中起来搞一次郊游参观之类的活动等。要注意劳逸结合，有张有弛，不搞疲劳战术，如开班会到了下课时间还不结束等。最后，要坚决果断，真抓实干。班主任自己认准了的事情，行动要坚决果断，不能犹豫不决，左右摇摆。对班级各项工作，都应从实际出发，注意效果。要把正确的教育内容与生动活泼的教育形式结合起来，不追求形式，不搞花架子，不哗众取宠。

（七）常抓不懈，严格管理，体现出工作的经常性

班主任与学生的关系特别密切，接近班级学生的时间和机会比其他任课教师要多得多。每天从早到晚，从课内到课外，从校内到校外，都要和学生接触。班主任每天都要处理从班集体到个别学生的各种各样的问题和事务，这就体现了班主任工作的经常性。

第一，抓好班级的日常管理工作，建立良好的班级常规。一个班级，每个学生都有各不相同的情况和特点。班级中有着大量的日常工作，如干部选拔、座位编排、清洁卫生、布置教室、团队工作……甚至像自习考勤、早操和课间操等，都要井井有条地开展。通过建立良好的班级常规和正常的秩序，保证学校教育和教学计划的顺利开展，是做好班主任工作的基础。

第二，事先做好各项准备工作，把大量的经常性的班级事务工作，有计划、有步骤地组织起来。日常管理上有大量琐碎的小事，班主任要通过点点滴滴的班级小事，充分发挥它的教育作用。如在学生的座位编排上，要注意座位的光线、学生的性别和友情，因为这些都会引起学生不同的选位要求。班主任需要事先了解这些情况，排位前进行思想教育。要教育学生发扬集体主义精神，互谅互让，照顾视力差的学生。班主任要不辞辛苦、任劳任怨、持之以恒地抓住日常管理，以培养学生美好的心灵和良好的日常行为规范。

第三，充分发动群众，依靠群众，抓好班级的经常性工作。经常性的班级工作单单靠班主任是不行的，必须走群众路线，充分发动群众。如有的班主任不仅把班干部、小组长发动起来，而且使全班学生一人一职。这样既可以使班主任从日常琐事中解脱出来，又能培养学生自我管理以及为集体、为同学服务的思想和能力。

(八) 面对全体学生,全方位育人,体现出工作的复杂性

班主任工作的复杂性是由教育对象、教育内容以及教育过程的复杂性决定的。班主任的工作对象是有感情、有理智、有个性的学生。他们来自不同的家庭,他们在生理和心理上千差万别,他们的行为表现也各不相同。同时,学生是社会生活的一员,他们会受到来自社会、家庭和学校各方面的影响,学习、思想和品德诸方面会千变万化。因此,班主任的教育对象是复杂的。班主任的工作目标是按照国家规定的教育方针把学生培养成为德、智、体、美、劳全面发展的人。这就是说,班主任既要向学生传授知识经验,又要发展学生的智力;既要教会学生读书,又要教会学生做人。同时,班主任既要按照教育方针规定的统一标准来培养学生,又要根据学生的不同特点,提出不同的教育要求和采取不同的教育方法,因材施教。因此,班主任的工作内容是复杂的。

班主任教育学生的过程是一个以知识信息的传递和转换为主要手段的脑力劳动过程。其中,班主任积累、传递和转换知识的过程是一个非常复杂的脑力劳动。而在教育学生的过程中,学生并不是机械被动地接收班主任所传递的知识信息,并不只是教育的对象和客体,而是可以通过教育和自我教育转化为教育的主体。学生这种既是教育的客体又是教育的主体的双重性,使得班主任工作的成效不只取决于班主任个人的努力和能力。班主任要把学校教育的影响转化为学生自我教育的自觉要求和能力,才能取得教育工作的成效。另外,学生发展成长的过程不仅受到学校教育的影响,还会受到家庭和社会各方面因素的影响。这种影响教育成效因素的多重性,使得班主任在教育学生过程中,不仅要在校内通过各种教育活动对学生施加积极影响,而且要沟通学校与家庭、社会的关系,协调统一各方面的积极因素,共同作用于学生的成长发展过程,这样才能保证正确的教育因素在学生活动的所有时间和空间内发挥积极作用。

第四节 班级管理

班级内蕴的巨大教育力量的充分发挥,离不开班主任科学高效的班级管理。作为学校管理最基本内容的班级管理,有其自身的特点和规律。只有在深刻认识和全面理解班级管理基本原理和原则方法的基础上,班主任才能做好班级管理工作。

一、班级管理的含义

何谓班级管理,目前在我国还存在不同的认识和理解。有学者认为:“班级管理是指学校管理者通过班主任的领导和学生的积极参与,把班级的全体同学组成有共同正确目标,有严肃的组织,有正确的舆论,有经常的活动交往,有旺盛的士气的集体,并使班集体成为教育、管理的主体的管理活动。”①有学者认为:“班级管理是指班级管理者(主要是班主任)带领班级学生按照教育管理规律的要求,为了更好地实现教育教学目标而进行的一系列活动。”②有学者指出:“班级管理包括学校领导对班级的管理,又包括班主任对班级的管理,还包括学生的自我管理。班主任对班级的管理是指班主任按照教育目标和学校教育计划的要

① 贺乐凡.学校管理研究[M].北京:文化艺术出版社,1993:126.

② 曹长德.当代班级管理引论[M].北京:中国科学技术出版社,2005:32.

求，对班级进行组织、指导、协调、控制，建立和发展班集体以全面实现班级管理的目标。”① 也有学者认为：“班级管理是指班主任按照学校计划和教育目标的要求，充分利用和调动学生以及班级内外的力量，进行班级教育任务的组织、指导、协调、控制等各种活动。”②还有学者指出：“班级管理是班主任按照一定的要求和原则，采取适当的方法，建构良好的班级集体，为实现共同目标不断进行调整和协调的综合性活动，是班主任对所带班级的学生的思想、品德、学习、生活、劳动、课外活动等多项工作的管理教育的活动。”③这些研究和论述对于我们理解班级管理的内涵有一定的借鉴意义。

我们认为，所谓班级管理，是指教师根据一定的目的要求，采用一定的手段措施，带领班级学生，对班级中各种资源（包括人、财、物、时间、空间和信息等）进行计划、组织、协调、控制，以实现教育目标的组织活动过程。班级管理是一种有目的、有计划、有步骤的社会活动，体现了班主任教师与学生之间的双向活动。这一活动的根本目的是实现教育目标，使学生得到充分、全面的发展。班级管理的对象是班级中的各种教育资源，主要是学生；管理的主要手段是计划、组织、协调和控制。

班级管理对于班级的发展和学生的成长具有十分重要的意义。首先，班级管理有助于实现教学目标，提高学习效率。班级组织产生的根本原因是为了有效地实施教学活动，因而运用教学技术手段来精心设计各种不同的教学活动，以及组织、安排、协调各种不同类型学生的学习活动，是班级管理的主要功能。其次，班级管理有助于维持班级秩序，形成良好的班风。班级是学生群体活动的基础，是学生活动和交往的主要场所。因此，调动班级成员参与班级管理的积极性，共同建立良好的班级秩序、健康的班集体舆论和优良的班级风气，往往是班级管理的最基本职能。第三，班级管理有助于锻炼学生的能力，使学生学会自治自理。班级管理的重要职能不但是要帮助学生成为学习自主、生活自理、工作自治的人，而且要帮助学生进行社会角色的学习，获得认识社会、适应社会的能力，这对于促进青少年学生健全人格的养成是极其重要的。

二、班级管理的特性

管理一般具有两重性，即自然属性和社会属性。管理的两重性不仅在生产物质产品的管理活动中具有，而且在生产精神产品的管理活动中也具有。班级是学校生产精神产品最基层的组织，这就决定了对学生活动和学生素质进行的班级管理同样具有两重性。

（一）班级管理的自然属性

班级管理的自然属性是指班级管理主体促使班级管理客体充分达到自己设计的质量标准，合理组织班级管理要素的基本特征。这种基本特征是由班级管理客体自身变化发展的内在必然规律决定的。班级管理的自然属性要求，班级管理主体必须遵循班级管理客体活动发展的内在必然及其素质形成发展的客观规律，即依据班级管理客体——学生个体、学生群体、班级集体的活动表现特点、素质发展过程来进行管理。只有这样，才能调动起学生个体参加活动的积极主动性，使学生自觉参加丰富多彩的、健康有益的各类活动，使学生人格

① 劳凯声．班主任工作实用全书[M]．北京：开明出版社，2000：218．

② 鲁洁．教育学[M]．南京：河海大学出版社，1990：276-277．

③ 白铭欣．班级管理论[M]．天津：天津教育出版社，2000：19．

结构相对健全化，人格素质优良合理化，才能使学生群体发展成有效的成熟的学生群体，并发挥其对学生个体积极的教育作用，才能使班级集体加速发展，充分发挥其对学生社会化的教育管理功能。因此，班级管理主体必须掌握学生个体、学生群体和班级集体活动发展的内在必然，以便充分地驾驭"必然"，获得教育管理的"自由"。

（二）班级管理的社会属性

班级管理的社会属性是指班级管理主体发挥班级管理职能，促使班级管理客体向社会期望的方向、要求的程度发展变化，成为为社会主义现代化建设服务的、具有优良人格品质的人才。这就要求班级管理主体必须了解人类社会的发展，了解社会迫切需要怎样的人才，社会主义现代化建设需要具备怎样素质水平与人格结构的人才。如果能以此为出发点来发挥班级管理职能，就一定能在班级管理活动中培养出具有适应性、能动性、进取性、创造性和开拓性的人才。这些人才能能动地适应社会现实环境，积极地改造现实社会环境，把推动社会主义现代化建设与推动祖国各行各业的建设作为人生的价值和目的，把对社会的贡献作为人生的追求和乐趣，对社会主义现代化的实现具有高度的责任感，以天下安危、民族昌盛为己任。

班级管理的两重性，实质就是把尊重科学和发挥权力有机结合、辩证统一。班级管理主体如果不遵循班级管理客体活动发展的内在必然，只凭主观意志发挥自己的权力影响，那就是违背科学的专制管理，必然会受到客观规律的惩罚。即使幸运取得了暂时的成效，但从长远发展来看，对学生身心的全面和谐发展有百害而无一利。班级管理主体如果让班级管理客体自由发展，对其变化发展的目标、过程、结果不进行管理，不去施以有效控制，甚至美其名曰尊重"自然规律"，那不仅是完完全全的不负责任的放纵管理，而且永远满足不了社会发展对人才的需要。因此，班级管理主体在班级管理活动过程中，必须时刻铭记把尊重科学和发挥权力有机地统一起来，以便班级管理活动能"生产加工"出高质量的社会主义事业的建设者和接班人。

三、班级管理的内容

班级管理的内容虽然很多，但从班主任的主要职责来看，最核心的内容包括以下几个方面。

（一）班级组织建设

班级组织建设主要包括班级组织机构的建立和班级组织规范体系的形成。其中，班级组织机构可划分为班委会、各种类型的小组、班级学生会议等；班级组织规范体系则主要包括班级组织制度、班级学生行为规范、班级集体舆论和班风等。班级组织建设的首要原则一定要突出如何有利于班级成员的教育。

（二）班级日常管理

班级日常管理的内容包括思想管理、纪律管理、学习常规管理等内容。其中，思想管理是指对学生的基本思想进行引导、教育和规范，它是班级日常管理的首要内容和任务；纪律管理是指对学生进行遵守纪律的意识和能力的教育和培养，它是班级日常管理的最重要内容；学习常规管理是指对学生进行学习目的、学习态度、学习方法和学习习惯等方面所进行的教育，其根本目的在于学生学习成绩和学业水平的提升。

（三）班级活动管理

班级活动是学校教育活动的重要组成部分，也是班级教育的重要形式，更是学生发展和形成自身素质的基本途径。班级的教育管理在很多时候其实都是通过课外活动、校外活动、兴趣小组活动、文体娱乐活动、科技探索活动等得以顺利实现的。因此，组织开展各种相关活动也是班级管理的一项重要内容。

（四）班级教育力量管理

班级的主要管理者是班主任。班级教育力量的管理主要是指班主任对影响班级发展的各种教育力量进行协调和统一，以便形成教育合力。首先，班主任要注意协调统一学校教育力量。学校的各个部门、每名工作人员都对学生负有教育责任，特别是任课教师，他们承担着班级的教学任务，是班主任最需要协调统一的重要教育力量。一方面，班主任要经常与任课教师进行交流沟通，主动向任课教师反映本班学生的情况及其出现的问题；另一方面，班主任也要注意协助任课教师开展教育教学活动。同时，班主任也可以经常邀请任课教师积极参与到班级管理过程中来。其次，班主任要注意协调统一家庭教育力量。家长是影响学生身心发展的重要因素，班主任对家长的教育思想、教育方法等要给予必要的指导，能够使得家庭和学校的教育保持一致，更有利于学生的健康成长。第三，班主任要注意协调统一社会教育力量。社会为学校教育提供了生动丰富的内容，也为学生的学习成长创造了感性和富有人情味的环境。班主任应引导学生积极参与到社区服务和社会实践活动中来，走出校门接触社会，让学生体会到自身与社会发展的密切关系，从实践中提升自己适应社会的能力。

四、班级管理的原则

原则是对客观规律的反映，是观察事物和处理问题的准则。所谓班级管理原则，是指班级管理者组织全班学生，参与学习、劳动、文体、社交等多种教育与管理活动，有效实现班级管理目标的指导思想和行动准则，是对班主任及任课教师组织班级活动、处理班级事务的基本要求。班级管理原则，应充分体现和反映班级管理工作的特殊性，而不能与学校教育中其他的工作原则相混淆。班级管理原则必须既有科学性，它应该是全面地而不是局部地指导班级管理工作；又有可行性和可操性，简明易记，为广大班级管理者所接受。

（一）方向性原则

方向性原则是指班级管理工作必须坚持正确的方向，用优秀的思想引导学生。这是班级管理工作受社会政治经济制约的客观规律的反映，也是我国社会主义教育的性质、目的、任务及其特点所决定的。

贯彻方向性原则，首先要坚持以马克思主义基本理论为指导。马克思主义是我们党和国家的根本指导思想，班级管理的内容、形式、方法以及一切活动都必须符合马克思主义，这是贯彻方向性原则的根本要求和保证。其次，班级管理者要用正确的教育思想去教育和引导学生，要善于把正确的教育思想体现在班级的各项活动和工作中。

（二）全面管理原则

班级管理与其他管理活动相比，具有自身的独特性，它涉及的内容丰富，头绪繁多。全面管理原则是指班级管理要面向学生全体，着眼于整体，实现学生德、智、体、美、劳等方面的全面发展。“一切为了学生，为了一切学生，为了学生一切”，可以说是对全面管理原则的最好诠释。

贯彻全面管理原则，首先班级管理者要面向班级全体学生，不管是“优秀生”，还是“后进生”或“学困生”，或是在班级中处于中游的所谓的“中间生”，班级管理者都不能放弃对他们的教育，要促使所有学生都能够得到应有的发展。其次，班级管理者要树立“全面发展的教育观”，德育、智育、体育、美育、劳动技术教育、心理健康教育等都要重视。唯其如此，才能顺利达成“有理想、有道德、有文化、有纪律”的社会主义事业建设者和接班人的培养目标。

（三）自主参与原则

自主参与原则是指班级成员参与管理，发挥其主体作用。现在的学生自主意识较强，他们是班级的被管理者，也是管理者，一旦他们真正参与管理，班级管理效率将成倍提高，班级的发展将获得强大的原动力。这一原则是社会主义民主管理原则的具体要求和体现。它对于培养学生的主人翁精神，学生的创造性、独立性以及建立民主的师生关系都有着十分重要的意义。一个班级，如果只有管理者的积极性，只是管理者单枪匹马的“管理”，没有学生的积极性，班级就难以前进，管理者也就不可能有很高的工作效率。当然，我们所说的“自主参与”，不是不负责任的“放羊式”的管理，而是在强调自主参与的同时，还应强调社会主义法治，强调纪律和秩序，强调民主与集中的统一。

贯彻自主参与原则，首先管理者要增强民主意识，切实保障学生主人翁的地位和权利。学生既是教育的客体，又是教育的主体。因此，管理者应把学生视为班级的主人，应该让全体学生进入自己工作的决策过程当中来，无论是制订计划、贯彻执行，还是检查监督、总结评比，都要让学生参与，使他们了解班级工作的上下环节，明确自己应该承担的各种义务。只有这样，学生才会具有主人翁的意识，才会把管理者建议完成的工作当作自己的使命，学会做班级、学校的主人。其次，必须及时采纳学生的正确意见，接受学生的监督，不搞一言堂，切忌家长作风。学生对自己提出的合理意见和建议是否被管理者所采纳，是影响他们主动性和参与意识的一项重要因素。当他们合理的意见和建议得到了管理者的肯定并得以实施，就会产生一种满足感，主动性和参与意识就会得到进一步强化。再次，发展和完善学生的各种组织，逐步扩大班委会等组织的权限。班级的各种组织机构的干部成员，都应该让学生民主选举产生，并授予他们进行管理的权力。不要随便进行干预，当他们遇到困难，要帮助解决，但不要代替。要让他们大胆开展工作，锻炼和提高他们独立工作的能力，使他们成为自己得力的助手和班集体的核心力量。最后，努力创造一种民主气氛，为学生行使民主权利提供机会、创造条件。

（四）教管结合原则

教育和管理相结合的原则，是指把班级的教育工作和对班级的管理工作辩证地统一起来。具体地说，就是班级管理者对学生既要坚持正面引导、耐心教育，又要凭借必要的规章制度要求学生，约束其行为，实行严格的教育管理。只有这样，才能获得教育的实际效果。

贯彻教管结合原则，首先管理者应当用科学的道理和正面的事例，对学生进行启发诱导，调动其接受教育的内部动力，使他们在思想、品德、学业、生活等方面沿着正确的方向发展。其次，管理者要引导学生制定必要的规章制度，如勤学习、守纪律、讲卫生、爱护公物、按时作息等，并要认真执行，经常检查，及时总结，进行评比。制定各项规章制度，是实现班级目标的一种科学的管理，也是使班级管理达到预期效果的保证。管理者在制定班级规章制度时，应当注意以下几点：一是充分发扬民主，让学生参与规章制度的制定工作，使班级的教育与管理活动变为师生双方共同参与的活动，使教育与自我教育、管理与自我管理相结合。只有学生的积极参与，充分发挥学生的自教、自管的主体作用，才可能使班级的教育管理工作上一个新的台阶。二是制定的规章制度要明确具体，宽严恰当，便于记忆，利于执行，使之具有可行性和可操作性。三是制定的规章制度要多从积极方面鼓励，避免以消极方面限制防范，不应当简单地与“禁令”“处罚”画等号。四是规章制度一经制定，就要坚决执行，不能随意放松要求。

（五）全员激励原则

激励含有激发动机、形成动力的意思。它能使人产生自觉行为，形成一种推动力、自动力。所谓全员激励，是指激励全班每个学生，充分发挥他们的智力、体力等各方面的潜能，实现个体的目标和班级总目标。

贯彻全面激励原则，首先要求班级管理者公正无私，一视同仁，用同样的情感和尺度对待每个学生。对优秀的学生，不能“一俊遮百丑”；对暂时后进的学生，不能一眼把他们看死，要善于发现他们身上的闪光点。其次，要善于用适当的班级目标激励所有成员。班级目标是班级成员共同的期望、追求的成果，它具有导向和激励作用。要引导全班学生积极主动地制定班级远期、中期、近期的发展目标，以及小组、个人目标。同时，还必须采取各种有效措施，使目标具体化并变为行动的过程。第三，要运用各种激励的教育方法。如“强化激励”，它是指以表扬激励为主的正强化和以批评、处罚为辅的负强化。前者是利用学生的积极向上心理、荣誉感使人奋发努力，潜在能力得到最大的发挥，工作效率达到最高水平。后者则是对不符合客观要求的心理或行为起抑制作用，但往往只能保持一种最低的工作效率。强化激励应以正强化为主，负强化为辅。

（六）平行管理原则

在班级中除了师生之间的垂直关系外，还有同学之间的平行关系。所谓平行管理原则，是指管理者既通过对集体的管理去间接地影响个人，又通过对个人的直接管理去影响集体，从而把对集体和个人的管理结合起来，以达到更好的管理效果。

贯彻平行管理原则，首先要组织、建立良好的班集体。实践证明，一个积极向上的集体，可以激励和推动集体中的每个成员不断进取；反之，一个不好的集体则会使学生松散疲沓，甚至相互影响，沾染各种恶习。因此要发挥学生集体的教育功能，就要精心培养一个具有正确的集体舆论、优良的班风、严格的规章制度和严明的纪律，朝气蓬勃、团结友爱的班集体。其次，要善于发挥班集体的教育作用。班集体一旦形成，它就成为一种巨大的教育力量。要充分发挥集体的教育和管理作用，通过集体影响和教育个别学生。这就是说，管理者应当充分利用集体的目标、集体的各项要求、集体的舆论等，使之成为教育因素，激励学生向上。第三，要加强个别教育。个别教育和集体教育是相辅相成的，强调教育集体并不否定对学生的个别教育。个别教育的好坏，也会影响集体的巩固和发展。个别教育，不是仅仅只对后进生的教育，对尖子学生也应施以个别教育。

（七）情通理达原则

现代管理是以人为中心的管理。班级管理说到底是对学生的管理。青少年学生具有丰富的情感，对他们的管理与教育必须有感情的激发和共鸣。同时，青少年学生又是单纯幼稚的，对他们的管理与教育还必须讲道理、摆事实，循循善诱、启发诱导，帮助他们提高思想认识。

贯彻通情理达原则，首先要动之以情，以情感人。人们常常有这样一种说法，即三分制度管理，七分感情管理。所谓感情管理，具体表现是四个“心”：思想上关心学生的进步，学习上细心地指导，生活上热心地照顾，遇到困难能耐心地帮助。其次，要晓之以理，以理服人。管理者要善于利用科学的道理和有说服力的典型事例，针对学生的具体问题，由事入理、由浅入深地向他们讲清道理，提高他们的思想认识。第三，要科学地处理好“情”与“理”的辩证关系。既不要“有理无情”，也不要“以情代理”，而是要将情理有机地“化合”，做到情中有理，理中含情，情理交融。也就是说，管理制度上要严明、公正、一丝不苟，体现一种“刚性”，而在情感上则要宽和，善解人意，待人以诚，体现一种“柔性”。

五、班级管理的方法

班级管理方法是学校管理方法的有机组成部分，它是用来实现班级教育管理目标的手段。在班级管理活动中，如果选择了有效的班级管理方法，就能取得预期的教育管理效果，充分实现确立的目标，达到设计的质量标准。班级管理方法不仅有有效和无效之别，而且有层次之分。不同层次的班级教育管理活动、要求，采用的班级管理方法也不尽相同，越接触实际细节问题，方法越具体生动，越丰富多彩。

（一）调查研究法

调查研究法是班级管理者了解班级学生和班级集体情况，把握班级特点，解决班级管理问题的一种方法。调查研究法的特点在于它是一种间接地研究当前现实情况的方法，不能像观察法那样直接用观察去感知现实；它可以在自然的过程中收集资料，而不必像实验法那样控制教育对象；它一般是以班级管理现状为研究对象，而不是以班级管理历史资料为对象。调查研究的对象包括了解学生个体和班级整体的情况。学生个体情况包括个体的思想品德、学习目的、学习态度、学习兴趣、学习动机、学习方法、学习习惯、个性特点、人际交往、家庭情况等。班级集体情况包括班级舆论、班风、班级群体及其核心人物、班干部情况等。调查研究法一般可以通过访问、召开座谈会、问卷等具体方式进行，其中问卷法是一种较为有效的方法。

问卷法是指运用内容清楚、表达明确的问卷，让学生依据自己的状况自行选择答案，然后进行统计分析和科学处理，以便掌握学生在活动发展中存在的质量问题的方法。这种方法简单易行、省时省力，能克服主观偏见，减少人为误差。运用问卷法的基本步骤是：第一，设计问卷。规范的问卷是由封信、导语、问题、答案和编码等五部分有机组合而成。封信的作用是向学生说明本次问卷的目的及内容，使用的方法和对问卷结果的保密方法。尤其对学生，一定要说明保密措施，并尊重他们的心理状况。导语是指向学生说明在回答问卷中的有关方法、要求和注意事项等。问题是指具体的操作项目，是问卷的主体部分。答案是针对问题可能出现的回答。编码是赋给每个问题及其答案一个数字作为它的代码。第二，修改问卷。问卷设计并非能一次性成功，因此检查并修改问卷是很重要的。第三，发放问卷。把设计修改的问卷，制成若干份，通过恰当的方法发放给学生，要求学生按说明回答。

（二）目标管理法

目标管理法是班级管理者和班级学生根据社会发展要求、学校任务和班级实际情况，共同规划班级或个体在一定时间内达到目标，并将目标分解成一定的层次，逐级落实，通过采取一定的措施，努力使目标实现的一种班级管理方法。目标管理法具有以下几个特点：第一，目标管理是参与管理的一种形式。目标的实现者同时也是目标的制定者，即由上级与下级在一起共同确定目标。第二，强调自我控制。大力倡导目标管理的德鲁克认为，组织成员是愿意负责的，是愿意在工作中发挥自己的聪明才智和创造性的；如果我们控制的对象是一个社会组织中的“人”，则我们应“控制”的必须是行为的动机，而不应当是行为本身。第三，促使下放权力。集权和分权的矛盾是组织的基本矛盾之一，而推行目标管理有助于协调这一对矛盾，促使权力下放，有助于在保持有效控制的前提下，把局面搞得更有生气一些。第四，激发成员积极性。目标管理力求组织目标与个人目标更密切地结合在一起，以调动组织成员的积极性，增强组织的凝聚力。

（三）情境感染法

情境感染法是指班级管理者有意创设生动、形象的各种教育场景，以境育情，引发学生积极的情感体验，从而达到良好管理效果的一种方法。情境感染法具有形真、情切、意远、理蕴的特点，既注重认知，又重视情感，促进逻辑思维与形象思维协同发展，思想与行为协同发展。情境感染的关键点在于“情”。情能缩短管理者与被管理者之间的心理距离，创设一种亲切和睦的人际环境，从而使学生对班主任更加亲近。借景抒情，托物寄情，情景交融，才会感人至深。

班级管理者要善于从班级的教育要求出发，把教育情境设置和教育目标紧密结合起来，形成最佳的教育契机，将学生置身于典型的、目的明确的、活灵活现的情境之中。通过学生亲身的感受，激起他们丰富真切的情感体验，并且能使这种积极的情感在学生之间得以相互感染，使全班学生形成情感共鸣，从而达到学生内在情感体验和外部教育影响的和谐一致。

（四）规范制约法

规范制约法是指运用班级规范和班级制度约束学生的行为，促使学生逐步形成良好的行为习惯的一种管理方法。班级规范的内容一般包括以下两个方面：第一，学生在学习、生活中应该遵守的准则，具体可以包括学生守则、课堂纪律规范、预习听课规范、卫生劳动规范、文明就餐规范、作业完成规范、考查考试规范等。第二，执行或违反规范所制定的相应的奖励和惩罚措施等。

在运用规范制约法进行班级管理时，班级管理者要特别注意以下几个方面的基本要求：第一，引导学生共同制定班级规范。为了使学生能够更好地认识和理解班级规范的价值和意义，班级管理者可以有计划地引领学生参与到班级规范的制定过程中来，这样能增强学生对班级规范的情感认同，从而心悦诚服地接受班级规范的制约。第二，加强指导和监督。由于青少年学生的不成熟性，他们在执行班级规范的过程中可能出现各种问题，也可能存在班主任不在场而有意疏忽或违反班级规范的现象，此时班主任及时的指导和监督往往是极为必要的。第三，适当运用奖惩手段。学生在执行班级规范的过程中，由于受自身年龄或认识水平的限制，可能容易出现反复和摇摆，班主任通过奖惩手段的具体运用，可以强化学生出现的积极行为，也可以弱化学生出现的消极或不良行为。第四，班主任要起模范带头作用。“其身正，不令而行；其身不正，虽令不从。”班主任在班级管理过程中如果能够带头遵守和执行班级规范，往往就能够产生示范效应，从而引领学生更好地遵守规范。

（五）舆论影响法

舆论是指在一定社会范围内，消除个人意见差异，反映社会知觉和集合意识的、多数人的共同意见。可见，“意见”始终是舆论研究的核心，也就是舆论的本体，舆论传播所着眼的也正是意见的流动问题。所谓舆论影响法，是指班级管理者通过健康向上的集体舆论的营造，形成积极浓厚的班级学习、生活的环境氛围，从而对身处其中的每一个学生产生潜移默化的影响的一种管理方法。积极、健康的集体舆论往往是优良班集体形成的重要标志之一。

舆论影响法发挥作用的前提就是良好集体舆论的形成，为此班级管理者需要做好以下几点：第一，要倡导班级民主作风。如建立组织、评比先进、班务日常工作都应采取民主公开的形式，让学生生活在一个公平和谐的集体中。第二，要注意培养班集体的核心。健康班级舆论的培养，最重要的一点就是要形成一个真正代表集体的正确意愿和要求的核心。班干部是学生的领头雁，是管理班级、形成健康舆论导向的主力军。第三，要善于利用评价引导，让集体的正确愿望和要求成为班级的舆论中心。对于班级舆论进行客观的评价，是培养班级健康舆论的有效方法。班主任应不失时机地对班级出现的舆论加以评价，使学生明辨是非。第四，善于抓住集体舆论培养的契机。如学校运动会、主题班会、课外活动以及学校安排的其他活动等最能体现班级的生命力，最能充分展现学生的个性和思想，检测班级的舆论导向。因此，班主任对上述活动都要严密组织、精心策划、巧作安排。

（六）心理疏导法

心理疏导法是指班级管理者运用心理学原理和方法，对学生给予辅导、疏导或进行沟通交流，解决学生的心理问题和心理障碍，使学生保持心理平衡，促进其心理健康发展的一种方法。在中小学班级管理实践中，最常用的心理疏导法主要包括心理换位法、宣泄疏导法和认知疏导法等。

所谓心理换位法，即人们常说的“将心比心”“推己及人”等，是指通过“设身处地”的角色换位来了解、分析学生内心心理活动的方法，也就是在研究时把自己放在一定的背景、环境中去体验自己的心情，以此来体会和理解对方的情绪和思想，进而化解双方的矛盾，消除和防止不良情绪的产生。心理换位法有助于融洽班级管理者与学生之间的关系，其实施能够使学生充分感受班级管理者对他们的尊重，感受到班级组织的民主与平等，这种尊重能够激起学生强烈的参与意识。心理换位法常常会使学生对班级管理者产生“自己人”的感觉，有助于建立班级组织与学生之间相互尊重、相互理解的和谐气氛，从而使学生积极主动去参与班级组织的活动，自觉关心班级组织的发展。

所谓宣泄疏导法，是指把受挫者在遭受挫折后所产生和积累的过多的消极情绪宣泄出去，以维持其生理和心理的平衡，进而能够更积极地适应和应对挫折的方法。当学生感受到班级管理者的诚恳与热情，就会给予班级组织更多的信任，也会自觉地站在班级组织的位置上去思考和体验问题。这样，当班级组织遭受危机或不幸时，就能很快地得到学生的谅解和同情。个体所能够承受的心理压力总有一定的极限，当心理压力超过这个极限时，心理发展便出现一系列困扰，同时身体健康也会受到危害，这时的宣泄疏导是十分必要的。因此，宣泄疏导法是一种效果非常显著的消解不良情绪的方法，它具有简捷、易操作、收效迅速的特点。对情绪变化剧烈、心理反应敏感的青少年学生而言，宣泄疏导法是一种容易接受的“短、平、快”的方法。

所谓认知疏导法，是指通过引导使学生改变不正确的认知和信念，树立正确的心理认知，以消除或减弱不良心理情绪和行为的方法。个体受挫后的情绪反应和行为，往往取决于其自身心理认知及周围人际关系，因而认知疏导法就是要通过有关心理知识的了解，使学生改变不正确的心理认知和信念，树立正确的心理认知，达到自我消除和减弱不良心理情绪和行为的目的。根据认知领悟疗法“ABC”理论，外界诱因“A”导出的情绪反应“C”，每个人都是不同的，其中最关键的就是人的认知和信念“B”的不同，不合理的信念或错误的认知就会产生不合理的“C”。根据这一理论，心理疏导法就不是单纯针对学生情绪和行为的外在表现，更重要的是要分析学生的思维活动的“B”是怎样的，找出其错误的认识和评价，然后以正确的认识予以替代，从而逐渐消除不良的情绪和行为。

（七）行为训练法

行为训练法是指学生在班级管理者有目的、有计划、有组织的指导下，通过模仿和反复练习，养成良好行为习惯的一种方法。这种方法的特点是班级管理者直接明确地向学生提出行为训练要求，使其多次重复同样的举止和动作，因而更能收到明显效果。

运用行为训练法应注意遵循以下基本要求：第一，要善于从最基本的行为习惯要求抓起，扎扎实实地为学生打好基础。比如，学生一入学就要教他们怎样坐、怎样站和怎样听课、回答问题等。班主任边提要求边指导，在此基础上，经过多次强化训练，正确的坐姿、站姿就养成了。第二，要坚持由近及远、由易到难的原则，从学生能看得见、摸得着，做了就能见到效果的事情做起。例如，教育学生养成爱劳动的习惯，首先要教会他们进行自我服务，学会穿衣服、穿鞋、洗手绢，逐步养成自我服务的好习惯，进而教育他们如何对待别人和集体的事情。经过由近及远、由浅入深的不断的教育和行为训练，逐步使学生树立起“自己的事情自己做”、“别人的事情帮着做”和“集体的事情争着做”的良好思想和行为。第三，要求要具体明确，使学生听得懂、学得快、记得牢。例如，有一个班主任老师在教育学生认真听课时，编了一段顺口溜：“谁要学习成绩好，认真听课最重要；课前准备要做好，眼望前方坐端正；不玩东西不说话，举手回答音洪亮；同学夸，老师笑，都说‘这样听课好’。”这样的行为训练要求，学生容易懂，容易记忆，能收到较好的效果。

第一章　班主任的工作对象

我们办教育的人，总要把小孩子当作活的，莫要当作死的。地球看起来，好像是个不动的东西，其实它每天每时都在旋转不已。小孩子也像这样，表面上看起来，也好像是很平常的，没有什么进益，其实他的能力知识，没有一天不在进行中求活。我们就要顺着他的这种天然特性，加以适当的辅助与引导，使他一天进步胜一天。

陶行知：《陶行知自述》

学生是班主任的工作对象，也是班主任劳动的“产品”。正如俄国教育家乌申斯基所说：如果教育学想从一切方面去教育人，首先必须从一切方面了解人。班主任必须“目中有人”，清楚自身的工作对象，了解他们的生理和心理特点，把握其身心发展的基本规律，认识影响其身心发展的主客观因素，在此基础上才能对他们进行科学有效的教育和管理。

第一节　学生身心发展概述

青少年学生最为突出的特点就是其未成熟性和发展性，这也恰恰为教育管理提供了必要性。那么，何谓发展？哪些因素影响着个体的发展？个体身心发展存在何种特点和规律？这些就成为必须首先回答和确认的根本性问题。

一、学生身心发展的含义

所谓发展，是指作为复杂整体的个体从生命开始到生命终结的全部人生过程中，在生理和心理上发生的系统的、连续的变化，特别是指个体的身心发展向积极方面的变化过程。在这里，“系统的”是指生理和心理上的变化是有序的，表现为特定的模式，而且是相对持久的，而不是瞬间即逝的或不可预测的；“连续的”是指在生理或心理上保持稳定，或者仍然反映着个体的过去。也就是说，发展过程包括“变化”与“相对稳定性”两个方面。

“变化”主要包括量的变化与质的变化。量的变化也就是在生理和心理上发生的数量或程度的变化，如身高、体重或词汇量的变化。质的变化则是在性质、结构或组织上的变化，如从非言语性的交流到言语性的交流等。量变是质变的基础，质变是量变的结果，二者是不可分割的。需要指出的是，发展既包括生命各个阶段中的积极变化或获得，如词汇量的增长、能力的提高，也包括消极的变化或丧失，如言语学习敏感性的降低。但是，并不是所有的心理变化都可以叫作发展，例如，由于疾病、疲劳、药物等原因所导致的心理变化就不属于发展，因为这类变化只是一种暂时性的变化，可以通过休息或治疗而得到恢复。这也是发展概念中“系统”的含义。

“相对稳定性”则是发展的另一方面。就思维的发展来说，儿童的思维是按照直观行动思维（婴儿期）、具体形象思维（幼儿期）、由具体形象思维向抽象逻辑思维过渡（童年期）、抽象逻辑思维（青少年期）的顺序逐渐发展的。每种思维都具有某种突出的特点，如具体形象思维的特点是思维必须借助于实际的物体或具体的形象进行，抽象逻辑思维的特点是能够对形式化的符号进行操作，能够进行假设与演绎思维，在每一个时期，思维发展的特点都是相对稳定的。

人的发展包括“生理发展”和“心理发展”两个辩证统一的方面。所谓生理发展，是指机体的生理结构与机能的发展，即个体的生物学发展过程。从广义上说，个体的生理发展指的是人类个体从产生到死亡这一过程。从狭义上看，个体的生理发展指的是人类个体出生到发育成人的成长过程。无论是广义的生理发展还是狭义的生理发展，都是人类的种属特性在个体身上的发展表现。个体生理的发展过程，是人类个体固有的生物因素本身的演化过程。这一演化的实质就是遗传型的发展潜能转化为表现型的现实状态。个体的生理发展是人类个体的生理自我调节系统的发展。个体的生理发展是一个积极的、有次序的变化过程，主要受生理学规律所支配。所谓心理发展，则是指个体在出生到死亡这一过程中，其心理机能及其特性的变化。心理的发展是在主体与客体的相互作用过程中，建立起新的心理结构。主客体的相互作用是个体心理发展的基础，只有主体或只有客体都不会产生心理发展。主客体都存在但不相互作用也不会产生心理发展。心理发展就是主体在反映客观事物的过程中，不断构造起新的心理结构的过程。心理的发展依赖于主体对客体的反映，但主体对来自客体的信息的接收和内化不是一个物对物的过程，也不是简单直观的反映过程，而是一种能动的反映过程。心理发展的过程就是个体的心理结构不断建构并得以提高的过程。

二、影响学生身心发展的理论

从教育发展史上看，影响学生身心发展因素的问题一直以来都是大家关注的重点。但到底有哪些因素影响着个体的身心发展，学术界却众说纷纭，莫衷一是，存在着较大的分歧。其中，代表性的观点有以下几种。

（一）外铄论

外铄论认为，人是社会环境的产物。人在出生的时候就像一块白板，在外部环境的刺激、作用和影响下，逐渐了解外部世界，增强自己对环境的适应能力；在社会生活中，逐渐把社会的风俗习惯、行为规范、价值观念、生活生产技能内化为自己的心理结构，成为为一定社会所认同、容纳的合格成员。

持外铄论的代表人物及其观点主要有：我国古代思想家荀子提出“人之性恶，其善者伪也”，即人性趋向于邪恶，人们善良的行为是后天作为的结果。英国17世纪教育家洛克提出“白板说”，认为儿童犹如一块“白板”，他们长大后，是好还是坏，有用还是无用，感到幸福还是痛苦，主要是他们所受的教育决定。美国行为主义心理学家华生倡导“环境决定论”，他曾经指出：“给我一群健全的儿童，再给我一个特殊的环境，我可以用特殊的方法，把他们加以任意改变，或者使他们成为医生、律师、艺术家、大商家，或者使他们成为乞丐和盗贼。”在华生的眼中，儿童生活于其中的环境，就像一个模具，儿童个体的发展完全取决于这个模具的形状。美国另一位行为主义心理学家斯金纳也继承了华生的观点，认为人的行为乃至复杂的人格都可以通过外在的强化或惩罚手段来加以塑造、改变、控制和矫正。

（二）内发论

内发论认为，人的身心发展的动力来自于人本身。人生来具有天赋的德性与能力的萌芽，人的发展过程只不过是这些天赋资质的自然展开，而且人的发展阶段和顺序完全由机体自身的成熟机制所决定。

持内发论的代表人物及其观点主要有：我国古代思想家孟子认为，人的本性是善的，万物皆备于我心，人的本性中就有恻隐、羞恶、辞让、是非四端，这是仁、义、礼、智四种基本品性的根源，人只要善于修身养性，向内寻求，这些品性就能得到发展。奥地利精神分析学派创始人弗洛伊德指出，人的性本能是最基本的自然本能，它是推动人发展的潜在的、无意识的、最根本的动因。德国教育家霍尔强调“一两的遗传胜过一吨的教育”。美国当代生物社会学家威尔逊把“基因复制”看作是决定人的一切行为的本质力量。美国心理学家格塞尔则强调成熟机制对人的发展的决定作用，认为人的发展顺序受基因决定，教育要想通过外部训练抢在成熟的时间表前面形成某种能力是低效的，甚至是徒劳的。格塞尔指出，不仅人的机体机能发展顺序受到生长规律的制约，而且所有其他的能力，包括道德都受成长规律的支配。

（三）多因素相互作用论

辩证唯物主义认为，人的发展是个体的内在因素（如先天遗传素质、机体成熟机制等）与外部环境（如外在刺激的强度、社会发展的水平、个体的文化背景等）在个体活动中相互作用的结果。人是能动的实践主体，没有个体的积极参与，人的发展是不能实现的；在主客体大致相同的情况下，个体主观能动性发挥的程度，对人的身心发展有着决定性的意义。

持因素相互作用论的代表人物及其观点主要有：德国心理学家施太伦在《早期儿童心理学》一书中，明确提出儿童心理的发展是受环境和遗传二因素共同影响的“合并原则”，个体心理的发展并非单纯地靠天赋本能的逐渐显现，也并非单纯地对外界影响的接受或反映，而是其内在品质与外在环境合并发展的结果。美国心理学家吴伟士也提出“相乘说”，认为个体并不等于遗传和环境之和，而等于遗传和环境的乘积，个体的发展依赖于他的遗传和环境，就像矩形的面积依赖于长和宽一样。目前，我国学术界普遍赞同这种观点。

三、影响学生身心发展的因素

影响学生身心发展的因素既有客观的，也有主观的，既有外在的，也有内在的，具有复杂性和多样性。这些因素相互联系、相互渗透、相互配合、相互促进，共同作用和促进学生身心的全面和谐发展。

（一）遗传：学生身心发展的生理前提

遗传也称遗传素质，是指人那些与生俱来的有机体的构造、形象、感官和神经系统等方面的解剖生理特点。遗传素质为学生的身心发展提供了生理前提和物质基础。没有生理遗传的获得，也就不可能有学生的身心发展。

1. 遗传素质为学生身心发展提供了可能性

学生身心发展总是要以从遗传获得的生理组织、一定的生命力为其前提的。没有这个前提，任何身心发展都是不可能的。现代心理学研究表明，遗传因素的特点决定着神经系统，特别是大脑的结构形态，从而制约着个体身心多方面活动的发展。

2. 遗传素质制约学生身心发展的过程及阶段

遗传素质的成熟是指个体受遗传素质制约的生理机能和构造的变化在一定的年龄阶段

所达到的一般程度,它决定了个体身心发展的过程和阶段。发展由遗传素质的成熟提供可能,也为成熟水平所限制。早于成熟期或晚于成熟期的学习,都无助于个体心理发展。

3. 遗传素质的差异性对个体心理发展有一定影响

遗传素质的差异性,对人的智力水平、气质及性格特点都有不同程度的影响。实验证明,在思维活动方面,神经过程灵活性高的人比不灵活的人,在解决问题上要快2～3倍;在知觉广度方面,神经过程强而灵活的人比弱而不灵活的人要广得多;在注意分配方面,神经过程平衡的人注意分配较快,兴奋占优势的人经常感到困难,而抑制占优势的人则会较慢。

(二) 环境:学生身心发展的现实制约

环境是指个体生活于其中、能影响人发展的一切外部条件的综合。这些外部条件若以构成环境因素成分的性质为标准,可以把它分为自然环境和社会环境;若以教育学研究的角度和范围为标准,则"可把影响个体心理发展的环境分为大环境和小环境"①。人从出生起就面对现实社会而不能选择,只有认识和适应这个现实的社会环境,才能生存并获得自身的发展。

1. 社会物质生产方式制约着个体心理发展程度和范围

人在一定生产方式所创造的物质生活条件下发展着,个体心理发展程度和范围直接为这种物质生活所制约。在原始社会,生产力水平低下,几乎不能提供任何剩余产品,生存随时受到严重的威胁,人在艰难的生存斗争中缓慢地发展着。在漫长的农业社会里,以体力使用与手工操作为主的生产方式,决定了大多数人仍然被束缚在繁重的体力劳动中,依靠无数次的尝试错误而获得个体生活经验,只有少数从事脑力劳动的人能利用文化优势获得较快的发展。现代社会以知识经济为基本特征,发达的生产力能够提供丰富的物质生活资料,不仅使更多的人从繁重的体力劳动中解放出来获得了发展的自由,而且也对个体心理发展提出了更高的要求,使个体心理发展达到空前的高度。

2. 社会关系影响着个体心理发展方向和性质

人就其本质而言是一切社会关系的总和,不同的社会关系决定了人的社会意识及其存在方式。社会关系从其自然形态看,包括血缘关系、地缘关系、职缘关系等;从其实质看,包括经济关系、政治关系和文化关系;从其层次看,包括家庭关系、单位关系、阶层关系、阶级关系、民族关系、种族关系等。其中,对人的存在与发展影响最深刻的是经济关系和政治关系。这些客观存在的社会关系的实质不同,人的社会存在方式就会不同。

3. 社会的精神文化影响着个体心理发展内容

社会的精神文化本身就是学校教育内容的重要构成部分,因而对个体的身心发展能发挥巨大的影响作用。不同的社会精神文化可能给人以不同的行为习惯、思想品德、人生观、世界观和理想信念等的影响。优良健康的精神文化可以给人以积极向上的身心发展条件;反之,则可能形成畸形和变态的心理。

(三) 学校教育:学生身心发展的主导作用

学校教育是由承担教的责任的教师和接受教育的学生共同参与和完成的,是在教师对学生的直接影响下所展开的一种有目的、有计划、有组织、有系统的影响活动,它能把遗传和环境的影响充分地利用和组织起来,限制其中的消极影响,发挥其积极的影响作用。因此,

① 叶澜.教育概论[M].北京:人民教育出版社,2006:207.

学校教育在个体心理发展中起着主导作用。

1. 学校教育具有较强的目的性

学校教育的目的性之所以比较强，一方面是因为学校教育的目的比较明确，培养什么样的人，这是学校教育首先要明确的问题，否则，教育就既没有出发点，也没有归宿。否定学校教育的目的性，就等于否定学校教育本身。另一方面是因为学校教育内部各方面影响在基本目的上也是一致的，如果一所学校各方面的教育影响在基本目的上各行其是、四分五裂，学生就会因无所适而被扭曲。

2. 学校教育具有较强的系统性

一方面，学校教育是有计划的，而不是随随便便、杂乱无章的。有计划的教育工作和教育影响才有可能保证教育的效率和效果，个体身心发展的顺序性和阶段性也要求学校教育必须具有计划性。另一方面，学校教育是有组织的，而不是自发无序的。学校教育必须把校内乃至部分校外在时间和空间上分散的教育影响统一起来，使之形成一个系统和整体。除此之外，学校教育的影响具有全面性，它所追求的学生发展的根本目标是全面和谐而不是片面畸形的。

3. 学校教育具有较强的选择性

影响个体心理发展的因素是复杂多样的，这就需要学校教育对复杂多样的教育影响进行选择、整理和加工，避害趋利，尽可能为学生的发展营造一个良好和谐的环境。一方面表现为教育培养目标的选择性，社会是不断发展变化的，社会对人的素质的要求也是不断发展变化的，同时社会的层面和结构也是复杂多样的，因而对人的素质的要求也是不甚一致的。另一方面表现为教育内容的选择性，学校教育不可能也不必要把所有的人类文化都传递给学生，而是必须根据社会发展和个体心理发展的需要以及个体心理发展的特点和规律，选择出既符合社会发展和个体心理发展需要，也符合个体心理发展特点和规律的内容传递给学生。

4. 学校教育具有较强的专门性

在所有的社会机构中，唯有学校是培养人的专门场所，因而学校教育在人的培养方面最具有专门性。学校教育的专门性主要表现在：一方面，培养人是学校教育的基本职能和中心任务。学校产生的首要目的就是设立一个场所专门培养人，学校存在的第一理由也是培养人，学校职能的第一要务还是培养人。另一方面，学校教育设有比较系统和完整的专门课程。课程是专门为学习者的学习而组织的教育内容，有一系列的要求和规范，不是什么样的教育内容都能称之为课程，课程是学校教育专门性的一个体现。

（四）主观能动性：学生身心发展的内部动力

环境和教育只是影响个体身心发展的外部因素，它们要想充分发挥作用，离不开个体主观能动性和实践活动等内部因素。外部环境和教育因素只有作为个体活动的对象，才能显示出其价值和作用。如果离开了个体主观能动性和实践活动，再好的客观环境和教育条件，也不会对个体身心发展发挥作用。在环境和教育等外部条件以及个体先天性因素大致相同的情况下，主观能动性对个体身心发展具有决定性的意义。即便是在社会生活环境和受教育条件很不相同，个体身心发展的某些先天性因素存在着明显差异的情况下，主观能动性的发挥程度也能对个体身心发展造成重大影响，甚至在一定程度上改变一个人的命运。

个体主观能动性是通过其自身活动表现出来的。个体活动包括生命活动、心理活动和社会实践活动。生命活动是一种物质性的活动，为维持个体的生命服务，为个体的身心活动和社会实践活动提供前提；心理活动是一种精神性的活动，它使个体获得对世界和个体自身的认识；社会实践活动是一种最具综合性的活动，包括社会成员所从事的各种活动，它是个体身心活动产生的基本源泉，个体的生命活动和心理活动渗透在一切社会实践活动中。从某种意义上讲，个体的活动是怎样的，他自身大体上也就是怎样的，其活动的方式、对象、内容、范围、强度等，对身心发展具有决定性的影响。例如，工人、农民、商人、知识分子等，这些从事不同社会职业的人之所以其发展状态各不相同，关键就在于他们所从事的实践活动存在着较大差异。

第二节　小学生身心发展的特点

小学生的年龄一般为六七岁到十二三岁，该阶段在心理学上又称“童年期”。儿童进入童年期后的一个最大变化就是开始了正规的学校生活，这为他们心理的发展提供了非常有利的客观条件。在这段时间里，儿童通过直接学习充分地吸收着各方面的知识，在学校的集体生活中发展着各种社会技能，使他们在认知能力和社会性发展方面取得了重大进步。

一、小学生生理发展的特点

小学生的身体发育，正处于两个生长发育高峰之间的相对平稳阶段。小学生的身高平均每年增长 4～5 厘米，体重平均每年增加 2～3 千克，胸围平均每年增宽 2～3 厘米。从发育时间看，女孩的生理发育加速期比男生早 1～2 年，而且身高生长高峰期和体重增加高峰期，也比男生提早 1～2 年。

（一）小学生骨骼的发展

小学生的骨骼骨化尚未形成。骨骼系统的许多软组织、椎、骨盆区和四肢的骨骼还没有骨化，骨骼组织含水分多，含钙盐成分少，使骨骼硬度小、韧性大，富于弹性，易弯曲变形。因此，家长与教师一定要特别注意孩子的坐、立、行、读书、写字等正确姿势的培养训练，尤其要防止驼背的产生。

（二）小学生肌肉的发展

小学生的肌肉发育呈现两个特点：一是大肌肉群的发育比小肌肉早；二是肌肉长度的增加早于肌肉横断面的增大。因此，小学生能做比较用力和动作幅度较大的运动，如跑、跳、投、掷等活动，而对他们小肌肉运动精确性要求比较高的运动则很难做好，也不能提出太高的要求，尤其是手部活动，由于小学生的腕骨尚未完全骨化，不能长时间连续地书写、演奏乐器和做手工劳动。家长和教师要注意帮助孩子保持正确的书写姿势，矫正错误的用笔姿势，形成良好的书写习惯。

（三）小学生神经系统的发展

小学生的神经系统，特别是大脑结构逐步得到发展完善。儿童到了 6～7 岁时，脑重大约 1280 克，已接近成人脑重的 90%左右，以后增长缓慢，9 岁时约 1350 克，到了 12 岁约 1400 克，基本上和成人一致。随着儿童大脑皮层的发育生长，儿童神经系统的兴奋过程和抑制过程也逐步趋向平衡，觉醒时间长，睡眠时间缩短。我国规定，小学生平均每天需要睡眠的时间大约为：7 岁 11 小时，10 岁 10 小时，12 岁 9～10 小时。由于小学生语言能力的发展,其第二信号系统的活动日益加强,并初步占主导地位。小学生条件反射的形成呈现出时间缩短、潜伏期较短和比较容易巩固的特征,使孩子能更好地接受外界刺激,更好地支配、控制自己的行为,为儿童心理的进一步发展提供了便利条件。

(四) 小学生心脏和呼吸系统的发展

伴随着心脏、肺、呼吸肌、胸廓形态发展的同时,小学生的心肺功能也相应增强,血管发展的速度大于心脏的发展速度,血液的循环量加大,新陈代谢加快。但小学生的心脏容积小于成人,脉搏频率远超过成年人,且心脏每搏输出量比成人小,心脏搏动频率大约每分钟80～90次。因次,家长和教师要注意不让孩子开展过分剧烈的运动和繁重的体力劳动,以防损害心脏。小学生的呼吸频率随着年龄的增长而递减。一般而言,6～9岁的儿童,男孩为23～24次/分,女孩为25～26次/分;到了10～13岁,男女孩都为19～20次/分;而14岁以后基本上和成人一样,每分钟16～18次。与此相适应,小学生的肺活量随着年龄增长而显著增加,且体育锻炼的情况也直接关系到肺活量的大小,因此家长和教师一定要注意鼓励孩子多参加体育锻炼活动。

二、小学生心理发展的特点

伴随着生理的发展,小学生心理也处于快速的发展变化之中,这种发展不仅体现在认知活动和情绪情感方面,而且表现在个性和社会性等方面。

(一) 小学生认知发展的特点

1. 小学生感知觉发展的特点

感知觉是小学生认知能力中最先发展且速度最快的领域。初入小学的儿童的听觉已有相当水平的发展,能够区别细微的语音差别,能辨别不同音调,听觉能力在12～13岁时达到高峰。

在视觉能力方面,儿童6岁时已能分辨黄、红、绿、橙、青、蓝、紫等颜色,但正确率较低。经过专门的训练,其颜色分辨能力逐渐增强。小学生已经产生了对颜色的偏好倾向。研究表明,小学生多偏爱红色、绿色、黄色,较少喜欢灰色、棕色、黑色。对颜色爱好的性别差异在小学阶段也已出现,男生喜欢黄色和蓝色,其次是绿色和红色;女生喜欢红色和黄色,其次是橙色、白色和蓝色。在视敏度方面,我国儿童6～8岁有一定程度近视现象,12～13岁是近视眼发病率最高的时期。

在空间知觉方面,小学生对形状和大小的认知表现出某种进展,但对形状和大小仍不能完全理解。对空间方位的认识,小学低年级的儿童对上、下、前、后的认知已无困难,但对左右认知却常发生混淆。到9岁时,儿童才能正确、灵活地掌握左右概念。对空间关系的认识,儿童是先认识一个笼统的三维空间、整体,然后再分析其中的二维、一维空间部分。

在时间知觉方面,小学低年级对时间的顺序性、连续性认知仍十分困难,常常把时间看成是孤立的、静止的和固定的。到了小学中高年级,这方面能力才开始迅速地提高。

在观察力方面,随着年龄的不断增长,小学生观察力的发展一般是从被动到主动,从不自觉到自觉,从知觉事物表面特征到知觉事物本质特征,从以自我为中心到以其他客体为中心。小学生观察力发展的具体特点表现在以下几个方面:第一,观察的目的性较差。初入学的小学生一般还不会独立地给自己提出观察任务,也不能很好地排除干扰,在观察活动中往往受刺激物的声音、形态、颜色等特点和个人兴趣、爱好的影响。中高年级小学生有所改善,但提高不多。第二，观察的精确性不高。低年级小学生观察的精确水平很低，他们观察事物不细心、不全面，常常笼统、模糊，只能说出客体的个别部分或颜色等个别属性，不能表述细节。中年级小学生观察的精确性明显提高。高年级小学生的观察略优于中年级小学生。第三，观察的顺序性缺乏。低年级小学生观察事物凌乱，不系统，没头没尾，看到哪里算哪里。中高年级小学生观察的顺序性有较大发展，一般能系统地观察，能从头到尾边看边说，而且在表述前往往能先想一想再表述，即把观察到的材料进行加工，使观察到的内容更加系统化。第四，观察的深刻性欠缺。低年级小学生对所观察的事物难以从整体上做出概括，他们往往较注意事物表面的、明显的、无意义的特征，而看不到事物之间的关系，更不善于揭露事物的有意义的本质特征。中年级小学生观察的深刻性有较大的提高。随着抽象思维的发展，高年级小学生观察的深刻性更有显著发展，表现为观察力中的分辨力、判断力和系统化能力有明显的提高。

2. 小学生注意发展的特点

第一，小学生有意注意逐渐发展，但无意注意仍起作用。无意注意也叫不随意注意，是一种没有任何意图、没有预先的目的、不要求意志努力的情况下而产生的注意。无意注意的产生有两个方面的原因：一是依赖于刺激物的特点（刺激物的强度、刺激物的活动和变化等）；二是依赖于人的主观状态（需要、兴趣、情绪和健康状态等）。有意注意也叫随意注意，它是一种自觉的、有预定目的的，并经过意志的努力而产生和保持的注意。有意注意是人所特有的一种高级注意形式。在个体发展过程中，随着言语的发展和第二信号系统的产生，小学生能够控制自己的行动时，有意注意也就逐渐发展起来。在教育教学的影响下，小学生的有意注意有了显著的发展，不仅表现为小学生能注意听教师讲课、按照教师的指示复习功课，也表现为小学生对信息收集的计划性和系统性在不断增强。在一系列的经典研究中，研究者要求 4～10 岁的儿童比较两张图片上提供的信息：在两张图片上各画着两栋楼房，每栋楼房都画着几扇窗户，要他们判断两栋楼房上窗子的格局是相同还是不同。4～5 岁的儿童，没有什么计划性，他们只是两边看看几扇窗户就得出错误的结论；而 7 岁半以上的小学生就具有较强的系统性，他们有计划地进行搜索，一对一对地比较这栋房子上的每一扇窗子与另一栋房子的相应的窗子是否相同，直到做出正确的判断。在小学阶段，尽管小学生的有意注意在发展，但他们的无意注意有时还会占优势。

第二，注意的范围和选择性仍然有限。注意的范围是指当一个人注意某一对象时，便同时离开了其他对象。注意的范围和选择性随年龄的增长而发展，它与生理成熟有关，也与客体的熟悉度、新奇度和重要性有关。例如，给小学生看一组物体，让他们根据不同特性分类时，6 岁左右的小学生注意力集中在解决问题的无关因素上，而 8 岁左右的小学生就能将注意力放在物体的重要特征上。我国有研究者采用不同语义关系的刺激材料探讨注意选择性的发展，特别探讨了注意目标与背景之间的语义关系及加工方式对成人和小学生的影响。结果表明：注意选择性随年龄发展，小学二年级至五年级儿童注意选择性发展较快，儿童和成人显示出不同的特点。成人更倾向于把同一类别的词看成一个整体，自动进行加工，能够利用语义关系集中注意于目标词；而小学生尤其是二年级小学生则不善于利用语义关系，其自动化程度没有成人那么高，所以注意选择性不像成人那样因材料之间的语义关系而发生太大的变化。小学生注意的选择性随着对目标加工要求的提高而增加，因而在教学中教师对关键问题的强调和注意的提示对低年级儿童来说是十分必要的。

第三,注意的稳定性和集中性较差。注意的稳定性是指注意能否较长时间地保持在某种事物或所从事的某种活动上。注意的稳定性有狭义和广义之分,狭义的注意稳定性是指注意维持在同一对象上的时间;广义的注意稳定性是指注意的对象和活动虽有变化,但注意的总方向和总任务没有改变。比如,上课时学生既要听老师讲课又要记笔记,同时还要看板书,这些活动都是服从听课这一任务,学生此时的注意也是稳定的。注意的稳定性和小学生的高级神经系统发展相联系,随着中枢神经系统的成熟而发展。注意的稳定性也受小学生的兴趣影响。小学生注意的稳定性较幼儿有了较大的发展。有研究表明,7～10 岁儿童能够聚精会神地注意 20 分钟,10～12 岁儿童为 25 分钟,12 岁以后为 30 分钟。可见,年龄不同的儿童注意的稳定性也不同,但总体上看小学生的注意稳定性和集中性还处于较低的水平。

第四,注意的分配和转移能力较弱。注意的分配是指人在进行两种或多种活动的时候,能把注意同时指向不同对象的能力。注意的转移则是随着任务的改变,个体能够把注意从一种事物或活动转移到另一种事物或活动上去。在注意对象熟悉或者注意对象有联系的条件下,容易做到注意的分配。研究者指出,注意是可以训练的,要同时完成两个活动,就要熟悉它们中的每一个活动,其中一个活动部分要达到自动化。刚入学的学生还不能一边听讲一边记笔记,常常注意了这件事却忘了另一件事。但在教育的要求下,小学生注意分配和转移的能力也在发展,10 岁以后的小学生已能既注意老师讲课也能记笔记,还能注意到自己坐的姿势,同时也能根据任务的变化及时进行注意的转移。

3. 小学生记忆发展的特点

第一,小学生有意记忆逐渐增强。一般来说,幼儿主要是无意记忆占优势,直观的、能引起兴趣和富有色彩的事物容易引起他们的注意。小学低年级学生仍然保留幼儿期无意记忆的特点,但学校教育教学活动不断给他们提出了有意记忆的要求,如要求他们必须记住学校的规章制度,要记住某段课文,要记住某个数学题等。在这样条件下,小学生的有意记忆很快发展起来,并越来越占优势,成为小学生记忆的主要方式。苏联心理学家陈千科曾经做了一项有关无意记忆和有意记忆的对比研究,结果表明:幼儿园 5～6 岁和小学 7～8 岁儿童的无意记忆优于有意记忆;而到了 9～10 岁,他们的有意记忆明显超过无意记忆。在小学阶段,学生的有意记忆不仅因年龄而异,也受识记材料的影响。如果学生识记的材料有概念上的联系或具体的联系,就会比没有任何意义上的联系更多地使用有意记忆,但这种影响一般只对小学中低年级的学生起作用,小学高年级学生则以有意记忆占主导地位。

第二,小学生记忆策略逐步提高。记忆策略对于知识的获得、保持和提取是十分重要的。有意记忆的策略在小学生的记忆中起着重要的作用。记忆策略一般包括复述、组织、精加工和线索利用等四个方面。一是复述策略,即重复所接受信息,直到能记住它为止。这是识记的主要策略。有研究者考察了 5～10 岁儿童自动使用复述策略的情况,发现使用这种策略的人数随年龄的增加而增加,只有 10%的 5 岁儿童可以采用这种策略,一半以上的 7 岁儿童和 85%的 10 岁儿童可以采用这种策略。采用此策略的儿童比没有采用此策略的儿童的记忆成绩好。二是组织策略,即发现项目之间的联系并记住某事物的策略。研究表明,当降低任务难度,如使用不同形式的敲击声令儿童记忆时,小学生采用组织策略的能力就能显示出来。这说明小学生使用组织策略的能力受任务难度的制约。如果教师在教学中注意学生分类能力的训练,会有助于学生能力的提高。三是精加工策略,即改善回忆成绩的记忆策略。如果记忆两个或多个事物时，精加工策略特别有效。但研究者发现，自动使用精加工策略的能力发展较迟，小学生很少使用这种策略，可能由于他们的知识基础较低影响他们对这种策略的使用。四是线索利用策略，即在识记过程中，总会有些线索伴随着，这些线索使我们能找到贮存的信息，如果提取线索不足的话，很多信息将会在记忆中保持而提取不出来。研究表明，六年级的学生回忆成绩比一、三年级好，六年级的学生在有线索条件下的回忆成绩比无线索条件下的回忆成绩好，而一年级和三年级学生在有、无线索两种条件下的回忆成绩差异不大。这说明六年级的学生比其他两个年级的学生更会通过线索提取信息。

第三，小学生元记忆能力开始出现。元记忆是人对自己记忆和记忆过程的认识，是元认知的一个重要的方面。例如，如果小学生意识到他们的记忆是有局限的，有些东西比另一些东西容易记忆，有些策略比另一些策略更有效，他们就有了元记忆，这种能力是随着年龄的增长而发展的。研究发现，7 岁以下的儿童意识不到记忆策略，如复述、组织等对他们记忆的用处，即使他们知道有意义联系的记忆内容比没有意义联系的记忆内容更容易记，他们也说不出原因。而 7～9 岁的小学生就能够认识到复述和组织策略对记忆都有效，11 岁的小学生已能认识到组织策略比复述更加有效。这说明年龄较大的学生更有能力去了解自己的记忆过程，较强的元记忆能力使他们能选择更适合的策略来完成任务，也能更仔细地监测自己的记忆过程。

4. 小学生想象发展的特点

第一，小学生想象的模仿性和创造性日益增长。在整个小学阶段，总体来讲小学生想象的复杂性、概括性、逻辑性水平是不高的。尤其是小学低年级阶段，往往是模仿过去曾经看见过的东西，是实在事物的简单重现。例如，会重复大人给他们讲过的童话故事，但还不太会补充发挥，创造加工的成分较少。这时的想象是零散的，缺乏逻辑性，内容也比较简单贫乏。中高年级的小学生讲述故事时，已能从已有的知识经验中概括出新的，甚至编出别出心裁的情节。也就是说，他们不仅能将看到的、听到的事说出来，而且还增强了想象的概括性、逻辑性，想象内容也比之前更加细致丰富，并能进行生动形象的联想。

第二，小学生想象的有意性和目的性迅速发展。想象的有意性、目的性是指能按教师的教学目的要求产生符合教材内容的想象。例如，命题作文要求孩子们按照一定的命题去构思，确定主题、范围、内容和层次结构，有意地选择形象、情景，合理布局，这就需要他们按照作文的主题，有目的、有顺序地进行想象。又如，儿童绘画，学龄前儿童常常边画边想，画上一样再加一样，直到画满为止。但小学生的绘画则有预定的目的，根据目的再考虑画面的构图。因此，要提高小学生的想象力，就要注意发展他们的随意想象，逐步增强想象过程的目的性和自我控制性。

第三，小学生想象的现实性不断增强。小学低年级学生由于知识经验缺乏，他们的想象往往有许多东西是脱离实际的。例如，作文中描写天气，不管当时天气如何，总爱用“朝霞满天”“阳光灿烂”“晴空万里”“白云朵朵”等词语来形容；而描写人物外貌时，总爱用“浓眉大眼”“红红的脸蛋”“黑黑的头发”来形容。事实上，有的是套用，与现实差距较大。到了中高年级，他们的想象才能较确切地反映现实事物。一、二年级学生喜欢听童话故事、看动画片和木偶戏等，而中高年级学生则逐渐变得更喜欢听英雄故事、看探险小说和反映解放军战斗生活的故事片。因为这些内容比童话故事更接近现实，更接近学生所喜爱和向往的丰富多彩的实际生活。

5. 小学生思维发展的特点

第一，小学生的思维由具体形象思维向抽象思维过渡。在小学阶段，小学生的思维经历了由具体形象思维为主要思维形式发展到以抽象逻辑思维为主要思维形式的质变。小学低年级学生的思维还离不开事物的具体形象，也就是说，他们还要借助具体事物的表象解决问题。有经验的教师都会发现这样一个事实：当小学生对抽象的数学运算感到困难时，只要教师用直观教具来演示或以形象的语言来提示，学生就能很快领悟，得到正确答案。小学低年级学生的思维虽然保持具体形象的特点，但不意味着他们的思维没有任何抽象概括的成分。例如，在一个关于"儿童对物体运动速度"的认知发展研究中，小学生在理解"速度＝路程÷时间"这一抽象关系时经历了这样一个过程：最初(6～7岁)学生比较两车速度的快慢只是依据单一的空间因素，如哪个车停在前面哪个车就快；或只依据单一的时间因素，如哪个车先停哪个车就快。此后，学生逐渐能看到空间和时间两方面的因素，但也只能从外部形象判断，不能整合其中的关系。最后，学生才能真正抽象出"速度＝路程÷时间"的关系，主动采取各种策略解决问题，其思维也就逐渐达到了抽象概括的水平。

第二，小学生思维的基本过程逐步完善。一方面，小学生的分析与综合能力不断提高。幼儿在解决问题时，往往只注意事物的某一点或某一个方面，不能同时注意和思考更多的方面。这种倾向称为"思维的中心性"。瑞士认知心理学家皮亚杰做过一个试验：他给儿童看两个形状、大小完全一样的玻璃杯，杯中装着一样多的水，让儿童确认两个杯子的水一样多之后，将其中之一倒在另一个扁平的杯子中。他让儿童判断此时两个杯子的水是否一样多，幼儿往往认为两杯水是不一样多的。这说明幼儿在解决问题时往往容易考虑事物的单一因素，其分析综合能力较差。而到了小学阶段(6岁半到8岁半)，学生就已能同时考虑到液面降低了和杯子变宽了等多种因素，而且知道一个维度——液体高度的变化可以由另一个维度——液体宽度的相应变化所补偿。这种倾向称为"思维的去中心化"。这说明小学生的综合分析能力提高了。另一方面，小学生的抽象与概括能力也逐渐增强。这种增强表现在小学生能从对事物外部特点的概括发展到对事物本质属性的概括；从对简单事物的概括发展到对复杂事物的概括。有学者开展的对儿童词语概括能力发展的研究表明，二年级至五年级小学生在概括三组包含不同因素的材料时，有不同的水平；句组中包含的因素越多，概括的难度越大。小学儿童的概括能力是随年龄的增长而逐渐发展的，但发展的过程有时快有时慢，对不同任务的思维发展是不同步的。

第三，小学生能够逐步稳定地形成各种概念。我国学者刘范等人对7～12岁小学生在认数、数序与系列、数的组成、运算与应用等方面所进行的研究表明，小学生数概念的发展表现出4种水平：6～8岁小学生已由利用实物运算过渡到抽象的数的运算；经过学习，形成数群概念，逐步掌握三、四位数的初步概念系统。在这个范围内，能比较数的大小，认识数的相邻关系。数词和标志同一数量的图形之间建立了联系，可以互相转换，能解决简单的应用题。9～12岁小学生逐步形成数的概念系统。此时，小学生的抽象逻辑思维有了发展，他们可以通过推理掌握更大的数，在一定的范围内正确运用归纳和演绎的形式进行推理，能解决条件比较隐蔽、内容比较复杂的应用题，能逐步认识三维空间图形。

(二) 小学生情绪情感发展的特点

情绪情感既包括与生物学需要相联系的情绪体验，也包括与社会文化需要相联系的高级情感。小学生入学后，由于生活环境的变化，教育教学不断向其提出新的要求，他们的接触面广了，认识不断加深，情绪情感也发生了相应的变化。

1. 小学生情绪情感表现形态不断变化

随着年龄的增长，小学生情感表现形式在发生变化。小学生很重感情，他们对人对事十分热情，虽然比起幼儿来显得含蓄些了，但仍然比较外露。整个小学阶段，学生的热情都易受具体事物支配。大约在三、四年级以后，小学生的热情开始分化，具有一定的选择性，减少了盲目性。小学生富于表情，且比较容易变化。小学生容易激动，带有一定的易激惹性。小学生也出现心境，但持续的时间一般不太长。大约到小学中高年级才逐步出现影响整个情感状态的心境。

2. 小学生情绪情感内容不断丰富

入学后学习变成了小学生的主导活动，随着这一突出需要的出现，小学生情绪情感的范围和内容逐步扩大并丰富。例如，由学习成功或者失意，相应地产生愉快或沮丧的体验。同时，其他的情感，诸如集体主义情感、责任感、同伴友谊感等随之发展起来，而且体验不断深刻。比如，同是愉快，幼儿可能是由于得到好的玩具、好吃的食物，而小学生则主要是得到好的分数，受到集体的表扬。在区分好坏时，小学生不仅看表面，还能开始运用一些道德标准去评价等。

3. 小学生情绪情感的稳定性不断增强

幼儿的情绪情感稳定性较差，容易改变。这种情况在低年级学生身上，还能经常看到。但随着年龄的增大，这种易变的情绪情感表现有所减少。可以说，小学生的情绪情感逐步从冲动性、易变性向平衡性、稳定性方向发展。一般来讲，小学三年级是这种转变的转折点。当然，对这种稳定性不能估计过高。总体上讲，小学生的情绪情感还不是很稳定的。

4. 小学生情绪情感的自控力不断增强

小学生在环境的要求与生活方式的影响下，逐步学会了控制自己的情绪和抑制自己的冲动，这是由于小学生自我意识不断发展，情绪情感往往内化，不以外部表情表露出来。自控力的强弱在小学生中也表现出年龄特征，和中高年级相比，低年级学生的自控力要差。中高年级学生虽然也爱玩，但能够自控，一般能做完作业后再去玩，不太会轻易被外界诱因吸引而迅速转移自己的情绪目标。

（三）小学生个性与社会性发展的特点

1. 小学生自我意识发展的特点

所谓自我意识，是指人对自己以及自己与客观世界关系的一种意识，它具有复杂的心理结构，是一个多维度、多层次的心理系统，包括自我认识、自我体验和自我调控。其中，自我认识属于自我意识的认知成分，指个体对自己身心特征和活动状态的认知和评价；自我体验属于自我意识的情感成分，指个体对自己所持有的一种态度，包括自尊、自信、自卑等；自我调控属于自我意识的意志成分，指个体对自己思想、情感和行为的调节和控制。自我意识是个性社会化的结果，其发展表现为三个方面：生理自我、社会自我和心理自我。所谓生理自我，是指个人对自己身躯的认识，包括占有感、支配感、爱护感和认同感，这些意识是在与他人交往的过程中通过学习而形成的。所谓社会自我，是指个人对自己社会属性的意识，包括自己扮演的社会角色及权利义务的意识。儿童的角色游戏对个人实现社会自我起着重大的作用。游戏的过程与社会化的过程是吻合的，儿童的游戏正是对成人社会生活的反映。所谓心理自我，是指个人对自己心理属性的意识，包括对自己的感知、记忆、思维、动机、需要、行为等的意识,它们是相互联系、相互影响的。

小学生的自我意识正处于“客观化”时期,这是获得社会自我的关键时期,他们会显著地受到社会文化的深刻影响,成为学习社会角色最重要的时期。随着小学生抽象逻辑思维的逐渐发展,其自我意识会更加深刻,他们不仅能够逐渐摆脱对外部控制的依赖,逐渐用内化了的行为准则来监督和调控自己的行为,而且开始从对自己的表面行为的认识、评价转向对自己内部品质的更深入的评价。由此可见,小学生自我意识的发展也是随年龄增长从低水平向高水平发展的,当然这个发展并不是直线的、等速的,而是既有上升的时期,也有平稳发展的时期。小学生自我意识发展的特点主要表现在以下几个方面。

第一,自我概念的发展。自我概念是个人心目中对自己的印象,是由一系列态度、信念和价值标准所组成的、有组织的认知结构,它是在经验积累的基础上逐步发展起来的。最初,它只是对个人的简单抽象认识,随年龄增长而逐渐复杂化,并逐渐形成社会的自我、学术的自我、身体的自我等不同层次。有学者对小学高年级学生的自我概念发展在量和质的两方面进行了分析,结果表明:小学生自我概念的发展趋势视性别而定。男生的自我接受程度与自我和谐程度并不随年龄变化而变化,而女生的自我接受程度与自我和谐程度则呈现随年龄增大而渐减的趋势。也就是说,年龄越大,自我接受程度越弱,并且真实自我符合理想自我的程度也就越小,对自己的印象就会越差。这种性别差异的产生,主要是由于社会对男女性的期待和现实分工不同造成的。因此,在小学阶段适当地开展去性别化教育,特别是组织外部活动和激智活动的去性别化是非常必要的,淡化各种活动对不同性别的标签认同,能使小学生产生更为积极的活动动力,并通过积极的活动提高自我概念,这一点对女学生尤其重要。

第二,自我评价的发展。自我评价能力是自我意识发展的主要成分和主要标志,是在分析和评论自己的行为和活动的基础上形成的。进入小学阶段后,学生能进行评价的对象、内容和范围都进一步扩大,其自我评价能力也得以进一步发展起来。① 小学生从顺从别人的评价发展到有一定独立见解的评价,自我评价的独立性随年级而增高,他们会逐步减轻对他人评价的依赖性,独立地进行自我评价的能力在不断发展。② 小学生从比较笼统的评价发展到对自己个别方面或多方面行为的优缺点进行评价。③ 小学生开始出现对内心品质进行评价的初步倾向。④ 在整个小学阶段,小学生的自我评价处于由具体性向抽象性、由外显行为向内部世界的发展过程中,他们的抽象概括性评价和对内心世界的评价能力都在迅速发展。⑤ 小学生的自我评价和稳定性得以逐渐加强。小学生自我评价发展的因素主要从五个重要而各自独立的领域来获得:学业成绩、运动能力、社会接纳性、身体外表和行为表现。对小学生而言,上述五个领域的重要性并不是相等的,因而各领域能力的高低对他们的影响程度是不相同的。某些社会支持因素往往起着更为重要的作用,对其自我评价最重要的支持因素是父母和老师。同时,他人对小学生的态度对其自我评价也有直接而重要的影响。当然,对自我价值的评价与情感有密切的联系,喜欢自己的小学生是最快乐的,对自己评价不高的小学生则更经常产生悲哀、沮丧等消极情绪。情感评价分数的高低与自我评价分数的高低有正相关关系,通过对自我价值的评价可以反映出小学生能力与抱负、志向之间的差异。

第三,自我体验的发展。自我体检主要是自我意识中的情感问题,在小学阶段有了较大的发展。心理学研究表明,自我体验的发展与自我意识的发展在总体趋势上是比较一致的。

自我体验包括对自己所产生的各种情绪情感的体验，其发生和发展是不同步的。一般来说，愉快感和愤怒感发展较早，自尊感、羞愧感和委屈感发生较晚。小学生自我体验的发展与自我认识、自我评价发展密切相关。随着小学生理性认识的增加和提高，他们的情绪体验也得以逐步深刻。自尊心强的小学生往往对自己的评价比较积极，而缺乏自尊心的小学生，则往往更容易自暴自弃。

2. 小学生社会性发展的特点

第一，小学生社会认知发展的特点。所谓社会认知，是指对自己和他人的观点、情绪、思想、动机的认识，以及对社会关系和集体组织之间的关系的认知，它与认知能力发展相适应。随着小学生年龄的增长，他们对物质世界的理解在不断发展，同样他们对社会的认知也在不断发展。小学生社会认知主要包括角色采择和对权威的理解两个方面。

所谓角色采择，是指小学生能够采取他人的观点来理解他人的思想和情感。小学生角色采择包括四个阶段：其一是社会信息的角色采择阶段（6～8 岁），小学生已经意识到别人具有不同的观点。其二是自我反省阶段（8～10 岁），小学生知道每个人都认识到别人有自己的思想和感情，知道不仅别人有不同的观点，而且别人也能理解自己的观点。其三是相互角色采择阶段（10～12 岁），小学生能从第三者、旁观者、父母或朋友共同的观点看两个人之间的相互作用。其四是社会和传统体系的角色采择阶段（12～15 岁），小学生知道存在综合性的观点，而且也认识到为了准确地同别人交往和理解别人，每个自我都要考虑社会体系的共同观点。

随着小学生认知能力的不断发展，在一些不同的领域或问题上有着自己的观点和主见，他们在某些方面对父母的权威以及服从有所不同。小学生对权威的理解表现出两个水平：一是在权威的概念理解中，道德的定向成分增多，儿童基本赞同“强权即真理”，认为权威的合法性是权力造成的，不服从就会有坏结果。处于这一水平的小学生大概是在 6～7 岁。二是大约从 9 岁开始，小学生逐步认识到服从权威既可以是被迫的，也可以是自愿的或合作，权威更多地赋予有特殊经验的人和优秀领导者。

第二，小学生社会交往发展的特点。小学生个性的发展和社会化过程的实现都离不开人与人之间的相互作用，而且要评定一个小学生的个性特点、社会能力、行为价值也离不开与别人的相互作用。儿童最初几年主要是在家里度过的，与其相互作用的主要对象就是父母。随着儿童认知能力的增长，活动范围的扩大，特别是进入小学之后，他们的活动圈子变大，与同伴相互作用的次数越来越多，同伴所占的地位也越来越大，小学生的社会交往也得到逐渐发展。

小学生社会交往的对象一般包括三个方面：一是与父母之间的交往。进入小学之后，随着生活圈子的不断扩大，小学生认识的同伴越来越多，他们的注意力也逐渐转移，对父母的依赖和信赖都有着明显的下降。因此，与父母之间的交往也逐渐发生了变化。比如，小学生与父母之间的交往时间逐渐减少；小学生与父母之间的冲突也越来越少；父母对小学生的教育方式以及处理一些问题的方式发生了变化；随着小学生不断长大，他们逐渐有了自己的主见，父母对儿童的控制能力也发生了变化。二是与老师之间的交往。对于小学生来说，关系较为密切的是老师，特别是他们的班主任。低年级的学生对老师特别亲近，这方面甚至超过了信任自己的父母，他们总是认为老师所说的都是正确的，因而很多时候他们会去模仿老师的言行。三是与同伴之间的交往。随着小学生年龄的增长，同伴对他们的发展越来越重要。

同伴既是小学生学习社会化技能的强化物和榜样，又是认识自己、发现自己、完善自己的镜像。这时，小学生与同伴的交往渐渐地超过了与父母的交往。

第三节　中学生身心发展的特点

中学生的年龄一般为十二三岁到十八九岁，包括初中阶段（少年期）和高中阶段（青年初期）。少年期又称青春发育期，是生理和心理发展的剧变期；青年初期则是人生观和世界观初步形成的时期。中学生处于青春发育期，是人生的第二次成长高峰，其生理、认知、情感、意志、自我意识在迅速发展，是人一生中发展最迅速、最旺盛、最关键的时期。但这一阶段也是学生最容易出问题的阶段。了解中学生身心发展的特点，对于班主任做好他们的班级管理和教育工作，具有十分重要的意义。

一、中学生生理发展的特点

中学生生理方面的发展变化不仅体现在身高、体重的增长，而且也表现在大脑等神经系统的完善，同时还表现在性机能的不断发育与成熟。

（一）身体外形的变化

一方面，身体迅速长高。青少年进入青春期，身高长势惊人，每年增高 6～8 厘米，有的达到 10～11 厘米。另一方面，体重明显增加。青春期学生体重增加的速度很快，每年平均增加 5～6 千克，有的达到 8～10 千克。同时，出现了第二性征。男性表现为喉结突出，长出胡须，体格高大，发音低沉，阴毛和腋毛先后长出等；女性表现为乳房发育突出，骨盆增宽，皮下脂肪加厚，阴毛和腋毛长出，音调高，嗓音尖细等。男女第二性征的出现，标志着青春期的到来。

（二）体内机能的增强

在这一时期，中学生的肌肉变得坚实有力，体态日益健壮丰满，握力、肺活量、血压、脉搏、体温、血红蛋白等生理标志的变化，表明各个器官、各个系统的发育都逐渐发育成熟。各种体内机能的迅速健全与完善，为中学生青春期的心理逐渐成熟提供了物质基础和可能性。

（三）大脑的快速发育

脑的重量和体积在青春期已经接近成人，青春期人脑的发展主要是神经纤维变粗、变长、分支及髓梢化，脑细胞分化机能达到成人水平，第二信号系统的作用显著提高。这种质量上的提高，为个体适应外界的复杂变化提供了物质基础。同时，由于社会实践和社会交往越来越多，促使脑的内部结构和机能不断分化和迅速发展。这些变化都使中学生的记忆力、理解力和思维能力有了很大的提高。

（四）性的发育和成熟

在这一时期，中学生的性腺机能开始成熟和发生作用，第一、第二性征开始出现。性机能的发育成熟，对正处于青春期的中学生的心理发展有着重大影响。一方面，它客观地刺激了中学生成熟意识的觉醒；另一方面，也给中学生带来了很多异性交往和性心理卫生方面的问题。

二、中学生心理发展的特点

处于青春发育期的中学生，其心理发展也呈现出积极与消极方面的剧烈变化。急剧的发展往往会产生不平衡，进而引发各种矛盾和问题，如果处理不当就会产生不良后果。因此，这一时期德国心理学家称之为“暴风雨时期”，美国、日本等心理学家则称之为“危险期”，必须引起班主任和其他教育工作者的重视。

(一) 中学生认知发展的特点

1. 中学生感知觉发展的特点

中学生的视觉功能在不断提高，辨别各种颜色和色度的精确性在不断增加。与小学一年级的学生相比，中学生区别各种色度的精确性要提高60%以上。到15岁前后，视觉和听觉的敏感程度甚至超过成人。中学生辨别音高的能力也在不断提高，对音阶的辨别有很高的准确性，尤其是在高频率声音方面。在运动觉方面，中学生的关节肌肉得到高度发展，对体育活动、绘画、写字等技能的发展起到重要作用。同时，中学生的感官仍在发育，相对于成人而言，他们更容易出现感官的疲劳和损伤。教师在教育教学活动中，一定要注意保护学生的感官，尤其是视觉器官。也要注意用眼卫生，预防近视的发生。

中学生的知觉出现了一些的新特点。首先，知觉的有意性和目的性有了较大的提高，能自觉地根据教学要求去知觉有关的事物。其次，知觉的精确性和概括性更快发展，出现了“逻辑性知觉”。空间知觉的抽象性也得到了增强，他们能比较熟练地掌握三维的空间关系。远距离空间知觉逐渐形成，能够掌握各种地理空间关系，形成地球、世界、宇宙等空间表象。但对更加复杂的空间关系，如立体几何、光年等的理解尚存在一定的困难。在时间知觉上，对各种时间现象的顺序的理解得到了提高，可以更精确地理解较短的单位，如月、周、时、分等，而对于较大的如“世纪”“年代”这样的单位，常常理解得不太精确。

2. 中学生观察发展的特点

随着知识经验的增多和认识能力的提升，中学生的观察以及观察力得到了突飞猛进的发展，具体表现出以下四个基本特点。

第一，观察事物的自觉性逐步增强。进入中学以后，每个学科几乎都要求中学生发展自觉的观察力，而且随着其自我控制能力的发展，观察的持久性也不断增强。

第二，观察事物的精确度不断提高。对事物观察的精确度是与分析综合的思维能力密切相关的。随着中学生思维能力的不断发展，他们观察事物细节的感受性逐渐增强。此外，中学生对比事物的正确率也逐渐提高。

第三，观察事物的概括性明显发展。由于思维的发展和思维参与到观察中去，中学生的观察逐渐变得全面和深刻。国内研究表明，初中二年级是学生观察概括性发展的转折点。

第四，观察事物的方法不断完善。随着年龄的增长，中学生逐渐能够掌握观察的程序和操作要求，能够遵循从整体到部分再从部分到整体等顺序进行观察，既能进行全面观察，又能抓住事物的主要特征进行重点观察。

3. 中学生记忆发展的特点

中学生记忆发展的最大特点，就是青少年时期的记忆力是人生中记忆力的“最佳时期”，达到了记忆的“高峰”。具体而言有如下三个特点。

第一，有意识记随目的性的增加而迅速发展。进入中学后，学生逐渐学会根据教材内容，独立地提出识记的目的和任务；能逐步自觉地检查自己的识记效果，主动选择良好的识记方法等。

第二，意义识记能力不断提高。进入中学以后，由于学习内容的不断增多、加深以及言语和抽象逻辑思维的发展，意义识记得到了发展。心理学研究表明，进入初中以后，中学生的意义识记就超过了机械识记，并呈直线上升的趋势；相反，机械识记运用得越来越少，其效果也越来越差。

第三，抽象记忆有较快发展。初中学生在抽象记忆发展的同时，形象记忆也在发展，但发展的速度已慢于前者；到了高中时期，抽象记忆发展迅速，而具体形象记忆则开始出现下降的趋势。

4. 中学生注意发展的特点

初中学生的有意注意有了进一步发展，注意比较集中和稳定。在注意的分配和转移品质等方面，初中学生都有了一定的发展和进步。他们可以边听老师讲课，边记笔记和思考。绝大多数学生具有一定的注意分配能力。

高中学生注意的集中性和稳定性有了很好的发展。注意的范围和广度基本上已经达到了成人的水平。注意的分配品质发展较好，也可以根据任务要求来转移自己的注意。对于自己不感兴趣但又必须记住的材料，他们也能更好地集中自己的注意。

5. 中学生思维发展的特点

中学生抽象逻辑思维从总体上讲已经处于优势地位。但初中学生的抽象逻辑思维在很大程度上还属于"经验型"。从初中二年级开始，中学生的抽象逻辑思维就开始由"经验型"向"理论型"转化，这种转化大约到高中二年级初步形成。

从形式逻辑思维来看，初中一年级已经开始占优势。初中二、三年级开始能理解抽象概念的本质属性。就辩证思维发展来看，初中一年级学生已经开始掌握这种思维的各种形式，但水平还不是很高。初中三年级学生的辩证逻辑思维虽然处于迅速发展的转折期，但尚未处于优势地位。同时，初中学生思维的品质尤其是独立性和批判性有了很大的发展，但是很容易产生片面性和表面性的缺点。

高中学生的思维发展达到了新的水平，具有更高的抽象概括性、反省性和监控性特点。他们能够用理论做指导分析和综合各种材料，以不断加深对事物发展规律的认识，使抽象逻辑思维更加趋向理论型。到高中二年级，这种理论型思维发展趋于成熟并基本定型。高中生的辩证逻辑思维发展比较迅速，但知识趋于优势地位，并非达到完美的程度。就思维品质而言，高中生思维已经具有了更大的组织性、独立性、深刻性和批判性。

6. 中学生想象发展的特点

初中生想象的有意性迅速发展。初中二年级到初中三年级是空间想象力发展的加速期或关键期。初中生想象的创造性成分不断增加。初中生想象的现实性也在不断发展。想象的内容比较符合现实，富于逻辑性。初中生的幻想具有现实性和兴趣性，有时也带有虚构的特点。而要想达到理性的想象，一般要到高中阶段。

高中生想象的特点主要表现在他们的创造性成分的增加和理想的形成、发展方面。高中生更重视现实，考虑到有无实现的可能和条件，一旦有可能实现，他们就会为之而努力，以争取实现自己的理想。

（二）中学生情绪情感发展的特点

情绪情感是人的心理生活的一个重要力量，它是伴随着认识过程而产生的。情绪情感产生于认识和活动的过程中，并影响着认识和活动的顺利进行。情绪情感是指人对客观事物是否符合个体主观需要而产生的心理体验，是伴随特定生理反应与外部表现的一种心理过程。

1. 中学生情绪情感发展的特点

第一，情绪情感丰富而热烈。中学生精力充沛、生机勃勃，日渐成熟和强壮的身体使他们体验到了自己的力量，经常为自己青春的力量所鼓舞。同时，他们也对未来充满了美好的憧憬和幻想。因此，昂扬向上是中学生情绪体验的主旋律。他们需要表达和宣泄，情绪活动强烈，一点小事情就可以唤起他们的热情，也可能因为一点小小的挫折就备受打击。既有为正义和真理献身的热情和壮举，也会由于狂热冲动而干蠢事。实践调查显示，他们常常通过唱歌、吟诗、跳舞、写作等方式表达自己强烈的情感。

第二，情绪和情感易起伏波动，心境转换明显。中学生情绪和情感的一个显著特征就是起伏波动较大，他们会因为一件事情的成功而欣喜若狂、激动不已，也会因为一点挫折而沮丧懊恼、垂头丧气，情绪在两端之间有明显的跌宕。而中学生由于出现表面上看来是莫名其妙的情绪波动，心境也常常出现明显的变化。

第三，情绪和情感的心境化和文饰现象。中学生的情绪和情感一方面起伏多变、变化莫测；而另一方面，中学生的心理毕竟是在向成年人过渡，因此，也有其相对稳定和表面相对平和的一面，这就表现为中学生情绪和情感的心境化和文饰现象。所谓心境化，就是情绪和情感的反应相对持久稳定，反应的时间明显延长，但这种延长表现在两个方面，即延续做出反应和延长反应过程，从而出现情绪反应的心境化趋势。情绪的文饰现象也是中学生情绪和情感的一大特点，表现为情绪的表里不一，明明是心里难过，在众人的场合下，还要装作若无其事。这种现象出现的主要原因是中学生社会意识的觉醒和自我意识的发展，使他们注意到自己的情绪和情感在特定的社会情境中表达的适当性。

第四，情绪和情感体验的深刻性和稳定性不断发展。在中学时期，情绪和情感内容的社会性不断地深刻化。随着他们智力和意识能力的不断发展，渐渐形成许多新观念，这与不断增长的高级的社会需要相联系，形成了许多具有明确道德意识的社会性情感，如集体荣誉感、社会责任感等。情感的稳定性发展，是说中学生的情绪尽管具有两极性，易冲动和爆发，但还是逐渐趋于稳定和成熟。中学低年级的学生对自己情绪的控制和自我调整还相对较差，波动较为明显，而到了高年级，这种自控能力则有了较好的发展，显得比较稳定。在情绪反应的方式上也比较迂回、隐晦。

2. 中学生情绪情感的培养

第一，帮助中学生学会合情合理地提出自己的需要和愿望。教师和父母要帮助中学生提高需要的社会性，使他们懂得自己的需要和愿望要符合社会的政治经济、物质文化发展的要求以及文明和道德的准则，才是有权利、有希望得到满足的，反之，就是不合理、不能允许或可耻的要求。

第二，充实和丰富中学生的精神世界，培养健康的情趣。中学生正处在长知识、长身体、风华正茂的时代，要引导他们把精力用在学习上，积累丰富的精神财富，鼓励他们从事科技活动和有益的文体活动等，为健康情趣的产生创造丰富的内容，避免不健康或消极的情绪和情感乘虚而入。

第三，培养中学生爱生活、爱祖国、爱人民的思想情感。要培养中学生的爱，应该从正反两个方面入手，既要使他们在认识上明确建立高尚的爱的必要性，又要培养他们对卑鄙可耻行为的厌恶感和羞耻感，因为这种道德情感是不道德行为的抗毒剂，同时又是义务感和责任感的支柱，它会使中学生积极追求美好的、高尚的东西。

第四，培养中学生增强挫折的耐力，学会调节情绪情感的本领。情绪情感是受思想意识调节的，当人遇到挫折的时候，最容易产生消极的情绪，做出不该做的事情。为了避免这种状况，应引导中学生加强自我修养，增强挫折耐力。另外，要帮助中学生学会分析激情时轻举妄动的不良后果，善于处理突然袭来的各种刺激，学会在愤怒、苦闷的情况下进行自我调节。

（三）中学生人格发展的特点

人格又称个性，是指决定个体的外显行为和内隐行为并使其与他人的行为有稳定区别的综合心理特征。人格是一个复杂的结构系统，它包括许多成分，其中主要包括气质、性格、自我意识等。中学生正处于人格形成的关键时期，必须注意加以培养和塑造。

1. 个体人格发展的阶段

按照美国精神分析学家和心理学家埃里克森的观点，他认为个体人格的发展是一个逐渐形成的过程，必须经历 8 个顺序不变的阶段，其中前 5 个阶段属于儿童成长和接受教育的时期。

第一阶段：基本的信任感对基本的不信任感（0～1.5 岁）。该阶段的发展任务是发展对周围世界，尤其是对社会环境的基本态度，培养信任感。埃里克森认为信任感是一个人形成健康人格的基础。发展顺利者的心理特征是对人信任，有安全感；发展障碍者的心理特征是面对新环境时会焦虑不安。

第二阶段：自主感对羞耻感与怀疑（2～3 岁）。该阶段的发展任务是培养自主性。埃里克森认为这个阶段的儿童具有双重渴望：既想获得父母的支持，同时也渴望父母能放手让自己做主。这一阶段发展顺利者能按社会要求表现目的性行为；发展障碍者的心理特征是缺乏信心，行动畏首畏尾。

第三阶段：主动感对内疚感（4～5 岁）。该阶段的发展任务是培养主动性。这一时期，父母、其他家庭成员或者监护者如果允许儿童跑动、蹦跳等，那么儿童的主动性将增强。对儿童的主动探索进行严厉惩罚的父母会让儿童对自己天性中的强烈需求感到内疚。发展顺利者的心理特征是主动好奇，行动有方向，开始有责任感；发展障碍者的心理特征是畏惧退缩，缺少自我价值感。

第四阶段：勤奋感对自卑感（6～11 岁）。该阶段发展任务是培养勤奋感。如果前三阶段对儿童影响最大的是家庭因素，那么这一阶段对儿童影响最大的就是学校因素了。儿童在这一阶段，最重要的是“体验从稳定的注意和孜孜不倦来完成工作的乐趣”。发展顺利者会具有求学、做事、待人的基本能力；而发展障碍者会缺乏生活基本能力，充满失败感。

第五阶段：自我同一性对角色混乱（12～18 岁）。该阶段的发展任务是培养自我同一性。自我同一性指个体组织自己的动机、能力、信仰及其活动经验而形成的有关自我的一致性形象。在青少年时期，“我是谁”成为一个重要问题。他们能够把自己的各种形象综合成一个有意义的整体，对自己的过去、现在、将来产生一种“内在相同和连续”之感。同时，他们也开始认识自己和别人的异同，认识现在和未来在社会中的关联。这一阶段发展顺利者的心理特征是有了明确的自我观念和自我追求的方向；发展障碍者的心理特征是生活无目的、无方向，时而感到彷徨迷失。

第六阶段：亲密感对孤独感（成年早期）。这一时期是人们进行求爱和过早期家庭生活的时期。在这一时期，个体往往十分关注镜像自我，注重印象管理，关注自身的前途和发展。发展顺利者与人相处有亲密感；发展障碍者与社会疏离，感到寂寞孤独。

第七阶段：繁殖感对停滞感（成年中期）。繁殖就是“对养育和指导下一代有兴趣”，通常人们通过抚养自己的孩子获得普遍关注。发展顺利者的心理特征是热爱家庭、关心社会，有责任感和义务感；发展障碍者的心理特征是不关心别人和社会，缺少生活意义。

第八阶段：自我整合对绝望感（成年晚期）。在这一阶段，人们回顾自己的一生，解决最终的同一性危机。发展顺利者会随心所欲、安享晚年；发展障碍者的心理特征是悔恨旧事，失望、沮丧。

2. 中学生自我意识的发展

自我意识是个体对自己以及自己与周围事物的关系的意识。一般认为，自我意识包括三种成分：一是自我认识，个体对自己的心理特点、人格特征、能力及自身社会价值的自我了解与自我评价；二是自我体验，个体对自己的情感体验；三是自我监控，属于对自己的意志控制。个体自我意识的发展经历了从生理自我到社会自我，再到心理自我的过程。

第一，生理自我。生理自我是个体对自己的生理状态以及自身与外部世界关系的反映。生理自我以个体的躯体为中心，是自我意识最原始的形态，生理自我在3岁左右基本成熟。

第二，社会自我。儿童在3岁以后，自我意识的发展进入社会自我阶段，自我评价的独立性、原则性、批判性迅速发展，对道德行为的判断能力也逐渐达到了前所未有的水平，但评价不涉及个人内心世界和人格特征，自我的调节控制能力也较差。社会自我在少年期基本成熟。

第三，心理自我。心理自我是个体对自己的心理特征的意识，是在青春期开始发展和形成的。这时，青年开始形成自觉地按照一定的行动目标和社会准则来评价自己的心理品质和能力。青春期是自我意识发展的第二个飞跃期。

初中生自我意识发展的特点是：① 常将很多心智用于内省；② 自我意识高涨，使其人格出现了暂时的不平衡性。高中生自我意识发展的特点是：① 独立意向日趋强烈；② 在心理上将自我分成了“理想自我”与“现实自我”两部分；③ 强烈关心自己的个性成长；④ 自我评价成熟；⑤ 有较强的自尊心；⑥ 道德意识得到高度发展。

（四）中学生性心理发展的特点

性心理是指有关性的心理活动，主要包括性意识、性观念、性情感以及性适应等。健康的性心理是指上述各方面既符合社会文化的道德规范，又有利于自己身心健康发展的心理状态。在青春期，从性意识的萌芽到爱情的产生与发展，大致可以划分为以下3个阶段。

第一阶段：对异性的疏离与排斥。这是一段短暂的、引发日后对异性兴趣与爱恋的前奏曲。这一阶段出现在小学高年级及中学低年级。青春初期，由于对性别、性角色的心理认同的增强，以及对第二性征发育的不安和烦恼，一些学生此时对异性有意疏远。这时的中学生常表现为：不愿与异性同座，在活动中躲避与异性接触，对比较接近的男女同学进行嘲讽等。不过，表面上男女界限分明的真正原因，在于与异性交往的不安与羞涩。

第二阶段：对异性的关注与接近。短暂的疏远与相斥之后，是渐浓的关注与接近。在初中二、三年级逐渐明显，表现为刻意修饰打扮自己，并以各种理由接近异性。少数大胆者会从眉目传情发展到写纸条、写信示爱。此阶段的男生女生正处于钟情、思春的朦胧状态，其对异性的关注具有明显的好奇性、试验性、模仿性和盲目性，其交往指向多是泛泛的，大多是因相互的好感自然吸引。

第三阶段：对异性的追求与爱恋。随着对异性关注的增多和接近的频繁，高年级的学生已经能感受到异性吸引的情感撞击和性欲的冲动。当这种心理较为专一地指向某一异性时，便有了纯洁而幼稚的初恋，并产生相应的追求行为。初恋的心理，既有欢乐喜悦、痴迷陶醉，也有羞涩不安、疑惑戒备，错综复杂。

中学生作为一个特殊的群体，他们的性心理发展具有以下几个特点。

第一，对性知识感兴趣。青春期性意识的觉醒直接导致中学生对性知识的兴趣，但这种兴趣也因人而异，有的人强烈，有的人较弱；有的人主动追求，有的人消极接受。然而，在我国传统思想的束缚下，中学生得不到适当的性健康教育。因此，中学生大多是在一些影视和文学作品中了解有关性的知识，开始对性问题进行较多的想象和思考。

第二，产生性冲动。性冲动即性的萌动，是在性激素和外在刺激的共同作用下产生的。性冲动既是一种正常的生理反应，也是一种正常的心理反应。一般来说，男生比女生更容易产生性冲动。男生侧重于性占有欲和性满足，而女性则注重于情感的交流，且表达方式比较含蓄。当性意识觉醒的程度高时，性冲动的欲望也比较强烈；当外界存在很强的性刺激时，中学生也往往表现出较为强烈的性冲动。

第三，出现性梦境。随着性机能的日益成熟，再加上性欲望和外界性信息的刺激，中学生往往在睡眠时做一些性梦。从生理学上看，性梦是性成熟过程中出现的一种正常的生理现象，是一种自然宣泄，有益于中学生的身心健康发展，在一定程度上能够缓解因性需求未能满足而带来的心理压力，是中学生的性自慰行为之一。

学校要加强对中学生性心理的教育和引导，指引他们走上性心理的健康发展之路。性心理教育的内容应该从以下几个方面加以考虑。

第一，加强性知识传授。一是进行人的生理发育以及相关的卫生知识的传授，使中学生对自己身体上发生的变化有充分的、正确的理解，为自己已经成长为“大人”感到高兴与自豪，不因诸如月经初潮、初次遗精、第二性征出现等而感到困惑和焦虑，保持一种健康的情绪心态。二是正确理解性别内涵和两性差异，使学生懂得男女各自的性别特征，理解男女两性不同的内在差异。三是正确对待两性的态度和道德行为规范，要教育学生建立正确的性意识，树立起正确的性道德观念，明白人不仅有生理上的冲动和需求，还要有健全的情感和心理来正确处理两性的关系，使自己的行为合乎社会的性道德规范。

第二，塑造性别角色。要培养中学生接纳自己的“性身份”，即男孩或女孩都得正确对待自己是男或是女的性别，都按照社会所要求的不同性别的行为方式去活动，使自己的言行符合社会所要求的性别规范，与性别的群体倾向性相一致，以体现自己的性别身份。为此，在初中学生入学之初，一方面要加强男生男子汉气概的培养，教育他们在服饰打扮、言行举止上都要符合自己的性别身份，在心理状态上体现出男子汉应有的特点。另一方面，要加强女孩子气质的培养，同样要教育她们在服饰打扮、言行举止上表现得符合于自己的性别身份，在心理状态上体现出女孩子应有的特点。除此之外，也要加强对性角色扭曲的矫正，男孩子像个小姑娘，或者女孩子像个小伙子，这就是性角色的扭曲。当观察到这种现象时，应该针对特定的个体进行具体的矫治，使他们能够抛弃那些扭曲的行为和思想，恢复到正常的性别角色位置上。

第三，涵养健康感情。进入青春期的中学生喜欢与人相处，渴望被人关注。因为他们这时性意识开始觉醒，有了一定的性需求，他们有被人特别是异性喜爱的成就感，借以释放性心理能量。为此，一方面，要注意培养中学生开朗、活泼、积极、乐观的心态。通过开展符合中学生特点的寓教于乐的活动，使他们的这种健康心态得以保持，同时使他们的性心理能量获得释放。另一方面，要区分友情与爱情，珍视纯真友谊。教育学生在自己尚未具备合适的基础时，不要轻易发展毫无结果的感情，而要大力发展更利于自我成长的，出于直觉和同情、互敬和互助的纯洁无瑕的友谊。不仅如此，要使他们在异性交往中学会理解和尊重别人。要加强男女同学间的交往，教育学生在与异性同学的交往中相互学习，相互欣赏，相互尊重，相互帮助；要胸怀坦荡，平等宽容，以诚相待；要把握和控制性冲动，珍惜少男少女的纯洁。

第四，矫治性心理问题。在学生出现了性心理和行为的问题时，教师有责任给予适当的矫治和辅导。这些问题包括青春期焦虑、过分的性幻想、经常性的性梦、过度的自慰行为、单相思和“牛犊恋”及其可能连带产生的失恋和性罪错、神经性厌食等。

第四节　学生身心发展的规律及教育

身心发展的规律是指学生在身心发展过程中所表现出来的内在的、本质的、必然的联系。它是不以任何人的意志为转移的。要想有效地促进学生身心的健康发展，就必须了解并遵循其身心发展的规律。从教育实践来看，青少年学生身心发展的特点和规律主要表现在以下几个方面。

一、学生身心发展的顺序性

身心发展的顺序性是指学生的身心发展具有一定的方向性和先后顺序，既不能逾越，也不会逆向发展。例如，人的身体的发展顺序是从头部到下肢，从中心部位到边缘，从大骨骼、大肌肉到小骨骼、小肌肉；大脑皮层的发展顺序是从枕叶开始，然后是颞叶、顶叶，最后是额叶，循着先快后慢的速度递进发展；生殖系统的发展则是先慢后快，10 岁以前的儿童发展不太明显，到了青春发育期则迅速发展。人的的心理发展顺序也是由形象思维到抽象思维，从机械记忆到意义记忆，从无意注意到有意注意，从喜怒哀乐等原始情绪到心境、激情与应激等基本情绪状态，最后到理智感、道德感和美感等高级的社会情感。瑞士心理学家皮亚杰关于发生认识论的研究、美国心理学家科尔伯格关于道德认知发展阶段的研究，也都表明了人的发展的顺序性规律。

学生身心发展的顺序性决定了教育活动必须根据这一特点循序渐进地进行。无论是知识、技能的学习还是思想品德的发展，都应由浅入深、由简到繁、由易到难、由少到多、由具体到抽象，循序渐进。“揠苗助长”“陵节而施”等，都是违背学生身心发展规律的。

二、学生身心发展的阶段性

身心发展的阶段性是指人的身心发展既体现出量的积累，又表现为质的飞跃，当某些代表新质要素的量积累到一定程度时，就会导致质的飞跃。人在不同的年龄阶段表现出不同的身心发展总体特征，具有不同的身心发展的主要矛盾，面临着不同的发展任务；前后相邻的阶段是有规律地更替的，在一段时期内，发展主要表现为数量的变化，经过一段时间，发展由量变转变到质变，从而使发展水平达到一个新的阶段。我国教育学一般把人从出生到青年期的发展分为七个阶段：第一，乳儿期，从出生到一岁；第二，婴儿期，从一岁到三岁；第三，幼儿期，从三岁到六七岁，也称学前期；第四，童年期，从六七岁到十二三岁，也称学龄初期；第五，少年期，从十二三岁到十五六岁，也称学龄中期；第六，青年初期，十五六岁到十八九岁，也称学龄晚期；第七，青年期，从十八九岁到三十岁。人的身心发展的年龄特征，就是指人在发展的不同年龄阶段中所呈现出来的一般的、典型的、本质的征象。人的发展的不同阶段是相互关联的，上一个阶段的发展必定影响着下一个阶段的发展，因此人的发展的每一阶段不仅具有本阶段的意义，而且具有人生全程性的意义。

学生身心发展的阶段性要求教育必须从教育对象的实际出发，充分考虑到受教育者在不同年龄阶段的不同发展特征，有区别、有重点地提出不同的发展任务，采取不同教育内容和教育方法。在教育教学的要求、内容和方法上不能搞“一刀切”，既不能把小学生当中学生看待，也不能把初中生和高中生混为一谈。如果不顾学生身心发展的阶段性特征，硬要用成人的心态和教育者理想的目标去要求学生，必定会造成不良的教育效果。教育要从学生现有发展水平出发，不失时机地促进机体的成熟和发展，不断提出能为他们接受的又高于他们原有水平的教育教学要求，从而促进他们更快地发展。

三、学生身心发展的不平衡性

学生身心发展的不平衡性主要表现在两个方面：一是同一方面的发展在不同的年龄阶段是不平衡的。例如，儿童的身高、体重有两个增长高峰，第一个高峰出现在出生后的第 1 年，第二个高峰在青春发育期。在这两个高峰内，身高体重的发展较之其他年龄阶段更为迅速。又如，人的大脑发展最迅速的时期是在出生后的第 5 个月到第 10 个月。新生儿的脑重量约为 390 克，大致相当于成人的 1/3；9 个月的时候，增加到 660 克，约增加 1 倍。比较起来，婴儿期是脑重量增加最快的时期。二是不同方面发展的不平衡性。有的方面如感知觉等，在较早的年龄阶段已经达到较高的发展水平；有的方面如思维能力等，则要到较晚的年龄阶段才能达到较为成熟的水平。再如，人的生理成熟以性机能成熟为标志，现代女性的性成熟一般自 12～13 岁开始，至 16～18 岁止，男性一般比女性的起始年龄推迟 2～3 年；心理上的成熟则以独立思考能力、较稳定的自我意识和个性的形成为标志。此外，个体社会性方面的成熟，往往以独立承担社会职业和家庭的义务为标志。在现代，由于社会对个体要求的提高，学习年限延长，独立生活和工作的期限也后推，这使人的心理成熟、社会性成熟也向后推移。不仅如此，由于食物营养和社会文化的影响，个体生理成熟的年龄提前了，这就使得本来就存在的身心发展的不平衡性表现得更为突出。

针对个体身心发展的不平衡性，奥地利著名生物学家昆拉多·洛伦兹发现了著名的“关键期”理论。所谓关键期，是指身体或心理某一方面的机能和能力最适宜于形成的时期。在这一时期中对个体某方面的教育可以获得最佳成效，并能充分发挥个体在这方面的潜能。美国心理学家布鲁姆为了寻找个体智力发展的最佳期，曾对上千名婴幼儿进行跟踪研究，得出的结论是：5岁以前是儿童智力发展最迅速的时期。他的研究得到国际上的公认。心理学的研究还提出2～3岁是学习口语的最佳期；4～5岁是开始书面语言学习的最佳期；学习外语应从10岁以前开始；学习乐器在5岁左右为最佳。

认识个体身心发展的不均衡性，对教育教学工作具有十分重要的意义。一方面要重视关键期的教育。抓住关键期进行教育，往往可以获得事半功倍的教育效果。因此，密切注意学生身心发展关键期的生理和心理变化，并加以适宜的启发和引导，往往是学生成长的重要契机，应当引起教师和家长的高度重视。但是，又不能机械地、孤立地只抓关键期的教育而忽视其他年龄阶段的经常性教育。另一方面，还要注意学生身心发展不同方面的成熟期。一般情况下，教育既不应早于成熟期，也不应迟于成熟期，这样才能在最短的时期内取得最好的效果。这是因为某一方面发展达到了成熟期，也就意味着为接受某一方面的教育和学习做好了准备。如果不顾学生身心某方面尚不成熟的实际而强行灌输他们尚不能接受的东西，那么，非但不能促进学生的身心发展，反而会损害他们的身心健康。

四、学生身心发展的互补性

人的发展的互补性是指人的身心发展所具有的相互补偿的特性。人的发展的互补性首先是指机体机能方面，即机体某一方面的机能受损或缺失后，可以通过其他方面的超常发展得到部分补偿。如失明者可以通过听觉、触觉、嗅觉等方面的超常发展得到一定补偿。其次，互补性也存在于心理机能与生理机能之间，如良好的心态和坚强的意志可以在一定程度上弥补生理发展方面的不足。最后，互补性还存在于心理发展的不同方面之间，如人的智力因素与非智力因素之间就存在着相当大的互补性，尤其是良好和超凡的非智力因素对智力因素的不足具有重要的补偿作用。

学生身心发展的互补性要求教育应根据学生个体发展的具体情况有针对性地“取长补短”和“扬长避短”，即通过发展身心某一方面的长处去弥补和补偿某一方面的短处，不一定要求学生越是什么方面不行就越是要不服输，就越是要在这方面迎头赶上，而是可以通过适当发展另一方面的长处来弥补某一方面的短处，这样既有可能提高教育效能，又有可能促进学生个性与特长的发展。

五、学生身心发展的个别差异性

个别差异性是指不同个体之间在身心特征上所具有的相对稳定的差异性，如在生理方面，有身高、体重、长相、内在器官等的差异性；在心理方面，有智力、兴趣、情绪、性格、气质等的差异性。研究表明，即使是同卵双生子，他们的生理、心理也存在差异。个别差异性是个体在独特的自然基础上，受到具体的教育和其他社会生活条件的影响，在实践活动中形成和发展的。其表现模式体现在三个方面：一是不同个体的同一方面发展的速度和水平各不相同，如两个同龄儿童其中一个在某一方面的才能表现较早，而另一个则表现很晚；二是不同方面发展的相互关系存在差异，如有的学生第二信号系统的发展占优势，他们的数学能力强，另一些学生则恰恰相反；三是不同个体具有不同的个性心理倾向，如不同性别的儿童和同一年龄阶段的不同儿童往往具有不同的性格、气质、兴趣与爱好等。

学生身心发展的个别差异性要求教育必须坚持因材施教的原则，即根据一定的教育目标和学生的年龄特点，采取不同的教育措施和方法。贯彻这一原则，要求全面深入地了解每个学生，系统掌握其成长发展的资料，注意对个别学生进行特殊培养，采取弹性教学制度等教学组织形式，如允许加速学习或减速学习，采取能力分组及组织兴趣小组等形式。在德育活动中，针对由不同遗传素质、家庭环境、社会关系、个人经历等所形成的不同个性特点，有的放矢地进行教育。

六、学生身心发展的整体性

整体性是指人的身心发展的各个方面所具有的相互牵连、相互制约的特性。人的身心发展的各个方面是一个整体和系统，它们是在相互联系和相互制约中共同获得发展的，身心发展的任何一个方面严格地讲都不可能孤立地得到发展，即便有所发展，也没有什么意义。因此，“研究人的内在各方面因素的相互关系以及由此而形成的人的整体性特征，是教育学的特殊任务之一”①。事实上，人的身体发展与心理发展之间、身体发展的各个方面与心理发展的各个方面，都是一个整体和系统，相互之间都存在着紧密联系，它们互相影响，难分难舍。如果人的身心发展各个方面的内在关系受到破坏，人的发展就会片面、畸形，从而失去基本的平衡，也就难以真正实现全面发展的人的培养。

学生身心发展的整体性要求教育必须要有基本的完整性、全面性与和谐性，要求教育工作者必须贯彻德育、智育、体育、美育、劳育和心理健康教育等全面发展的教育，坚持家庭教育、社会教育和学校教育等各方面教育的协调与配合，从而更好地促进人的全面和谐发展，并在此基础上更好地发展学生的个性特长。

---

① 叶澜.教育概论[M].北京：人民教育出版社，2006：175.

第二章 班主任的角色定位

班主任的工作承载着太多的期待、扮演着太多的角色。但事实上，班主任胜任与否并不取决于其能否扮演一切可能的教育角色，也并不是说班主任只有扮演了各种社会角色，才能不辜负家长、学校、学生以及社会的种种期待。与此同时，这样的扮演也是不可能的。首先，角色之间会存在冲突，其次，班主任不是上帝，无法满足所有人的期待，更不可能胜任各种教育活动所需要的角色扮演。因此，要做好班主任工作，关键在于把握班主任的主要任务及主要的角色扮演。

檀传宝：《问题与出路：若干德育问题的调查与专题研究》

新的历史时期，班主任到底承担着何种角色，这是一个具有重要理论价值与现实意义的问题。一方面，它直接关系到在理论上如何理解和把握班主任的角色定位，因为从教育理论上人们对班主任所能承担的角色有着某种期望；另一方面，它又会影响到实践中对班主任的角色期待与定位，以及班主任自身的角色担当与作为。因此，"对于班主任而言，不断强化角色意识可以帮助他们对班主任工作的地位、作用和价值有一个清晰的认识，让他们更具体地了解自己承担了哪些任务，该以何种方式行事，应如何去影响全体学生"①。

第一节 班主任角色概述

要想准确界定班主任的职业角色，首先需要了解角色及角色理论，探明班主任角色的内涵及其本质特征，认识班主任角色与其他角色之间的区别和联系。这是进行班主任角色研究的基本逻辑起点。

一、角色的含义

角色的概念首先是由美国社会心理学家G. H. 米德在其社会心理学研究过程中提出来的，其本意是指演员在舞台上按照剧本规定所扮演的某一角色，如主要角色与次要角色、正面角色与反面角色等。从一般意义上来说，角色至少包含三个要素，即角色是由其社会地位决定的、是一套行为模式且这套模式符合社会期望。例如，我国教育学家顾明远教授就认为："角色是处于一定社会地位的个体，根据社会的客观期望，借助自己的主观能力适应社会环境所表现出来的行为模式。"②

角色理论有两种分析方式：一种是结构角色理论，另一种是过程角色理论。结构角色论

① 刘岩，王萍. 班主任与班级管理[M]. 北京：北京师范大学出版社，2013：24.

② 周晓虹. 现代社会心理学[M]. 上海：上海人民出版社，1999：366.

认为，社会是一个由多种相互联系的地位构成的网络，每个地位都有关于其如何承担义务的期望，地位和期望共同构成社会结构。这些期望由个体的角色理解和角色扮演来传递，并通过角色行为实现。结构角色论主要是在宏观层面上对角色的社会构成功能进行研究。过程角色论则主要从微观上研究个体的角色行为模式，以及在角色行为中的心理问题。角色行为包括角色学习、角色扮演、角色转换、角色紧张、角色冲突、角色错位和角色失败。其中，角色扮演是角色理论的中心概念，是个人与社会的互动方式，指个体根据自己所处的特定地位，按角色期待进行角色行为。个体作为一个角色所表现出来的有关角色的一切心理状态和行为都是角色扮演的一部分。

二、班主任角色的含义

瑞典现代教育学家胡森曾经对教师角色所代表的含义进行阐释，他认为理解教师角色应当把握三个方面："其一，教师角色就是教师的行为；其二，教师角色就是教师的社会地位；其三，教师角色就是对教师的期望。"①顾明远也指出，教师角色"一是教师的实际角色行为；二是教师角色的期望，包括'他人对自己的期望'、'自己对自己的期望'以及'自己对他人的期望'"②。据此，我们认为，班主任角色主要是指班主任在班级管理活动中在实现与自身身份、地位相对应的权利和义务时，所表现出来的符合社会期望的态度和行为模式的总和。对班主任角色可以从以下两个方面进行理解。

（一）班主任角色的作用是寻求班级管理社会功能的最大化

从历史来看，随着生产力的发展、教育与政治的分离、教育规模的扩大以及科学技术的发展，班级授课制成为一种基本组织形式，班主任作为班级管理者逐步确立起来。班主任的职责就是管理育人，通过班级管理培养社会需要的人，通过人才培养使自己所具有的社会功能得以最大化。班主任是人类灵魂的工程师，可以塑造一个个未来的灵魂，但这个灵魂以什么为目的、以什么为标准来塑造，这就不得不涉及班主任角色的终极目的。任何一种班主任角色都具有这样的终极目的，对这种终极目的的追问实际上是在追问班主任存在的社会价值。任何一种理想的社会都有一种理想的教育，都存在教育理想未来的动人图景。教师不只代表自己，还代表了社会，代表一种社会的理想与希望，班主任角色的作用由此具有了社会功能的价值。班主任为社会和学校代言，因而能为学生做社会理想人格的表率。班主任角色是一种具有理想人格的角色，这就要求班主任可以不完美，但要不断追求完美，要使这种不断追求完美的表率对学生起到引领的作用。

（二）班主任角色的意义体现了个人价值与社会价值的统一

班主任角色的作用是班主任能为社会做些什么，班主任角色的价值则指班主任能为自己做些什么。作为学生成长的"重要他人"，班主任是班级管理者、组织者和教育者；作为有血有肉的生命个体，班主任也是自身价值的追求者，他不仅追求社会功能的最大化，而且追求个人功能的最大化。研究表明，班主任是有着清醒自我意识和角色意识的存在。班主任应该思考自己对于学生意味着什么，对于自己意味着什么。班主任对自己的思考来自良心的呼唤，也来自理智的好奇。班主任是探索有意义存在的存在，是追求超越自身的存在，是

① 中央教育科学研究所比较教育研究室. 简明国际教育百科全书·教学[M]. 北京：教育科学出版社，1990：282.

② 顾明远. 教育大辞典：增订合编本（上）[M]. 上海：上海教育出版社，1998：702.

实现存在并获得意义的存在。班主任要获得生命的最大意义，就要取得最大的社会工作效果，简单地说是对学生有用，对社会有价值。对班主任自身而言，如果他不为身外的目的服务，那么就失去了存在的价值。班主任角色呈现一个与其他职业不同的特点：班主任是“被需要”的“需要”，因而班主任在追求自身意义的时候便成为一名学习者和研究者。班主任努力实现自身价值也恰是自身工作的内在动因，这种内在动因支配下班主任实现个体价值，并在此基础上促进社会价值的达成。

三、班主任角色的特征

班主任工作对象、工作任务、工作场域、工作方法的独特性，决定了班主任角色与其他角色相比所具有的差异性。把握班主任角色的特征，可以从以下几个方面加以考虑。

（一）奉献性

班主任必须站在时代前列，具有与时俱进的教育理念，充分认识班主任这一特殊角色的重要地位，树立立德树人和管理育人的崇高思想，而不能仅仅局限于对升学率的苦苦追求。班主任必须具有崇高的品格，“其身正，不令而行；其身不正，虽令不从”。要严格按照《公民基本道德规范》和《中小学教师职业道德规范》约束自己的言行。要用“春雨”去滋润莘莘学子的心田，用“红烛”去燃烧莘莘学子的激情。班主任工作是一项十分复杂而繁重的工作，即使牺牲了家庭和其他方面的利益，也未必能得到学校、家长和学生的认可，但只要承担了班主任工作，就必须面对现实，做好无私奉献的准备。

（二）示范性

榜样是用他人良好、高尚的品质行为去教育、影响学生。榜样的力量是无穷的，它对学生具有感染力。这是因为青少年由于社会经验少、生活阅历浅，对于高深的道德观念和完美的品德缺乏具体深刻的理解和感受。班主任与学生长期相处，其人生观、处事观乃至于其一言一行、一举一动等都会深深地、潜移默化地影响着学生。学生的模仿能力强，所以与他们朝夕相处的班主任必然成为学生的示范榜样。在教育实践中，人们往往赋予教育工作者“楷模”“榜样”“引路人”等角色，其实都体现了班主任角色的示范性。班主任角色的示范性，要求其不断关注自己的风度仪表、言谈举止、知识修养和思想品德等。

（三）促进性

教育的本质就是培养人，教育目的就是“把受教育者培养成为一定社会需要的人的总要求。教育目的是根据一定社会的政治、经济、生产、文化、科学技术发展的要求和受教育者身心发展的状况确定的。它一定程度上反映了社会对受教育者的要求，是教育工作的出发点和最终目标，也是确定教育内容、选择教育方法、检查和评价教育效果的根据”①。21 世纪的教育是“旨在促进人的发展的教育”②。那么，结合现代教育的要求，班主任必须以学生为本，才能促进全体学生的全面健康发展，并最终促成学生达到国家教育的目的和要求。

（四）多样性

班主任还必须融注于班级管理和教学之中，演好自己的角色：一是执行者角色。学校按照整体规划和学期计划，布置任何一项工作，班主任都必须认真地组织落实，做到严谨务实。

---

① 中国大百科全书·教育[M]. 北京：中国大百科全书出版社，1985：172.

② 联合国教科文组织 21 世纪教育委员会. 教育财富蕴藏其中[M]. 北京：教育科学出版社，1996：68.

二是领导者角色。已故美国卡内基教学促进基金会主席厄内斯特·波伊尔博士在其著作《基础学校——一个学习化的社区大家庭》中明确提出了“教师的领导者作用”，所以班主任更具有领导角色。三是管理者角色。班主任的工作是繁杂的，上传下达，下情上报，内务处理，外事接谈，内容非常广泛，可说是包罗万象。对这些工作不仅要处理，还要利用它来教育学生。

（五）激情性

班主任还要具有渊博的学识和火热的激情。因为班主任也是教师，而教师是“知识的传播者”，也就是其教育者角色。班主任不仅应当具有学者的品质，学而不厌，而且应当具有教者的品质，诲人不倦，充满激情地将思想、知识和技能传播给新生一代。作为班主任，仅仅有“爱心”是远远不够的，因为它虽然能够取悦一时，却难以持久。因此，班主任必须学富五车，必须富有激情，善于以自己的激情点燃学生的激情，激发学生的自信。

第二节　班主任角色定位

班主任工作对象的多样性、工作任务的复杂性、工作环境的多维性等，决定了班主任角色定位不是一件容易的事情。为此，有必要对国内外班主任角色研究的已有成果加以梳理和反思，也必须对班主任所承担的工作职责加以明确，在此基础上才能从理论与实践两个维度对班主任角色进行定位。

一、国内外班主任角色研究

为了更好地对学生施加教育影响，在班级中设置班主任一职是国内外比较通行的做法，因而有关班主任的相关研究也是教育研究领域的一个永恒的话题。

（一）国外班主任角色研究

世界各国中小学学制不同，教师设置也不尽相同，但一般都设有班级教师，其职能与我国的班主任相近。俄罗斯、德国、法国、日本实行班主任制，英国则实行导师制，美国对班级教师称为“班级顾问”、“本班教师”和“班主任”。班级教师不同的称谓，反映了对班主任工作职责任务的不同侧重。例如，在英国，导师要负责促进学生学识、技能、道德、精神等的发展，被要求“以父母般、牧师式的关怀引导学生”；德国和法国的班主任评价和指导学生定向发展的职责比较突出；而美国的班主任需要提供心理咨询、专业发展、标准化测试等；俄罗斯班主任的突出职责则是组织和建设班集体。

国外有关班主任角色的研究，以美国学校的“班主任角色”研究为主，且研究多为实证研究。学校管理人员、教师、家长等是班主任工作的重要合作对象和影响因素，因此这些人群对班主任的角色概念是班主任角色研究的重要部分。Amatea 和 Clark 在美国南部 26 个学校做了关于学校行政管理人员对班主任角色概念的定性研究，结果表明：学校行政管理人员对班主任的角色偏好有 4 种，即创新型学校领导、协作案例顾问、直接服务提供者和学校管理团队成员，并建议应当在班主任预备课程中注意对班主任领导技能和角色期望的培养。[①]

① AMATEA E S, CLARK M A. Changing schools, changing counselors: A qualitative study of school administrators' conceptions of the school counselor role[J]. Professions school counseling, 2005(1).

Reiner、Colbert 和 Prusse 调查了教师对美国学校班主任协会(ASCA)2005 年对班主任角色定义职责的认同度,结果表明:教师认同 ASCA 规定的 16 项适当职责的 13 项和 12 项不适当行为的 5 项,不仅如此,教师也认为班主任正在履行这些职责。① 班主任对自身角色职责的直觉和教师对班主任角色的直觉都有待改善,班主任被定义为学校和家庭伙伴关系的领导者,需要领导构建多方合作的最有效学习环境。Bemak 和 Cornely 对班主任的学校家庭合作角色提出了新的模型——学校和家庭介入模型,转换班主任角色,适应不断改变的家庭、学生需求。转换后的班主任角色应该更加重视家庭的需求,尊重家庭目标,加强与家长的合作,起到文化解释的作用。②

随着社会和教育的发展,原有的班主任标准、模型和工作方法遇到了一些挑战。Galassi 和 Akos 总结了 20 世纪学校班主任角色的变化,指出了现有辅导模型不足的两大方面:一是发展理论和数据研究基础不稳固;二是针对美国全面辅导计划的全面性,即不够全面又过于宽泛。因此,他建议在"弹性领域"和"青少年正面发展"理论指导下重构学校辅导模型,转换班主任角色:发展倡导模型要求重视发展而非预防和治疗,推动学生学术、职业、个人、社会技能发展和学校、社会环境发展,因此对班主任的专业技能和与学校、家庭、社会力量合作的能力有进一步的要求。③ Bemak 和 Chung 研究指出,在美国一直存在的学习成就差距问题(尤其是白人中产阶级和有色人种之间)的影响因素,除了环境、历史、社会政治、文化等外,还会受到学校班主任的影响,要改善学校辅导计划,鼓励班主任改善其角色,作为社会正义的文化推动者。④ Clark 和 Breman 则发现,随着美国对学生培养学术成就要求的提高,传统的班主任工作方式——将个人带离教室进行个人辅导会受到教师的阻止,同时,这种方式下学生也会感到焦虑和尴尬,效果不佳。因此他提议将原来用于特殊教育学校的"inclusion"的方法带到普通学校的辅导工作中,在班级环境下与其他工作人员共同进行辅导活动。⑤

对班主任角色的研究也细化到具体方面的问题和班主任承担的角色。例如,Keys 等人就指出:为了应对日益突出的学生心理问题,班主任应当更注重与家庭的合作、咨询工作和辅导服务,并对班主任提出了有关处理高危青少年问题的 24 条专业知识和技能要求。⑥ Robers-Dobie 和 Donatelle 通过对 443 份有效问卷的总结,指出班主任需要更多的专业训练和社会资源来处理学生自我伤害问题,在处理这个问题上,班主任需要承担起联络人的角

① REINER S M, COLBERT R D, PRUSSE R. Teacher perceptions of the professional school counselor role: A national study[J]. Professional school counseling, 2009(5).

② BEMAK F, CORNELY L. The SAF1 model as a critical link between marginalized families and schools: A literature review and strategies for school counselors[J]. Journal of counseling & development, 2002(3).

③ GALASSI J P, AKOS P. Developmental advocacy: Twenty-first Century school counseling[J]. Journal of counseling & development, 2004(2).

④ BEMAK F, CHUNG R C Y. New professional roles and advocacy strategies for school counselors: A multicultural/social justice perspective to move beyond the nice counselor syndrome[J]. Journal of counseling & development, 2008(3).

⑤ CLARK M A, BREMAN J C. School counselor inclusion: A collaborative model to provide academic and social emotional support in the classroom setting[J]. Journal of counseling & development, 2009(1).

⑥ KEYS S G, BEMAK F, LOCKHART E J. Transforming school counseling to serve the mental health needs of at-risk youth[J]. Journal of counseling & development, 1998(4).

色，联系学生、家长和学校工作人员、社区治疗师。① White 和 Kelly 通过对辍学数据的研究，指出辍学的学校和个人风险因素都在学校班主任的职责范围之内，家庭风险因素也可以通过班主任工作得到解决，班主任应当将预防辍学的工作系统化、正式化、目标化，并进行跟进和事后评估。②

（二）国内班主任角色研究

国内班主任角色的研究始于 20 世纪 90 年代，从研究内容和主题嬗变来看，主要体现在以下三个方面。

1. 随着我国不同时期的教育改革重点和班主任职责规定，探索在不同政策背景下班主任的角色转变

崔永萍提出在全面推进学生素质教育的大前提下，班主任应当倡导平等的师生关系，注重鼓励和正面教育，培养学生自我管理能力，转变原有的“绝对权威”、“限制者”和“全职保姆”角色，转而充当“指导者”；改变经验主义的工作方式，学习和掌握科学的育人理论和方法，积极主动，着眼未来，承担“研究者”的角色；在现代社会管理向服务转化的理念趋势下，由“管理者”转化为“服务者”。③ 李花认为，新一轮的教育改革和第八次基础教育课程改革对班主任工作提出了更高的要求，班主任角色应该实现“学科教师”这一单一型角色向“领导者”、“心理医生”和“知己朋友”等的多元型转换；教师中心的权威型向民主平等的对话型转变；负面教育的限制型向正面鼓励的发展型转变；以经验为主的经验型向科学为主的科研型转变；注重当前结果的时代型向注重可持续发展的未来型转变。④ 冯嘉通过从新一轮基础教育课程改革中“以人为本”这一核心思想的角度，反思了目前的班主任角色，认为其问题在于知识技能欠缺、行为示范不足、管理角色过度、协调角色欠缺等，并分析了成因，指出班主任需要在以学生为本和促进学生素质提高两个原则上，通过转变学生观、明确班主任职责、改进工作方法和创新班级管理制度，实现班主任角色的转变。⑤ 刘宗友认为，新一轮课程改革中以人为本的教育理念为班主任角色转变提供了新的平台，由过去的“警察”和“全能保姆”变为学生优势的发现者、兴趣聚焦者、心态调整和弱势关注者，而要实现转变，形成新的师生观、加强与任课老师和家长的关系、提高自身专业素养和素质非常重要。⑥

2. 利用社会角色理论，结合班主任工作实际，探究班主任角色存在的问题及其对班主任工作的影响

翟敏指出，“80 后”班主任角色冲突主要表现为“管理者”与“朋友”的冲突，教育者和服务者角色之间的冲突，榜样角色和普通人角色的冲突。⑦ 蔡蓓通过调查分析认为，班主任教师的性别、婚姻状况、授课对象、工龄、学历能够影响教师的角色冲突；班主任教师角色冲突、工作满意度、工作倦怠与工作绩效呈正相关，工作倦怠、工作满意度在角色冲突对工作绩效

---

① ROBERTS-DOBIE S，DONATELLE R J. School counselors and student self-injury[J]. Journal of school health，2007(5).

② WHITE S W，KELLY F D. The school counselor's role in school dropout prevention[J]. Journal of counseling & development，2010(2).

③ 崔永萍. 新时期班主任角色的若干思考[J]. 山西高等学校社会科学学报，2004，16(8)：114-116.

④ 李花. 新时期班主任角色初探[J]. 延边教育学院学报，2005，19(3)：18-20.

⑤ 冯嘉. 以人为本观念下中学班主任角色转变研究[D]. 成都：四川师范大学，2010.

⑥ 刘宗友. 新课改背景下关于班主任角色转换的几点思考[J]. 淮南师范学院学报，2011，13(4)：115-116.

⑦ 翟敏. 80 后班主任角色冲突及解决策略[J]. 内蒙古教育，2009(12)：29-30.

的影响中起到中介作用。[①] 姚俊研究了浦东新区专职心理教师兼任班主任的角色冲突问题，总结了角色冲突的原因，认为心理教师和传统任课老师担任班主任的差别和外界的认识是角色冲突的原因。[②]

3. 特定的班主任角色研究，其代表是班主任领导及其领导力的研究

近年来对班主任类型、领导行为、领导能力等的研究都有一个共同的出发点，即把班主任的角色定位为班级的"领导者"。领导理论诞生于20世纪初，属于管理学理论。教师领导研究随着领导理论逐渐兴起，于20世纪90年代被引入我国，研究校长、教师、班主任的领导行为。国内对班主任的领导研究主要是运用领导理论，对班主任的领导进行分类，对班主任领导行为和领导力进行调查，对班主任的领导类型和行为对学生和班级的影响进行实证研究。尹俊恒认为，班主任的领导行为主要表现为三个方面：班主任的影响力、班主任的领导风格和艺术以及班主任的领导方式，并以此为脉络将班主任分成不同的类型，分别论述各个类型班主任的教育影响。[③] 李惠芳尝试对小学班主任领导力进行系统的研究梳理，并设计问卷对本校的班主任领导力认知、班主任领导力构成要素的发展状况进行调查，总结了班主任领导力缺失的结果、原因和政策建议。[④] 王昌平编制了班主任PM领导行为问卷，对四川遂宁市进行样本量为370的抽样调查研究，探明班集体形成的四个特点（班干部成长、共同的奋斗目标、遵守规章制度、正确的集体舆论）与班主任领导行为类型的关系。[⑤] 陈波对苏北、苏南749名高中生的量表调查表明，不同班主任领导行为类型下的学生的学习成效具有显著差异，班主任领导行为对学习成效有直接影响，比家庭教养风格的影响更大。[⑥]

二、班主任的工作职责

2006年《教育部关于进一步加强中小学班主任工作的意见》以及2009年教育部印发的《中小学班主任工作规定》，都提到了"中小学班主任与学生接触较多，沟通便利，影响深刻，肩负着育人的重要职责"，并对班主任的具体工作职责做出了明确规定。这些规定主要包括以下方面。

（一）做好中小学生的教育引导工作

要认真贯彻落实学校德育工作的要求，积极主动地与其他任课教师一道，利用各种途径和机会开展思想品德教育，引导学生明辨是非、善恶、美丑和荣辱。要引导学生从身边的小事做起，"勿以善小而不为，勿以恶小而为之"。要逐步树立起学生的社会主义荣辱观和价值观，确立远大的抱负和志向，增强学生的爱国主义情怀、集体主义素养。要使学生明确人生的目的，端正生活的态度，养成积极健康的行为习惯。

（二）做好班级的管理工作

规范班级的日常管理，维护班级良好的教学与生活秩序，培养学生的规则意识、责任意识、担当意识和集体荣誉感、自豪感，营造民主和谐、团结互助、健康向上的集体氛围。坚持

① 蔡蓓．中学班主任角色冲突、工作满意度、工作倦怠与工作绩效的关系研究[D]．南昌：江西师范大学，2009．

② 姚俊．专职心理教师兼任班主任角色冲突之研究[D]．上海：华东师范大学，2009．

③ 尹俊恒．中学班主任类型的研究[D]．北京：首都师范大学，2005．

④ 李惠芳．小学班主任领导力现状调查研究[D]．上海：上海师范大学，2012．

⑤ 王昌平．班主任PM领导行为与班集体形成特点的相关研究[J]．川北教育学院学报，1992(2)：1-11．

⑥ 陈波．班主任领导行为、家庭教养方式对高中生学习成效的影响分析[D]．苏州：苏州大学，2012．

正面教育为主，对学生的点滴进步及时给予表扬和奖励，对有缺点错误的学生要晓之以理、动之以情、持之以恒、导之以行，要进行耐心细致的批评教育。要做好学生的综合素质评价工作，客观公正地评价学生的操行，向学校提出奖惩的建议。要努力营造积极向上的集体氛围，形成富有特色的、充满活力的班级和团队文化。要加强安全教育，增强学生的自我保护意识和能力，维护学生的生命安全。

（三）组织好班集体活动

班级活动是良好班集体形成的基本条件，也是学生之间思想道德、知识能力等获得提高的基本途径。为此，班主任一定要注意指导班委会、少先队中队、团支部开展工作，担任好少先队中队辅导员，组织开展丰富多彩的团队活动。要积极开展班集体的社会实践活动、课外兴趣小组活动、社团活动和各种文体活动，充分发挥学生的积极性和主动性，培养学生的组织纪律和集体荣誉感。

（四）关注全体学生的全面发展

关心爱护全体学生，平等对待每一个学生，尊重学生的人格尊严。教育学生明确学习目的，端正学习态度，激发学习兴趣和学习动机，掌握正确的学习方法和学习策略，养成良好的学习习惯，增强创新意识和学习能力。了解和熟悉每一位学生的特点和潜能，善于分析和把握每一位学生的思想、学习、身体、心理的发展状况，科学、综合地看待学生的全面发展，及时发现并妥善处理可能出现的不良后果和问题。要注意倾听学生的声音，关注他们的烦恼，满足他们的合理需求，有针对性地进行教育引导，为每一位学生的全面发展创造公平的发展机会。要采取多种方式与学生展开沟通，有针对性地进行思想品德教育，促进学生德、智、体、美、劳全面发展。

（五）综合利用各种教育资源

班主任是学校教育第一线的骨干力量，是学校教育工作最基层的组织者和协调者。履行好班主任的工作职责，必须树立科学先进的教育理念，遵循中小学生身心发展的规律，运用正确有效的教育方法。班主任老师不仅应该努力协调好各任课教师，做好班级的管理与建设工作、学生的引导和教育工作，积极支持少先队、共青团、班委会开展班级活动，还应该成为沟通学校、家庭、社会的纽带，及时了解学生在家庭、社区和社会的表现，引领家长和社区及其他社会教育机构，共同做好学生的教育管理工作。

三、班主任的角色定位

定位班主任的角色，可以有不同的标准和视角。从目前国内外研究来看，主要存在着以下几种定位观点。

（一）以班主任工作职责进行的定位

1. 教育者角色

班主任作为“中小学日常思想道德教育和学生管理工作的主要实施者”，其工作对象是中小学生，而不是成年人；工作目的是发展人，而不是控制人。因此，班主任的工作方式主要是教育，而不是管理。虽然教育离不开管理，且适当的管理可以促进教育，但教育并不等同于管理。因为，教育和管理并不是一回事。教育的核心是发展，而管理的核心是秩序；教育以提升为手段，而管理以约束为手段；教育的目的在于灵魂转向，而管理的目的在于行为制约。教育者以人为本，关注学生的全面发展，而管理者以任务为本，关注工作的完成情况。

所以，班主任首先是教育者，其次才是管理者，管理是为教育服务的。一方面，应坚持育人为本，德育优先。立德树人，引导学生形成正确的世界观、人生观、价值观；培养学生团结互助、诚实守信、遵纪守法、艰苦奋斗的良好品质；加强公民意识教育，树立社会主义民主法治、自由平等、公平正义理念，培养社会主义合格公民。要把德育渗透于教育教学的各个环节，贯穿于学校教育、家庭教育和社会教育的各个方面。另一方面，应坚持能力为重，全面发展。班主任要着力提高学生的学习能力、实践能力、创新能力，教育学生学会生存生活，学会做人做事。

2. 组织者角色

班级是学校的基本单位，是学生成长的摇篮，是班主任工作的基地。作为“班级工作的组织者”和“班集体建设的指导者”，班主任因班级的存在而存在，他既是一“班”之“主任”，又是班集体的一分子。苏联教育家苏霍姆林斯基曾指出：班集体是在共同的思想、共同的智力、共同的情感、共同的组织的基础上建立起来的，是一种不可替代的教育资源，是学生成长最直接、最有影响力的课堂。一个深思熟虑的教师和班主任，总是力求在集体中创造一种共同热爱科学和渴求知识的气氛，只要“教育了集体，团结了集体，加强了集体，以后，集体自身就能成为很大的教育力量”。因此，班主任应以指导班级建设为契机，对学生实施集体教育，推动班集体共同成长。其实，小到班级座位编排，大到班级活动开展，班级组织与管理工作说起来容易，做起来却纷繁复杂。从时间上来看，从开学时的入学教育和组建班级，到毕业时的档案整理和升学教育等，跨度长达十余年；从空间上来看，不管是课堂上的纪律管理还是课后的卫生检查，不管是校内的班级活动还是校外的社会实践，其工作范围都非常宽泛。

3. 协调者角色

班主任工作的复杂性意味着要做好学生工作仅凭一己之力是不可能的，需要经常与任课教师和其他教职员工沟通，主动与学生家长、学生所在社区联系，努力形成教育合力。众所周知，学校、家庭及社会三者的地位与作用各不相同：家庭教育是基础，学校教育是主体，社会教育影响最广。因此，班主任既要做到内外协调、左右沟通、相互促进，成为沟通学校、家庭、社会的纽带，又要充分认识到学校、家庭和社会三者的不同地位与作用，在工作中有所侧重，使其相得益彰。一方面，在校内既要处理好与年级组长、教务处主任及副校长等上级领导的关系，做到“上情下达”和“下情上传”，又要协调好与任课教师、心理班主任、宿舍管理员等同级教职员工的关系，做到左右沟通、相互促进，争取他们的支持与配合。同时还要处理好学生与班干部、学生与教师及学生与社团组织等班内外的各种关系。另一方面，与家庭的联络，既可采取家访、电话、短信、家校联系簿等“一对一”的方式，也可采用家长会、家长系列讲座、家长委员会、家长学校及学校开放日活动等“一对多”或“多对多”的方式。与社会的沟通，既可采取邀请模范人物、先进个人等来班级开展讲座等“引进来”的方式，也可采用组织学生去社区、企事业单位参与社会实践等“走出去”的方式。

4. 职业者角色

“作风正派、心理健康、为人师表”等选聘条件要求班主任身兼“公民”、“教师”和“班主任”等多重身份，在遵守相关法律法规的同时，更需遵守职业道德规范，提高自身职业伦理水平。然而，近年来，一方面教师职业从社会教化的神坛上跌落下来，“妖魔化”的教师事件层出不穷；另一方面学生殴打教师、学校侵犯教师培训权与报酬权等教师权益遭到侵犯的事件也屡见不鲜。为此，从小到个人的言行举止，大到工作中有效维护学生和自身权益，都需要班主任在相关规定的框架下正确地行使权力和履行职责。一方面，班主任在工作中须遵守相关法律法规与职业道德规范，不得做出有违职业规定的行为。常见的班主任职业失范或违法犯罪现象有：言辞不当、有偿家教、乱收费、强迫订购教辅材料、收受他人财物以及侵犯学生受教育权、人身权、隐私权等。情节较轻者，会受到一定的处罚；情节严重并构成犯罪者，则要承担相应的刑事责任。另一方面，班主任有权维护与公民、教师和班主任身份相应的合法权益。常见的侵犯班主任权益的现象有：来自学生和家长的人身伤害，同事的侵犯，学校和相关管理机构对聘用、培训、薪资等权益的侵犯行为。班主任可采取的维权途径有申诉、人事仲裁、行政复议及诉讼等。

5. 学习者角色

随着班主任专业化运动的推进，班主任并不是每个教师都能胜任的，要想成为一名合格的班主任，必须经过专门的训练，掌握系统的专业知识，具备熟练的专业技能。另外，社会信息化、经济全球化、价值多元化等也对班主任工作提出了新的挑战，中小学生成长的新情况、新特点和家庭背景的复杂化更增加了教育管理的难度。因此，班主任加强培训与学习，走向专业化，既是班主任职业发展的应然取向，也是教育管理工作持续发展的现实诉求。一方面，班主任要向理论学习，即学习新的教育管理理念，系统地掌握教育管理的相关理论。理论学习既可通过个人自学形式，也可通过参与培训学习的方式。教育部自 2006 年 12 月起建立了“中小学班主任岗位培训制度”，要求班主任在上岗前后半年时间内均需接受不少于 30 学时的专题培训，内容包括班主任工作基本规范、学生心理健康教育指导、班级活动设计与组织、班级管理、未成年人思想道德教育、教育政策法规等相关专题。另一方面，班主任也要向实践学习，即在借鉴国内外优秀班主任实践经验的基础上，不断探索与创新班级管理的新理论与新方法，形成自己的教育管理智慧。只有理论结合实践，知行合一，才能形成属于自己的教育智慧。

（二）以班主任人际交往进行的定位

1. 家长角色

开展班级工作，要以学生的健康成长为工作出发点，以学生的前途和发展为终极目标，让每一个学生鲜活的生命得到珍视，独特的个性得到发展，人生得到充实。在学生面前，班主任要扮演家长角色，以家长的身份出现在学生面前。教育学生时，语气要平和，态度要诚恳，方法要得当，正如父母在和子女对话一样，学生在这种状态下，紧张情绪必定会减轻许多，利于双方沟通。给学生细致入微的关心和爱护，把他们当成自己的亲生骨肉，以家长的身份关心每一位学生的学习、生活情况，培养他们良好的学习习惯和生活习惯。尤其是对那些成绩比较差、单亲家庭、离异家庭的学生或留守学生要给予更多的关爱。比如，夏天到了，班主任教学生如何防中暑、防溺水，告诉他们不要在烈日下行走、曝晒。春天来临，班主任教学生如何预防感冒，经常在办公室备一些感冒药，给学生熬一些预防春季传染病的中草药喝。冬季到了，班主任提醒学生要穿暖和一些，不在于穿新，在于穿多等。让学生感受到自己的进步是“家长”的快乐，自己的健康成长是“家长”的“莫大幸福”。

2. 校长角色

在学生家长面前，班主任应充当校长角色。处理学生之间发生的事，除了公平、公正、讲究方式之外，还要让学生信服、家长信服、社会信服，经得起家长、学校、社会的检验，甚至历史的检验。在工作中，有些班主任将自己的手机号码、QQ 号码、微信号、电子信箱、博客都公布给学生家长，让他们随时随地都能联系到自己。无论家长打电话，还是直接到学校来访，班主任都持欢迎态度，像接待客人那样接待他们，先给他们倒水，再介绍学生情况，对家长提出的问题，热情细致地加以解答，以诚相待。时间长了，家长也就信任班主任，从而与班主任建立了亲密的关系，这无疑更加有利于班级管理工作的开展。

3. 班长角色

班集体的成绩就是班主任的成绩，班集体的落后就是班主任的落后，学生的过错就是班主任的过错，学生的耻辱就是班主任的耻辱。为此，班主任应时刻做到与班集体共荣辱。在学校面前，班主任代表的就是班级整个集体的形象。班主任要担任好班长角色，就要在班级管理中，依据学校对学生提出的要求和规定，和学生一起制定班级学习制度、纪律规范、常规管理、作息制度、生活规则。班主任要明确地告诉学生，每个班级成员的一言一行代表的不仅仅是个人，而是整个班集体。班主任和大家紧紧团结在一起，同参与、共活动，同学们的集体荣誉感大大增强，积极为班集体献计献策、出力流汗，这样的班级一定会朝着好的方向发展。

4. 学生角色

在任课教师面前，班主任就是班级学生中的一员，应站在学生的立场和角度与任课教师交流，向学校反映问题。比如，哪门学科的教师不注意研究新课程标准，讲课脱离教材内容，教学方法不得当，学生学习积极性不高，班主任就直接和学科教师沟通；某些教师布置的作业量大，加重了学生的负担，班主任就直言不讳地反映给该学科教师；有的教师批评学生时不注意方式和方法，伤了学生的自尊，影响了师生之间的感情，班主任就直接和教师交流，提醒他们注意方式，共同构建和谐的师生关系。有时学校组织考试，班主任也可以以学生的身份，及时地将班级学生的考试情况，包括成绩、差距、经验、教训、学生失分的原因等细致地做出总结，以书面形式向学科教师汇报，以便学科教师取长补短，改进教法，提高质量。当然，充当学生角色的班主任，还应虚心听取各任课教师对班级的意见，并努力做到让他们满意。实践证明，以学生的角度、学生的视野、学生的思维、学生的观点来思考和处理学科教学问题和师生关系，是最为行之有效的班级管理理念和方法。

（三）社会学视角下班主任的角色定位

1. 班级工作的设计者

班主任作为班级工作和学生发展的设计者，即以学生社会化为工作目标，以教育社会化为工作导向，以社会学和社会心理学为理论方法，将教育社会化的思想融入班级工作和学生工作的方方面面，并做出计划和构思。班主任作为班级工作的设计者是社会化目标长期性和综合性的要求。社会化作为一种长期的、综合性的教育目标，在教育实践中常常要求模拟社会情境，对前期计划、现场控制、后期总结的要求非常高。无计划、不设计的工作方式会造成班主任工作的杂乱无章、重点不明、目标模糊等问题。因此，工作设计成为教育社会化视角下班主任一项非常重要的工作。

2. 班级事务的领导者

班级事务的领导者是指班主任在班级事务中，既要发挥教育、指导的作用，又要避免过度参与具体的执行和管理，因此合适的角色应该作为领导者。班主任作为班级事务的领导者，有两方面的原因：一是使学生代替老师成为班级事务的主要执行和管理者，是实现教育社会化目标的要求。学生进入社会之后，面临的工作环境往往是为达成某一目标而建立的社会组织，要在这样的组织中生存乃至取得更好的发展和晋升，必须具备人际交往能力、与他人合作的能力、自我管理能力等，这些能力是社会发展的重要部分，需要在群体组织事务中得到锻炼和发展。二是学生并不是真正成熟的社会个体，班主任不能完全放弃对班级事务的参与，而应该对学生的行为做出引导和纠正，以保证学生社会化发展的正确方向，促进其社会化发展的进程。因而，班主任需要充当班级事务的领导者。

3. 班级社会的模范成员

班主任作为班级社会的模范成员有两层意思：一是作为班级社会的成员，与其他成员是民主平等的关系；二是班主任应当成为模范的成员，对其他成员形成良好的社会示范。一方面，班主任与学生的平等民主关系是教育社会化的要求。现代社会是民主社会，学生进入社会后，面临的人际关系主要是平等关系，这种关系有利有弊。个体既需要自我决策和自我约束，无法由他人替代决定和加以管束，同时也具备更大的自由度，有了更多表达和实施自我意愿的机会。在传统的班主任角色下，很多学生在脱离学校和家庭的约束和保护之后，可能面临无法自我决策、缺乏自我约束能力或者不懂得争取自己的正当权利、压抑自己意愿等困境。处理独立、平等、民主的人际关系也需要训练，班主任应当重新审视与学生的关系，在班级中建立平等民主的氛围，以训练学生适应和处理这种人际关系的能力。另一方面，学生作为尚不具备良好社会功能的个体，如何表达自己的意愿、争取自己的权利、约束自己的行为、做出正确的决策等都需要一个具有良好社会性的个体进行引导，班主任就是最合适的模范人物。

4. 班级社会活动的对外联系人

班级社会的对外联系人是指班主任应该应班级和社会需求，与外界保持联系。班主任对外联系的角色是教育社会化目标的要求。学生进入社会后，最重要的社会适应能力就是融入社会、参与社会活动的能力。这样的能力需要在真实的社会环境中进行训练和培养，因此，使更多的社会力量参与到教育中来，使班级更多地接触社会，参与社会活动，进行社会互动是满足教育社会化要求的不二选择。但是，学生作为“准社会人”，尚不具备完全独立地进行社会活动的能力，主要体现在：没有足够的人脉关系和消息源；能力、判断力不足，缺乏关于社会规则和社会关系的知识；身心上还处于弱势地位，不完全具备自我保护的能力；由于长期以来的社会传统意识，社会不太理解中学生参与社会活动的意义，会采取轻视和忽略的态度。班主任就应当充当班级的对外联络人，帮助和保护班级的社会活动顺利进行。

（四）精神关怀视角下班主任的角色定位①

1. “精神关怀”的价值意蕴

“精神关怀”这一术语来自英国，原指教区的牧师或主教给予教区内教民的关心与帮助。现在，“精神关怀”一词的使用超出了宗教范围，是被英国、澳大利亚、新西兰、新加坡等国家用作精神教育的一个术语。对学生“精神关怀”，是以人为本的教育本质的规定，是教育人性化的表现。它反映了班主任教育劳动的性质，即班主任所从事的是以心育心、以德育德、以人格育人格的精神劳动。

第一，班主任要学会精神关怀。我国学者班华对于班主任作为学生的精神关怀者有专门的论述。他认为，班主任最根本的教育理念、最重要的教育品质就是对学生的精神关怀。

① 齐学红.新编班主任工作技能训练[M].上海：华东师范大学出版社，2007：5-18.

精神关怀内容广泛，其中关心、理解、尊重、信任是关怀情感的基本表现，也是学生基本的精神需求。作为班主任，要学会关心、理解、尊重、信任学生。关心与理解是紧密联系的，在关心中获得理解，理解学生才能善待学生；关心以尊重为前提，也是尊重的表现；信任也是尊重的一种表现，对学生尊重、期待与信任会给他们带来愉快的体验。

第二，精神关怀是学生成长的需要。学生的成长过程是身体发育和精神发育的过程。学生的精神发育需要一个稳定的、适宜的、和谐的环境。学生成长过程中出现的心理偏差，需要精神关怀去发现和矫正；学生的心理创伤，需要精神关怀去抚平。目前，就家庭教育来说，存在着过分重视物质需要、对孩子学业期待过高和对学校教育过分依赖等现象；就社会教育而言，存在着成人追求多元化、成人社会教育意识缺失等问题。这些问题给学生带来了难以回避的负面影响，对学校教育提出了更高的要求，学生对精神关怀的需求显得尤为突出。

第三，精神关怀是班主任专业化的需要。精神关怀不仅是班主任专业劳动的核心内容，更是班主任专业化的核心内容。从外在的、日常教育活动的层次看，班主任的工作是组织、教育、管理班级学生；从内在的深层次看，班主任是学生的精神关怀者。班主任要关心学生的全面发展，而关心学生的精神生活和精神发展是其核心部分。

2. 从“知识关怀”到“精神关怀”

班主任要成为学生的精神关怀者，就要从对学生的知识关怀转向精神关怀，从知识本位的教育转向人本本位的教育。班主任不仅要关心学生的学习成绩，关心他们的生活状况，更要关心学生的内心世界，关心他们的情感、情绪及其精神生活。哲学家雅斯贝尔斯认为，“教育过程首先是一个精神成长过程”。确实，教育过程首先是一个精神成长过程，然后才成为科学获知过程的一部分。在应试教育还在顽固地影响人们的选择，学校的课程设置过分强调知识、技能的大环境下，我们尤其要倡导教育的精神关怀。这与基础教育课程改革所倡导的理念是一致的，即让学生从学习知识、技能的过程中，使其情感、态度、价值观得到协调发展。

每个学生都有自己的发展优势。从智力发展而言，班主任应该据此提供合适的、具有差异的教育；从精神发展而言，教师应该给学生多一点鼓励，多一点期待，这对学生发展是极其重要的。研究表明，对学生持有良好的期望，会帮助学生克服心理和现实的种种障碍，取得令人吃惊的成绩；反之，以有色眼镜看学生，会对学生产生较强烈的“我不行”的心理暗示，从而影响学生身心的健康发展。在班主任的工作实践中有许多成功的做法和经验，如开展奖章评比活动，对暂时落后的学生“借一枚奖章给他”等，这些起到了激发学生积极性、自觉性的效果。无论何时，我们应该树立这样一种信念：每个学生都具有发展的潜力，只要为他们提供合适的教育，每个人都会获得成功的人生体验。教育是关注人的灵魂的一项事业。没有精神关怀，就没有真正的教育。班主任是一个特殊的教师群体，是学校中进行道德教育的主要承担者，因此必须学会精神关怀，把教育的智慧与艺术贯穿于日常工作的每一个细节之中，培养出全面发展的人才。

3. 关心学生的心理健康

青少年正处于身心发展的重要时期，随着生理、心理的发育和发展，竞争压力的逐渐增大，社会阅历的扩展及思维方式的变化，他们在学习、生活、人际交往和自我意识等方面可能产生各种各样的心理问题。如果这些问题得不到及时解决，将会对学生产生不良的影响。

因此,对学生进行心理健康教育,是班主任的重要任务之一。班主任要在日常生活和学习中关心学生的心理健康,为学生创设良好的心理氛围,维护学生的心理健康。

第一,要做学生心灵的倾听者。班主任要耐心倾听学生的心声,使学生感到你是可以信赖的人。这样,就能使他们主动地进入谈话的角色中。师生之间应当建立一种相互信赖、彼此坦诚的人际关系。这种互相信赖的关系,从第一次见面或谈话就要注意培养。谈话中,班主任要表现出对学生所谈的问题感兴趣,注意听,而且听得懂,才能打开学生内心世界的钥匙。

第二,对学生不良情绪进行调适。教师要善于对学生的不良情绪进行调适,使学生保持一种良好的心理状态。情绪就是几个小时、几天甚至几个星期持续地影响一个人的意向的体验。由于各种原因,学生会产生悲观、焦虑、愤怒等不良情绪。对待学生的不良情绪,最好的办法是让他发泄出来,然后因势利导,使之放松心情,尽快进入学习状态。

第三,要用爱滋润学生的心灵。青少年有一种积极向上的心理状态。班主任要有一颗爱学生的心,善于发现和把握他们心灵中闪光的东西,点燃他们自信心、自尊心的火种。每个人的身上既潜伏着自卑、虚荣、报复、破坏等恶的种子,也潜伏着宽容、理解、同情、关爱等善的元素。如果缺乏爱的滋养,学生身上所潜伏的恶的种子就会无节制地疯长。班主任的爱,可以滋润学生的心灵。

4. 培养学生的关怀精神

班主任不仅要成为学生的精神关怀者,更要注意培养学生的关怀精神。因为现在的中学生大多是独生子女,他们时时刻刻被关注着、关怀着,这就有可能使他们形成以自我为中心,不会站在别人的角度考虑问题。所以,班主任要帮助学生走进他人的世界,学会关心他人。

第一,走进同学的世界。一方面,要营造班级真诚对话的气氛。班主任要以一些特殊事件作为切入口,给学生之间创造真诚对话的机会。可以先让学生用写的方式表达自己的想法,这就减少了一味地相互抱怨,让学生学会心平气和地交流。还可以建立班级的网上家园,或是班级网页、班级博客,让每个人在网上家园中相互了解、相互帮助。另一方面,通过开展班级活动,如班级讨论课、主题班会等,搭建真诚对话的平台。在讨论课上,教师要组织学生讨论遇到的一些事情,可以是刚刚发生的愉快的事,可以是同学之间发生的一些矛盾,可以是学习中遇到的困难等,帮助学生相互理解,激励学生帮助别人。不仅如此,班主任通过行动强化对话意识,比如让学生走近同桌,了解他的爱好、个性,学会和同桌相处。班主任可以布置任务:给周围的同学写评语,要求发现他人的优点;详细写下同学所做的让你感动的事;欣赏同学的书面作业;完成一些需要合作的工作或者作业等。

第二,走进教师的世界。帮助学生走进教师的世界,让他们发现:教师和自己的父母一样是平凡的人,他和蔼可亲,无须畏惧。帮助学生走进教师的世界,可以先从走近班主任开始。班主任和学生走得近一些,给学生讲述自己的家庭,讲述自己的喜怒哀乐,让他们看见教师生活中真实的一面。你会发现,学生的眼睛会亮起来。此外还要帮助学生走近任课教师。班主任不妨透露一些任课教师的业余爱好以及与教学无关的个人特长,满足学生对老师的好奇心。严厉一些的任课教师,学生总是有些害怕,但总有个别学生不但不怕而且喜欢,那就让全班知道个中原因,让大家都喜欢该任课老师。

第三,走进父母的世界。帮助学生走进父母的世界,一方面要让学生了解自己的父母:

父母小时候是怎么玩的？父母最喜欢的色彩是什么？最喜欢吃的食物是什么？他们是什么时候结婚的？虽然父母是你最亲近最熟悉的人，但是你会发现父母身上有着你不知道的世界。另一方面，要教会学生感谢父母。让学生不仅要把感激之情说出来，还要写出来、做出来。班主任可以安排学生完成一项特殊的作业：向爸爸妈妈说一声“我爱你”。不仅仅说一次，而且要经常表达，让父母知道你爱他们。这样，学生会对父母有新的认识，和父母的关系也会更加融洽。在母亲节、父亲节的时候，要提醒学生给父母写一封信，感谢父母的养育之恩；在父母生日的时候，班主任要提醒学生买枝鲜花、买张贺卡表示祝福。班主任还可以布置一项长期的家庭作业：为父母分担一些家务，哪怕是为父母端茶送水。通过这些做法，帮助学生走进父母的世界，体味父母那份最深沉、最永恒的情感。要知道，一个能够感激父母、感恩父母的人，才能热爱别人，热爱生活。

（五）核心素养视角下班主任的角色定位①

“核心素养”的提出是全球化和信息化时代我国做出的对人才质量标准的重新定位。尽管我国针对“核心素养”的研究尚处在基础层面，但目前已经有不少学校开展了针对培育学生“核心素养”的教学实践，例如，清华大学附属小学建构并实施了基于学生核心素养发展的“1＋X”课程等。可是从某种层面来讲，培育学生“核心素养”的首要工作就是要重新审视班主任的角色，并且重新塑造适应学生“核心素养”发展需要的班主任角色。

1. 与任课教师之间，班主任应由协助者转变为班级教师团队的核心

在传统的任课教师和班主任的职责中，班主任负责对班集体的管理，任课教师负责相应学科的教学，任课教师间沟通协作较少、各自为政。当任课教师在教学过程中发现有关学生的异常情况时往往会将信息反馈给班主任寻求协助，而相反，班主任在管理班级过程中却很少会要求任课教师的经常参与和协助。究其原因，班主任和任课教师之间相互独立，并无从属关系，这就导致了班级的教师团队相对松散，缺乏大局观。而这样的格局对学生“核心素养”的培育显然有所缺陷。

学生“核心素养”的一个显著特征就是综合性、跨学科。这意味着，一门素养的培育需要多门学科教师的协同发力、密切配合。而班主任作为本班级所有学生综合素质健康发展的责任人，就需要由协助者转变为班级教师团队的核心，统筹班级全局，聚合群策群力。例如，在教学研讨中，班主任要打破学科界限，发挥核心作用，以班级为单位，组织本班级不同学科的教师一起研讨，共同交流讨论问题，开展针对学生“核心素养”与学科整合的专项课题研究，各抒己见，明确各自的任务分工，在共事中共同发展。同时，班主任可以组织各种类型的教师非正式交往活动，让任课教师在更宽松和自由的氛围中感受团队建设的必要性。

由此可见，班主任需要以培育学生“核心素养”为核心，汇集班级任课教师的力量，形成有和谐一致的价值取向、相通相融的教育行为、系统协调的教育功能的教师教育合力。

2. 与家长之间，班主任应由反馈者转变为亲子沟通的智慧参谋

在传统的管理方式中，班主任主要是对学生的在校行为表现进行管理和约束，跟家长的交流沟通也仅仅是针对学生在校期间的行为习惯，充当着学生在校情况的反馈者。可是，在校外班主任与任课教师一样，是与学生、家长相互脱离的，是不参与学生校外生活的局外人。家长在与学生沟通环节出现的问题以及学生在课外生活中遇到的困惑很少得到班主任的有

① 蒋维西．基于学生“核心素养”发展的班主任角色转型[J]．现代中小学教育，2017，33(4)：62-65．

效帮助和引导；甚至有的学生在与父母产生矛盾后诱发心理问题，这时作为局外人的班主任也无法对此类学生进行有效干预和疏导。但是，当学生“核心素养”被提出后，我们可以发现“健康生活”“责任担当”等素养并不是学生在学校就可以完全习得的，况且学生生成相应素养更需要在生活情境中不断反思，因此这使得家庭作为第二课堂的作用越发凸显，亲子有效的沟通交流成为必不可少的环节。

如果说学校教育为学生生成核心素养提供关键场域，那么家庭教育则是学生素养内化升华的重要环节。可是，当前随着生活节奏加快，很多家庭并不知道如何开展家庭教育，甚至亲子沟通都存在一些障碍。这时，就需要班主任由学生在校情况的反馈者转变为亲子沟通的智慧参谋。例如，在家长与学生由于思维方式不同产生沟通隔阂的时候，作为亲子沟通智慧参谋的班主任，要通过对学生的日常关注及时发现问题，对家长的家庭教育提供咨询和建议，使家长逐渐理解子女身心发展的特点；同时，形成“课内与课外一盘棋”的格局，将学校教育与家庭教育有机统一起来，针对培养学生“健康生活”“责任担当”等素养，积极沟通家长，建立常态化的家校研讨，形成家校合力。

除此之外，尤其重要的是班主任要意识到学生在生活情境中反思的重要性，与家长联盟，共同为学生创设反思的环境条件。要帮助学生在课外生活、在与父母的沟通互动中对自身的行为习惯和思维方式进行有效反思，促进学生在与父母的生活实践中，学会运用反思提升“健康生活”“责任担当”等素养。

3. 与学生之间，班主任应由管理者转变为学生自治管理的组织参与者

在传统观念中，班主任的主要任务是规范和指导学生的在校行为表现，关注学生的内心世界，是学生全面成长的关护者。在实践中，班主任常常却以领导者的姿态出现，充当了管理者甚至是直接指挥者的角色。因此，传统的学生作为班级的一员是处在被动接受命令、被支配、被控制、被管理的状态。然而，随着学生发展的“核心素养”被提出，“在社会异质团体中互动”即“社会参与”作为学生“核心素养”之一，成为基础教育阶段高度重视的育人目标。显然，依靠原先的陈旧管理方式，已无法继续适应当前的新环境。

在有效培育学生“社会参与”的素养过程中，班主任不可能再是传统班级管理中“说一不二”的领导者，而是要帮助学生摆脱被动接受命令的习惯，给学生充分的自主权，有效地组织学生在自主管理中发现自我的价值。而学生作为班级管理的主角，通过与同伴积极有效的沟通交流，迸发管理智慧的源泉，生成合作协商的民主意识。这样具备民主氛围的班级就要求班主任由班级事务的管理者转变为学生自治管理的组织参与者。除了具备“学生本位”的意识，还要拥有组织学生的智慧，引导学生在自主管理班级事务中发现疑难、寻找解决对策、合作协商解决疑难。例如，针对下午第一节课班级学生学习效率不高的情况，班主任可以组织学生在班会课畅所欲言，学生之间相互讨论找出原因后，由每位学生分享一个对策，再由各小组讨论可行性。在这个过程中班主任要关注每位学生的表达方式和性格特点等因素，从而确保每位学生都可以参与班级事务。同时，班主任作为组织者，还应该帮助性格内向的学生，培养他们敢于表达自己的观点，更好地融入学习共同体当中。

需要注意的是，给学生主动权并不意味着班主任可以成为旁观者，相反，班主任不仅要对学习共同体处理班级事务时的策略做出指导和反馈，还应与学生深度讨论，运用苏格拉底的“产婆术”，从不同维度引导学生形成批判性思维，辩证地思考问题、处理事务，对学生自主管理班级的过程与方法做出综合性的评价。在围绕班级事务的管理过程中，班主任与学生

的关系真正从传统的“命令官—办事员”转变为平等的“朋友—朋友”，真正实现师生之间的民主平等和教学相长。

第三节　班主任角色的新探索

伴随着基础教育新课程改革的不断深入推进，以及教育供给侧结构改革、“互联网＋教育”等教育新常态的出现，我国班主任制度也处于变革与发展之中，班主任的角色由此也悄然出现了一些崭新的变化。

一、全员班主任制

所谓全员班主任制，是指为了解决班主任负担过重的问题，每班安排一名有班主任工作经验的教师任中心班主任，负责该班的总体管理工作，其他科任老师则任副班主任，各自负责学生管理某一方面工作的班级管理模式。全员班主任制是实行全员德育的有效尝试。一是有利于教师传道、授业、解惑的合一。长期以来，每班只设一名班主任，既传道，又授业解惑，科任教师则“专”上文化课，只授业解惑，不传道，无形中弱化了其育人功能，加重了班主任的德育负担。全员班主任制，把学生的管理和教育按项目划分给每一位科任教师，促其既授业解惑又传道，班级德育由单人实施变为群体共进，势必让每个学生得到教师更多的关注，为实现“全员、全方位、全过程育人”创造条件。二是有利于提高德育成效。全体教职工都在不同岗位上担负起育人责任，可以将德育工作做得更细致深入，提高管理的科学性。三是有利于培养锻炼班主任后继者。

1992 年下半年，山东省招远市亲家河乡初中在全校范围内实施全员班主任制。具体做法是：每班安排一名具有班主任工作经验的骨干教师任中心班主任，负责该班的总体工作。其他科任教师则根据每个人的工作特点和班级等情况编排到相应班级任副班主任。同时按《中学德育大纲》《中学生日常行为规范》的要求，把班级学生学习、班风建设、两操一课、课外实践、爱护公物等方面分由各副班主任负责，建立责任制，实行目标管理。该制度的实施收到了明显的效果，表现出了较强的德育优势。①

2005 年，山东省高密市仁和镇在全镇小学高年级以上年级试行全员班主任制。其操作办法如下：第一，自愿申报，双向选择。每学年教职工聘任伊始，教师自愿申报担任正、副班主任工作，然后由学校依据个人水平和志愿聘任正班主任，正班主任按双向选择的原则选定本班的副班主任。为了避免“和尚多了没水吃”的现象，每班只设正、副班主任各一名，其余未被聘任为班主任的教师由个人自愿申报值勤教师岗位，在课余时间负责本班学生常规管理工作。第二，相互关联，同舟共“积”。各校把学生学习、生活、纪律等一日常规进行分解，由正、副班主任及执勤教师分工负责，事事有人管，并进行量化考核，每周一公布，期末汇总。在对正班主任的考核中，本人量化成绩占 2/3，副班主任的成绩占 1/3；在对副班主任的考核中，本人量化成绩占 2/3，正班主任的成绩占 1/3。考核结果与绩效成绩、绩效工资和校内职务挂钩。由于正、副班主任教师在考核中相互关联，所以双方必然在尽职尽责的同时，相互帮助，相互支持，从而实现共同提高。为了鼓励优秀教师担任正班主任，在聘任方案中规定：

① 王守勤，李守文．“全员班主任制”对实施德育工作的优势[J]．山东教育科研，1995(1)：17.

全校副班主任考核成绩最高相当于正班主任的第 2/3 名，而值勤教师的考核成绩最高相当于副班主任的第 2/3 名，既不担任正、副班主任，又不担任值勤教师的专任教师，其“教育水平”考核为 0 分，这样就从制度上保证全体教师都担负起育人责任。①

从目前情况来看，实施全员班主任制需要处理好以下几个问题：一是在全员班主任制的环境下，各班主任之间的意见要达成一致，否则会因各自的教育习惯、教育方法的差异而造成学生认知混乱，难以形成班级教育合力，降低教育效能。二是班主任间的权责要明确界定，否则易造成责权混乱。三是要制定互相关联的考核激励机制。各班主任之间特别是正副班主任的绩效要彼此相关联，平时进行量化评价。年终评比时，按平时成绩算入考核。四是要注意发挥学生自主管理的积极性，否则会由于班主任课间过于频繁的管理，降低学生自我管理的积极性。

二、专职班主任制

所谓专职班主任制，是指学校委派教师专职从事班级管理与教育工作，全职充当班主任角色。其具体职责是：维护班级课堂纪律，及时了解学生学习生活情况；做好学生思想教育工作，及时与家长沟通，向学校主管科室汇报学情，处理班级突发事件等。专职班主任制一般是在大学和中职学校实施。专职班主任制的推行，一方面有利于学校为学生提供优质的教育服务。由于全面贴近学生，专职班主任能感受学生的喜怒哀乐和酸甜苦辣，了解学生关注的热点问题，及时为学生释疑解惑，为提高学校教育质量奠定基础。另一方面，也有利于教师自身素质的提高。专职班主任由于专事班级学生教育与管理工作，可以使学校教师教学与管理相对分开，容易促进教师专业化，也能促进班主任专业能力的提升。

湖北省黄冈艺术学校较早实行这一制度，具体做法：一是班主任全程跟班，专职领学。专职班主任在跟班听课过程中，随时监督和掌握学生学习情况，并实施量化管理，作为班主任工作的依据。二是全程管理、定点办公。与学生同吃同住，及时了解、关心每位学生的学习和生活情况，了解其思想状况，实行“全天候、快节奏、严管理、重过程”的工作方针，达到“8 小时工作制，24 小时负责制”的要求。三是全面计划、整体协调全班学生学习、生活、课外活动。专职班主任与学生共同制订个体发展计划，以学生为主，并及时通知学生家长。②

然而，专职班主任制也面临着一些问题：第一，专职班主任需要管理的班级较多，往往是一名教师担任一个年级多个班或几个年级的班主任。工作负荷量重，责任很大，工作中难免顾此失彼。第二，专职班主任选拔标准较高，既不能是“保姆型”，也不能是专门维持纪律的“警察”式管理人员。专职班主任应具有以学生发展为本的核心教育理念：爱岗敬业、关爱学生的专业精神，以身作则、为人师表的专业道德，渊博的教育学、心理学、管理学等专业知识和较强的专业能力，而具备这些素质的人更愿意往专业上发展而非班主任工作。第三，对专职班主任的考核标准未量化，评价体系不够健全。专职班主任由于工作繁杂、压力大而职务上又难以提升，易滋生职业倦怠感。

① 郑连荣，门相海．实施全员班主任制　提高学校育人水平[J]．中小学管理，2005(7)：53．

② 余德文，邱珍．论中职学校专职班主任制[J]．职业技术，2005(9)：57．

三、AB 班主任制

所谓 AB 班主任制，是指为了解决班主任工作负担过重的问题，根据教师年龄、性别、学科以及个性特征和管理风格，在一个班级中配备 A、B 两名班主任共同管理班级的班级管理模式。其中，A 班主任为核心班主任，B 班主任为副班主任。实践证明，A 班主任和 B 班主任的优化组合，一方面能提高班级教育的针对性和有效性。通过共同设计班级建设方案，能使班主任的学科知识、性格、性别、特长与能力等在合作中优势互补，共同提高班级管理水平。另一方面，A 班主任和 B 班主任适当分工，既可培养班主任后备力量，也可以让经验丰富的班主任挤出更多的时间和精力开展学习、研究，加速专业成长。

浙江省建德市严州中学在 2000 年开始了 AB 班主任制的实践。其具体实施步骤如下：第一，宣传发动。由学校大力宣传实施 AB 班主任制的背景、目的、意义、要求，并公布实施方案等，鼓励广大教师积极参与班主任工作。第二，双向选择。由教师本人向学校提出担任 A 或 B 班主任的申请，学校有关部门与教师双向选择；A、B 班主任之间也进行双向选择。第三，学校考核。学校对申请担任 A、B 班主任的教师进行德、能、勤、绩等的全面考核，根据学校班级管理工作需要，确定 A、B 班主任候选人；学校公布拟任人选，征求各方意见后，确定 A、B 班主任。第四，签订协议。学校与 A、B 班主任签订班主任工作协议，具体明确 A、B 班主任的权利与义务关系。第五，走马上任。根据职责要求，A、B 班主任分工管理班级工作。第六，优胜劣汰。根据《班主任考核条例》的要求，期末对 A、B 班主任进行考核，评选优秀班主任并进行适当奖励。工作业绩突出的 B 班主任可转聘为 A 班主任，工作业绩平平的 A、B 班主任将暂时失去担任班主任的资格。第七，总结完善。根据 A、B 班主任工作的实际需要，定期与不定期地进行 A、B 班主任的经验总结，提高班主任的管理水平。①

实施 AB 班主任制必须遵循以下原则：一是优化组合原则。学校在确定 A、B 班主任人选时，除了考虑新老、男女、文理学科搭配外，还要特别注意两人性格和工作方法的差异与相容度，以达到心理相容、优势互补的要求，否则会造成班主任间工作上的分歧，影响班级工作的开展。二是分工合作原则。要明确 A、B 班主任的权责，A 班主任全面负责班级管理工作，并负有指导 B 班主任的责任；B 班主任在 A 班主任的指导下参与班级管理工作。三是考核激励原则。学校如果没有完善的考核与评优激励机制，会造成 A、B 班主任工作中的懈怠，疏忽班级管理责任，降低班级教育成效。

四、学生助理班主任制

所谓学生助理班主任制，是指在教师指导下学生自我管理的班级管理模式。助理班主任可以是学生群体中的优秀分子个人，也可以是以学生小组形式的团体管理。一般而言，在中小学最好以小组形式实施，而在中职及大学则以个人为主。助理班主任不是班主任的代言人，也不是班干部的管理者，而是班级管理的执行者，主要负责班级常规工作，充当班主任的角色。助理班主任的工作方式大体有两种。

（一）由本班学生团队担任

在某一段时间内（通常为 3～4 周），让一组学生（4～5 人）负责班级常规管理工作，充当

① 王征.重点中学实行“AB 班主任制”的实践探究[J].上海教育科研，2005(12)：71-72.

班主任的角色。一组工作结束后，进行总结评比，另一组接替上一组的工作。几组学生轮换，使全班绝大多数同学参与班级管理，以培养学生自我管理能力。

例如，江苏省如东高级中学自2001年以来，推行助理班主任制，其实施步骤如下：第一，鼓励学生积极参与班主任工作。班主任利用班会课时间，做一次全面动员，让学生弄清这种制度对培养锻炼自己能力的意义。课后，找同学谈心，鼓励他们积极申请参与助理班主任工作。第二，成立助理班主任小组。根据学生自愿报名情况，把报名学生分成几组，每组4～5人，分组时注意男女、走读生与寄宿生、做过班干与没做过班干学生的搭配，力求各组同学之间各种比例的合理、均衡。第三，召开助理班主任小组会议。助理班主任小组成立后，先由该小组开会讨论工作思路及设想，由小组成员推举一位组长、两位副组长，同时，选出学习委员、劳动委员、生活委员、文娱委员等班干部，明确各自的分工和职责。班主任再召集小组成员，提出工作要求和目标，并倾听组员们的建议和要求。再利用班会课时间，对全班学生宣布小组分工情况，由组长向全班同学表态，对同学们提出要求和希望。第四，定期总结评比。在每小组工作期间进行两次总结评比。第一次是在一至两周后，对一两周以来本组工作进行总结、评价，由一名副组长进行总结，然后在班主任的主持下由全体同学打分（满分为10分），并对后一阶段该组的工作提出一些建议和要求。第二次是在该组工作期满后，由组长进行总结，仍然采用无记名方式进行打分，并推举两名组员为最佳助理班主任，作为学期结束评优工作的重要依据。

实践证明，学生亲自参与班主任工作，一方面体会到班主任工作的繁杂和辛苦，因而平时会更加尊重和配合班主任及其他助理班主任的劳动；另一方面，培养了自己的管理实践能力。由于各小组之间引入了竞争机制，各组组员工作十分认真，班级常规管理工作开展得有声有色。①

（二）由在校高年级优秀学生志愿者担任

他们在班级管理中地位高于学生干部、又低于班主任教师。其主要职责是帮助新生尽快适应新学校的生活，及时有效地处理班级管理中出现的问题，并进行必要辅导，以完成不同学段间的过渡，营造良好的班风和学风。

例如，2006年，广东省惠州商校在借鉴香港青马学院学生管理中实行的“学长制”“学长启导计划”经验的基础上，推行“学生助理班主任”班导模式。在全校范围内公开选聘高年级优秀学生担任一年级各班的“学生助理班主任”。通过公开选拔、培训、聘用和考核，有72名“学生助理班主任”持证上岗，分别担任2006级36个班和2007级36个班的助理班主任。受聘者大部分是校团委、校学生会、系部团总支、学生会和各学生社团的主要干部。② 在平常工作中，学生助理班主任采用日常跟踪制（正常上课除外），一操、一读、一晚修跟班，每天登记和汇总班级学生日常行为情况。对班级出现的异常行为进行及时处理，较严重的违纪行为及时向班主任汇报。通过他们，架起了班主任与学生之间的一座畅通桥梁。

实施助理班主任制，一方面能提高班级建设成效。助理班主任由于熟悉校园，来自学生，与学生没有代沟，因而其工作作风和方式更贴近学生实际，更有利于交心谈心，因势利导，达成情感上的认同，能很好地将制度管理与人文教育充分结合，达到润物细无声的教育

---

① 潘吉祥．“助理班主任”建设情况及几点思考[J]．教学与管理，2002(5)：16-17．

② 杨辉武．“学生助理班主任”班导模式[J]．中国科教创新导刊，2008(14)：237．

效果。另一方面，能够激发学生自主参与意识，培养学生自我管理能力，营造民主的班级管理风气，增强学生的集体主义责任感。

五、无班主任制

所谓无班主任制，是指各班不再设班主任一职，而是在学生自主管理的基础上，由年级班主任教师进行指导和宏观管理，以实现学生自我发展的班级管理模式。这种模式用“班级导师组制”来取代传统的班主任制，旨在培养学生的“主体意识和主体能力”。班级所有活动由导师组和学生共同计划，学生自主完成。教师由“管理者”变为“指导者”，教师以导师身份走进学生的情感世界，促进学生主体意识的觉醒，实现自主学习、自主管理和自我发展。这种改革尝试一经媒体传播，便引起社会广泛关注。

例如，上海市闵行中学自 1999 年 9 月起，在高一年级中进行“学生民主管理模式”的改革实验，取消班主任制，试行年级组班主任制，全年级 10 个班共 500 名学生，设 4 位班主任老师，一位任年级组长，总管全年级事务，其他三位分别担任学习、生活和品德的班主任。并通过全年级“学生代表大会”选出两级“学生管理委员会”成员，各班则成立执行班委会，由竞选成功的执行“班主任”主持班级管理工作。各班有 30% 的学生担任干部，任期一年。[①] 2004 年，吉林省长春市某中学在初二年级的 18 个班也实施“无班主任管理”制，由 4 位班主任教师负责全年级的学生管理工作，具体做法与闵行中学大体相同。[②]

实行无班主任制，必须注意处理好以下几个问题：第一，以 4 位年级班主任教师取代了原有的 18 名班主任，教师的精力能否应对得过来，如何调节。第二，需要在怎样发挥教师的主导作用和学生的主动性之间找到平衡。第三，学生自主管理习惯的培育与形成是推行这一制度的一个重要基础。第四，推行这一制度也需要整体的教育行动，需要一个良好的教育内外环境。因此，学生自主管理习惯还需要一个培育过程。

---

① 盛天和. 取消班主任之后——项政校长谈闵行中学的“学生民主管理模式”[J]. 上海教育科研，2000(5)：30-33.

② 王鸣迪. 取消班主任的做法要慎行[N]. 中国教育报，2004-06-29(9).

第三章　班主任的职业素养

班主任作为一个教育角色对一个班级学生的全面发展负责。他接受的是一种信托，是家长对子女的道德和心智的托付，是国家和民族对未来的托付。班主任是学生成长的重要影响源，在学生的人生道路上留有班主任的深刻印记。班主任以人格育人，使学生在生活中怀有出淤泥而不染的定力，在纷繁复杂的诱惑中不会迷失，以自己的聪明才智报效祖国，贡献社会。在这个意义上说，班主任工作是一种事业，这是用心做的事。

古人伏：《班主任——一种事业的追求》

职业素养是班主任在班级管理过程中赖以发挥最佳功能所必备的基本条件。要成为一名合格的班主任，必须具有多方面的职业素养，而且还要形成一个完整合理的内容结构体系。班主任的职业素养可以从职业理念、道德素养、知识素养、能力素养和心理素养等五个方面进行分析，而这五个方面又各有其自身独特的作用、内容和培养提高的途径方法，从而形成了一个完整的素养结构系统。

第一节　班主任的职业理念

职业理念也称教育理念，是指班主任在长期班级管理活动中，经过亲身体验和理性思考形成的关于班级管理的规律及其价值的根本性判断和观点。教育理念不同于教育观念，教育观念属于“事实”的范畴，而教育理念属于“价值”的范畴，它更强调个体的体验和思考；教育理念不同于教育思想，它不仅是教育思想的基础和支柱，而且是教育思想的典型代表和高度概括；教育理念也不同于教育信念，所有的教育理念都可称之为教育信念，但反之则不然，那些盲目接受和顺从的教育信念，不能被称为教育理念，因为它们缺乏亲身的探索和理性的省思。

一、生本教育理念

生本教育是在我国基础教育改革中应运而生的一种新的教育思想，它最早由华南师范大学博士生导师、广东省教育科学研究所所长郭思乐教授提出，之后他在广东省等东部经济发达地区的中小学开展了一系列生本教育改革的课题研究。生本教育改革所取得的成果对我国当前的教育教学改革具有很大的借鉴意义，因而也理应成为班主任班级管理工作的核心理念。生本教育理念的内涵可以从以下几个方面加以解读。

（一）以学生为本

以学生为本，也就是以学生的发展为本，这是党中央提出的“以人为本”在教育界的具体体现。以学生的发展为本包括以下含义。

1. 全体学生的发展

国家要强大，民族要复兴，除了需要一大批拔尖创新人才外，还需要成千上万的专门人才，数以亿计的高素质劳动者——他们是国家强大、民族复兴的软件。因此，我们必须强调教育要面向全体学生。目前，生本教育已经覆盖到各级各类中小学校，从示范校到普通学校，从城市学校到农村学校，从普通中学到职业中学，许多原本非常薄弱的学校在实施生本实验后面貌一新，学生整体素质都有很大改观，许多学校也因此跨入强校的行列。

2. 学生的全面发展

学生要德、智、体、美、劳全面发展，而生本教育正是以"全面依靠学生"、"激扬学生生命"、"激发学生潜能"、"创造良好的教学生态"，使学生自然而然地得到了全面发展。在好学、乐学的学习氛围中，学生养成了良好的学习习惯；在互帮互助的团队学习中，学生形成了友爱、和善、乐观的良好品德；在班级自主管理中，培养了学生组织、统筹、自律等能力。从生本实践的大量案例中可以看出，生本教育是全面落实素质教育的有效途径。

3. 学生的差异发展

我国提倡教育公平、均衡发展，但这和强调学生的差异发展并不矛盾，而是相统一的。每个学生都不一样，学生之间都有差异，让好的更好，使表现一般的、差的也可以通过教育得到提高，这是我们教育的使命，也是教育公平的终极目标。在很多生本实验学校，听课的老师常说："在这里简直看不到学困生。"这并不意味着这些学生在进校时都很优秀。在实施生本实验之前，上课时睡倒一片，下课时打架闹事的场景并不少见。但现在，再走进这些学校，上课时学生争相发言，神采飞扬，下课时活而不乱，见到老师礼貌大方。改变是如何发生的？就是因为，很多以前的问题学生或所谓的"学困生"在生本教育中发现了自我，树立了自信，从而走上了积极进取、自我发展、自我实现的良性轨道。

4. 学生的主动发展

这是生本教育相当突出、相当鲜明的特色。生本教育秉持的是高度尊重学生、全面依靠学生的教育理念。它的背后，蕴藏着这样一种人性观：作为在地球上的高级智慧生物，人生下来就有着自我发展的巨大潜能和内在动力，而一个人能否得到最佳发展，则在于其潜能是否能在适宜的社会环境中加以发掘和提升。作为教育者，发掘和提升学生的潜力，正是我们的主要职责。这种观念改变了以往把学生看作机械的、被动的信息接受者和处理者的观点，使教育回归本质，即教育是帮助受教育者自我发展的过程。

5. 学生的持续发展

如果学生从基础教育阶段的早期就能够接受激发潜能、培养全面素质的教育，而不是仅仅积累一些知识和技能，那在后续的教育中，他们的自我发展潜能会使他们具有很强的持续发展能力。生本实验学校的学生在升入高一级学校后，普遍具有很强的后续发展能力，各方面表现都比较优秀，就证明了这一点。

（二）以生命为本

学生生命体，经历了由知之不多到知之甚多，由简单到复杂，由低级到高级的生长过程。这个过程，其实也是一个学习的过程。在这个过程中，教育者的责任，就是去点燃、发动和激扬生命的潜能与动力。一旦把动力激发出来，把积极性调动起来，潜力就会无穷无尽，学习者就会乐在其中，乐而忘返。我们都有这样的体会：一旦对某个问题感兴趣，再苦再累都会深入其中，乐此不疲。这完全符合马克思主义的基本观点，内因是根本，外因是条件。内因是学生，外因就是教师的指导、辅导和教导，生本教育完全符合这个道理。长期以来，我们的教育总是在重复着高耗低效的劳动，学生被看成白纸，老师画什么，他就是什么；学生被当成水桶，老师灌什么，他就装什么；学生有时还被比喻成橡皮泥，老师怎么捏，他就成什么样。在这些学生观中，学生都没有被看成真正的生命体来对待，当学生的生命被漠视进而被压制时，学生表现出种种的不满、厌学甚至于厌校，也就不足为奇了。

生本教育是真正把"人"当作"人"的教育，它承认生命的巨大潜能，承认人生来具有向上和向善发展的内驱力，并创造出良好的学习环境让学生得以充分、自主地发展。学生的潜能库一旦被打开，其潜能就会像滔滔江水一样涌出，生命的神奇也不断展现，让人叹为观止。我们在许多生本实验学校所看到的课堂情景，足以证明这一点。小学生在课堂上发言时自信大方，语言畅达，观点新颖独到，智慧流光溢彩，那种口才和思辨能力连中学高年级学生都不一定比得上。生本教育正是让生命展现神奇的教育。

（三）以生动为本

教育教学应该是生动活泼的。教学的生动性，主要是学生所学的内容、所参与的学习活动要具有生动性，即学习内容和活动要与学生的生活息息相关，才能够激发起学生的兴趣，学生才能够展现出生动活泼的学习劲头，才能够全情地投入学习。如果教师上课时死抠课本，将宝贵的上课时间用来分析研究大量的知识点、知识片断，那学生所学到的就只能是缺乏生命力的知识，课堂的生动性也就只能是一句空话。课堂的生动活泼，是学生表现出来的一种良好的学习状态，它来自于教学活动真正以学生为本、教学内容以生活为本的教学模式。让学生学习那些充满生命力、有价值、有意义的知识，让他们不断在自己的活动中取得进展和提升，整个学习过程就会生动活泼，显现出无穷的乐趣。

（四）以生长为本

教育的目的是促进人生长。教师是园丁，但园丁的作用不是把花草修剪整齐，而是想办法让它百花争艳，让每一个学生的长处都得到发扬，让每一个学生的短处都能转化为长处。概言之，就是要让所有的生命都自然、健康地生长。秉持这种"生长观"的生本教育，承认每个学生都有自身的发展规律和发展周期，并给予学生充分的发展时间，反对用频繁的、低效的评价去干扰学生的自然发展。生本教育还提倡要给学生充分的发展空间，郭思乐教授常说："退一步海阔天空"，其背后的教育智慧就是老师不要把课堂设计成过于严密的流程图，要在简单、根本、开放的教学中，给学生以更大的发展空间；老师不要过多地预设，要让学生在个性化的发展中展现出五彩纷呈的智慧才能；老师要做的，就是帮助学生立一个"根"，然后让其尽情生长。尽管每一棵树的生长周期都不同，生长的高度、幅度也千差万别，但不论什么树，最后都能充分生长，形成一片郁郁葱葱的大树林。

二、素质教育理念

所谓素质教育，是指依据人的发展和社会发展的实际需要，以全面提高全体学生的基本素质为根本目的，以尊重学生主体性和主动精神，注重开发人的智慧潜能，注重形成人的健全个性为根本特征的教育。1999 年 6 月 13 日颁布的《中共中央国务院关于深化教育改革，全面推进素质教育的决定》中就明确指出："实施素质教育，就是全面贯彻党的教育方针，以提高国民素质为根本宗旨，以培养学生的创新精神和实践能力为重点，造就'有理想、有道德、有文化、有纪律'的、德智体美等全面发展的社会主义事业建设者和接班人。"素质教育具有以下几个基本特征。

（一）促进全体学生的发展

素质教育是面向全体国民的教育，对各级各类学校而言，则是面向全体学生的教育。面向全体的核心是教育机会平等。教育机会平等包含三层含义：一是受教育权利和义务的平等；二是受教育机会平等；三是教育结果的相对平等，即每个学生在接受某一阶段教育后都能达到国家规定的最基本的标准，都能获得学业上的成功，都能在德智体等方面获得全面发展。面向全体除了依法保障学生学习发展的基本权利，还指教育过程中应该面向每一个有差异的学生。面向全体学生，最终要落实到面向每一个具体的学生。而每一个具体的学生又各不相同，互有差异。面对着互有差异的学生，"应试教育"的态度是带歧视性的选拔，以忽视大多数学生发展为代价来"优待"少数学生。素质教育并不否认培养英才的意义，而是在面向全体的基础上用民主的方法扩大教育的基础，使得所有个人的才能都能得到实现，这样便促进了天然的杰出人才的产生。就是说，素质教育是一种非歧视性的民主性教育，在这样的教育模式、教育氛围中，各种杰出人才都会"天然"地产生。机会平等是要肯定每一个人都能受到适当的教育，而且这种教育的进度和方法是适合个人特点的。努力开发每个学生的特长和潜能，使每个人都在原有的基础上得到最大潜能的发展，这是面向全体学生的真谛。

（二）促进学生的全面发展

素质教育要求全面发展和整体发展，要求德智体美劳等各方面并重，要求全面发展学生的思想政治素养、文化科学素养、身体心理素养、审美情操素养和劳动技能素养等，要为学生的全面发展创造良好的条件，彻底扭转那种只重视智育，轻视德育、体育和美育，在智育中又只重视知识传授、忽视能力培养的倾向。全面发展与因材施教是辩证统一的关系。素质教育中的全面发展，就个体而言，是指"一般发展"与"特殊发展"的统一；就群体而言，则是指"共同发展"与"差异发展"的统一。在教育教学过程中，要把群体培养目标与个体发展目标统一起来，把培养优秀人才的任务与提高劳动者素质的任务统一起来，在保证合格率的基础上提高优秀率。全面发展的实质是最优发展和面向全体发展。全面发展并不是平均发展，不是齐步走，分层分组教学是一种既能适应个别差异，又能提高效率的教学组织形式。这和传统意义上的快慢班有着根本不同。从目的上来看，传统的快慢班实际上是一种英才教育的模式，而分层分组教学则着眼于每一个学生都能在原有基础上获得良好发展；从教育资源配置来看，传统的快慢班中，快班学生享有较好的教育资源，而在分层分组教学中，教育资源的分配则是公平的甚至是补偿性的。

（三）重视学生创新精神和实践能力培养

素质教育要以培养学生的创新精神和实践能力为重点。教师在重视培养学生创新精神的同时，还要改变那种只重视书本知识、忽视实践能力培养的偏向；要调整和改革基础教育课程体系、结构和内容，建立国家课程、地方课程和校本课程结构，建立新的基础教育课程与教学体系；要改变强调学科体系、脱离时代和社会发展以及学生实际的状况，加强课程的综合性和实践性；要重视实验课教学，培养学生的动手操作能力；要增强农村特别是贫困地区义务教育课程、教材与当地经济社会发展的适应性。教育与生产劳动相结合，是培养全面发展人才的重要途径。各级各类学校在加强学科教学中的实践环节的同时，要从实际出发，加强和改进对学生的生产劳动和实践教育，使其接触自然和了解社会，培养实践能力，培养热爱劳动和艰苦奋斗的精神。学校要积极鼓励学生参加形式多样的课外实践活动，培养学生的动手能力。社会各界要为学校开展生产劳动、科技活动和其他社会实践活动提供必要的条件，同时要加强学生校外劳动和社会实践基地的建设。

（四）培养学生主体精神，注重学生个性发展

主体是指从事现实活动的人，即活动的承担者和发动者。主体精神是人作为活动主体在自觉活动中表现出来的一种性状，既包括主体的能动性、创造性和自主性等精神因素，也包括主体将这些精神因素物化为活动成果的能力因素。素质教育的主体性是指在素质教育过程中，管理者、教育者、受教育者的主体意识充分觉醒，包括主体潜能在内的主体能动性的充分发挥，主体精神世界和意志的充分拓展，主体素质的全面提高。应试教育在升学率的压力下，压抑和扭曲了人们原本应有的主动性、能动性、积极性，教育给人们带来的常常不是自我创造的审美愉悦，而是倦怠、痛苦、挫折和尊严的贬损。素质教育以突出受教育者的主体精神为重要标志，将所有的教育活动都建立在学生主动需要的基础上，学生的学习活动是在学生自主探索的过程中进行，以满足学生的学习需求为直接目的。素质教育还应从促进学生主动精神出发，不是把学生看成是接受知识的“容器”，而是看作知识的主人；不仅仅把学生当作认知体，更重要、更本质的是把学生作为包含认知方面和非认知方面的完整的生命体。素质教育要指导学生怎样做人，为学生指导完整的人生，帮助其形成强大的人格力量和积极向上的精神风貌。

（五）着眼于学生终身可持续发展

终身教育是现代教育的重要标志之一。素质教育具有终身的性质，素质教育应该从基础教育阶段扩大到各级各类教育。从纵向方面说，素质教育将体现教育的连续性和一贯性，强调学前经验和学校学习的结合，学校和学校后实践活动的结合，强调各级教育在组织和内容上的一体化。从横向方面看，素质教育体现家庭、学校、社会的一体化，体现了教育与生产生活的密切结合。作为终身教育体系基础的学校教育，不仅要传授知识，更要为每个学生的终身发展奠定基础。

三、主体教育理念

何谓人的主体性？在教育理论中，学者们更多的是从哲学角度加以理解的，认为人的主体性是指人作为社会活动主体的本质特征，是主体作用于客体时表现出来的特性。它是人区别于其他动物的标志，它最能体现人的本质力量。而学生的主体性包括两种含义：一种是人在自我发展中的主体性，这是处于发展和提高过程中的不成熟、不完全的，开始甚至是很微弱的主体性，它属于教育与发展过程的问题，是在教育过程中需要调动、培育和提高的学生的主体性；另一种是人在历史发展中的主体性，这是在社会作用包括教育影响下学生达到一定发展水平，能独立自主地发挥能动作用的主体性，它属于教育目的和结果的问题，是教育应塑造、追求和实现的学生在未来发展上成为社会主体的人的主体性。为了造就具有主体性的社会成员，弘扬人在社会历史发展中的能动作用，就必须注重在教育过程中调动、培养和不断提高学生的主体性。

学生作为一个正在成熟和发展中的个体，他的主体性需要通过多种途径得以培养和发展。而教育作为学生生活的一个极为重要的组成部分，作为一种有目的、有计划、有组织的

培养人的社会实践活动，是通过促进人的社会化和个性化来展开的。人的社会化和个性化的过程，就是人的主体性素质的不断培育与展现的过程，其结果便是使个体由自然人逐步成为社会生活的主体、社会活动的主体。只有这样的人才能主动、积极地参与社会生活，并为社会进步做出贡献。从这个意义上讲，教育在本质上是对个体主体性的培养过程，是一种主体教育理念。那么，什么是主体教育理念呢？所谓主体教育理念，是指根据社会发展的需要和教育现代化的要求，教育者通过启发、引导受教育者内在的教育需求，创设和谐、宽松、民主的教育环境，有目的、有计划地组织、规范各种教育活动，从而把他们培养成为独立自主地、自觉能动地进行认识和实践活动的社会主体。一句话，主体教育理念是一种培育和发展受教育者的主体性的社会实践活动。主体教育理念具有以下几个方面的内涵与特征。

（一）思想层面的科学性与民主性

学生主体性发展的重要基础是其生理、心理、文化结构的全面、和谐和充分的发展，而不是某个方面或局部的发展。学生的主体性素质是一种综合的、整体的素质，各要素之间具有相互影响的内在制约关系，即一种主体性素质的发展，有助于促进其他主体性素质的提高。传统教育在追求教育的“科学化”方面往往是不自觉的、局部的、非系统的，且仅仅流于空洞的设想和美妙的愿望，致使在实践中出现了诸多偏差。主体教育理念则是建立在尊重学生的主体地位、学生学习发展的客观规律基础上，对学生进行全面科学的引导，促使学生在自主发展的教育教学过程中不断建构合理的观念结构、知识结构、智力结构和方法结构。主体教育是在师生共同营造出的活泼、生动、和谐、民主、平等的教育氛围中进行的。民主平等的人际关系，是学生主体性发展的基本条件和前提。在传统教育中，存在两种典型的师生观：一种是专制主义的师生观，夸大了教师的主导作用，学生处于被动、压抑状态，谈不上自主性和能动性，更谈不上有创新精神；另一种是放任主义的师生观，片面夸大了学生主体作用，排斥了教师在教育活动中的地位和作用。主体教育理念的师生观是一种关于传统教育中两种对立的师生观命题的整合，它认为师生关系应以民主平等为基本原则和基本价值取向。民主性主要表现在两个方面，一是把教育变成一种民主的生活方式，尊重学生的主体地位；二是使教育过程成为学生民主思想、民主精神、民主参与能力的培养过程，以民主化的教育造就一代富于主体性的新人。

（二）实践层面的活动性与开放性

学生主体性发展是以活动为中介的，学生只有投身于各种活动之中，其主体性才能得到良好的发展。学生主体性的形成与发展，究其实质而言可以抽象为两个方面：一方面是通过活动不断地将人类现实据为己有的内化过程；另一方面是通过活动不断地将已有的心理品质表现出来的外显过程。学生的主体性正是通过内化与外显的无数次交替而逐步形成、发展和完善的。学生在活动中形成了主体性，在活动中表现出主体性，活动是影响学生主体性发展的决定因素。从某种意义上讲，主体教育理念就是对学生学习活动的规范、组织和引导，通过精心设计各种教育活动，使影响学生主体性形成和发展的各种因素达到优化，使各种不同的活动形式和决定着它们的诸多条件相互促进、紧密结合，从而对学生的身心发展发挥主导作用。开放型社会需要开放型人才，而开放型人才则需要由开放型教育来培养。现代社会要求通过教育，能够培养出大批具有开放型思维方式、多维智能结构的人才，这也对教育提出了更高的要求。主体教育理念的开放性，主要表现在学校教育系统与整个社会生活的紧密联系上，要求把学生从课堂引向广阔的社会，缩短对社会生活的适应期；还表现在学校教育内部应树立开放的教育观念，确定培养开放型人才的教育目标和内容，建构开放的教育体系，选择和运用开放式的教育方法和途径等。

（三）教学模式的主体参与性

教学模式是教育观念与指导思想、教育目标、内容、方法与评价等要素的总称，它是教育思想与教育实践之间的一个中介环节。现行应试教育模式中的一个根本缺陷就是学生主体参与的缺失，导致学生主体性生成机制的缺失，这不适合社会发展对人的素质的要求。而主体教育理念思想指导下的教学模式一改现行教学模式主要是知识教学，视学生为被动的客体，教学活动的设计、组织和实施都是为了掌握知识的局面。主体参与教学模式承认学生的主体地位和作用，对教学本质的认识不再停留于"特殊认识说"，而是把教学视为构建学习主体的对象化活动。课程内容的掌握仍是重要的，但课程内容掌握本身不再是教学的目的，而是成为构建学习主体的手段。教学目的是把课程内容转化为学习主体的主体意识和主体能力，教学的整个过程就是为了学生主体性的发展，使学生最终成为能够自主驾驭和支配整个世界（自然、社会、人自身）的主体。主体性教学模式在新的教学观的指导下，将教学活动设计成为极富个性化的活动，既要求教师充分发挥主体性，针对教学对象、教学内容、教学目标、教学手段以及自己的教学背景进行综合考虑，精心规划和安排，又一切以学生的主体参与为核心。因此，主体参与应是主体性教学设计的根本原则。主体参与原则就是指教师在设计教学时，把参与性贯穿在教学的整个过程，使学生最大限度地处于主体激活状态，能主动、积极地动手、动口、动眼、动耳、动脑，去行动，去实际操作，给学生创设积极活动的情境，使学习成为学生的自主活动。

四、创新教育理念

所谓创新教育，是指使整个教育过程被赋予人类创新活动的特征，并以此为教育基础，达到培养创新人才和实现人的全面发展为目的的教育。所谓创新人才，应该包括创新精神和创新能力两个相关层面。其中，创新精神主要由创新意识、创新品质构成；创新能力则包括人的创新感知能力、创新思维能力、创新想象能力。从两者的关系看，创新精神是影响创新能力生成和发展的重要内在因素和主观条件，而创新能力提高则是丰富创新精神的最有力的理性支持。

（一）创新教育的目标定位

基础教育是为个体升入上一级学校、自身素质持续发展以及今后走向社会做准备的教育，基础教育阶段的创新教育也要为学生未来的持续性创新打基础。概括而言，具有深厚基础性和广泛迁移性的创新品质主要包括创新精神和创新能力两个方面。

1. 创新精神

它是创新的人格特征，是主体创新的内部态度与心向，包括创新意识、创新情感和创新意志三大方面。所谓创新意识，是个体追求新知的内部心理倾向，这种倾向一旦稳定化，就成为个体的精神与文化。经验性研究表明，具有创新意识的人常常是不满足于现实，有强烈的批判态度；不满足于自己，有持续的超越精神；不满足于以往，有积极的反思能力；不满足于成绩，有旺盛的开拓进取精神；不怕困难，有冒险献身的精神；不怕变化，有探索求真的精神；不怕挑战，有竞争合作的精神；有强烈的好奇心、旺盛的求知欲、丰富的想象力和广泛的兴趣等。所谓创新情感，是个体追求新知的内部心理体验，这种体验的不断强化，会转化为个体的动机与理想。经验性研究也表明，有创新情感的人常常是情感细腻丰富，外界微小的变化都能引起强烈的内心体验；人生态度乐观、豁达、宽容，能比较长时间地保持平和、松弛的心态；学习和工作态度认真、严肃，一丝不苟，有强烈的成就感，工作的条理性强；对世间的所有生命都有同情心和责任感，愿意为改善他们的生存状态而尽心尽力等。所谓创新意志，是个体追求新知的自觉能动状态，这种状态的持久保持，就会成为个体的习惯与性格。经验性研究表明，有创新意志的人常常能排除外界的各种干扰，长时间地专注于自己的活动；工作勤奋，行为果断，对自我要求较高，对工作要求较严；善于沟通与协调，组织能力强，有较强的灵活性，为达到目的愿意变换工作的途径和方法；有较强的独立性和自制力，在没有充分的证据和理由之前，不轻易放弃自己的主张，能容忍别人的观点甚至错误等。

2. 创新能力

它是创新的智慧特征，是主体创新的活动水平与技巧，包括创新思维和创新活动两大方面。所谓创新思维，是个体在观念层面新颖、独特、灵活的问题解决方式。创新思维是创新实践的前提与基础，如果想不到是不可能做得到的。经验性研究表明，具有创新思维的人常常感受敏锐，思维灵活，能发现常人视而不见的问题并能多角度地考虑解决办法；理解深刻，认识新颖，能洞察事物本质并能进行开创性地思考；思维辩证，实事求是，能合理运用发散与聚合、逻辑与直觉、正向与逆向等思维方式，不走极端，能把握事物的中间状态等。所谓创新活动，是个体在实践层面新颖、独特、灵活的问题解决方式。创新活动是创新思维的发展与归宿，经不起实践检验的思维是无价值的。经验性研究也表明，具有创新活动能力的人常常实践活动经历丰富或人生经历坎坷，经受过大量实践问题的考验；乐于动手设计与制作，有把想法或理论变成现实的强烈愿望；不受现成的框架束缚，不断尝试错误、不断反思、不断纠正；愿意参加形式多样的活动，乐于求新、求奇，乐于创造新鲜事物等。

（二）创新教育的核心内容

以培养学生创新精神为首要目标的创新教育，完全可以围绕"创新"的核心内容展开，通过学校各种教育形式，培养学生"再次发现"知识的探索精神，培养"重新组合"知识的综合能力和准备"首创前所未有"事物的创造意识和创造能力。

1. 探索精神的培养

坚持对知识"再次发现"探索式学习观念，本身就是一种科学精神。它要求学生不盲目接受和被动记忆课本或教师传授的知识，主动地进行自我探索，把学习过程变成一种"再次发现"人类以往积累的知识的参与式活动。科学是知识系统，学习科学并不是为了记忆和背诵真理，而是为了认识和不断更新真理。教学中强调的应该是"发现"知识的过程，而不是简单地获取结果；要结合课程教学进行知识探源，把握其发展变化趋势；要让学生深刻感受到，任何科学知识都是人类艰苦努力不断探索的结晶，以此弘扬科学人文精神；要鼓励学习中的探究和怀疑，凡事多问几个"为什么"。正如著名科学方法论学者波普尔所说："正是怀疑和问题鼓励我们去学习，去观察，去实践，去发展知识。"学习探索是对知识整体及其联系的把握。我国传统教学很少教会学生从总体上观察学科知识系统，把握它们相互之间的关系和本质特征，这些正是创新教育鼓励学生以更宽广的视角，从分割的学科课程里"重新发现"的关键所在。

2. 综合能力的培养

从某种意义上讲，综合能力就是将现有知识"重新组合"为新知识的能力，新组合的独特和新颖标志着创新。当前,学生将要面对的是一个从学科知识高度分化走向高度综合的社会,国家创新能力的获得是快速的知识共享与持续的新的组合应用的结果。对此,熊彼特甚至认为,绝大多数创新都是现存知识按照新的方式的组合,他把"创新"与"新组合"视为同义语。所谓知识的"重新组合",就是把原来几种知识联系起来合成为一种综合知识,或者把一种知识拆分成几个部分,然后以新的形式将这些部分重新联系起来,成为具有新特征、新功能、新内容的知识。课程学习中的知识重组通常包括三种不同的层次:一是将某学科课程内部的知识进行重组;二是将不同学科课程的知识进行重组;三是将学科课程所包容的知识与课程未能包容的知识进行重组。这三种层次的重组,后一个比前一个往往要求更高。课程教学可从第一层次入手,希望学生最终能够做到跨学科和跨出课程规定的内容去自学,把进入现代社会所必须了解和掌握的所有知识重新组合,融会贯通,运用这种"重组"的知识解决复杂的问题,从而内化为创新精神和创新能力。

3. 创造意识和创造能力的培养

创造意识是驱使个体进行创造行为的心理动机,没有创造意识的人不可能进行创造和发明。调查表明,学生普遍具有创造潜能,它不是少数人特有的秉性,在适当的教育下,可能在每一学生个体身上显现和发展。当然,限于生理年龄特点,我们无法要求所有学生在中小学阶段都具有很强的创造能力,但创造意识的培养则必须从青少年时期开始。创造意识是创新素质培养的前提,因为创新素质不仅表现为新思想、新技术和新产品的发明创造,而且表现为善于发现问题、求新求变、积极探究的心理取向。创造意识包括强烈的创造激情、探索欲、求知欲、好奇心、进取心、自信心等心理品质,也包括具有远大的理想、不畏艰险的勇气、锲而不舍的意志等非智力因素。逐步培养学生创造"前所未有"事物的能力,则可以从创新层面的"重新发现",尤其是"重新组合"着手。事实上,世界上绝大多数的创造发明,都是原有事物的"再次发现"和"重新组合",产生质变后才表现为"前所未有"。任何人都无法脱离自己的经历凭空设想,即使是科幻作品所"创造"的外星人,也不过是作家思想表象里原有"部件"的"再次发现"和"重新组合"而已。因此,注重培养中小学生"再次发现"和"重新组合"的品质,就是为他们创造能力的形成奠定坚实基础。

(三)创新教育的实施要求

实施创新教育就是要从培养创新精神入手,以提高创新能力为核心,带动学生整体素质的自主构建和协调发展。而创新精神和能力不是天生的,它虽然受遗传因素的影响,但主要在于后天的培养和教育。创新教育的过程,不是受教育者消极被动的被塑造的过程,而是充分发挥其主体性、主动性,使教学过程成为受教育者不断认识、追求探索和完善自身的过程,即培养受教育者独立学习、大胆探索、勇于创新的过程。因此,在教学过程中要致力于培养学生的创新意识、创新能力及实践能力。

1. 转变教育观点,培养创新意识

教师观念的转变是实施创新教育的关键和前提,教师观念不改变就不可能培养出具有创新意识的学生。一方面,要认识课堂教学中教师与学生的地位和作用,教与学的关系,发挥教师的主导作用和学生的主体作用,充分调动学生的学习主动性和积极性,使学生以饱满的热情参与课堂教学活动。教师在学生的学习过程中应是组织者、指导者、帮助者、评价者,而不是知识的灌输者,不要把教师的意识强加于学生;而学生是教学活动的参与者、探索者、合作者,学生的学习动机、情感、意志对学习效果起着决定性作用。另一方面,在教学方法上也要改变传统的注入式为启发式、讨论式、探究式，学生通过独立思考，处理所获取的信息，使新旧知识融会贯通，建构新的知识体系，只有这样才能使学生养成良好的学习习惯，从中获得成功的喜悦，满足心理上的需求，体现自我价值，从而进一步激发他们内在的学习动力，增强创新意识。

2. 营造教学氛围，提供创新舞台

课堂教学氛围是师生即时心理活动的外在表现，是由师生的情绪、情感、教与学的态度、教师的威信、学生的注意力等因素共同作用下所产生的一种心理状态。良好的教学氛围是由师生共同调节控制形成的，实质就是处理好师生关系、教与学的关系，真正使学生感受到他们是学习的主人，是教学成败的关键，是教学效果的最终体现者。因此，教师要善于调控课堂教学活动，为学生营造民主、平等、和谐、融合、合作、相互尊重的学习氛围，让学生在轻松、愉快的心情下学习，鼓励他们大胆质疑，探讨解决问题的不同方法。亲其师，信其道，师生关系融洽，课堂气氛才能活跃。只有营造良好的教学气氛，才能为学生提供一个锻炼创新能力的舞台。

3. 训练创新思维，培养创新能力

创新思维源于常规的思维过程，又高于常规的思维，它是指对某种事物、问题、观点产生新的发现、新的解决方法、新的见解。它的特征是超越或突破人们固有的认识，使人们的认识“更上一层楼”。因此，创造思维是创造能力的催化剂。提问是启迪创造思维的有效手段。因此，教师在课堂教学中要善于提出问题，引导学生独立思考，使学生在课堂上始终保持活跃的思维状态。通过特定的问题使学生掌握重点，突破难点。爱因斯坦曾说：“想象比知识更重要，因为知识是有限的，而想象力概括着世界的一切，推动着社会进步，并且是知识进化的源泉。”想象是指在已有表象的基础上，经过新的配合而创造出新形象的心理过程。通过想象人们看问题能由表及里，由现象到本质，由已知推及未知。丰富的想象力能“撞击”出新的“火花”。因此，在教学过程中要诱发学生的想象思维。

4. 掌握研究方法，提高实践能力

科学的研究方法是实现创新能力的最有效手段。任何新的发现、新的科学成果都必须用科学的方法去研究，并在实践中检验和论证。因此，教师要使学生掌握科学的探究方法，其基本程序是：提出问题—做出假设—制订计划—实施计划—得出结论。课堂教学中主要通过实验来训练学生的实践能力，尽量改变传统的演示性实验、验证性实验为探索性实验；另外，还可以向学生提供一定的背景材料、实验用品，让学生根据特定的背景材料提出问题，自己设计实验方案，通过实验进行观察、分析、思考、讨论，最后得出结论，这样才有利于培养学生的协作精神和创新能力。有时实验不一定获得预期的效果，此时教师要引导学生分析失败的原因，找出影响实验效果的因素，从中吸取教训，重新进行实验，直到取得满意的效果为止。这样不仅提高学生的实践能力，而且培养学生的耐挫能力。

5. 教师应具备的能力和知识结构

现代社会知识的增长及更新促进了教学内容的更新和课程改革，呼唤着教育终身化。不断学习成为现代人的必然要求。教师成为知识的传授者，更要适应现代教育的发展需求，不断学习新知识，不断更新自己的知识结构。继承是学习，创新也是学习。教师要提高自学能力必须要做到：一是能有目的地学习；二是能有选择地学习；三是能够独立地学习；四是能在学习上进行自我调控。同时，教师知识结构必须合理，现代社会的教师不能仅用昨天的知识，教今天的学生去适应明天的社会。作为教师除了应掌握广博的科学文化知识，还应有心理学、教育学知识，掌握现代信息技术，这样才能适应现代发展的需要，才能当好先生而去教好学生。

第二节　班主任的道德素养

道德素养是指班主任在从事班级管理活动、履行班主任职责中必须遵循的道德规范和行为准则。“德为才之师，才为德之资。”道德素养是班主任的灵魂，是做好班级管理工作的保证。班主任应该是道德高尚、人格伟大的优秀教育工作者。

一、爱岗敬业

热爱教育，献身教育，忠诚于党和人民的教育事业，是班主任最基本的道德要求。对此，教育家苏霍姆林斯基有着这样深刻的认识：“我们应当以丰富的精神生活给孩子们做出榜样，只有在这种条件下，我们在道德上才有权利来教育学生……智慧要靠智慧来培养，良心要靠良心来熏陶，对祖国的忠诚要靠忠诚地为祖国服务来培养。”①热爱教育事业，是从社会主义和共产主义道德原则、规范中引申出来的，显示了班主任道德素养的本质特征。热爱教育事业，反映了广大人民群众的根本利益和要求，对协调班主任个人利益与社会主义集体利益起着重要作用。热爱教育事业，就要树立崇高的职业理想，把从事班级管理与教育工作和培养“四有”新人作为自己的理想与抱负，培养对教育工作真挚的深厚感情，以从事教育事业为荣，以献身教育事业为乐，全心全意为教育事业服务。热爱教育事业，不仅是对班主任道德的要求，也应成为他们追求人生价值的最高目标。

二、关爱学生

陶行知先生倡导“爱满天下”“捧着一颗心来，不带半根草去”。爱，是教育的基础，没有爱，就没有真正的教育。热爱学生、诲人不倦是班主任道德素养的核心，是班主任全心全意为人们服务的崇高思想品德的具体体现。班主任对学生的爱，不是个人的爱，它是一种渗透于党和人民对学生寄予无限希望的爱，是对学生无微不至的关怀。班主任对学生的爱，也不是仅仅出于对学生的好感，而是其爱祖国、爱人民、爱党、爱社会主义的具体体现。当然，爱学生并不是对学生一味地迁就和放纵。而要做到爱中有严，把爱与严结合起来，统一起来。这正如教育家赞科夫所说：“不能把教师对儿童的爱，仅仅设想为用慈祥的、关注的态度对待他们。这种态度当然是需要的。但是对学生的爱，首先应当表现在教师毫无保留地贡献出自己的精力、才能和知识，以便在对自己学生的教学和教育上，在他们的精神成长上取得最好的成果。因此，教师对儿童的爱应当同合理的严格要求相结合。”②当然，严也要有度。体罚和变相体罚学生决不是对学生的严格要求，而是对学生人格的侮辱、精神的压制和肉体的摧残，这是绝不能允许的。

---

① ［苏］苏霍姆林斯基．教育的艺术［M］．肖勇，译．长沙：湖南教育出版社，1983：15-16.

② ［苏］赞科夫．和教师的谈话［M］．杜殿坤，译．北京：教育科学出版社，1980：30.

三、团结协作

班主任的劳动虽然具有明显的个体性，但劳动成果是集体共同完成的，在这中间班主任起着至关重要的作用。正如教育家马卡连柯所说："应该有这样的教师集体：有共同的见解，有共同的信念，彼此间相互帮助，彼此间没有猜疑，不追求学生对个人的爱戴。只有这样的集体，才能够教育儿童。"①班主任不仅要将校内的学科教师、行政人员、管理人员、服务人员联结在一起，做好团结协调工作，而且要把校外的家长、校外班主任、社区教育力量等联结在一起，做好团结协调工作。总之，班主任要在横向和纵向两方面，通过协调以统一各种教育力量，达到教育的一致性和统筹性，形成最佳教育效果。班主任还要协调好班级成员和班级事务等各项工作的关系，使班级成员始终处于和谐、融洽的气氛中，使班级始终在有序、有条不紊的状况中运作。

四、为人师表

班主任应当具有以身作则、为人师表的品德，这是班级管理对班主任提出的特定要求。在班级管理过程中，学生不仅听班主任怎么说，还要看他们怎么做。班主任不仅应该把知识传授给学生，而且要通过他的行为和人格影响学生。因此，班主任的为人处世、治学态度、行为习惯、服饰仪表，乃至其一言一行、一举一动都会直接对学生产生影响，起着极为重要的作用。对此，教育家加里宁就曾鲜明地指出："教师的世界观，他的品行，他的生活，他对每一现象的态度都这样或那样地影响着全体学生。这点往往是觉察不出来的，但还不止如此。可以大胆地说，如果教师很有威信，那么这个教师的影响就会在某些学生身上永远留下痕迹。"②班主任的言行不仅对学生，而且对家长乃至整个社会都有可能产生较大影响。班主任要以美的语言、美的行为、美的心灵去影响、教育、熏陶学生，做到身教与言教的紧密结合。凡是要求学生做到的，班主任首先要做到；凡是要求学生不做的，班主任也一定不要做。

五、公平公正

教育公正作为调节教育内外部关系的重要道德规范，在社会生活和教育教学活动中都具有重要的意义和价值。教育公正就像一面镜子，能反映出班主任的心灵；它又像一把尺子，衡量着班主任的行为。教育公正一旦形成，就会在学校生活中发挥重大作用。对教育公正的追求，也是班主任实现班级管理目的的前提条件。班级管理是班主任和学生在特定情境中，围绕一定内容进行的一种特殊的交往活动。在这种交往活动中，班主任对待学生的方式，表现出复杂的公正问题。在班级管理中，教育公正具体体现在以下方面：一是坚持真理，伸张正义。班主任是社会文明的传承者，因此在学生眼里，理应是真理的化身。他们不但要传播真理、坚持真理、捍卫真理，为学生树立坚持真理、尊重科学的榜样，又要面对现实，伸张正义，主持公道，以自己的道德行为影响学生健康社会情感和态度的形成。二是一视同仁，爱无差等。班主任对学生一视同仁，爱无差等，是教育公正的道德要求。在对待学生个体方面，班主任决不能以个人感情为转移，以成绩好坏定优劣，以智力高低定亲疏，更不能以家庭

① [苏]马卡连柯.论共产主义教育[M].陈昌浩，译.北京：人民教育出版社，1953：305.

② [苏]加里宁.论共产主义教育和教学[M].陈昌浩，等译.北京：人民教育出版社，1957：177.

出身分高下。针对目前教育教学活动中反映出的情况，班主任特别要注意坚持以公正的态度去处理师生关系。在对待学生群体方面，班主任应遵循面向全体、照顾多数的原则，追求学生的整体发展。三是办事公道，赏罚分明。教育教学虽然总体上来说是集体劳动，但又具有个体分散的特点。教育公正的原则不但时刻都在发生作用，而且显得相当重要。办事公道、赏罚分明是班主任处理各种矛盾时坚持教育公正的具体体现。

第三节　班主任的知识素养

知识素养是班主任自身和学生全面发展的基础，也是影响班主任威信的重要因素之一。班主任知识越丰富，就越有权威性和教育的力量。学生可以谅解班主任对自己的不理解，甚至过激言行，但却不能容忍班主任的无知。这正如马卡连柯所指出的："假如你的工作、学问和成绩都非常出色，那你尽管放心，他们全会站在你这一边，决不会背弃你。……相反地，不论你多么亲切，你的话说得多么动听，态度多么和蔼，不论你在日常生活中和休息的时候是多么可爱，但是假如你的工作总是一事无成，总是失败，假如处处都可以看出你不通业务，假如你做出来的成绩都是废品和'一场空'——那么除了蔑视之外，你永远不配得到什么。"①

一、扎实的政治理论知识

社会主义学校是把培养一代社会主义新人作为教育的根本目的和首要任务。因此，班主任必须掌握基本的政治理论知识，尤其是马克思主义基本理论知识，这是班主任知识素养的首要内容。马克思主义基本理论是我国一切工作的科学指导方针，也是学校教育工作的科学指导方针。要塑造学生的思想品德，就必须具备比较系统的马克思主义理论知识，要在学校的教育教学活动中有机地把马克思主义的基本立场、观点和方法准确无误地传授给学生。只有掌握了这些知识，才能把自己的工作同共产主义的远大目标联系起来，树立为共产主义奋斗终身的远大理想；才能指导帮助学生运用辩证唯物主义的方法，科学地认识客观世界，确定无产阶级的世界观、人生观和共产主义的坚定信念；才能更好地学习和理解新时期党的方针、路线和政策，积极参与改革，推动教育事业的发展。

二、精深的专业知识

教育家苏霍姆林斯基曾说："儿童从成人那里并非总能得到有关周围世界的疑问的正确回答。而在解释自然和社会生活现象时的任何含糊不清，都为接受宗教世界观和道德创造了有利条件。许多现象和规律还不能为儿童所理解。但是，对儿童提出来的、并在儿童的科学世界观的形成中具有一定作用的任何一个问题，都应当给予明白的、有无可争辩的科学依据的回答。"②好的班主任首先应该是好的任课教师，好的任课教师必须有精深的专业知识，这是其必备条件。对于自己所教学科的基础知识、理论体系，教师应全面、系统地掌握。要能够了解本学科知识的逻辑起点和基本结构；透彻理解本学科的概念、定理、法则、规律和公式等基本理论知识；熟练掌握运用本学科知识的技能技巧；把握本学科的重点、难点和关键；

① [苏]马卡连柯全集：第1卷[M].北京：人民教育出版社，1957：231.
② [苏]苏霍姆林斯基.帕夫雷什中学[M].赵玮，等译.北京：教育科学出版社，1983：342.

了解本学科的发展历史和在本学科中做出重大贡献的人物的基本情况;密切关注本学科发展的新动向、新成果。专业知识只有达到精深,才能运用自如,才能准确、系统、有效地把知识转化为学生的精神财富。

三、广博的相关学科知识

任何学科都不是绝对独立的,都与其他学科存在着密切联系,都包含着其他众多相关学科的知识。当今社会,各门学科之间相互交叉、相互渗透的发展趋势更为明显。为了出色地完成班级管理任务,班主任就要不断地拓宽自己的知识视野,学习掌握较多的相关学科的基础知识。这正如教育家苏霍姆林斯基所说:“教师所知道的东西,就应当比他在课堂上要讲的东西多十倍、多二十倍,以便能够应付自如地掌握教材,到了课堂上,能从大量的事实中挑选出最重要的来讲。”①“学校及其所从事的一切活动赖以确立的基础,就是每个班主任的多样化的知识、丰富的智力活动、宽阔的眼界和在学识上的不断提高。”②

四、系统的教育科学知识

随着时代的发展,班级管理变得日益复杂,班主任不能仅依靠直接的经验从事班级管理工作,而必须掌握丰富的教育科学理论知识。班主任只有系统地掌握教育学、心理学、教育心理学和学科教育学等方面的教育理论知识,才能认识和把握教育规律,了解学生身心发展的年龄特征,促使班级管理工作朝着科学化的方向发展。对此,马卡连柯曾深有体会地指出:“我非常尊重教育理论,离开教育理论,我是不能工作下去的,我很喜欢教育理论。”③教育科学知识不仅能使班主任获得班级管理的成功,还有利于完善道德修养,增强班主任的专业志趣和专业信心,调控自身的情绪、情感和心理状态,促使班主任自身的专业发展。

五、丰富的管理科学知识

班级是现代学校开展教育教学和管理活动的基层组织,班级管理是学校管理工作的基础。班级管理得如何,对于贯彻国家教育方针,落实学校教育计划,实现培养目标,起着关键性作用。班主任是班级的直接管理者,要做好这项工作,丰富的班级管理经验虽然很重要,但还必须掌握一定的管理科学知识,并把它们切实用于班级管理,这样就可以加强班级管理的科学性和主动性,克服盲目性,少走弯路,少犯错误。

第四节　班主任的能力素养

班主任能力素养的高低直接影响着班级活动的效率,影响着学生身心发展的速度和水平。班主任能力的高低还直接影响着班主任的威信,学生喜欢能力强的班主任,因为他干什么都能成功,能给学生带来丰硕的成果和喜悦。能力差的班主任在学生心目中是没有光彩、地位和吸引力的。正如教育家苏霍姆林斯基所说:“哪个学校里有一位优秀的数学班主任,

① [苏]苏霍姆林斯基.给教师的建议[M].杜殿坤,译.北京:教育科学出版社,1981:86-87.

② [苏]苏霍姆林斯基.帕夫雷什中学[M].赵玮,等译.北京:教育科学出版社,1999:25.

③ [苏]马卡连柯.论共产主义教育[M].刘长松,等译.北京人民教育出版,1956:476.

数学就会成为学生最喜爱、最感兴趣的学科，就会在许多学生身上发现杰出的数学才能。如果学校里新来一位有天才的生物班主任，那么你等着瞧，两年之后就会出现十个禀赋极高的少年生物学家。"①

一、班主任的一般能力

（一）敏锐细致的观察力

观察力是指一种有目的、有组织地主动知觉有关对象的能力。敏锐细致的观察力是班主任必备的能力素质之一，是班主任提高工作质量的重要条件。苏联教育家赞科夫说过："难道敏锐的观察力不是班主任最可宝贵的品质之一吗？对于一个有观察力的班主任来说，学生的欢乐、兴奋、惊奇、疑惑和其他内心活动最细微的表现，都逃不过他的眼睛，一个班主任如果对这些熟视无睹，他就很难成为学生的良师益友。"②这充分说明了班主任良好观察力的重要意义。

1. 进行因材施教的依据

因材施教是教育教学的一条基本原则，我们经常说的"不同学生，区别对待""一把钥匙开一把锁"等，就是这条原则的具体运用。其中，"因材"是前提，然后才能"施教"。要贯彻因材施教的原则，首先要对学生进行全面而深入的了解，准确掌握每个学生的具体情况。而要了解学生，主要是通过班主任周密细致地观察，这必然要求班主任要具备敏锐的观察力。

2. 更好地发现人才的关键

韩愈曾经感叹："千里马常有而伯乐不常有。"这正说明由于缺乏独具慧眼的伯乐，而对就在我们身边的千里马却往往视而不见。作为"伯乐"的班主任，只有具备敏锐细致的观察力，才能发现各种各样的"千里马"。

3. 增强教育敏感性的前提

学生的成长并非是直线上升的，特别是思想品德和良好行为习惯的养成，会经常出现曲折起伏，甚至经历多次反复，班主任只有灵敏地察觉这些变化，把握学生思想脉搏的跳动，才能及时给以指导和补救，引导学生健康成长。

（二）良好的注意分配力

所谓注意分配力，是指人在同一时间内把自己的注意指向不同对象的能力。教育教学工作是一项需要多种知识、技能协调配合的复杂脑力劳动。在班级管理中，班主任往往要面对几十名不同的学生，随时处理各种偶发事件，排除各种干扰，维持好课堂纪律。这些都离不开班主任良好的注意分配力，要求班主任既能把注意力集中于班级管理的主要活动上，又能把注意力分配到学生身上。可以说，良好的注意分配力是班主任的一项专业能力要求，也是衡量班主任班级管理水平的一个重要标志。

具有较强注意分配力的班主任，往往能有效地利用言语、板书、教具等各种信息载体向学生传递知识，使读、写、做有机地融为一体，相得益彰。学生不仅听得懂，理解得透，而且学得生动活泼，学得饶有兴趣；具有较强注意分配力的班主任，在班级管理过程中不仅善教，而且善导，能够适时地根据自己讲授的线索，引导学生积极思考，创设活跃学生思维的教学情

---

① [苏]苏霍姆林斯基.给教师的建议[M].杜殿坤，译.北京：教育科学出版社，1981：60-61.

② [苏]赞科夫.和教师的谈话[M].杜殿坤，译.北京：教育科学出版社，1980：157.

境，随时体验学生情绪上的细微变化，发现学生思维中的问题，及时予以启发诱导。如果一个班主任能把全班几十个学生都纳入自己的注意范围之内，使每个学生都觉得班主任在注视自己，学生就不会注意力分散，也就能保持好的课堂纪律。

（三）丰富的想象力

班主任的工作是一种充满创造性的脑力劳动，没有想象力的积极参与是无法顺利有效地进行的。具有丰富想象力的班主任，不仅善于洞察学生的心理，还能根据学生的特点，预料其发展动向以及采用不同教育措施可能产生的后果，从而有针对性地实施教育影响。具有丰富想象力的班主任，在班级管理活动中能高瞻远瞩，对学生满怀美好的发展期望，对人类发展充满乐观的信念，使班级管理工作更好地面向未来。想象力不仅在班级管理工作中是必要的，而且也是不可或缺的。大凡想象力丰富的班主任，都能对班级管理进行精心设计，把学生引入美好的境界，他们能把深奥的事理形象化，把抽象的事物具体化，把死的知识变成有生命力、有思想感情的活的知识，使知识生动形象地、潜移默化地顺利进入学生的大脑。这不仅有助于学生理解知识，而且还有助于学生发展自己的再造及创造性想象力。

（四）创造性的思维力

所谓创造性的思维力，是指能独立地思考问题和解决问题，并在已有的知识和经验基础上进行创建性构思，以新的方式解决前人未曾解决的问题的能力。善于思索和进行创造性劳动是班主任的一种最为可贵的心理品质。只有具备这种心理品质的班主任才能取得班级管理上的成功，才能在班级管理活动中不断有所发现，有所创新。

班主任创造性的思维力对班级管理工作的重要意义，是由班主任本身的劳动特点决定的。班主任的工作具有复杂性和多变性，需要班主任思维具有灵活性和创造性，只有不按死板公式和固定模式思考和行动的班主任才能胜任。只有靠班主任的独立思考和创造性的智慧，才能充分发挥自己的教育力量，卓有成效地达成班级管理的最终目标。同时，班级管理也是一门艺术，艺术的生命恰恰就在于创造。班主任的每一堂课其实就是一次艰苦的创造性的劳动，一次令人欢欣鼓舞的艺术加工过程。如果离开思维的独创性，那么这些工作都将无法进行。

二、班主任的特殊能力

（一）语言表达能力

语言是班主任表达思想、传授知识、传播文明、启迪智慧、塑造心灵的最基本工具和最主要手段。班主任语言表达能力的强弱，直接关系到班级管理工作的成败。正如教育家苏霍姆林斯基所说："教师的语言修养在极大程度上决定着学生在课堂上的脑力劳动的效率。我们深信，高度的语言修养是合理地利用时间的重要条件。"①具体而言，班主任的语言表达应符合以下几个方面的基本要求。

1. 准确明晰，具有科学性和准确性

科学的语言是周到严密、含义明确、措辞精当、不生歧义的准确语言。只有这样的语言才能揭示客观事物的本质和规律，给人以清晰的认识。

① [苏]苏霍姆林斯基.给教师的建议[M].杜殿坤，译.北京：教育科学出版社，1981：289.

2. 简洁练达，具有逻辑性和系统性

这是要求班主任的语言表达要简洁明快，干净利落，既准确又凝练，句句连贯，层次分明，具有内在的逻辑力量和高度的概括水平，由此启迪学生的创造性思维活动。

3. 生动活泼，具有形象性和情感性

这是要求班主任在班级管理工作中用语要鲜明活泼，生动形象，使学生有如临其境、如见其人、如闻其声之感，将抽象的概念具体化、深奥的哲理形象化、枯燥的知识趣味化。生动形象、富有趣味的讲授，能引起学生的直接兴趣，使其听讲认真、感受深刻、思维活跃，而且能激发其强烈的学习动机。

4. 通俗易懂，具有通俗性和大众性

这是要求班主任的语言要深入浅出，明白流畅，平易近人。班主任的语言表达应使学生听得明白，用语要有针对性，不能搞华丽的辞藻堆砌，这应成为班主任语言的一个基本准则。

（二）了解研究学生的能力

学生是班主任班级管理的对象，了解研究学生是班主任的一种最基本的专业能力。班主任了解研究学生的能力主要有以下特点。

1. 细致深入

能体察学生内心的细微变化，并透过这些细微表现把握其知识背景和智力发展水平，掌握他们的心理状态和思想动态，能深入到学生的意识中去了解学生的自我观念，这是班主任了解和研究学生能力的基本品质。班主任了解和研究学生的能力是否强，并不单纯取决于观察了解学生时间的长短和把握学生特征的多少，而主要在于能否抓住一些具有决定意义的成分，特别是善于从隐蔽的、容易忽视的细节之中，探索出事物的本质。

2. 迅速准确

能迅速地进行观察，善于抓住最能表现学生内心活动的主要表现，而又不为假象所迷惑，也是班主任了解和研究学生能力的重要特征。具有这种品质的班主任，往往善于在瞬间捕捉学生的表情和行为的细微变化，迅速掌握学生的特点，判断所发生的真实情况或学生的心理活动，及时地处理问题。

3. 全面客观

从时间和空间等各个方面对学生进行了解和研究，能保证了解和研究的系统性，这是班主任了解和研究学生能力的又一个重要特点。这一特点要求班主任善于利用一切可以利用的机会和场合，对学生进行多角度、全方位的观察、了解和研究。

（三）组织管理能力

班主任从走进班级的那一刻开始，就要把几十个兴趣、爱好、性格特点各不相同的学生组织起来，形成一个自觉的班集体，这都需要班主任有较强的组织管理能力。实践证明，班主任组织管理能力的强弱，在一定程度上对班级管理工作的成败起着决定性的影响。班主任的组织管理能力主要包括以下几个方面的内容。

1. 制订班级管理计划的能力

有效地制订班级管理计划是班主任开展工作的前提。有组织管理能力的班主任，一般都能自觉地计划和协调自己的班级管理工作；而那些缺乏组织管理能力的班主任，尽管他们有着良好的愿望和动机，却因不能制订切实可行的计划，从而使班级管理工作陷入困境。

2. 组织管理课堂的能力

组织管理课堂的能力是班主任组织管理能力的又一个重要方面。课堂组织管理得当与否,直接关系到教育教学的效率和效果。良好课堂教学的指标主要包括秩序井然、气氛民主和注意集中,其中以学生注意的组织管理最为关键。

3. 组织管理学生的能力

班主任所面对的对象不是单个或少数的学生,而是构成为一个集体的班级。在集体中进行共同的教育教学活动,需要班主任具有较强的组织和管理能力,才能按照整体的要求来协调每个学生的活动,也才能保证集体活动的顺利进行。

(四)教育机智能力

教育家乌申斯基说过:"不论教育者怎样地研究了教育学理论,如果他没有教育机智,他就不可能成为一个优良的教育实践者,这种所谓教育机智在本质上不是什么别的东西,无非是文学家、诗人、演说家、演员、政治家、传教者,一句话,就是一切想跟教育学者一样对别人的心灵发挥某种影响的那些人所需要的那种心理学的机智。"①在班级管理过程中,具体情境瞬息万变,班主任面对错综复杂的情况,特别是对突如其来的偶发情况,能够正确、迅速、敏捷地判断,恰到好处地做出处理,从而取得良好的管理效果,这就是教育机智。班主任良好的教育机智能力的运用应注意以下几个基本要求。

1. 循循善诱,启发引导

班主任要根据学生的具体情况,运用循循善诱的方式加以教育引导,利用积极因素,克服消极因素。善于发现和利用学生的积极因素,帮助他们扬长避短、从善去恶,使其逐步增长起克服缺点的内在精神力量,这是教育机智最重要的内容。

2. 灵活机智,机敏幽默

班主任能够根据现场情况,灵活机智地处理班级管理活动中的偶发事件,及时地调节和消除矛盾,有效地影响和教育学生。

3. 讲究分寸,适可而止

班主任在处理班级管理中的问题和事件时,要注意讲究分寸,恰到好处,适可而止,这是教育机智运用的重要原则。做任何事情都有一个分寸或度的问题。在班级管理工作中,如果不注意分寸,到头来不仅不能达到预期的效果,还会影响学生的健康成长。班主任的教育机智应该以教育规律为依据,从学生的实际情况出发,谨慎地处理班级管理中所发生的每一个问题。任何违背教育规律的教育机智,都会造成不良后果。

(五)人际交往能力

班主任在班级管理工作中要处理各种各样的人际关系,如班主任与学生的关系、班主任之间的关系、班主任与家长的关系、班主任与社会其他行业人员之间的关系等。班主任与这些群体及个人之间关系处理得恰当与否,在很大程度上影响着班主任班级管理工作的成效。班主任的人际交往能力主要包括以下几个方面。

1. 积极的关注

关注他人是人际交往的起点,而善于关注他人对于班主任来说也是十分重要的。在班级管理活动中,班主任要及时全面地了解学生的学习和思想情况,这就要求班主任要关注学

① [俄]乌申斯基.人是教育的对象[M].李子卓,译.北京:教育科学出版社,1959:27.

生心理和行为的变化，分析这些变化的原因，找出变化的规律。

2. 尊重与信任

尊重与信任是人际交往的基本前提，这在师生交往过程中显得更为重要。尊重与信任是打开学生心灵的钥匙，而要达到这一目的，班主任一方面要尊重学生的人格，认识到学生与班主任在道德人格和法律人格上是完全平等的；另一方面也要尊重每个学生的个性特点。

3. 善于倾听

善于倾听是与他人交往所需要的重要技能，也反映出一个人的修养水平。善于倾听意味着能够抓住讲话人所表达的主要内容和意图，也意味着倾听者能够对对方所说的话加以区别，并正确表达自己的观点。班主任需要经常倾听学生的要求，分析他们的内心活动，为学生答疑解惑。班主任还要做学生的心理咨询师，这就更需要具有良好的倾听能力。

4. 理解与共情

理解与共情是指能够站在他人的角度来看问题，能够理解与分担对方精神世界中的各种负担的能力。班主任的工作对象是成长中的青少年学生，他们不仅需要班主任的指导，而且还需要班主任的理解与尊重，班主任应经常站在学生的角度理解和体察他们的心理活动和需求。

（六）自我调控能力

班主任的自我调控能力包括两个方面的内容：一是根据客观需要调控自身主体结构的能力；二是调控自身的心境、情绪和情感的能力。班级管理是一个开放系统，而不是一个封闭系统，它随时要和社会发生信息交流，保持与社会的平衡。社会上任何一种因素的变化，都可能或多或少、直接或间接地影响教育系统，引起教育内部各种结构的变化。班主任要适应这些新的变化和要求，就必须具有较强的自我调控能力，主动地按照需要来改变主体结构。教育家苏霍姆林斯基曾经指出："善于掌握自己、克制自己是一种必要的能力，它既关系到班主任的工作成就，也关系到他的健康。"①

班主任是处于现实生活中具有感情的人，不可避免地会遇到各种各样的痛苦和不幸，如果不加以调控，就会影响工作。苏联戏剧大师斯坦尼斯拉夫斯基对演员的自制力修养问题，曾这样形象地加以比喻："当一个人回到家的时候，他得把套鞋脱下留在室外的过道里；当演员来到剧院的时候，他也应当把自己个人的一切不快和痛苦留在剧院之外。在这里，在剧院里，他整个的人是属于艺术的。"②班主任也应当是这样，来到学校里，走进教室中，他整个人就是属于学生的，属于教育事业的。因此，班主任必须十分注重自我控制能力的培养，善于调控自己的情感和心境。

第五节　班主任的心理素养

心理是个体社会化的产物，既具有社会特征，又具有个体的独特风格。良好的心理素养，是做好班主任工作、促进学生身心健康发展的重要条件。正如教育家苏霍姆林斯基所

① ［苏］苏霍姆林斯基. 给教师的建议［M］. 杜殿坤，译. 北京：教育科学出版社，1981：24.

② 王顺兴. 教育学［M］. 济南：山东教育出版社，1987：61.

说:“没有心理上的修养,体力的、道德的、审美的修养就不可能想象。”①

一、班主任的教育心理

(一) 道德心理

专业道德是班主任处理和调节班级管理活动中人与人之间关系的特殊的道德要求。班主任专业道德品质是一个完整的心理系统,其心理成分包括专业道德认识、专业道德情感、专业道德意志、专业道德信念和专业道德行为等五个方面。其中,专业道德认识是班主任在班级管理过程中表现出来的对是非、好坏和善恶的行为准则及其意义的认识,如班主任的专业信念、专业人生价值观、专业理想等。专业道德情感是伴随专业道德认识所产生的一种内心体验。班主任的专业道德情感集中体现在爱国主义、热爱教育事业和热爱学生等三个具体方面。专业道德行为是在班主任班级管理实践活动中形成和发展的,也是衡量班主任品德的重要标志。班主任专业道德行为集中表现在班主任的以身作则、为人师表、言行一致等方面。

(二) 教学心理

班主任的教学心理包括一般教学能力、教学技能、辅导学习技能和教学监控能力等几个方面。一般教学能力是班主任在教学实践中形成和发展的基本能动力量,是实现人才培养的保证,如班主任的智能、言语能力、非言语能力等。教学技能是指班主任从事教学活动、完成教学任务必须具备的基本技能,如掌握教学大纲、运用教材、教学设计、信息技术等技能。辅导学习技能是指班主任在教学过程中辅导学生解决一系列学习问题的能力,也就是辅导学生学会学习的技能。通过班主任辅导,学生能充分发挥学习的主动性、自觉性和积极性,会制订计划、会预习、会听课、会做作业、会复习、会应考等。教学监控能力是指班主任在教学过程中为成功地实现教学目标,以教学活动为监控对象,不断地对其进行积极主动的计划、监视、检查、评价、反馈、调控的能力。如班主任在教学活动前的计划和准备,对课堂教学的检查和反馈,对自己整个教学活动的调控等。

(三) 辅导心理

辅导是辅导者协助当事人解决心理问题,为当事人的心理发展提供帮助和服务的一种人与人之间的心灵交流与互助的活动。它作为应用心理学的一个新概念,已成为现代教育主体性发展水平的一个重要标志。随着教育现代化进程的不断推进,主体教育价值理念得以广泛弘扬,现代教育走向以学习者为主体的终身教育和学习化社会,从而赋予教育者以辅导的教育职能。班主任不仅仅是一个文化知识的传播者,而且还是一个心理辅导者。班主任必须适应心理辅导的角色职能,自觉调整自身的知识结构、能力结构和专业技能,从而提高自身心理辅导素养。班主任辅导心理素质包括心理咨询素质、心理教育素质和心理治疗素质等内容。

二、班主任的人格心理

班主任必须具备和养成健康完备的人格心理素质,并努力使其成为社会化和人类共有的心理素质。班主任人格心理在整个心理素质的形成和发展中居于重要地位,它不仅影响

① [苏]苏霍姆林斯基.教育的艺术[M].肖勇,译.长沙:湖南教育出版社,1983:131.

班主任的教育教学效果和效率，而且影响学生的个性形成和身心发展。

（一）性格

所谓性格，是指人对现实的态度和习惯化的行为方式。班主任的性格是班主任在长期班级管理实践中形成的，逐步稳定的态度和习惯化了的行为方式，它是班主任人格的最集中体现。班主任良好的性格体现在对教育事业的高度热爱以及对知识的强烈渴求，也就是对教育事业勇于创新、善于探索，对班级管理工作认真负责、兢兢业业。班主任良好性格的形成，既有助于自身人格心理素质的完善，又有助于塑造学生的人格。具有良好性格的班主任能够得到学生的爱戴，促进班级管理工作的开展，学生会在学习活动中有意模仿班主任的言行举止、思想感情，并能积极合作，提高班级管理工作的效率。

（二）移情

移情也称同理心、共感或共情。人本主义心理学家罗杰斯认为：体会当事人的内心世界，有如自己的内心世界一般，可是却永远不能失掉“有如”这个品质，这就是“同感”。由此可见，班主任在表达“移情”时，一方面要放下自己的参照标准，设身处地从学生的参照标准来看问题，以感同身受的方式体会学生的内心感受和情感。另一方面，又要保持自己的身份，并把学生的内心想法和感受准确表达出来，并传递给学生。“移情”使班主任在教育教学过程中能够站在学生的角度看问题，充分体会学生的内心感受与情感，从而有助于良好师生关系的建立，促进学生开放自我、探索自我，以积极心态面对问题、解决问题。在教育教学过程中，良好的师生关系是教育教学效果的重要前提，而在良好师生关系的建立中，“移情”又恰恰是特别重要的。

（三）宽容

我国心理学家皮连生等人认为，宽容主要包含三层含义，即灵活、体察和无偏见。人们对外部世界的了解，对别人的看法和感情，都有赖于自身的感觉与情感的参照系。如果人们能够改变自己的参照系，以适应外界情境的需要和标准，也就能够理解并适应与自己通常的参照系并非完全一致的各种变化，也就能容纳与自己不同的看法、见解、思想、情感，能对各种不同的人表示关切。认知参照系的灵活性引发了个体对他人的体察和无偏见，这就是宽容。对班主任而言，宽容能够使他摆脱先入为主的成见或偏见，更好地接纳各不相同的学生，不管学生的家庭背景、性别、智力、身体、个性、知识等如何，都能与他们和谐相处。班主任的宽容在很大程度上也是鼓励学生独立性和自主性人格发展的积极力量。

（四）期待

班主任对学生的期待是影响学生学业成绩及人格品质的一个重要因素。班主任对学生的期待对学生发展的影响，在心理学上被称之为“班主任期待效应”，也称为“皮格马利翁效应”或叫“罗森塔尔效应”，是指班主任基于对某种情境的知觉而形成的对学生发展的一种强烈期望，它能使该情境产生适应这一期望发生或达成的效应。班主任如果根据对某一学生的了解而形成一定的期望，就会使该学生的学习成绩和行为表现发生符合这一期望的变化。班主任对学生的期待及其影响是在师生互动过程中产生的。一方面，班主任根据学生的学习行为、个性特征和在人际交往中的表现等，形成对某个学生的期待，这些期待会在班主任的教育教学行为中表现出来；另一方面，学生接受了班主任行为所暗含的深深期待，并根据期待的方向表现出相应的行为。在这种互动过程中，班主任不断坚持按自己的期待去影响学生，而学生也会逐步向班主任期待的方向发展。

三、班主任的社会心理

（一）角色心理

随着经济社会的快速发展，教育价值及其功能也日趋多样化和复杂化，这就必然决定了班主任角色的多样性。这种多样性正好反映了社会、学校和学生等多元文化价值对班主任角色赋予的多方面的社会期望。班主任要充分发挥积极能动作用，就必须善于自觉扮演和承担多重社会角色，如社会的代言人、知识的传播者、学生的教育者、集体的管理者、人际关系的调节者以及心理辅导者等。如果班主任在心理上没有多重角色准备，也就很难充分发挥其在班级管理中的主导作用。基于此，我们特别强调，班主任在班级管理实践过程中，必须不断学习掌握各种社会角色期待和角色情景判断，学会在不同情景中从事自己的独特的角色活动，并能及时有效地处理各种角色之间的矛盾冲突，从而提高扮演并发挥多重角色的社会心理素质。

（二）交往心理

教育从其本质来说，就在于建立个人与集体和社会的密切联系，以保证个体社会化进程的顺利完成，而在这一过程中，班主任起着十分重要的作用。一方面，班主任的职能就是指导学生进行人际交往，并实施对学生集体人际关系的教育管理；另一方面，班主任本身就是群体交往的对象，师生之间在相互交往的过程中形成了一定的心理关系。如果相互之间能满足对方的需要就会产生彼此接近与和谐相融的心理关系；反之，则会产生疏远回避甚至敌对的心理关系。而要在师生间建立良好的人际关系，班主任就必须首先具备良好的交往心理素质。

（三）管理心理

所谓管理心理，是指班主任对班级管理活动的计划、决策、组织、指挥、监督、控制、调节等方面的综合素质与能力，它是保证班级管理工作顺利开展的必要条件。对学生集体来说，班主任既是教育者又是管理者，而学生集体的组织管理是一个多层次的复杂变化的动态过程。它与班级管理工作有机结合，构成班级管理的整体系统。正是基于这样的认识，班主任在班级管理实践中，就有必要全面地了解和研究学生以及班级管理的本质及规律，不仅要具有静态管理的素质，而且要具备动态管理的能力，也就是要随学生心理状态与外界环境变化及时改变管理的策略方法，以便能达到最佳的管理效果。

第四章　班主任的专业发展

班主任专业化的核心不在于知识与技能，而在于人格与德性，这是由教育的本性和班主任专业化特性决定的。班主任的教育人格包括专业良知、专业精神和专业责任。我们需要通过培育班主任的教育人格，即确立职业认同、树立教育理想信念、加强师德教育、建立完善系列制度等，实现班主任的专业化。

冯建军：《人格本位的班主任专业化》

在当代，班主任已经不是“教书匠”加“孩子王”的谋生手段；也不再是以把纪律弄好，把分数搞上去为目标的工作；不是一味凭经验、凭热情、凭力气，凭早出晚归、披星戴月就能打点的辛苦劳作；更不是靠管卡压，靠讽刺挖苦，甚至体罚、变相体罚就可以奏效的行当。班主任要全面提高学生素质，要一切为了学生全面、健康的发展，并且在和谐的环境中让学生自主发展。这不能只是居高临下地说教，不能只是“我管你服”“我说你听”的传授，而是要用先进的教育理念，用科学的理论指导，用高超细腻的技能技巧，用良好的人格魅力，精心地实施完成。班主任与学生互动共进，教学相长，平等互助，共同发展。由此看来，新时期的班主任工作是一种全新的工作，是一种不可替代的、非常重要的专业性工作。班主任应当是一个专业人员，是一个教育与管理的“行家里手”。

第一节　班主任专业发展概述

20世纪80年代以后，伴随着世界范围的教师专业化的运动，班主任专业发展问题也日益凸显。班主任专业化可以视为个体专业水平提高的过程和结果，以及班主任群体为争取班主任岗位的专业地位而进行努力的过程和结果。它对于班级管理效能的提高以及学生的全面健康成长，发挥着极为积极的影响作用。

一、班主任专业发展提出的背景

任何事物的出现都是有它的内部条件与外部条件的。班主任专业从地平线上升起，并且蒸蒸日上，朝气蓬勃，也同样有它发生、发展的背景。

（一）时代发展的孕育

世界的主流趋势是和平与发展，但随信息时代的到来，科学技术大发展，知识经济已见端倪，地球村的竞争却日益激烈，其表现形式则集中在人才的竞争上。谁具备更多的素质更高的人才，谁就会占领发展的制高点而获胜。所以，目前各国对教育都空前的重视，纷纷加大改革的力度，涌现了许多新的教育理念，冲击着教育的各个领域。我国由劳动密集型经济向知识密集型经济转变，人们的思维方式、工作方式和生活方式都发生了剧烈的变化。这就不可避免地向传统文化、传统教育发出了无情的挑战。同样，教育改革加大力度，深入开展。教育的重心已由传授知识，转向塑造学生的新型人格，培养创新精神和实践能力。因此，那种单一的传授知识的老观念、老经验、老办法不行了。这不能不让我们对教育的本质重新反思、认识，那就是教育要促进学生全面、健康地发展，落实21世纪教育的主题——全面实施素质教育。

崭新的人才要求，对教育、对教师提出了更高、更新的专业要求。为此，各国都加速了教师专业化的进程，成为时代的热点和焦点。包括班主任在内的广大教师都强烈地要求专业自主，研究育人的新情况，提高育人的专业素养，走专业化之路。换句话说，时代需要专业化，时代造就了专业化。班主任在学校中有特殊重要的位置，与教学工作是同等重要的。随着社会对班主任要求越来越高，班主任的角色已经有了深刻变化，他们不仅仅是班级的组织者、管理者、教育者，而是影响、引导学生全面健康成长发展的“重要他人”。班主任岗位的内涵与教师专业的内涵，既有同也有异。班主任工作的特殊性，也逐渐使班主任具备了专业的条件。

（二）班主任实践的催生

随时代发展，未成年人的进步是显著的，他们的综合素质不断提高，热爱祖国、积极向上、团结友爱、文明礼貌是他们精神世界的主流。但同时也必须看到，未成年人思想道德建设面临新的机遇和严峻的挑战，他们受社会种种负面影响造成的精神空虚、道德失范等问题决不能低估。对此，班主任及时进行了严肃的反思。反思了教育本质，反思了道德教育，反思了自己的素养，以高度的责任感毅然接受了这个挑战，逐步将“让每一个学生都得到全面、健康的发展”，作为自己的专业理想、专业信念，开始了新的学习、实践与探究。例如，20世纪八九十年代已形成全国规模的“班集体建设”理论研讨及实践，为构建我国班主任理论体系做出了贡献。

2002年10月，全国第十一届班集体建设理论与实践研讨会在天津大港举行。中国教育学会德育专业委员会委员、首都师范大学王海燕副教授提出，班主任作为教师队伍的重要组成部分，是否也该进行专业化方面的研究。一石激起千层浪，立即引起与会人员和专家的极大兴趣。经过热烈的讨论，2003年全国第十二届班集体建设理论与实践研讨会主题确定为“班集体建设与班主任专业化发展的研究”。这样，“班主任专业化”这个充满生命力的、崭新的命题便闪亮登场了。同年，为了迎接在柳州召开的第十二届班集体建设理论研讨会，天津市广大班主任以“班主任专业化”为课题，对班主任专业的背景、内涵，以及班主任专业化的途径、方法，开展了扎实的培训和实践研究。广大班主任结合自己实践，写出大量的研究论文，参加了会议的集体研讨。2003年，杨连山撰写的《班主任专业化刍议》一文在《天津教育》发表后，立即引起了广泛关注，不仅被一些权威报刊转载，而且在网上广泛传播。特别是2006年，“班主任专业素养的现状与发展的研究”被中国教育学会批准立项为“十一五”国家重点课题，带动了班主任专业化的系统深入研究。

（三）政策法规的推动

班主任专业化研究与实践的深入，一方面体现为班主任专业素养不断提升，另一方面则体现在班主任理论的研究成果上。同时，在国家教育政策法规上也得到了充分的体现。我国班主任制度已有百年历史。1904年，清政府颁布的《奏定学堂章程》规定，由一个教师任一个学级全部学科或主要学科的教学制度，称之为级任制，即级任老师，这是我国最早的班主任；1951年，《政务院关于改革学制的决定》使班级授课制具有了社会主义的性质特点；1952年，教育部颁布的中小学《班主任暂行规定(草案)》中明确规定：中小学"每班设班主任一人，由校长从各班教员中选聘"，并原则地提出了班主任职责；1963年，中共中央颁布的《全日制中学暂行工作条例(试行草案)》中，提出了加强班主任的领导以及班主任主要条件；1979年，教育部总结了班主任多年实践经验，第一次颁发了《关于班主任工作的要求》，对班主任制度进行了规范。

进入20世纪90年代，中央及教育行政部门又相继在不同的文件中对班主任的地位，特别是育人的作用，以及班主任的职责、岗位津贴等再次做了明确规定。2004年，在《中共中央国务院关于加强未成年人思想道德建设的若干意见》中进一步指出："要完善学校的班主任工作制度，高度重视班主任工作，选派思想素质好、业务水平高、奉献精神强的优秀教师担任班主任。"2006年6月，教育部颁发了《关于进一步加强中小学班主任工作的意见》，进一步明确了班主任工作的重大意义，规定了班主任的工作职责，要求认真做好中小学班主任选聘和培训工作，切实为班主任工作提供保障。这个文件第一次指出"做班主任和授课一样都是中小学的主业"，也第一次提出"班主任岗位是具有较高素质和人格要求的重要的专业岗位"。至此，班主任作为一个崭新的"专业"得到国家的确认，并为全国班主任专业化的实施起到了推动作用。

二、班主任专业发展的内涵

班主任作为教师群体中的中坚和骨干，是联系校内外各种教育力量、形成教育合力的纽带和桥梁，是班集体的组织者和建设者。他们的工作性质不仅具有教师的共性，而且还有其特殊性。学生是有血有肉有感情的人，因而班主任不仅要学会对学生精神生命的关怀，能与学生心灵沟通，尊重、期待和信任他们，还要具备组织、教育、管理班级的知识和能力，保证班级教育中各子系统的有效运作，并充分发挥其教育功能，这是班主任专业发展的基本内容。

班主任以育人为己任，与学生接触的时间最长，频率最高，影响最大，与学生的关系最密切。从专业精神上讲，更强调敬业奉献；从专业道德上讲，更强调人格的魅力；从专业技能上讲，更强调科学管理；从专业素养上讲，更强调知识的宽厚和广泛的爱好。班主任专业发展是一种特殊类型的教师专业发展，教师专业发展的含义同样适用于班主任的专业发展，但两者又不能完全等同。班主任的专业发展是教师专业发展的深化与发展。因为，班主任是教师队伍中的"双职业生涯者"，一方面他们是学校中最基层的管理者，校长的办学思想、学校的规章制度、教育教学的绩效管理与评价，都集于班主任一人来体现；另一方面，班主任往往是由主课教师担任，他们是教学能手、业务骨干、科研带头人，他们的工作任务比一般任课教师要复杂和艰巨得多。因此，一名优秀的班主任首先是一名优秀的教师，而一名优秀的教师不一定成为一名优秀的班主任。担当班主任，需要其有特定的素质与能力，并非人人都适合做班主任。教师需要专业发展，班主任更需要专业发展。

班主任专业发展可以视为班主任个体专业水平提高的过程和结果，以及班主任群体为争取班主任岗位的专业地位而进行努力的过程和结果。班主任的专业角色比一般教师丰富得多，其专业发展的内涵也更加丰富，因此对班主任专业化标准定得也肯定更高。这就决定了班主任专业化的特殊性。据此，我们认为，所谓班主任专业发展是指以班主任专业化标准为基础，逐步掌握班主任工作的理论知识，经过长期培养训练形成班集体建设与管理的能力和技巧，提高自身的学术地位和社会地位，全面有效地履行班主任职责的过程。班主任专业发展包括两个辩证统一的方面。

（一）班主任个体专业发展

班主任个体专业发展即班主任自身的专业化，是指班主任个体在新教育理念指导下，严格培训和自主学习、实践、反思，用班主任专业所需要的教育、管理等科学理论武装自己，不断提高专业道德、知识、技能等专业素养的过程和结果。班主任专业发展体现了班主任个体成长和发展的本质，它不仅是"一般人"向"专业人"发展的过程与结果，而且是班主任由经验型向专家型转变的过程与结果；不仅是班主任从专业不自主、不完全自主向专业完全自主转化的过程与结果，而且是班主任由必然王国向自由王国转变的过程和结果。专业发展既是班主任个体专业的理想境界，又是班主任自身的努力目标。每个有志于献身教育事业的班主任，都应该从我做起、从现在做起，为自己的专业发展而奋斗终生。

（二）班主任群体专业发展

班主任群体专业即班主任队伍专业化，是指班主任群体专业形成、发展的过程，以及经过长期努力奋斗、完全达到专业标准并赢得社会认可的过程和结果。长期以来，世界各国为教师专业地位进行了不懈的努力，在提高教师个体专业素养的同时，一方面据理力争，宣传教师职业的重要性及其专业依据，提高专业的权威性；另一方面争取其专业地位和与之对应的福利待遇。由于时代发展对教育的渴求，各国专家学者对教师在社会发展的地位和作用，有了进一步的认识，但也有"教师距真正的专业标准还有不足"的歧见。至于对教师重要组成部分——班主任专业化的认可度也如此，但人们比较现实、合理的观点是，尽管班主任岗位还不能与真正意义的专业相提并论，但它已具备了作为专业的基本特征，是形成发展中的"准专业"。

班主任个体专业发展与班主任群体专业发展是班主任专业发展一个问题的两个方面，二者是密不可分、互为关联、互为作用及相辅相成的。矛盾的主要方面在于班主任个体专业发展，它是班主任专业发展着力的重点。一方面，班主任个体专业发展是班主任群体专业发展的基础，是班主任群体专业发展的细胞和组成部分。很显然，每个班主任专业水准提高了，班主任群体专业发展也就水到渠成了。从这个意义上讲，每个班主任专业素养的水准是班主任群体专业发展的源泉和根本之所在。换言之，每个班主任专业素养程度高低，直接影响着班主任队伍专业发展程度。另一方面，班主任群体专业发展则是班主任个体专业发展的必然结果。班主任群体专业化是个体专业化的引领、支持和保障。班主任队伍专业发展的进程，必须要争取社会的认可和支持，使之成为整个社会的责任。班主任队伍专业发展的意义重大，它既可以促进班主任的专业研究，也可以促进班主任福利待遇、社会吸引力以及社会地位的提高。这些都是班主任个体专业发展不可或缺的重要外部条件。

三、班主任专业发展的过程

班主任个体专业发展是人们关注的重点，其实质是增强专业意识，提高专业素养，最终成为一个专业工作者。这个任务虽然紧迫，但其过程则是长期渐进和动态发展的。

（一）班主任专业角色和专业职责具有特殊性

在谈及班主任角色特殊性时，人们往往从以下六个方面加以分析：第一，从班主任工作的范围上看，一个优秀班主任，首先应该是一个优秀的教师。他们除了和任课教师一样要完成教学工作实现教书育人外，还要履行班主任工作职责，要对所管辖班学生的生活、学习、工作以及学生的素质和班集体的形成与发展承担重要责任，要对学生和班集体进行教育和管理，通过创造性地履行班主任工作职责，对学生素质的全面发展负责。第二，从专业知识上看，班主任需要了解德育和班主任工作的基本理论知识和实践知识，需要掌握班级管理、学生心理健康教育和班主任工作行为学的相关理论知识并运用于学生教育和班级建设与管理之中，形成自己的工作艺术风格。第三，从文化修养上看，由于班主任角色的丰富性，他们需要对学生进行多方面的教育，因此其知识面比一般任课教师要广博。第四，从专业能力上看，班主任要建设和管理班集体、开展班级德育工作，要组织开展丰富多彩的班集体活动，因此，其组织管理能力、研究学生和学生家庭及社会的能力、组织指导活动的能力、协调各种人际关系的能力、评价学生的能力和转化后进生的能力等相对要强。第五，从业外才艺上看，班主任应多才多艺，班主任文体、科技等业外才艺丰富性，对于形成良好的师生关系，促进学生素质的全面提高，形成班级良好的心理氛围具有重要的作用。第六，从教育科研的范围上看，班主任的研究领域比一般教师要更加广泛，既应研究教学领域的问题，更要研究德育及班集体建设与管理中亟待解决的问题。总之，班主任的工作是面对由几十个未成年的学生组成的班集体，他们受着多方面、多系列、多因素的影响，有诸多不确定、不可预测的教育情景，这不仅说明班主任专业地位的重要，也足以说明班主任专业的复杂性、艰难性，有着远远大于其他专业的难度。

（二）班主任专业发展的长期性、渐进性和动态性

班主任专业的复杂性和艰难性，决定其发展的长期性。班主任专业化不是在专门院校教育或培训就可以完成的，而是在上岗实习或成为班主任后，仍要不停地学习、实践、研究，继续做专业理想、专业道德的调整和提升；引领、促进专业知识、专业技能的深化和提高；随外界环境和学生变化提出的新要求，持续不断地丰富专业知识、提高专业技能，不断地超越自我。经过长时间的努力，才能从一个实习班主任发展为成熟的班主任，直至为资深的、专家型的班主任。班主任自主专业发展的终点不一定结束于班主任工作的停止或退休离岗之日，有的班主任退休之后仍在继续研究，直至生命画上句号。班主任专业发展的过程是在班主任融学习、研究、管理的专业实践中，一点点由少到多、由浅到深、由量到质积累而成的。这个积累往往是按阶段发展的，班主任专业适应期的知识和经验，是专业稳定期的基础；班主任成熟期的知识和经验，是未来更高发展层次的基础。各阶段之间是互相渗透、互相作用、互相制约的，是环环相扣、连续不断的。因此，这种连续和积累也是动态的，不停地寻求富有活力的生长点。

（三）班主任专业发展需要加快步伐

班主任专业的概念一经问世便引起广大班主任和专家学者的高度关注。党和国家一贯重视班主任工作，连续下达了有关加强中小学班主任工作的文件。全国各地纷纷按中央和教育部的要求加强领导、制定政策、建立制度、强化培训、改善待遇，极大地推进了班主任专业化的进程。各地广大班主任积极性高涨，纷纷以当班主任为荣，增强专业意识，自觉提升班主任专业素养。特别是一批优秀班主任用新教育理念，以专业要求为标准，带头学习、研究和实践，做出突出成绩，涌现了一批专业化的班主任先进人物，可见班主任专业化的进程呈良好态势。当然，我们也应看到目前班主任还有很多不尽如人意之处。例如，班主任生存、工作状态与专业化不适应。一方面，社会与家长的压力、学生安全的压力以及学生学习

成绩的压力压得班主任喘不上气来。班主任每天早出晚归，终日处理着忙不完的琐碎、繁杂的事物。学校千头万绪的工作，好像千条线都穿进班主任这根“针”中。新时代的新要求，学生的新特点，加上独生子女的诸多弱点，有的学生任性难管，有的骄横无理，有的软硬不吃，班主任经常为一个学生搅得几无宁日。另一方面，班主任专业素养与专业岗位要求不适应，不少学校班主任素养参差不齐。比如，有些班主任学历层次低，班主任专业水准不高，自觉用专业理论知识指导工作实践的意识不足；有的班主任专业理想、道德欠佳，个别的还有违反师德规范的行为；有的班主任专业能力较弱，不研究带班、育人的规律，调动不了学生的积极性，教育效果不好等。从班主任群体而言，班主任专业自主能力不够高，班主任专业组织薄弱，活动空间小，有待进一步建设。这说明班主任专业发展还有许多工作要做，确有它的长期性和艰巨性。然而，班主任专业发展是大势所趋、人心所向，不仅是时代要求，而且是班主任自身发展的要求。我们相信，班主任专业发展一定会加快步伐，蓬勃扎实地开展。

四、班主任专业发展的特征

班主任专业发展是以班主任专业自觉意识为动力，不断提高和完善专业素养的过程，即不断增强专业信念、提升专业理想、更新专业知识、增强专业自信、提高专业能力的过程。这个过程是在学校文化的熏陶下，通过履行班主任职责的工作实践，不断发现问题、解决问题，不断超越自我、完善自我的动态过程。这个过程也恰恰反映了班主任专业发展的以下特征。

（一）自主性

自主性是班主任专业发展的基本特征。从本质上讲，班主任专业发展是“非常自我”和“内在”的，所有外部期望即他律，都必须通过班主任的“内因”而产生作用。班主任是否具有自主专业发展意识，能否实现自主专业发展，是班主任专业化的关键之一。自主性意味着班主任对自己专业发展负责，并明确意识到只有自己才是自身专业发展的真正主人。班主任专业发展包括在达成班主任任职条件、履行班主任职责、提高班主任工作效果的过程中自觉地、能动地提高专业素养和人格魅力。在这个过程中，班主任要主动规划个人专业发展目标、确定专业发展重点、选择专业发展的主攻方向。由于它是从班主任自身实际出发的，因此，具有明显的个性特征。它不是迫于外界压力把现成的书本知识简单用于班主任工作实践的过程，而是取决于履行班主任职责的责任感和对其价值的认识。这就决定了班主任专业发展不仅需要班主任积极参与富有共性的专业理论知识的学习，更需要高度重视个人的实践经验的积累和提升，使其成为属于自己的“实践性理论知识”。这才是班主任专业成熟的关键，做到这一点主要靠班主任自己，别人是不能代替的。

（二）实践性

班主任专业发展是在班主任工作的实践中实现的。离开了实践就不要奢谈专业发展。在实践中发现问题、解决问题、积累经验，形成属于自己的“实践性理论知识”，是班主任专业发展的基本路径。离开了专业岗位上的实践，就离开了班主任专业发展的本原，就离开了班主任赖以存在与发展的基础。因此，班主任专业发展，须臾也不能离开自己的工作、不能离开自己的学生、不能离开自己的班级。学生教育与班级管理、组织班集体活动这些具体的工作实践，不仅是班主任专业发展的基本手段，其工作实践的质量，也决定着班级德育的实效、班集体的健康发展和学生素质的全面提高。这也是班主任专业发展的目的。

（三）合作性

从充分体现个人价值的角度分析，处于主动实现专业发展时期的班主任，大都希望通过自身的影响力带动更多的班主任也实现专业发展，从而形成一种集体的专业力量。而且，班主任个体专业发展到了一定的程度，往往会产生“高原现象”，这个问题的解决必须通过班主任之间的合作，以发挥群体效应。又由于班主任工作个体性的特点，班主任搞科研往往也是一种“小农经济”的特点，其研究成果基本在低水平上重复。为了避免这种现象，必须倡导班主任之间的合作、班主任与任课教师以及领导之间的合作，并通过组建队伍、形成合力，创造群体研究的学术氛围，促进班主任队伍整体专业水平的提高。

（四）情境性

全面提高班主任专业素养，建设专业化的班主任队伍是全面落实素质教育各项要求的需要。尽管我们强调班主任自主专业发展，但是，这种发展与所处的学校文化环境密切相关。班主任专业素养中最基础的“实践性理论知识”和最关键的专业能力，以及个人化的教育观念更新，都是以学校文化为特定背景，以学校文化为土壤的。可以说学校文化是影响班主任专业化的重要因素。形成具有学术氛围的专业情境，要求学校建立有利于班主任专业发展的制度文化、精神文化以及物质文化。学校要实施人文管理，并体现在关心班主任专业素养的提高上，同时要发挥班主任作为学校文化创造者的能动性。专业道德、专业知识和专业能力是班主任专业化的重要指标，学校管理目标应是引导他们立德、立言、立业，成为学校文化的创造者和受益者。

（五）智慧性

《关于进一步加强中小学班主任工作的意见》指出：“中小学班主任工作是学校教育中极为重要的育人工作，是一门科学，也是一门艺术。”这样的工作要求班主任必须成为智慧型的班主任。所谓智慧是人的一种道德与文化的修养，是一种综合能力，是人的悟性和在特定情境中解决问题的科学性与艺术性的具体体现。班主任的智慧从其知识中来，从其实践中来，从其经验中来，从其反思中来。做智慧型的班主任是班主任专业化的理想境界，是做好班主任工作最宝贵的财富。班主任的专业化所追求的目标就是成为智慧型的班主任，以便高水平地履行班主任职责。

五、班主任专业发展的价值

（一）提高班主任的社会地位

不同的职业由于专业发展水平不同，其社会地位就会有很大差异。由于从业人员在掌握专业知识和技能、履行社会职责的过程中要花费更多的社会必要劳动时间，所以其专业群体会拥有更多的社会地位资源，如权力、工资、发展前途、工作条件、职业声望等。因此，对于一些新兴职业来说，其专业发展的过程就是提升职业群体社会地位的过程。班主任是社会分层中的一个阶层，其专业发展的一个重要目标就在于争取专业的地位和权利，力求集体向上流动。从现实情况来看，班主任社会地位提高，尽管与政府的重视和社会、家庭的信赖有关，但仅靠改善待遇和提高声誉是远远不够的。班主任只有自己行动起来，努力提高专业知识和专业能力水平，使自己从“经验型”的班主任向“研究型”“专家型”班主任发展，使自己的专业成熟程度不断提高，真正成为训练有素、不可替代的角色，才能从根本上改变班主任的职业形象，提高其社会地位和学术地位，使班主任工作成为令人尊敬和羡慕的职业。就班主任个体来讲，要时刻面对上级主管的审视，面对学生的期待，面对教师们的关注，如果不练就建设班集体的真本事，到头来不但得不到上级主管的认可、同事们的钦佩，而且也得不到同学们的拥戴。因此，班主任要想得心应手地做好自己的工作，树立自身的良好形象，就必须持之以恒地参与进修学习和教育科学研究，不断提高专业水平，成为“专家型”班主任。

（二）提升学校办学质量

随着知识的迅猛增长和教育改革的不断深化与发展，社会对教育工作者专业发展问题的关注达到了前所未有的程度。可以说世界各国每一份教育改革方案和每一份学校改进计划都强调高水平的专业发展的必要性。早在1966年，国际劳工组织和联合国教科文组织在《对于教师地位的建议》中就提出：“应把教育工作视为专门的职业，这种职业要求教师经过严格的、持续的学习，获得并保持专门的知识和特别的技术。”把教育工作视为专门职业，要求教师职业的专业发展，同样也要求班主任职业的专业发展，其重要性丝毫不亚于教师专业发展。我国早在1952年，由教育部颁布的《中小学暂行规程（草案）》就确立了班主任制度，随后又对班主任的职责做了具体规定。1997年，由教育部、财政部和国家劳动总局联合发出的《关于在中小学实行班主任津贴的通知》，既体现了党和政府对班主任工作复杂性的肯定，也标志着班主任专业地位的进一步提高和专业职责的进一步明确。2004年2月中共中央国务院在《关于进一步加强和改进未成年人思想道德建设的若干意见》中指出：“要完善学校的班主任制度，高度重视班主任工作，选派思想素质好、业务水平高、奉献精神强的优秀教师担任班主任。”这充分显示了中央对班主任工作的高度重视。可见，把班主任工作纳入专业发展进程，既是顺应社会职业走向专业发展大趋势的反映，也是提升班主任群体社会地位和职业素养、提高教育管理水平和学校办学质量的需要，更是满足社会改革、教育发展以及学生健康成长的需要。

（三）提高班级管理水平

班级是学校进行教育、教学工作的最基本单位，是学生个体接受各种教育影响的最集中、最丰富、最重要的社会化场所。所以，班集体建设水平的高低直接影响着学生德育是否健康发展。而良好班集体的形成需要班主任精心的组织与培养。因为班主任既是班集体的建设者和管理者，又是学生的严师、慈母和朋友，他们不仅要组织、实施学校的各项工作计划，而且直接影响和决定着班集体的精神面貌，乃至学生身心健康发展的趋向。正是因为班主任工作的特殊地位和作用，所以其专业发展才有独特的意义和性质。班级德育和班集体的建设是一项极其复杂、专业性很强的工作，它不仅需要班主任具有先进的教育理念和崇高的人格魅力，而且更需要豁达的教育智慧和厚实的专业基础与能力。虽然影响班级德育和班集体建设水平的因素很多，如校风、学生自身素质、师生合作等，但班主任自身的素质水平是最关键的因素。班主任只有不断地提高自身的专业水平，认真处理好教师主体和学生主体、刚性管理和柔性管理、物化环境和心理环境的关系，才能使学生的道德品质和班集体发展水平迅速提升，促进学生身心的健康成长。实践证明，班主任的专业成熟度越高，学生思想素质提高的速度就越快，班集体建设的水平就越高。

（四）促进学生人格健全

班主任工作是以情育情、以心育心、以德育德的精神劳动，它更需要自身以高尚的人格魅力去影响感化学生。在实际工作中，班主任老师要比其他任课教师更加注重诲人不倦的工作方式和严于律己的工作态度。对于学生尤其是学困生，班主任不能厌恶、排斥，而要更加关照他们，以极大的热情和耐心教育他们，感化他们。为此，班主任老师必须在教好功课的基础上，努力强化个人的道德修养，尊重信任学生，关心热爱学生，身教与言教结合，建立民主平等的师生关系。同时，班主任工作又是一门艺术性很强的学问，无论是班集体的建设、主题班会的召开，还是良好氛围的营造、表扬与批评都需要艺术，学生心灵的净化与精神的健康更需要高超艺术的铸就。所以，班主任必须充分了解每一个学生的思想脉搏和心理特点，力争做到所说的每一句话都要有根有据，有的放矢。同时还要注重自己的修养，控制好表情、声调和褒贬程度，将深刻的道理蕴涵于通俗易懂的语言中，做到晓之以理、动之以情。没有班主任的专业发展，就不可能实现上述目标。

第二节　班主任专业发展的取向

班主任专业发展离不开价值取向的引领和推动，不同的价值取向往往从根本上影响着班主任专业发展的进程与路径。从目前班主任专业发展实际情况来看，班主任专业发展主要存在着理智取向、生态取向、生命取向、实践反思取向和自主更新取向等几种不同的主张。

一、班主任专业发展的理智取向

理智取向是班主任专业发展取向研究产生较早，也普遍得到大家认可的一种观点。班主任专业发展的理智取向认为，班主任职业之所以能成为专业，就在于它建立在坚实的知识技能基础之上。它主要是基于这样一个基本假设：知识技能的获得是行为变化和完善的基础条件，理论能够指导专业实践，班主任借助于教育理论的掌握与应用，就能把学到的知识技能转化为良好的专业实践。在班主任工作理论和实践中，长期以来存在着班级管理是科学还是艺术之争。这种争论反映出班级管理对于“确定性”的需求，这种需求过去存在，现在存在，将来也依然会存在。因而为班级管理确定一个科学与坚实的知识技能基础，就成为班主任专业发展理智取向的核心关注点。在美国著名的霍尔姆斯小组对教师专业发展所撰写的调查报告《明日之教师》一书中，就曾明确指出：提高教师专业水准的重点就是要明确教师专业的知识技能基础，这样才能使教师专业发展拥有更为坚实的理智基础条件。从班主任专业发展的理智取向来看，班主任专业发展的重点其实就是班级管理相关知识技能的获得和行为的变化，因此只有从掌握必备的知识技能入手，才能最终达成班主任行为的积极变化和不断完善。

二、班主任专业发展的生态取向

生态取向最早是由我国学者在对教师专业发展问题进行研究时所提出的一种观点。①生态取向下班主任专业发展主要是从整体的、情境的和联结的视角出发，提倡在班主任群体合作、和谐共生的基础上，关注班主任专业发展所处的文化氛围、专业背景以及社群关系，认为班主任专业发展是班主任个体、班主任群体与外部环境之间互动发展的产物，强调通过外部环境以及社群关系来促进班主任的专业成长。生态取向将班主任专业发展置于生态系统之中，在生态视角下看待班主任的专业成长，尊重和关爱班主任的自然生命，注重班主任的

① 刘莹，罗生全.论教师专业发展的生态取向[J].教育导刊，2012(8)：73-75.

生命价值和意义实现,凸显班主任生命的创造性、独特性和互动性。生态取向致力于把班主任从班级管理的现实境域的禁锢中解放出来,实现班主任在开放环境中的互利共生,从而达成班主任自我价值与社会价值的和谐统一。生态取向下班主任专业发展主要表现出以下几个特征。

(一)自主性

从生态学的观点出发,生态系统是一个典型的自组织系统。自组织与他组织相对,它更强调系统自身的主动性与能动性,认为系统是通过自我生长、自我发展、自我循环更新而自主建构的。生态取向下班主任专业发展秉承了自组织的理念,强调班主任专业发展的动力并非来自外部的规约或赋权,而是来自内部的自主和超越。班主任自觉主动地追求自身内在专业品格、专业素养的不断完善,自主地选择发展方式和学习内容,自主地对自身成长过程给予充分的关注和反思,并自主地对自身专业成长做出中肯的评价。

(二)开放性

生态系统始终与外界环境进行着物质、能量以及信息的交换,并伴随外界的发展变化而不断进行更新和调整,以此来维持系统的生命与活力。因此生态系统不是静止封闭的,而是动态开放的。学校生态作为一个开放的有机统一体,总是与外界进行着互动交流。对于生态取向的班主任专业发展而言,班主任每时每刻都会受到外部环境的影响和制约。班主任必须以开放的心态,与系统外的环境保持密切的联系,并及时获取有价值的信息和资源,不断地修正自我和超越自我,从而促进自身专业成长。

(三)共生性

生态系统中的各个因素之间是相互作用、相互影响的,其中一个因素的变化往往会影响另一些因素的相应变化。正如有学者指出的那样:“在生存方式上就表现为一种共生态,也就是说一些要素的存在状态以另一些要素的存在状态为条件,一方存在状况的变化直接或间接地对另一方的存在状况产生影响作用。”①生态取向下班主任专业发展的共生性主要涉及班主任主体之间的相互关系。班主任之间要打破传统的业务封锁、各自为战的观念,由封闭孤立走向合作共享。在共生理念引导下,班主任之间沟通协作,共享知识经验,激发合作动机,孕育共同发展愿景,取长补短,不断完善自身的专业知识、技能和经验,从而更好地实现自身的专业成长。

三、班主任专业发展的生命取向

生命取向是由华东师范大学叶澜教授在对教师专业发展进行研究时首先提出并加以论证的。② 他认为,从生命的高度用动态生成的观点来看课堂教学,包含着多重丰富的含义。而其中最重要的就是课堂教学应被看作是师生人生中一段重要的生命经历,是他们生命的有意义的构成部分。对于学生而言,课堂教学是其学校生活的最基本构成部分,它的质量直接影响学生当前及今后的多方面发展和成长;对于教师而言,课堂教学是其职业生活的最基本的构成部分,它的质量则直接影响教师对职业的感受、态度和专业水平的发展以及生命价值的体现。这种对教师生命的关注,打破了一直以来只从社会发展需要角度对教师提出种

① 李聪明.教育生态学导论:教育问题的生态学思考[M].台北:台湾学生书局,1989:23.

② 叶澜.让课堂焕发出生命活力——论中小学教学改革的深化[J].教育研究,1997(9):3-8.

种要求，对教师职业角色进行片面、静止的研究的弊端，更加注重教师在职业生涯中个体生命的意义，重视教师在教育教学过程中生命本质和高级需要的满足，从而把教师真正看成是情感丰富、蕴含着巨大生命活力和个性魅力的人。

生命取向的班主任专业发展就是以尊重和关爱班主任的自然生命为基础，以实现班主任的生命价值和意义，彰显班主任生命的创造性、独特性和自由性为最终目的。它致力于将班主任从现实中的各种桎梏中解放出来，把自己的整个生命都融入班级管理之中，把班级管理当作实现自己生命意义的历程，在班级管理中付出着、体验着、收获着、快乐着。这样的班主任能够真正用自己的生命来诠释班级管理活动，用自己整个的心灵经营班级管理活动，用独特而有品质的个性魅力来实践班级管理活动，在所钟爱的班级管理工作中实现自身的生命价值，并最终收获生命的幸福感和成就感。

四、班主任专业发展的实践反思取向

实践反思取向最早是由美国心理学家波斯纳在研究教师专业发展问题时提出来的。他在进行教师专业发展研究时，总结了一个著名的教师专业发展公式："教师专业发展＝经验＋反思"。他认为，没有经过反思的经验只是一种狭隘的经验，至多也只能形成相对肤浅的知识，如果一名班主任仅仅满足于获得经验而不对经验进行深入的思考，那么其自身的专业成长必然会受到很大的限制。教师专业发展的实践反思取向假定：新知识的创造和传递不是学校或研究中心的专利，教师不是储存他人观念的简单容器，教师的工作绝不是仅将所学到的知识用于实践。决定教师工作的不是外在的理论知识，而是内隐于教师教育教学实践之中的、比较难以表达的缄默知识。

班主任专业发展的实践反思取向认为班主任专业发展的根本目的并不在于外在的技术性知识的获取，而在于通过一定形式使班主任对自身及其专业活动直接相关的事物有更深入的理解，发现其中蕴涵的重要意义，从而促成班主任的反思性实践。班主任专业发展的实践反思取向强调班主任专业水平的提高不是通过外在培训，从专家那里获得理论知识来实现的，而主要依赖于班主任个人或合作的探究与发现；它特别重视对实践的关注，强调实践本身所包含的丰富内涵，关心班主任实际上知道些什么，并在这个基础上提出班主任的专业成长的设想。

五、班主任专业发展的自主更新取向

自主更新取向最早是由我国学者叶澜和白益民在研究教师专业发展问题时提出的。所谓自主更新，是指"教师具有较强的自我专业发展意识和动力，自觉承担专业发展的主要责任，激励自我更新，通过自我反思、自我专业结构剖析、自我专业发展计划与设计的拟定、自我专业发展计划实施和自我专业发展方向调控等实现自我专业发展和自我更新的目的"①。

自主更新取向的班主任专业发展至少可以从三种意义上来使用。第一，它是以自主专业发展意识为标准考察班主任专业发展过程的一种分析和研究框架。它以自主专业发展意识的发展为基本线索，把班主任内在专业结构更新与改进的规律性作为考察的核心。第二，

---

①　叶澜，等. 教师角色与教师发展新探[M]. 北京：教育科学出版社，2001：267.

自主更新取向的班主任专业发展可以看作是班主任自我专业成长意识的逐渐现实化过程。自主更新取向的班主任具有较强的自我专业成长意识，他会随时保持对自身专业成长的关注，在将专业成长理论与自身成长现状相结合之后，依照自己过去的专业成长轨迹和目前实际提出今后的发展规划，并随后将其投入实施。第三，自主更新取向的班主任专业发展还可作为一种班主任专业发展新的取向和理念。自主更新取向的班主任专业发展主要是从自我专业成长意识所关注的重点与所达到的水平两方面展开研究的，它把班主任专业发展阶段划分为“非关注、虚拟关注、生存关注、任务关注和自主更新关注”等五个阶段。班主任专业发展的基本循环是其发展的一般过程，通过将外在各种影响因素与班主任内在结构从矛盾走向调整和更新，从而形成班主任专业发展的一种内在动力机制。

第三节　班主任专业发展的动力

客观外界一切动植物的成长，都有深层的动力支撑和驱动，如果没有这个动力，动植物也就不可能更好地成长。班主任专业发展与动植物的成长一样，也离不开各种动力支持。可以毫不夸张地说，班主任专业发展动力是一切促进班主任专业顺利成长的各种力量的合成，是班主任专业发展的积极势头及其应对班级管理实践活动的专业智慧和潜能。有学者研究指出，教师专业发展动力主要是由生发层、操作层和实践层三个不同层面构成，而成长驱动力、成长操作力和成长聚合力则是教师专业发展动力的具体表现。[①] 据此，我们认为，班主任专业发展的动力也可以从这一视角和维度加以剖析。

一、生发层：班主任专业发展驱动力

动植物的成长依赖于成长动力的产生和持续供给，同样地，班主任的专业发展也离不开成长驱动力的激发与支持。具体而言，班主任专业发展的驱动力主要包括以下三个方面。

（一）班主任专业发展的本能性驱动力

这种驱动力是班主任一旦投身班级管理工作就会自然产生出来的，它源自于班主任在班级管理实践活动中实现自身职业生存的本能要求，它一般不需任何外部力量的介入就可以自发而成。作为动植物的一种本能，成长是其适应客观外部环境的深层需求和生命需要，是动植物发展的基础与开端。班主任专业成长的最根本目的就是确保自己在班级管理专业领域中的生存，因而成长本能驱动力是贯穿于班主任专业发展历程的一种最原始的推动力量。

（二）班主任专业发展的情境性驱动力

在具体的班级管理实践活动中，班主任的专业发展不是缺乏根基的空中楼阁，它深深根植于鲜活多样的班级管理情境之中，班主任不能顺利应对的班级管理情境就会演变为一种实践难题和认识困境，班主任必须千方百计寻求出路，加以解决。学生强烈的求知渴望与动机以及对自身成长的深深期待，每时每刻都会触动班主任专业发展的敏感神经，这必然也会促发班主任专业发展的动机和需要。

---

① 龙宝新．论教师专业成长力[J]．教育发展研究，2011(8)：39-46.

（三）班主任专业发展的发展性驱动力

所谓发展性驱动力，是指班主任在自身专业范围内的各种活动与竞争中所产生的一种通过自觉、主动和进取的实践行动，以及由此产生的超越他人并在专业范围内达到胜利、获得职业声望的成长需要。班主任专业发展的发展性驱动力的形成一般都源自于班主任个体的专业愿景、专业情感、专业精神和专业理想，这些都是班主任专业发展的创造性张力和深层内驱力。正如我国学者李吉林所说的那样：促使自身专业发展的内力不是其他，而是“对教育事业的忠诚之情，对儿童和学生的挚爱之情”，是“‘锲而不舍，金石可镂’，不断进取、永攀高峰的精神境界”。[①] 与本能性驱动力不同，班主任专业发展的发展性驱动力引领着班主任专业发展的正确方向，激发着班主任专业发展的理想信念，支撑着班主任对自身专业境界的提升和专业自我的实现。它是班主任专业发展的核心动力源泉，属于班主任自身可控可为的专业发展动力类型。

二、操作层：班主任专业发展操作力

在班级管理实践活动中，有时班主任虽然具备了专业发展驱动力，但它并不一定能直接促发班主任的专业发展，因为这种动力还只是一种可能服务于班主任专业发展的潜在力量，只有当它真正转化成为可以直接参与班主任班级管理生活建构和改进的操作力、实践力和执行力时，它才能真正成为促使班主任专业发展的现实力量。由此可见，班主任专业发展驱动力必须依赖于把这一力量导向班级管理实践的媒介与桥梁，否则它可能会流失、耗散乃至荒废。

在班主任专业发展中，一切有助于改变班级管理实践效能的班主任专业发展因素都可能与专业驱动力结合在一起，形成班主任专业发展的操作力。班主任的认识与实践、精神与信仰、人格与习惯等都有可能成为这种力量结合的对象。在与教育认识的结合中，班主任的专业发展操作力体现为知识学习能力；在与教育精神的结合中，班主任的专业发展操作力体现为精神追求力；在与班主任人格的结合中，班主任的专业发展操作力体现为人格魅力；在与教育习惯的结合中，班主任的专业发展操作力体现为习惯自塑能力；在与教育实践的结合中，班主任的专业发展操作力体现为实践创造能力等。显然，教育精神净化、教育人格修炼、教育知识拓展、教育实践创造、教育习惯塑造等，都是将班主任专业发展策动力转化成为一般专业发展力的操作性渠道。

之所以把它称之为一般专业发展力，是因为这种班主任专业发展力类型更主要地服务于班主任的一般性专业实践，而非特殊和具体的教育教学实践，它们是从班级管理活动的一般结构中延伸出来的，是绝大多数班级管理实践活动都会涉及的成长力量。这也就是说，一旦班主任拥有了这些专业发展力，他们对一切外来班级管理实践类型的整体水平就会得以大幅提升。班主任一般专业发展力也可称之为“通用性成长力”，它是班主任职前专业教育活动的主要对象与任务。它一旦与具体的教育教学实践相结合，班主任就可能在较短的周期内达到较高的专业发展水平。班主任专业发展力虽然在专业教育教学实践中的存在与运用具有不可拆解性，其专业发展水平取决于多种成长力的合力，但这类专业发展力从理论上看是完全可以由具体教育教学实践中“抽取”出来，并对之进行单项发展与专门训练的。对

① 梅云霞.李吉林对教师专业发展的启示[J].中国教育学刊，2010(9)：68.

于班主任来说，由于其专业学习、人格养成以及习惯塑造等专业发展活动，大都可以在真实教育教学实践活动之外进行，因而参加职前专业教育就能不断提升班主任的这种一般专业发展力。对于特定教育主体、教育情境或教育活动来说，班主任往往特别需要一种个性化的专业发展力组合方式，以此形成对该教育主体、教育活动或教育情境卓有成效的专业发展力结构。

三、实践层：班主任专业发展聚合力

所谓班主任专业发展聚合力，是指班主任在解决特定教育教学问题时所展现出来的对一般专业发展力的驾驭、匹配与综合运用能力。如果说一般专业发展力只为班主任解决具体教育教学问题提供了各种蓄势待发的力量储备，特殊专业发展力则可以使班主任围绕教育教学问题的解决，把上述成长力激活、配置、组装与合成，使之协调一致，共同促成对各种教育教学实际问题的有效解决。对此，美国教育家舍恩就曾指出："实践情境具有由独特事件构成的特性"，这种"独特事件呼唤实践的艺术"。① 由此可见，班主任在面对教育教学实践情境时，需要具备对多种多样专业发展操作力的选配、组装与匹配能力，这就是班主任专业发展聚合力。教育教学问题只存在于教育教学情境之中，教育教学问题是教育教学情境的焦点与核心，是教育教学情境与班主任发生紧密联系的纽带与桥梁。班主任专业发展的最终目的是形成对教育教学情境的适应力、应变力与干预力，增进班主任的专业问题分析与解决的能力，这也可以说是所有班主任专业发展力的根本目标与最终旨归。从某种意义上来说，班主任专业发展聚合力是面向教育教学问题解决、教育教学情境处理而聚合自身专业智慧、汇集各方力量的一种专业发展动力。在对一般性专业发展力的聚合中，各种专业发展操作力在班主任身上实现了优化配置，由此班主任也就具备了适应和应对各种教育教学问题与教育教学情境的能力，并由此形成了各具特色的优势专业能力，班主任的个性风格也会随之得以形成和不断彰显。

基于上述论述，我们认为，班主任专业发展力是班主任在教育教学生活中实现持续化生存和发展的根本依托，是班主任的潜在能量、学习能力、人格魅力、知识优势、创造品性以及智慧机智等在教育教学活动中的集中呈现。作为影响和改变班主任专业存在状态的重要因素，班主任专业发展动力也就是促成班主任专业发展的所有力量的组合。班主任专业发展潜隐于班主任的身心发展过程之中，显现于班主任的具体教育教学实践活动之中，成功于班主任对教育教学环境的积极适应与灵活驾驭之时。班主任专业发展的方向和目标是不断走向专业成熟，班主任专业发展动力就是实现班主任专业成熟的一种重要推动力量，是成长活力、成长能力、成长实力以及成长潜力的最完美结合。这种力量不仅包括触发班主任成长的原动力与策动力，而且也包括能够提高班主任应对一般教育教学问题的准备性力量，还包括班主任面对具体教育教学问题整合专业发展操作力的聚合力。由此可见，班主任专业发展动力的形成从本质上来说，其实也就是由班主任专业发展的生发层逐步迈向操作层，再由操作层不断走向实践层的运动变化过程，这一变化过程也是班主任由不成熟走向成熟的过程，是班主任专业发展境界不断提升的过程。

---

① [美]舍恩.培养反思的实践者[M].郝彩虹，等译.北京：教育科学出版社，2008：12.

第四节　班主任专业发展的路径

从班主任专业发展的实际情况来看，其路径主要有两条：一是外推式发展，即通过理论学习、专题培训、专家引领、校本教研等，推动班主任的专业发展；二是内驱式发展，即通过班主任自己的实践反思、自我规划、自我管理、自主更新等，实现班主任的专业发展。这两条路径相互渗透、相互影响、相互促进，共同作用于班主任的专业发展。

一、班主任外推式专业发展路径

（一）加强班主任的业务培训

班主任的培训教育必须与基础教育改革相适应，不能游离于中小学班级管理的实际之外。因此，学校应该而且也必须成为班主任培训教育的重要基地。在校本培训中，要坚持以班主任群体发展和个性发展为本的理念，从培训形式、内容、途径和方法等各个方面体现从班主任的工作实际和需要出发，体现班主任的个性化和专业发展需要，实现班主任发展的共性与个性的统一。班主任既是具有自主选择、自我学习、自我教育能力的培训主体，又是培训活动设计、决策、组织、行动和对结果负责的主体。没有他们的积极参与，培训活动不可能取得很好的效果。因此，要注意发挥班主任在培训过程中的主体作用，强化他们的进取行为、引导他们“自我实现”。美国著名教师教育家古德莱德，极力推崇学校与中小学之间的“共生关系”。学校若想培养出更好的教师，就必须将模范中小学作为实践的场所；学校若想变为模范学校，就必须不断地从学校接受新的思想和新的知识；若想使学校找到通向模范学校的道路，并使这些学校保持其高质量，学校和培训机构就必须建立一种共生的关系，并结为平等的伙伴。

（二）实行班主任职业资格制度

职业资格制度是国家对各行各业从业人员规定的岗位职业准入制度。美国、加拿大等经济发达的国家规定，凡是涉及民生安全和应用工程的领域，不管从事什么专业，都必须取得职业资格，否则就不能设立。对于专业技术人员来说，仅经过在校学习取得学历而没有职业资格是不允许独立从事专业工作的。目前，我国已经全面实施教师资格认定制度，班主任岗位是具有较高素质和人格要求的重要专业性岗位，要使班主任工作成为令人羡慕、有吸引力的岗位，也应该逐步建立和实施职业资格制度，规定班主任的任职要求和获得此工作岗位的基本条件。这是实现班主任专业发展的一项基础性工作，是班主任培养、培训、任用和管理制度的基本依据，也是使班级管理成为一个独立的专业领域的重要根据。目前，各地也就此制定了一些原则性要求，如班主任资格基准、基本职责等，但其科学性和规范性较差，要求太低。这种“低门槛”的资格准入制度不仅降低了班主任的社会地位，也影响到班主任群体整体素质的提高。为此，全国应该制定一个统一而规范的班主任岗位标准和要求，其内容应在教师职业标准的基础上增加责任感、事业心、人际交往能力、心理沟通能力、组织管理能力等要求。

（三）引进竞争机制并提升班主任的待遇

美国学者赛克斯认为，专业发展依赖于两大策略：筛选和吸引。前者是指运用专业标准筛选候选人，留优驱劣；后者是指运用报酬和激励手段吸引并留住求职者。要实现班主任的专业发展，提高班级德育工作的有效性，必须坚持“严进、宽出”的原则。“严进”，就是严格把握班主任入口关，慎重决定班主任的人选，依据工作实绩和个人意愿，把责任心强、业务能力好、具有上进心、热心于班主任工作的具有合格学历的中青年教师推上班主任的工作岗位，大胆启用他们，相信他们。“宽出”，就是将班主任工作经历作为教师晋级、提干、评优、提高福利待遇的前提条件。因为班主任的工作是十分辛苦的，承担着教书育人的神圣职责，繁忙的工作使得他们没有上下班之分，也没有校内外之别，夜以继日，废寝忘食，而大部分老师无怨无悔，默默耕耘，无私奉献。因此，学校要注重提升班主任的地位和待遇，各项政策的制定要向广大班主任老师倾斜，让他们愿意做班主任，乐于做班主任，甘于做好班主任，使班主任队伍的整体素质不断得以优化和提升。这不仅是对他们工作实效的肯定，更是对他们人格的尊重，也是实现班主任专业发展的必由之路。

（四）建立科学的班主任考评体系

班主任工作有别于教学和科研，其效果不仅取决于自身的工作，而且还受生源素质、任课教师的教学风格、校内外环境等多种因素的影响，不可能用固定的指标对班主任工作进行评价。因此，评价主要是从班主任自我要求与学校发展要求出发，对班主任自觉、自主参与学习培训的投入程度、态度、过程表现、效果等方面的基本评价，目的是为后续学习培训增强动力、调整方向，促进班主任的终身学习与发展。评价可以由自我评价、同伴反应和学校评估三方面组成，以自我评价为主。自我评价主要通过班主任自我陈述、自我反思进行。可以是书面的，也可以在小组中口头交流。同伴反应评价，主要的不是给出评价结论，而是在集体中形成一种学习、进取的氛围，形成一种外在的“压力”。学校评价，主要是对班主任常规参与的评定与激励措施的落实。总之，对班主任工作进行有效的评价，有助于班主任专业发展。

（五）学校树立并秉持人本管理理念

首先，学校管理者应树立人本管理观。人本化管理在彰显人性、尊重人格、赋予权力的前提下，给班主任的专业发展提供了条件和机会，点燃了班主任创新的热情与愿望。因而学校管理者应树立重视班主任、尊重班主任、团结班主任和依靠班主任的以人为本的管理思想，在管理中要承认班主任在道德水准、心理素质、学业水平、工作能力乃至个性爱好等方面的差异，尊重班主任的个性，尊重班主任的人格，而且要身体力行，理解班主任的思想情感，宽容班主任的过失，欣赏班主任的进步，让每一位班主任拥有心理安全感，从而为班主任的专业发展搭建起良好的心理平台。其次，学校管理者要确立班主任专业发展观。受传统观念的影响，社会和公众不仅对班主任职业的专业性认识模糊，而且对班主任专业的性质存在极大的误解，班主任被看作是人人能做的，不具有专门学问的工作。只要是教师就能当班主任，只要是教师就得当班主任，把当班主任的年限作为职称晋升的条件之一，因此有相当一部分教师是为了晋升职称，而不是真正从培养人的高度去考虑当班主任的，导致有些班主任对工作缺乏事业心、责任心，只求平安无事，不去开拓创新。有些教师缺乏当好班主任所应具备的专业理论、专业技能和艺术，给学生的健康成长和全面发展带来了一定的消极影响。因此，转变学校管理观念，加强学校管理者对班主任专业发展重要性的认识，是有效推进班主任专业发展的基础。

（六）改善班主任专业发展内外环境

班主任专业发展需要一个过程，需要有良好的内部条件和外部条件。如何改善班主任专业发展的外在和内在的保障机制，已经成为一个亟须解决的问题。外在保障条件就是指外在于班主任主体又对专业发展产生重大影响的外部环境，它直接影响班主任专业发展程度。班主任专业发展的外在保障条件主要有：一是营造自由、民主的发展氛围；二是要加强教育法规建设，进一步完善班主任专业发展保障的法律体系，依法维权，依法管理，保障班主任专业发展的权利不受侵犯；三是采取有针对性的管理策略，增强专业支持意识，淡化行政指令意识，让班主任专业发展有广阔的发展空间。内在保障条件是指班主任自身的态度、情意、知识、能力等个人素质，对专业发展产生直接影响的内部环境。内在保障条件主要体现在：首先，树立清醒的专业发展意识，不仅要对班主任专业发展及其价值意义有深刻的理解，而且还要有不断地追求更专业、更完善、更合理的专业行为；其次，提升执行班主任专业发展的能力。在具备合格教师一般能力的基础上，形成有利于班主任专业发展的能力。总之，外在保障条件只能为班主任专业发展的实现提供可能和基础，而班主任自身的专业素质则是更为关键的因素，它直接关系到外在条件提供的可能性能否转化为现实性。

二、班主任内驱式专业发展路径

内驱式专业发展即自主发展，它是班主任专业发展的根本动因。班主任自主专业发展的核心是其自身的自主性，是班主任在自主发展上的自觉性和能动性，包括学习的自主、科研的自行、实践的自动、反思的自觉等。

（一）班主任自主发展的特点

1. 目的性

班主任自主专业发展的目的，就是成为一名真正的专业工作者，实现专业素养的不断提高，做社会满意、学生满意的班主任。这是我们发展的指向，也是发展的动力。要达到此目的，实现班主任的各项专业要求，就要有深厚、广泛的专业知识和高超、娴熟的专业技能，能在错综复杂的教育情境中，面对新时代各种个性特点的学生，以科学的教育行为，保持最佳的班级管理效果。班主任还要具备较高的人格素养，在班级管理实践中，为吻合学生的“向师性”，保持班主任的示范性；要热爱学生、理解学生，与学生真诚相处，给学生以积极的期望。

2. 主动性

这是班主任自主发展的本质特征。这种自主发展的愿望和要求，是班主任自主发展的内驱力。社会需要培养合格的人才，吻合了班主任自己的职业愿望和专业理想。决心做一个育人卓有成效的班主任，是其对人生价值的追求。由此，就形成了一个巨大的内驱力，从而自觉、主动地努力奋斗，按班主任的专业要求，自我设计、自我导向、自我驱动、自我监控，在专业发展道路上不断前进。它不是被动的消极应付，也不是单纯的任务观点，而是以百倍的自信，审视和填补自己的不足，不断地追求完美、追求超越。

3. 持续性

班主任专业发展不是断断续续、打打停停的，也不是三天打鱼、两天晒网或一曝十寒、半途而废的，而是经久不息的、持续不断的，以至终身的。这里要有充分的艰苦奋斗准备，以良好的意志品质迎接各种困难，排除各种干扰，拒绝各种诱惑，抵御各种冲击，付出一定代价，在既定的发展道路上，表现出坚忍不拔、一往无前的顽强品质。当然，持续发展又是按阶段渐进的。专业发展是遵循知行规律的一种积累，无论是学习、实践，还是反思、感悟，都是一点一滴、分阶段完成的。渐进是遵循规律，但又是能动的。班主任在自主发展的过程中，要不断提出新课题，探究新的未知；不在乎一时一事的失败，而是专注于自己长远的发展目标，扎扎实实地积累和升华。

（二）班主任自主发展的策略

1. 自主学习：班主任自主发展的基础

自主学习是班主任主体精神的重要表现形式，强调班主任在学习过程中的积极性和主动性。班主任具有根据自己实际需要自主确定学习目标、灵活选择学习内容、随时发现学习问题、自觉进行学习反思并亲自得出学习结论的一种学习范式。显然，班主任自主发展的关键在于其学习上的自主性，表现为学习上的自觉和主动，这是成为优秀班主任不可缺少的品质。优秀班主任一般都具有积极主动的进取精神、勤于学习的良好品质、善于思考的学习风格、努力钻研的探究品性和不断总结的思维习惯。他们把学习作为一种习惯，把自主作为一种素养，把育人作为工作的目标，处处彰显自身的个性魅力，诠释着自主学习在班主任专业发展过程中的真正价值。

自主学习是班主任自主发展的有效方法，班主任要成为管理育人、教书育人和服务育人的能手，必须要尽可能地自主充实和丰富自己的学习内容，更新自身的角色内涵，使班主任在提升学生生命质量的同时享受教育。班主任要把理论知识和实践知识作为自己选择学习的对象，理论知识包括扎实的专业基础知识、系统的学生身心发展知识、深刻的教育心理知识、实用的学生教育管理知识以及较为全面的社会综合知识；实践知识包括广泛的社会人生阅历、因材施教的教学方法、课堂教学的有效组织以及师生关系的有序建构。班主任的自主学习应以完善知识结构为目标，以扎实理论基础为纲要，以更新知识理念为根本，以专业能力发展为旨归，学习的内容上不能仅凭个人喜好，而应注重取法于文化精典，不仅要注重文化知识传承，而且更要注重文化知识创新，把国外精典文化、民族传统文化、社会现实文化和学校特色文化作为自身专业成长的基石不断巩固加强，在专业自主学习过程中强调持之以恒和日积月累，使所有的知识学习都为班主任的专业化发展奠定基础。

班主任的自主学习并非简单易行和随性而为，而是一项需要修炼内功的活动，在学习中需要自主精神的参与，要改变过去班主任成长中自发的、随意的盲目状态，把过去班主任成长依赖外在的方式方法变更为加强班主任自主学习的能力建设，创设有利于班主任自主学习的制度和氛围，提升班主任自主学习的能力和水平，让班主任想学则有所依、想成则有所靠，为班主任从新手迅速转变为专家能手提供充足的条件保障。另外，班主任工作的复杂性、创造性和动态性，决定了班主任不能仅凭被动式学习应付了事，而应把自身的发展当成自我认识的对象和自觉实践的对象，在理论和实践之中认识自我，在理想和现实之间找出差别，在文化与历史之间建立衔接，在学习与应用之间活学活用，创新自主学习的模式，夯实自主学习的基础，探寻自主学习的平台，实现班主任专业上的自我引导式发展，真正使自主学习成为班主任自主发展的有力基石。

2. 自行科研：班主任自主发展的动因

自行科研强调班主任科研活动的自愿、自主和能动，是一项主动探究事物的新情况、发现事物的新问题和总结事物的新规律的社会活动，对班主任成长的作用和价值显而易见。相比依靠传承、接受和模仿所获得的知识经验而言，自行科研所获得的理性认识具有与实践联系紧密、对问题认识深刻和个人容易理解掌握等特点，对于班主任提高认识能力、分析特殊情况、解决实际问题、实现自我发展具有重要的意义与价值。虽然说依靠其他方式所获得的知识经验同样也是班主任成长的财富，但如果没有自行科研的参与润泽，班主任容易固化原有的知识经验，思想僵化不说，导致的结果不仅是工作失败，最终必为社会所淘汰出局。因此，班主任的自行科研活动是理论和实践的最佳组合，是实现理论知识转化为自己的理念和行为的有效途径，是班主任自主发展不可缺少的重要渠道。

但是，由于长期以来受主客观条件的影响和制约，我国班主任被排斥在科研活动之外，所谓的自行科研并无充足的时间和物质条件作保证：一方面是由于班主任身兼较多的班级课程教学，其在学科教学上的"角色感"一般都要大于班主任的"角色感"，虽然自行科研的口号喊得很响亮，但由于工作任务较为繁重，自行科研较难开展；另一方面是思想观念作怪，认为科学研究是那些理论专家的事，班主任的任务是班级管理，只是教育研究的消费者，不可能是承担者，诸如此类的落后思想束缚了班主任的思维，给班主任自行科研带来了极大的损害，限制了班主任科研活动的开展。实际上，班主任不仅具有自行科研的天时、地利和人和优势，而且还能将其作为实现自身发展的动力源泉。班主任身居中小学工作一线，对班级管理活动凡事亲力亲为，能有效地实现理论与实际的最佳结合，这对于班主任整合专业素养，提高专业能力，形成专业特色、实现自主发展都具有重要的促进作用。

要促进班主任的自主发展，关键是要组织开展好班主任的自行科研活动。班主任的自行科研是以班主任为主体，以教育科学理论为指导，立足班级管理实践，开展具有班主任个性化的班级管理研究活动。班主任自行科研是一项实践性、理论性和探索性兼有的自主活动，班主任把自己在理论学习中遇到的思想观念付诸实践，把自己在实践工作中总结的经验上升到理论高度，抑或把那些充满时代气息的有价值的问题升级为科研课题。班主任在自行科研中以自己的班级为载体，以教育科学理念为指导，以课程教学和班级管理为手段，充分发挥学校育人的各种资源优势，聚焦学生的发展，研究班级管理中方方面面的问题，这不仅有利于班级活动的开展，而且对班主任的素质养成也具有重要的推动作用。显然，班主任自行科研不仅关注教育科学理论，而且还重视教育改革前沿，不仅要求班主任在学习中要大胆设想，而且在实践中还要小心求证，这有利于理论与实践的有效结合，是促进班主任自主发展的动力源泉。

3. 自动实践：班主任自主发展的保障

实践不仅是检验真理的唯一标准，而且也是班主任获取知识真理、实现自我发展的重要渠道。班主任的自动实践是由班主任的职业属性决定的，我国目前没有职业化的班主任，而是一般由具有一定管理能力的教师兼任，这决定了我国班主任仍是普通教师角色，具有教师特点属性，且肯定地说他们是学校的首席教师，是班级的总负责人，承受着繁重的教学任务、复杂的交际任务、沉重的管理任务。因此，自动实践对他们来说就是一种具有育人性质的客观行为，特别是指那些带有明确目标和任务的教学行为、管理行为和服务行为。

分析班主任的自主实践行为，我们会发现它实际上是一种主观见之于客观的复杂活动。一方面，班主任实践行为的对象具有主观能动性，心理发展呈现可观察和测量的规律性，不同学生的发展具有差异性，学生未来的发展还具有不确定性；另一方面，班主任实践行为的手段、工具和方法具有不同的排列组合。因此，班主任实践行为的对象、手段、工具和方法的多样性决定了班主任工作的复杂性。作为实践行为的主体，班主任只有根据不同的社会情景、工作对象和环境条件，自动地确定自己的工作方法和管理行为，灵活机动地调整自己的育人策略和服务模式，在自动中适应变化，在变化中寻找突破，在突破中实现自我发展。

班主任是自动实践的主体，自动实践是班主任的职责所在。一名真正优秀的班主任，需要根据校园文化和学生特点，充分发挥自己的特点和优势，扩充学校育人的各种课程资源，开展创新性的班级学习活动，使管理育人、服务育人和教书育人都具有科研的属性，体现科研的价值，走出一条具有自身特色的科研之路，依靠实践进行科研，在科研中实现自我发展，形成一个自动实践、科学研究和自主发展“三位一体”的班主任成长模式。

当然，班主任的自动实践，并不是随意的、短时的和无序的，而是一项有计划、有组织和有目标的活动。班主任自动实践的效果是衡量班主任成长的重要指标，班主任自动实践的内容是衡量班主任成长的水平尺度，班主任自动实践的交流情况决定了班主任的发展视域。班主任只有在工作实践中不断学习，才能逐步完成对自身素质的塑造和突破，使其各方面的素质缺陷得到弥补。班主任的自动实践，发于自然，出于自觉，见于无形，他不仅是一个善于思考的人，而且还是一个善于观察的人，学生的一个行为和说过的每一句话，可能都会引起他的好奇心和探究欲望。正是通过诸多的自动实践活动，从而构建起班主任向实践学习、向社会学习和向生活学习的桥梁和纽带，成为专业自主发展的必要保障。

4. 自觉反思：班主任自主发展的支撑

自觉反思是指班主任以促进学生全面发展为目的，以自身的班级管理和育人理念为省思对象，自觉主动地端正自己教书育人的思想，增强班级管理活动的智慧，从而实现自我专业发展的一种心理活动。班主任的反思具有意念的自觉性、实践的联动性、过程的持续性和内容的丰富性等特点。从根本上说，班主任的反思一定要与班主任的成长过程密切结合并相伴相随，二者之间存在内在的一致性，是内容与形式的统一。班主任工作对象的多样性和工作手段的复杂性，决定了班主任反思内容的丰富性，既有实践的反思，也有理念的反思，还有理念与实践相结合的反思。实践的反思是班主任反思的重要内容，理念反思是班主任反思的落脚点和出发点，理念与实践相结合的反思是班主任反思的深入开展，因为对班主任个人来说，任何的自觉实践和外在行为都是相应教育理念的反映，所谓有什么样的理念，就有什么样的行为，也必然会有什么样的反思。

班主任的自觉反思指向班级管理工作，统归班级育人行为，从表面上看这是技术问题，而从根本上说，则是隐藏在技术背后的思想观念和价值取向，这才是班主任反思的核心所在。班主任的反思是自觉的，其自觉性起源于班主任实践行为的自动性。班主任在实践中主动探索班级管理的有效方式和操作技术，也必然会反思实践行为背后的思想理念。班主任的自觉反思只有在实践和理念两个层面同时进行，其反思才能深刻，其作用才能得以凸显。班主任自觉反思的广度和深度，往往从根本上决定班主任专业发展的程度和水平，也将在一定层次上影响班主任的专业化效果。如果班主任仅仅满足于已有的经验和知识体系，而不对此进行深入和全面的反思，那么班主任的专业成长将成为无源之水和无本之木，其自主发展将显得异常的艰难。

从班主任专业发展的角度来说，班主任首先是一个学习者，向班级管理实践学习，向书本理论知识学习，向社会同伴群体学习，是实现自主发展的前提和基础。优秀的班主任以学习作为习惯，把实践作为智慧提升的保障，再把知识和经验内化为自身的素质，并外化于客观的实践行为，用反思整合理论的实践过程，无论是对理论前沿的最新思考，还是对实践情景的最新说法，班主任应想到理论的实践价值和实践的理论效果，在理论和实践的相互转化过程中提高素养，在自觉反思过程中实现自主发展。班主任要学会自觉反思，对自身的班级管理和学生的思想行为特点进行深入的分析总结，从自身的视角、学生的视角、家长的视角和同伴群体的视角对班级管理的效果进行全面的解析，通过读书笔记、案例分析、班级管理日记和教育叙事等方式，与专家、学者和同事对话，丰富和扩展自己的知识体系，实现自我专业素养的升华，促进自身的专业发展和专业成长。

第五章　班主任的教育科研

教师的工作就其本身的逻辑、哲学基础和创造性质来说，本来就不可能不带有研究因素。这首先是因为，我们与之交往的每一个个体，在一定程度上说都是一个具有自己的思想、情感和兴趣的独一无二的世界。如果你想使教育工作给教师带来欢乐，使每天的上课不致变成单调乏味的义务，那就请你把每个教师引上进行研究的幸福之路吧。

[苏]苏霍姆林斯基：《和青年校长的谈话》

新时期的班主任不仅是“事务型”的管理者，而且更是“研究型”的教育家。班主任要有较强的教育科研意识，认真学习教育科学理论，进行教育科学研究，探索教育管理规律，按照教育管理规律办事，提高教育管理工作的实效性。能否进行教育科学研究是新时期“研究型”班主任的一个重要标志。

第一节　班主任教育科研概述

教育科研素质是一种具有“内隐性”特点的素质，是班主任进行教育科研的“潜在能量”，是一名班主任“成熟程度”高低的重要标志，是一个班级乃至一所学校能否提高育人质量，成为一个“名班”或一所“名校”的重要条件。

一、教育科研的概念

教育科研是按照某种途径，有组织、有计划、有系统地认识教育现象和构建教育理论的过程，是以教育问题为对象，运用科学的方法，遵循一定的研究程序，搜集、整理和分析有关资料，以获得教育规律为目标的过程。教育科研是以探索培养人、教育人的规律为目的的研究。教育科研是科学研究的一个重要组成部分，是研究者有目的地认识教育现象，分析所收集到的资料，从而得出合乎逻辑的结论的过程。

从广义上讲，任何对教育现象的研究和探索都可以看作是教育科研。每一位教育理论工作者和教育实践工作者，在自己的实际工作中，都在不同程度地进行着教育科研工作，只是研究的水平、研究的层次不同，研究所面临的具体问题不同。但教育科研与一般的经验总结、新闻报道是不同的，它是研究者对教育现象有目的的系统认识过程，是研究者主动地对教育现象探索的过程。如果说一般的经验总结可以理解为只是事后对教育行为的一种反思的话，那么正式的研究是事先有计划、有组织地教育问题的探索和研究。

二、教育科研的特点

教育科研属于科学研究的范围，具有科学研究的一般特点，如客观性、创造性、继承性、系统性和控制性等；同时它又具有自己的特殊性。

（一）多因素性

系统科学论认为教育是由多因素组成的系统工程。它的内部结构包括教育者、受教育者、教育内容、教育手段等诸多因素，它的外部结构包括社会、家庭、学校等诸多因素，这些因素相互作用、相互影响。因此，进行教育科研就应当考虑多因素的设计和对结果的多因素分析。

（二）实践性

教育科研很难在实验室进行研究，一般地都是在教育实践过程中，进行现场实验，这样既保证了较高的教育外部效度，也能将研究结果进行应用和推广，因此教育科学研究具有实践性。

（三）持久性

教育科研很难在短时间内见成效，研究的周期较长。一般来说，教育科研从确定课题到提出假设，从验证假设到得出结果，从形成理论到推广应用，都需要较长的时间。

（四）控制性差

教育科研难以对研究对象进行准确控制和操作，难以对无关变量进行严格控制，往往容易出现社会误差、被试误差和主试误差。例如，研究不同的家庭教养方式对儿童的影响，就不能专门设计一组家长进行放任型教育；研究母爱剥夺，专门把一些婴儿进行隔离，那是惨无人道的。这就给教育科研带来一定的局限性，需要我们开辟新的研究方法和途径。另外，教育科研大都是现场实验，很多无关变量难以严格控制。例如，实验班与对比班的被试的同质性问题，实验班教师与对比班教师的教学能力一致性问题，教师与学生相互作用的影响等，这就要求教育科研尽可能采用标准化的研究程序，对结果的分析要谨慎。

三、教育科研的价值

班主任进行教育科研不仅是自身专业发展的重要途径，而且也能更好地了解学生和进行科学决策，从而实现班级管理水平和质量的不断提升。

（一）深入了解学生情况

了解和研究学生是班主任工作的前提和基础。班主任要想制订科学的、切合学生实际的教育管理计划，要想采用有针对性的、有效的教育管理措施，要想取得最佳的教育管理效果，就必须深入了解和研究学生。通过针对学生的教育科研，班主任可以从更深、更广、更新的视角实现对学生的了解和把握。

（二）提升班主任素质

班主任与学生朝夕相处，他们最了解学生，最容易发现教育实践中的问题，这是一支潜在的科研大军。当今教育科研与学校教育教学活动紧密结合，已成为教育科研发展的重要方向。广大班主任在教育科研中，学习教育科学理论，提高理论水平，在理论指导下，设计教改方案，通过教改实践，又不断提高理论认识水平和教学水平，在此基础上又进一步总结经验，在更大范围内将教育理论与教育实践有机结合，探讨具有普遍指导意义的教育教学规律，推动了教育质量的不断提高。广大班主任教育科研蔚然成风之日，必将是我国基础教育实现由“教育大国”向“教育强国”转变之时。

（三）指导教育实践

教育科研是人们揭示教育科学客观规律的有效途径。如要研究文化对儿童心理发展的影响，就要进行跨文化的研究；要探索新的教学模式，就要进行教学实验。人们对于任何教育规律和特点的认识，都离不开教育科研。通过教育科研人们将感性认识上升为理性认识，然后再指导实践，为教育实践提供理论指导。例如，美国社会学习理论家班杜拉通过大量的实验研究，提出了著名的社会学习理论观。他认为人的个性是在观察过程中形成的，在这过程中，人们首先观察榜样的活动，观察的结果在人们的头脑中形成一种意象，正是这种意象指导着人们在处于与榜样的活动相似的情景时，做出与榜样相似的活动。在进行观察学习中，人们可以不进行与榜样相同的外部反应，也可以不直接受到外部强化，只是通过观察学习过程，人们就可以形成多种多样的行为，从而也就形成个性。同时，他还强调认知、自我调节、自我效能在学习中的作用，个人、行为与环境交互作用决定个性的形成。由此，班主任不仅要重视显性教育，还要重视隐性教育，在隐性教育中特别强调教师人格特征对儿童、青少年发展的重要作用。

四、教育科研的类型

从实际情况来看，班主任的教育科研不仅需要运用观察、问卷、访谈等方法进行量化研究，而且需要运用操行评定、成长记录袋、素质报告单等进行质性研究；不仅需要对一些班级管理的基本原理展开深入细致的学术研究，而且需要对班级管理实践中遇到的一些有价值的问题进行应用取向的剖析。

（一）定量研究与定性研究

1. 定量研究

定量研究的理论基础是实证主义。实证主义认为社会现象是客观存在的，不受主观价值因素影响的；主体可以通过对一套工具的操作而获得对客体的认识；事物内部和事物之间必然存在着逻辑关系，对事物的研究就是要找到这些关系。定量研究的基本过程是：研究者事先建立假设并确定具有因果关系的各种变量；然后使用某些经过检测的工具对这些变量进行测量和分析，从而验证研究者预定的假设。这种方法的重要前提是：研究对象不依赖于研究者而独立存在；事物本身具有内在固定的、可以重复发生的规律；事物的量化维度可以用来计算事物的“质”。定量研究的优点在于它的精确性、严密性、验证性和预测性。事物的变化往往是从量的变化开始，量的变化积累到一定的程度才引起质的变化。定量研究能在质的变化之前探出事物的微小变化，并以数字来描述这一变化，所以较为精确严密。由于定量研究往往是在控制某些条件的情况下得出有关事物现象的结论的，因此就有可能在同样的条件下重复某一研究，加以验证。这就有可能考察研究结论的可靠性和普遍性。另外，由于一个事物的发展变化总是受到其他因素的制约影响，通过定量研究可以把这种相互制约影响关系归结为一定的数量关系，并以一定的数学模型表达出来，据此对事物做出预测。

定量研究最先使用于自然科学研究，并使自然科学研究取得了极其伟大的成就。社会科学由此得到了启发，把定量研究方法引进社会科学研究中以加快自身的发展。于是在20世纪60年代末以前的一段时间里，定量研究方法在社会科学研究中占了统治地位。事实上，定量研究对社会科学，包括教育科学的研究起到了积极的促进作用。但是教育科研有其自身的特点：影响制约教育的变量多，而定量研究只能考虑有限的变量；大量的研究对象是人，不可避免地带有各种主观因素的干扰；研究者也往往难以独立于所研究的教育现象之外。这些特点使得在教育科研中采用定量研究也必然带有某些不足。

2. 定性研究

定性研究的理论基础是解释主义。解释主义认为，人们看待事物的方式决定事物的性质。主体和客体不是截然分离的，主体对客体的认识实际上是主体在和客体的互动关系中对客体的重新构建。因此，解释主义强调研究者深入到研究现场，和被研究者一起生活和工作，了解和关心他们，同时对自己所使用的方法进行反省，注意自己和被研究者的关系对研究的影响。定性研究的基本过程包括：确定研究现象；陈述研究目的；提出研究问题；了解研究背景；构建概念框架；抽样、收集材料；分析材料；做出结论；建立理论；撰写研究报告。定性研究的目的不是通过对样本的研究找到一个可以推广的普遍规律，而是对社会现象进行深入细致的研究，再现其本质，从而为处于类似情景的人和事起到一种观照作用，通过认同而达到推广。

（二）基础研究和应用研究

1. 基础研究

基础研究又称基本理论研究、学术研究。其主要目的是认识未知领域、发现普遍规律、形成或发展理论。研究者的贡献主要在于发现新领域、新规律，提出新学说、新理论、新观点，而不在于任何专门的或具体的应用。基础研究的周期相对较长，因此，它不必要也不可能对实际工作产生立竿见影的效果。但是，由于基础理论的研究成果是一般性的、普遍性的规律，具有较大的概括性，所以它对实际工作具有较强的指导意义。它使实际工作者获得观察分析问题的理论视角或理论框架，从而能够更深入透彻地分析研究具体问题。所以，基础研究的作用是深远的。例如，当代瑞士心理学家皮亚杰的研究很少直接谈论教育问题，教师难以直接拿来套用。但是，他的关于儿童发展阶段、关于认知结构形成与发展机制等理论，对教育改革起着巨大的指导作用。我国关于教育本质、教育方针、素质教育理论等的研究也都属于基础理论研究。但是，理论和实践之间没有一条截然分明的界线，两者之间应是一个连续体。所以，在更为具体的教育方面也有其基础理论研究。

2. 应用研究

应用研究是运用基础研究中得出的一般规律、原理、原则等理论性知识解决教育工作实际中的具体问题的研究。它在理论的指导下，针对某一具体问题，深入考察其特殊规律，提出比理论研究更为具体的对策和方法。应用研究关心实际问题的解决，是基础研究成果的进一步具体化、操作化。应用研究与基础研究的区别在于其追求的目标不同，而不在于价值的大小或复杂程度的高低。因此，不能说基础研究比应用研究更有价值。它们之间的关系非常密切。应用研究以基础研究的成果为指导，才能取得实际问题的成功解决；基础研究要进一步应用于实践，才能检验其成果的科学性，并提高其价值。应用研究与理论研究可以指向于同一研究对象，但研究的侧面不同。例如，语文阅读的研究，在基础理论研究方面可以着眼于阅读过程的心理结构，影响阅读理解的因素，阅读理解过程的信息加工模式等；在应用研究方面有提高学生阅读能力的教学策略，阅读能力测量工具的制定，运用多媒体技术改进语文阅读教学等。

第二节 班主任教育科研的过程

任何科学研究都不是杂乱无章的，都有其完整的过程性。研究过程在研究目标的支配下运行，研究目标伴随着研究过程的结束而得以实现。班主任教育科研也是如此，只有明确具体的研究过程，才能促使班主任教育科研顺利进行并取得预期成果。

一、选择课题

教育科研正如一项繁重的工程，而如何做好研究课题的选择正是进行工程的第一步，为了迈好这重要的一步，有必要对如何选题进行探讨。选题，顾名思义就是对研究现象和研究目标的选择与确定。

班主任教育科研的第一步就是提出问题，选择研究课题要在提出问题的基础上进行。西方科学家波普尔认为："科学研究从问题开始，也终于问题，问题成为承上启下的发展环节。问题也是推动认识发展的动力。"①教育科研的目的在于探讨教育领域中尚未解决的问题，所以发现并提出有意义的问题是教育科研的起点。而在教育科研的过程中，往往会产生更深层次的问题。所以，人类知识的发展就是一个不断出现问题、解决问题的螺旋式上升过程。

班主任选择教育科研课题，可以从以下几个方面进行考虑。

（一）从发布的课题指南中选择

如教育部、省教育厅、市（县）教育局和教研室等部门所公布的教育科研课题，研究者完全可以围绕着这一个课题来进行研究。

（二）从教育实际中发现问题

教育科研最迫切的任务是要解决当前教育实际工作中亟待解决的问题，所以必须从当前教育工作中的迫切需要出发，选择教育中的实际问题。在教育实践中，有很多值得深究与探讨的问题。就某一问题进行筛选和提炼，就可能成为一个好的选题。作为理论工作者应多深入教学现场观察记录，多与一线教师沟通与交流，而一线教师自己在反思的过程也能发现问题，如早恋问题的研究。

（三）从文献研究中寻找热点

很多报纸杂志会定期针对某一个热点问题进行讨论，如围绕生命教育的话题进行讨论，各家纷纭，研究者善于把握时代的脉搏，从热点问题中找寻到值得研究的课题是个很好的途径。

（四）在理论学习中受到启发

人们往往在学习某一学科的理论或阅读别人的文章时，突获灵感，发现值得进一步深究的问题，对这些问题进行分析和提炼就可能作为研究的课题。还有些研究论文在结尾处会明显指出此文尚待改进的地方，这往往可以成为一个突破点，将别人未完成的研究继续下去。

---

① 刘元亮，等.科学认识论与方法论[M].北京：清华大学出版社，1987：100-101.

二、检索文献

确定了选题等于有了建筑物的总体框架，但具体如何建构却需要基本的“材料”，而这正是文献检索和整理阶段。只有全面、系统地掌握了相关资料才能找到自己研究的落脚点，这也直接关系到研究的进度、质量以及研究的结论。因此，如何快速、全面地进行文献检索和整理就成了每个研究者的必备技能。

文献不仅包括图书、期刊、学位论文、科学报告、档案等常见的纸面印刷品，还包括有实物形态在内的各种材料。所以文献的检索有着各种渠道，主要分为以下几种：图书馆，档案馆，博物馆，社会、科学、教育事业单位或机构，学术会议、个人交往和计算机互联网。其中，图书馆是检索文献的最主要的、最重要的渠道之一，也是最早的文献集中形式。

文献检索一般有两种方式：检索工具查找方式和参考文献查找方式。检索工具查找方式是指利用现成（或已有）的检索工具查找文献资料。现成的工具可以分为手工检索工具和计算机检索工具两种。手工检索工具主要有目录卡片、目录索引和文摘。参考文献查找方式又称追溯查找方式，即根据作者文章和书后所列的参考文献目录去追踪查找有关文献。文献的检索是另外一种搜集文献的工作形式。每一个研究课题都需要汇集、积累一定的文献资料，而每一个课题的研究过程同时也是一个新文献资料的积累过程。

文献检索之后，就要对收集到的文献进行整理和加工，主要包括以下方面。

（一）文献鉴别

剔除假材料，去掉相互重复、较陈旧的过时的资料；从研究任务的观点评价资料的适用性，保留那些全面、完整、深刻和正确地言明所要研究问题的一切有关资料，以及含有新观点、新材料的资料，对孤证材料要特别慎重。在资料数量和类型很多的情况下，应对这些资料进行分类编排，并编制题录索引或目录索引。对准备利用的文献资料，必须对其可靠性进行鉴别和评价，对那些不完全可靠的或有待进一步明确的资料，则不予采用。

（二）文献阅览

首先提出问题将其作为探讨文献的依据；其次收集资料并阅读具有代表性的资料，再记录所收集文献中有关研究的特征与结果，进而分析所记录的材料，最后解释所做的分析。

（三）文献综述

文献综述是文献综合与评述的简称，是指在全面搜索、阅读大量有关研究文献的基础上，经过归纳整理、分析鉴别，对所研究的问题在一定时期内已取得的研究成果、存在的问题以及新的发展趋势等进行系统、全面的叙述与评论。“综”是收集百家之言，综合分析整理；“述”是结合作者的观点和实践经验，对文献的观点、结论进行叙述和评论。

三、成果表述

教育科研的最后阶段就是用适当的形式将研究的结果明确地、有说服力地表达出来，以供他人评价和借鉴，从而实现教育科研的价值。将研究的过程和成果都写成文章就是撰写研究成果的过程。研究成果是全部教育工作过程的缩影，别人都是通过最后的论文来了解某项工作的研究，论文写得如何直接关系到教育科研成果质量的高低和产生社会作用的大小。教育科研成果的表述一般分为以下几个步骤。

（一）提炼主题

找到论文的核心部分，围绕着核心问题展开论文的叙述，这是作者说明事物、阐述道理时应该说清楚的基本思想和观点。

（二）精选材料

材料是说明问题最好的佐证，但是选择材料时必须去伪存真，选取的材料必须能够帮助说明问题，不能只注重材料的真实性，却忘记了与观点的相关性。

（三）列出提纲

写作提纲就是整篇文章的框架，列好了提纲论文的大体思路呼之欲出。按照写作提纲的顺序理清自己的思路，确定写作的整体顺序。

（四）撰写文章

教育科研论文或研究报告是教育科研成果表述的主要形式，是作者对研究结果的写作上的布局、谋划和安排。一篇好的研究论文或研究报告应当从以下几个方面进行综合考虑。

第一，标题。标题对一篇文章来说非常重要，就好像一个人的名字一样，在现在这种传媒社会当中，我们往往是先接触到这个人的名字，然后再想到见到他这个人。对于一篇文章来说，标题的重要性也是如此。标题必须精练、简明、有吸引力。

第二，摘要。摘要是以提供文摘内容梗概为目的，不加评论和补充解释，简明、确切地记述文献重要内容的短文。摘要是把论文的核心部分、重点部分向别人披露，简明扼要地向别人呈现你的文章。

第三，正文。正文就是论文主体内容的陈述，一般由前言、论文主体和结尾等部分所组成。正文是一篇文章的核心组成部分，正文的撰写一定要观点新颖、论证充分、有理有据，并具有一定的价值和意义。

第四，参考文献。这是一篇论文必不可少的部分，也是反映一个作者是否遵循学术规范和是否具备学术道德的重要表现。引用了别人的观点与材料，必须标明出处，这既是对别人劳动成果的尊重，也是体现自己学术作风的一个方面。而且在前面的章节中也提及过，其他研究者可以通过注释和参考文献找寻更多的研究资料。

第三节　班主任教育科研的方法

教育科研的方法很多，既有观察法、调查法、实验法等传统的研究方法，也有案例研究法、叙事研究法、行动研究法等新的研究方法。这些研究方法只有互相补充、互相配合、协调一致，才能保证教育科研的有效开展。

一、教育案例研究

案例研究来源于医学的个案研究，即对某些典型而有价值的病例所进行的个别研究。案例研究后来被引入到社会科学研究领域，在职业培训或专业教育中扮演着极为重要的角色，最典型的就是它在法学和商业教育中的广泛使用。作为一种研究方法，案例研究于20世纪80年代初进入我国，随着我国教师教育视野的不断扩展，以及行动研究和校本培训等新的教育科学研究方法的不断涌现，案例研究作为一种教师培训和教育教学研究的新方法，也越来越受到教育界的普遍关注。

（一）教育案例研究的含义

关于教育案例研究的内涵，学者们从不同的视角进行了深入的分析和解读。原教育部师范教育司在其组织编写的“全国中小学教师继续教育”专业课程教材中，对教育案例研究是这样定义的：所谓教育案例研究，是指围绕一定的教育目的，把实践中真实的情境加以典型化处理，形成供学习者思考分析和决断的案例（通常为书面形式），通过独立研究和相互讨论的方式来提高学习者分析、解决问题能力的一种方法，它可以通过角色模拟或体验将学生带入案例情境之中。有学者认为，案例研究是从德国教育家 M. 瓦根舍因的“范例教学”那里派生出来的，指出：“案例研究是在借鉴德国教育家瓦根舍因的‘范例教学’思路的基础上形成一种理论联系实际、重在技能和能力培养的教学模式。其要点在于：以典型的案例为线索来展开教学，通过分析或接续、重组典型案例，促使学生掌握基本知识框架，形成分析、解决教育、教学问题的意向、习惯与能力，从而培养合格的中小学教师。”①也有学者指出：“案例研究方法是对个人、人群或现象进行调查的术语总称。调查中可采用多种技术，包括质和量两种方法。案例研究的一个明显特征在于它的一个宗旨，即认为人不是各种特征汇集的松散个体，而是各特征的有机统一体。因此，这种宗旨的一个相应结果是：个案研究者要理解某个案例，要阐明该案例发生的缘由，并从单一案例进一步概括或预测，这就需要对各个独立部分和模式进行深入的调研。”②上述有关教育案例研究或案例教学的定义虽然各有不同，但总体来说，都包含一些共同的主张：在研究材料和内容上要对真实情境加以描述或典型化处理；在研究方式上组织教师或学生进行分析和讨论；在研究目的上侧重分析和解决问题能力以及实际运作能力的提高。

（二）教育案例研究法的特点

1. 案例性质的典型性

教育案例的选择并不是随意的，而是要经过精心的筛选。筛选案例的一个重要原则，就是要考虑案例是否具有典型性或代表性。每一个案例都是一个相对完整的“故事”叙述，都会反映或折射出一定的主题。如果不能将反映不同主题的案例按照学科的内在逻辑要求很好地组织起来，使之成为一个不断深化的、递进的案例系统，那么学习者所学的案例可能就会是“一盘散沙”，虽不排除学习者个人能够通过自身的建构而将这些杂乱无章的案例加以有效整合，形成系统的知识结构，但这往往是偶然的和自发的，案例学习者本身并没有承担起这方面应有的责任。因此，成功的教育案例研究往往要考虑案例的典型性，使每一个案例的研究都尽可能地能够代表与学科的内在逻辑相关的那部分研究内容，并通过这些典型的案例将各部分内容有机串联起来。

2. 案例内容的实践性

教育案例研究的内容主要是教育教学实践中真实发生的事件，案例的展示不是简单地告诉学习者一个真实的社会群体在干什么，而是通过再现或模拟的方式把学习者带到一个真实、典型、具体的教育教学“现场”，让学习者置身其中，充当相应的角色，进行“实践”操作，增进“实践”的经验。一般而言，案例都是选择较为新近的教育教学实践活动或事例为素材，这样才会更加突出教育案例研究与现实教育教学实践活动的关联性。

---

① 张桂敏. 心理学、教育学案例教学研究[J]. 济宁师专学报，2000，21(4)：89.

② [瑞典]胡森. 教育大百科全书：教育研究方法论[M]. 张斌贤，译. 重庆：西南师范大学出版社，2006：254.

3. 案例陈述的真实性

案例是对已发生的典型事件的如实的陈述,所描写的事件是完全真实的,完全依照事件发生的实际状况进行,对所发生事件的时间、地点、具体情节及过程都如实记录。案例的陈述不是对事件的笼统描述,更不是事件总体特征的抽象化、概括化说明,而是十分具体和有深度的,包括对人物的内心世界,如动机、态度、思想、意图、需要等的全面揭示。除此之外,案例的陈述还应特别注重对事件发生的情景因素的介绍,将事件在产生它的背景中呈现出来。当然,并不是所有的真实事件都可以作为案例,案例需要的通常是一种具有典型意义的真实事件,它所陈述的是典型行为、思想和观念。

4. 案例过程的整体性

整体性强调教育案例研究不管其研究对象是个人、人群还是现象,必须被视为一个整体,整体内各元素之间相互依赖,其中一个发生变化,其他所有的因素也都将随之变化。正如有研究者所概括的那样:“本研究中体现了两条研究思路:一是我对这位教师所进行的研究的描述。通过听课和访谈,描述他是如何在教学中发现问题、明确问题、分析问题、解决问题的,他是如何确定研究课题、制订研究计划的。另一条研究思路是我对这位教师的研究所进行的研究,即对行动研究的研究。我主要分析了他如何进行研究及他作为一个研究者存在的优势与不足。”①从中不难看出作为一个教育案例研究的整体性。这种整体性不单单体现在平面上,即从头到尾的整体结构,而且体现在全方位之中,案例中人与事的全面纠葛和相互作用之中。

5. 案例设计的问题性

案例一般都蕴含着可供学习者分析和思考的问题,这些问题有的看上去是较为明显的,容易辨明;有的可能是较为隐蔽的,需要学习者通过对案例情景的仔细思考才有可能辨明;有的甚至在表面上看是较为明确的问题,但背后实际上还隐含着更为深层的问题。案例设计带有问题性就是要使学习者在接触案例后,产生疑惑,引发思考。好的案例往往都包含促使学习者透过众多的、看来又好似互不相关的情境去观察分析的因素。案例设计所关涉的问题,既可以是给人以正面启迪的,也可以是提供反面教训的。

6. 案例组织的目的性

教育案例研究包含了对案例的编写或选择工作,无论是对一门课程的众多案例的组织,还是对某一案例研究环节的具体设计,都应当是依据一定的研究目标进行的,都有通过一个个独特而又组织严密的案例或案例体系,达到案例组织者拟定的研究目标。教育案例研究不同于传统研究的一个重要特征,就在于它不是通过对理论本身的直接陈述来让学习者获取理论,而是把研究内容分解为一个个研究单位,每一个单位都以案例的形式表现出来。如果各个案例呈分立状态,缺少研究目标上的关联性,就很容易使学习者无法形成系统的专业知识经验,就很难说是真正的教育案例研究,至少不是正规的教育案例研究。

(三)教育案例研究的分类

1. 学术取向的教育案例研究

学术取向的教育案例研究主要关注知识的传递和理解力的发展,强调教师作为认知引导者和学科内容专家的角色。这种取向把教育案例研究看作传递理论知识的手段,因而要

① 陈向明.在行动中学作质的研究[M].北京:教育科学出版社,2003.

求开发出能反映具体案例与理论的关系，能表征理论知识的教育案例。美国学者舒尔曼是这类教育案例研究的积极倡导者，他强调案例开发时必须在叙事之后附加至少两个评论，且其中一个必须是专家的评价，这实际上就是要对案例进行理论升华，通过案例的研究和学习，达到理论的理解。除了舒尔曼以外，学术取向教育案例研究的坚持者还有布隆迪和麦卡宁奇等人，前者强调案例要以教育教学中非常普遍而重要的问题为素材，每一案例之后都必须附加相关的学术性文献的汇编，且将之当作案例的决定性的组成部分；后者主张案例在结构上应由理论和叙事两部分构成，即先呈现不同的理论观点，以作为审视叙事的透镜，然后再呈现以该课题为中心的叙事，最后还应列出相关理论的参考书目。

2. 实践取向的教育案例研究

实践取向的教育案例研究把教师的经验看成是教育教学知识的首要来源和学习的重要手段，主要关注教育实际工作者在教育教学中表现出来的技能和技巧，强调教育教学的独特性、情境性、模糊性和复杂性。这类取向的一部分学者认为，教师培训中的教育案例研究可以借鉴商业教育领域的案例法，因为教育教学领域和商业领域一样，是一个“缺乏结构性的领域”，教育案例研究的目的在于培养学习者分析和解决问题的技能，以使学习者能够迅速地适应真实的教育教学环境。在案例的开发上，常采用两难情境的描述方法。这类取向的另一部分学者则认为，教育案例研究应注重向新手型教师传递专家型教师的知识，开发有助于新手型教师理解教育教学的技巧和方法的案例，这可以使学习者从经验丰富的教师那里学习如何了解教育教学的复杂性，所开发的案例更类似于法律教育领域的案例，即作为一种“范例”的案例。

3. 技术取向的教育案例研究

技术取向的教育案例研究认为，教师培训的首要任务是培养能高效地完成教育教学任务的教师，虽然这一取向也着眼于教育教学的知识和技能，注意决策的制定和分析，但与实践取向不同的是，它注重的是理性的决策形式和科学的原则在教育案例研究中的应用，要求学习者掌握的知识和技能不是基于日常的教育教学经验，而是基于对教育教学的科学研究，强调对源于科学研究的原理和技能的掌握。这类取向的教育案例研究把能力视为行为表现，特别强调教育案例研究要提供特定的决策程序，提供在实践中可以加以参照的技能和行为模式。根据这一取向，有些学者强调运用电影和录像来呈现源于经验性研究的有效的技能和行为，并配上相应的掌握这些技能的指导，以使学习者能够有效地掌握它们。微格教学所应用的教学示范片正是这种案例研究的一种具体形式。另一些学者则要求开发一种能帮助学习者演绎理性决策程序的教育教学案例，它们更为突出特殊的决策程序，追求决策的有效性。

4. 个人取向的教育案例研究

个人取向的教育案例研究关注学习者的个人成长和发展，强调教师培训的中心目标就是教师的个人发展，教师学习者是学习过程的中心，认为学习教育教学的过程就是学会理解的过程，也是发展和发挥自己的过程。在这一过程中，教师学习者的经验及对经验的反思极为重要，教育教学目标和方法都应由教师学习者个人经验及经验上的反思来组织，如可组织教师学习者自己编写案例，让他们参加课堂讨论并进行自我反思等。从这类取向来看，教师直接参与经验案例的开发，审视和反思自己的经验十分必要，开发的案例也应为其他教师提供处理某种情境的行为模式或指南。它不必是开放式的，甚至可以不要求研究者和学习者做出回答，这类案例更接近于法学经验中作为“范例”的案例。

5. 批判取向的教育案例研究

批判取向的教育案例研究一方面对教师在形成良好的社会秩序中的作用抱有乐观的信念，另一方面又认为经验是造成社会不平等的工具。教师培训是创造一个更为公正和民主的社会大策略中的一部分。教师是教育者，也是政治活动家，因而教师必须养成批判性分析和行动的能力。这类取向对教育案例研究一般较为淡漠，但它的某些观点和对批判性思维的强调等，则能为教育案例的开发提供一些有益的启示。

(四) 教育案例研究的过程

1. 确定研究问题的性质

教育案例研究开始，首先要确定研究问题的性质。研究问题性质是什么，一般不如我们想象得那么简单。教育案例研究的问题应该来自于教育教学实践，是在教育教学实践中产生的、需要马上给予解决的问题。在这样的问题中，教育案例研究最适合研究那些需要探求“原因”“机制”的问题。我国学者陈向明在研究中部地区农村儿童辍学问题时，认为已有的研究“定量的方法不能在微观层面进行深入细致的描述和分析”，“没有再现辍学学生的心理状态和意义建构方式”，“没有对辍学的具体情境和过程进行探讨”。① 由此可见，教育案例研究就是要在研究之前，判断研究问题的性质，只有在适合教育案例研究的问题出现时，才能更好地使用教育案例研究。

2. 确立研究的基本假设

确定研究问题之后，就要进一步确立研究假设。确立假设的根本目的就是要将研究的注意点凝聚起来。例如，当研究的主题是“张老师课程理解”时，研究者可能关注的是“张老师是如何理解课程的”，“造成张老师对课程的如此理解的深层原因是什么”，等等。但是，这些还不是研究的假设，研究的假设应该是“张老师对课程的理解可能具有合理的、不同于理论设计的状态”。解决好研究假设，教育案例研究就可以围绕着假设，确定分析单位，展开下一步研究。

3. 确定研究的分析单位

确定研究的分析单位，就是确定好教育案例研究中的“案例”，这是教育案例研究的一个极为重要的步骤。什么是案例？案例其实就是一个“有界限的系统”。这也就是说，它在时间和空间上有一个相对清晰的边界。若以时间来说，它起于何时止于何时，就能比较容易看清楚。若以空间来说，它有明确的地点。教育案例可以是一个个体、场域、事件、行动、问题或是文献资料储存库等。一个“案例”就是我们所说的一个“分析单位”。不同的分析单位，可能导致不同的研究设计和收集资料的策略。当然，研究者在确立分析单位时，也会受到研究者所秉持的理论的影响。

4. 连接研究的材料与命题

在确立分析单位之后，研究者就根据研究需要运用各种手段收集相关资料。但是，对教育案例研究的最终目的而言，收集资料只是研究的过程，研究最终是要分析与解释、理解和描述案例中表现出来的“现象”，达到事情是怎样的、为什么会如此、人们对之有何感受、这些事物将可能成为什么样子、后来或在别的地方有何相似等，研究者就要以搜集的资料来证明

① 陈向明. 在行动中学作质的研究[M]. 北京：教育科学出版社，2003：323.

自己的研究假设。对于教育案例研究而言，可以运用类型比对的方法来连接资料与命题，研究者找出两个对立的假设，通过分析，验证所有的资料与其中哪个假设相符。

5. 研究问题的深入讨论

在每一个学习者阅读、分析教育案例材料，形成自己有关案例所提出或隐示的问题的见解后，教育案例研究便进入了讨论阶段。讨论主要是为学习者提供发表自己对案例的看法、认识及对问题的见解的机会。发言者表明自己的观点，供大家讨论、批判、切磋和补充。讨论可以是开放式的，但通常都有一个或几个较为明确的结论，这些既是对教育教学理论学习的结论，同时又是学习者在今后教育教学实践中解决类似问题的参考策略和依据；可以是小组讨论，也可以是全班讨论。全班讨论通常都是由教师主持，是形成教育教学结果的重要环节，也是全班学生经验与知识共享的过程，需要教师和学生做好充分准备。

6. 研究的总结与反思

教育案例研究的最后环节是总结与反思。这一阶段通常要求学习者写一个报告，对自己在案例阅读、分析、讨论中取得了哪些收获、解决了哪些问题、还有哪些问题尚待进一步研究等做一个总结，并通过反思加深对教育案例的认识。对教育案例的总结和反思不仅可以提高学习者的教育教学理论素养，而且对培养学习者的分析和解决实际问题的能力，也具有十分重要的价值和意义。

二、教育叙事研究

叙事研究在教育研究领域中的广泛运用始于20世纪80年代，以加拿大和北美学者为主要研究群体，其中加拿大学者康纳利、克莱丁宁和康莉的成就较为显著。我国叙事研究主要是从20世纪90年代末开始，华东师范大学丁钢教授在其主编的教育研究集刊《中国教育：研究与评论》中，率先在我国倡导叙事研究，使叙事研究在我国日益受到学术界关注。作为一种描述教师真实教育教学生活的“从下到上”的研究方法，叙事研究已经成为教师进行教育研究的理想方式，并日益发挥出其对教育理论和教育实践的指导价值。

（一）教育叙事研究的含义

关于教育叙事研究的概念，存在着不同的理解。有学者认为：“教育叙事研究的基本特点是研究者以叙事、讲故事的方式表达对教育的理解和解释。它不直接定义教育是什么，也不直接规定教育应该怎么做，它只是给读者讲一个或多个教育故事，让读者从故事中体验教育是什么或应该怎么做。”①有学者认为：教育叙事研究“是质的研究的思维方式和写作方式”，它“面向实事本身”或从实事本身中寻找内在的“结构”，从形式上说，可以是虚构的叙事，但更加主要的是真实的叙事。教育叙事研究既可以叙述故事，不对故事做评论或解释，也可以对故事进行再评论和解释，属于实证研究中的一种类型。② 也有学者指出：“教育叙事研究是指以叙事的方式开展的教育科研。它是研究者（主要是教师）对教育教学实践经验的描述与分析，从而发掘或揭示内隐于经验和行为背后的教育思想、教育信念，从而发现教育的本质、规律和价值意义。”③还有学者认为：“教育叙事研究是指在教育背景中包含任何

① 邱瑜.教育科研方法的新取向——教育叙事研究[J].中小学管理，2003(9)：11-13.

② 刘良华.教育叙事研究：是什么与怎么做[J].教育研究，2007(7)：84-88.

③ 潘新民.走入网络日志——教育叙事研究的新取向[J].当代教育科学，2006(10)：22-24.

类型叙事素材的分析研究。它借由影片、传记、图片、对话等刺激,触发当事人进行故事叙说,并以当事人的叙说内容为文本数据进行分析,以期反映出故事叙说者本身的重要生活经历及生命主题。……通过搜集故事来建构田野文本数据,报告个人生活经历,并探讨这些经历之于此一特定个人的意义。研究参与者的故事的重新叙说,是一种为教育叙事研究所特有的质的分析程序。"①

上述定义,既包含了研究者对教育叙事研究的理性思考,也蕴含了研究者不同的价值取向。其共同之处就是它们对教育叙事和教育叙事研究的理解大致相同,都十分强调在故事中体验教育真谛、学习行动的策略。但也存在着一定的缺陷,就是如果缺乏足够的理论修养和发现的眼光,抑或研究个案缺少必要的暗示或阐释,教育叙事研究将无法顺利完成。我们认为,教育叙事研究与文学和心理学等学科中的叙事研究不同。文学中叙事研究是对故事文本的叙事结构的分析,心理学则多半是对被试叙说言语结构在同一性方面的研究,简单地说,它们是叙事文本和话语的形式化的研究。而教育叙事研究则更关注叙事的内容,通过细致描写的教育叙事文本,使人们深入地、丰富地理解教育生活。

(二) 教育叙事研究法的特点

1. 意义诠释性

教育叙事研究的目的是研究者通过对研究对象个人经验的深入描绘,挖掘蕴藏于教育事件背后的意义世界。首先,叙事本身就携带着意义,叙事的过程就是意义诠释的过程。研究对象在叙事过程中,自身的想象力决定着叙事的内容、情节以及对个体生活的意义,叙事过程也就是对自身的身份与教育生活意义的诠释过程。其次,研究者要对研究对象的个人经验和意义建构进行再诠释。研究者置身于教育的自然情境中,尽量搁置自己的主观偏见,在倾听研究对象的故事的同时,要不断思考对方是如何看待自身的经历的,并且要将研究对象的故事放在特定的背景下理解。与此同时,研究者要以自身的体验理解研究对象的经验,在双方的交流、互动中达到视界的相互融合。

2. 反思批判性

教育叙事研究重视反思批判,教育叙事研究的过程就是研究者和研究对象不断反思批判的过程。首先,研究对象在叙事过程中,对自己的教育日常实践进行反思,通过回顾经历、总结经验和质疑问题,达到对问题的醒悟、理解和深化。反思奠基于经验,但又超越经验,叙述者通过个性化的叙述,从经验的反思中提炼出个人的实践性知识,凝结成个人的实践智慧。个人实践性知识和教育智慧体现在日常教育教学实践中,就是教育者教育教学行为的改进。其次,研究者可以以研究对象的叙事为载体,从多个视角反思批判教育教学理论与实践,深刻诠释教育教学经验及其意义价值。

3. 动态开放性

传统研究方法在于寻求普适性的教育规律,目的在于为教育教学活动提供一套固定的和现成的答案。然而,由于其量化研究追求的是精确化和抽象性,从而远离了教育日常生活,不可避免地会产生理论与实践的对立或脱节。教育叙事研究的目的不在于寻求普适化的教育规律,而注重具体教育教学实际问题的解决,在于教育教学经验的意义重构和教育主体的健康发展,并由此期望激发双方共鸣,使倾听者与阅读者获得基于自身的启示。由此可

① 张希希.教育叙事研究是什么[J].教育研究,2006(2):54-59.

见，叙事研究具有动态开放性的鲜明特征，这也就决定了教育叙事研究的结果是一种个体性、情境性、带有价值取向和主观色彩的知识，而不是普适性或客观化的死板教条。

4. 平等交往性

传统的教育科研方法要求研究者要客观实际，并与研究对象保持适当距离，以保证研究结果不带主观臆断。教育叙事研究则在不同程度上接近研究对象，并有意融洽研究者和研究对象的现场经验，研究现场不再是“隔岸观火”或“隔靴搔痒”，现场与研究者密切相关，是研究者的考察对象。传统教育科研方法追求客观中立、价值无涉，因而研究中要避免主观因素的干扰。而教育叙事研究是对个体生活意义的阐释和理解，而不是对某种事实进行说明。人与人之间的理解是在平等交往的基础上，在对话中展开的。这样，个体可以以自身的体验去理解他人的体验，最终达到视界的相互融合。在教育叙事研究中，研究者与研究对象是一种平等交往关系，也只有在这种关系的基础上，研究者与叙事者才能达到相互的理解，也才能对研究对象的叙事做出客观、深入和合理的阐释。

（三）教育叙事研究法的类型

1. 教学叙事

教师最主要的职业生活是课堂教学生活，教师所寻求的对教育实践的改进主要是对教学生活的改进。由此可见，学校教师的叙事内容主要是由教师亲自叙述课堂教学生活中发生的“教学事件”。这种对教学事件的叙述即为“教学叙事”。教学叙事绝不是简单地“镜像式”记录教学生活，而是需要有鲜明的主题或引人入胜的问题；要有解决问题的情境性、冲突性和过程性等的描述；有解决问题的技巧和方法的分析与升华；有解决问题过程中及过程后的批判性反思；有获得的经验或教训的总结和评价。因此，教学叙事通常采用“夹叙夹议”的方法，将自己对“教学”的理解以及对某一节课的反思插入到相关的教学环节中，用“当时我想……”“现在想起来……”“如果再有机会上这一节课，我会……”等方式，表达自己对教学改进的深入思考。由于课堂教学是教师最日常的教育生活，因而教学叙事的实质是反思教学实践过程中有价值和有意义的资源，它对教学能起到剖析、反思、借鉴和启迪的作用，是教育叙事研究的一种最主要类型。

2. 生活叙事

叙事理论认为，生活中充满了故事，人的每一个经历其实也就是一个故事，人生就是故事的持续不断的发展过程，同时每个人都是他自己的故事的叙说者。学校教师“叙述”自己的教育故事，实质上就是在“反思”自己的教育实践。教师参与教育科研并不单纯是为了发表论文，炫耀某种研究成果，而更重要的是“听教师讲述自己的故事”。除了参与“课堂教学”之外，学校教师还大量地居留于其他活动之中。由此可见，学校教师的教育叙事除了“教学叙事”外，还包括教师本人对课堂教学之外所发生的“生活事件”的叙述，它涉及教师的教育管理工作，如“德育叙事”“管理叙事”等，它们一起构成了学校教师的“生活叙事”。正如一位教师说的那样：“这类生活叙事比教学叙事更具有可读性，因为这些生活叙事与教学相关，又没有生活界限，适合于所有学科的老师阅读。”

3. 自传叙事

所谓自传叙事，是指教师通过对个人成长或成长的某一方面的梳理，然后去发现这一阶段对教师教育生活的重要性，或梳理某一时间段教师对个人教育的观念性转折，并经由自我反思、自我评价而获得某种自我意识。在这种叙事中，是“我”在讲述自己教育教学中的亲身经历,“我”是故事的组织者与建构者。当学校教师讲述他们自己的教育故事时,这种谈论教育的方式有些像叙述自己的“自传”,因而一般又把它称为“教育自传”。自传叙事从其本质上来看,是一个从“个人生活史”、从“个人生命经历”中透视整个世界的过程,它充满着生命的体验和生命的感动,容易打动人心、产生共鸣。在对自我教育生活的发现和认同的同时,也是对教师人生的丰富性、价值性的发现和认同,更是对作为教师存在的个体内在心灵世界的丰富与充实的发现,教育叙事也因此成为学校教师改变单调而平庸的教育教学生活的最重要方式。

(四)教育叙事研究法的过程

关于教育叙事研究的过程,学术界存在着不同的认识和理解。康纳利和克莱丁宁倾向于把教育叙事研究分为现场工作、生成现场文本和由现场文本转换成研究文本三个阶段。我国学者王楠认为,教育叙事研究应包含以下流程:确定研究问题、选择研究对象、进入研究现场、进行观察访谈、整理分析资料、撰写研究报告。侯怀银等人则认为教师教育叙事的过程包括:观察思考、形成问题、设计结构、深描归纳、意义阐释。上述这些研究虽然提出了教育叙事研究的一般框架和具体的操作方法,但研究尚缺乏系统性,对教育叙事研究过程中有重要影响的因素并未能做深入探讨。我们认为,学校教师教育叙事研究的过程可分为确定研究问题、收集叙事材料和创作叙事文本等三个相互联系、相互制约的环节。

1. 确定研究问题

确定研究问题不仅是教育叙事研究而且也是所有研究的基本逻辑起点。正如有学者指出的那样:“在一切研究的阶段,一个重要的方面就是必须时刻留心人们的有创见的问题并密切关注生活体验。这些生活体验使我们有可能首先提出‘它是什么样子’这样的问题。”①生活体验指向生活中的现象,因此必须善于从教育现象中发现真正有价值的问题。

第一,研究者要确定自己所要研究的现象。研究的现象也就是研究将要涉及的领域范围。研究者对某种现象的指向总是暗示着生活中特定的爱好、定位或观察视角。研究者必须深入思考自己的兴趣、爱好到底是什么,真正关心的问题是什么。只有弄清了这些问题,才能投入到所要研究的现象中去。对研究现象的指向不但与研究者本人的兴趣、爱好有关,也和研究者的经历和资源有关。

第二,研究者要明确研究问题。研究者应该选取有意义、有价值的问题进行研究。有意义、有价值的问题一般包含两方面的含义:“一是研究者对该问题确实不了解,希望通过此项研究对其进行认真的探讨;二是该问题所涉及的地点、时间、人物和事件在现实生活中确实存在,对被研究者来说具有实际意义,是他们真正关心的问题。”②为了发现有意义、有价值的问题,研究者必须要有问题意识。哲学家伽达默尔认为,问题的实质是敞开可能性并保持这种可能性的敞开。但只有当我们能够以一定的方式保持自身的开放,我们才可能做到这一点,这种方式就是:“在对问题的长久关注中我们发现我们自己感兴趣的是首先使问题成为可能。真正地质疑某一事物也就是从我们生存和存在的中心出发去探讨这一事物。”③研

① [加]马克斯·范梅南.生活体验研究——人文科学视野中的教育学[M].宋广文,等译.北京:教育科学出版社,2003:54.

② 陈向明.质的研究方法与社会科学研究[M].北京:教育科学出版社,2000:78.

③ [加]马克斯·范梅南.生活体验研究——人文科学视野中的教育学[M].宋广文,等译.北京:教育科学出版社,2003:55.

究者确定所要研究的现象以后，就要从一个比较宽泛的视野逐步缩小关注的范围，不断聚焦，最后集中到一个或几个问题上。随着研究的不断深入，需要研究者随机应变，及时调整研究问题。

2. 收集叙事材料

研究者进入研究现场，要善于通过多种方式收集叙事材料。在这一阶段，研究者与研究对象之间的合作与互动显得尤为重要。研究者要与研究对象建立良好的合作关系，就必须走进研究对象的生活世界，用研究对象的眼睛亲自观察丰富多彩和变动不居的世界，用心灵去感受研究对象的内心体验，分享研究对象的经历。唯其如此，研究者才能获取丰富的、真实的叙事材料。研究者收集叙事材料的途径和方法主要有以下几种。

第一，近距离观察法。这是叙事研究者最常用的收集研究对象经历素材的方法。近距离观察法要求研究者融入研究对象的生活世界，与研究对象一同做他喜欢做的事，一起听音乐，一起交流对一本好书的看法等。近距离观察法力图打破通常意义的观察方法所造成的距离限制，从多个方向观察研究对象。研究者要保持对所观察情景的敏感性，以便能不断对其意义进行反思。近距离观察法所收集的素材是轶闻趣事，在收集轶闻趣事的过程中研究者认识到日常生活的“文本”哪些对研究有意义。

第二，个别访谈法。研究者根据自己想知道什么设计一系列适当的问题，然后以这些问题为基础展开个别谈话，以获取自己想要的信息。个别访谈必须是开放性的，双方以开放的态度，创造性地交流各自的经验，获得更为深刻的自我了解。研究者首先是一个优秀的倾听者，他善于倾听访谈对象的谈话，乐于分享他们的经验，从而能将传统的单向回应访谈转换成访谈者与被访谈者之间的双向交流；他会适时地引导话题，把握谈话的走向。

第三，自传、传记和个人生活史。这是对个人生活经历的记录和描写，教育叙事研究者能从中找到与教育意义相关的部分，从而深入理解研究对象的生活经历及其所蕴含的教育价值和意义。

第四，日记和笔记。这种研究方法对于教育叙事研究有着重要价值。日记和笔记不仅能记录对个体产生重大影响的事件，而且也包含了个体对这些事件的反思，它是对个体生活故事的再阐释。

3. 创作叙事文本

叙事研究者在掌握了大量的叙事材料之后，要对叙事材料进行整理加工，创作成叙事文本，把研究成果以叙事文本的形式呈现给读者。叙事文本的写作是一种创造性活动，没有一套固定的步骤可以遵循，其基本框架包括以下方面。

第一，确定主题。主题是叙事材料转换为叙事文本的关键。主题是经验的焦点、意义和要点，主题是对意义的需求或渴望；主题是对事物保持一种开放性，主题是创造、发现和揭示意义的过程。作品的主题总是和某种观念化的思想相联系，主题赋予作品以深度感。叙事性写作的主题提炼是“自下而上”的，是叙事研究者从具体的教育事件和活生生的教育经验中提炼出的“扎根理论”。

第二，确定叙事结构。文学的叙事结构可以为教育叙事文本的创作所借鉴。叙事情境和叙事方式是叙事结构的主体，文学中最基本的叙事情境有三种：一是第一人称叙事情境。叙述者存在于虚构的小说世界，第一人称叙述者就像其他人物一样，也是这个虚构的小说世界中的一个人物，人物的世界与叙述者的世界完全是统一的。二是作者叙事情境。叙述者外在于人物世界，叙述者的世界存在于与小说人物世界不同的层面。叙述者采取的是外在聚焦。三是人物叙事情境。在这种叙事情境中，叙述者由一个反映者所取代，这个反映者是小说中的一个人物，读者通过这个反映者的眼光看待小说中的其他人物和事件。在这些不同的叙事情境中，有一个极为重要的要素——叙事方式的差别。这种差异表现为在叙事中究竟由谁在叙述。叙述者外在于故事，叙述者就是讲故事的人，他作为传达信息的中介存在于文本中，这是讲述的叙事方式。与讲述相对应的是展示的叙事方式。“在‘展示’叙述方式中，我们找不到叙述者的影子。我们只能发现有一个充当着‘反映者’的角色人物，所有的故事情节都在这个反映者的视野中逐步展开。”①

第三，确定叙事风格。传统研究是客观的和非个人化的，而叙事研究则由于“研究者的在场”而带有了很大的主观性。鉴于此，叙事文本的写作要体现个人风格，可以用散文、诗歌等不同的风格撰写，具体的写作方式可以是独白、对话、事实描述和解释性的叙事等。美国学者邓金提出了解释文本写作的三种风格：主流的现实主义、解释性的现实主义和描述性的现实主义。② 所谓主流的现实主义风格，是指作者对某个人或某一群体的现实生活做客观的描述，从而揭示文化及社会结构的客观构成要素。所谓解释性的现实主义风格，是指作者认为他们能够理解别人的现实生活状况。所谓描述性的现实主义风格，是指作者试图按照世界的本来面目解释世界，为此，作者常常会以多重的声音出现在自己的文本中。

第四，进行深度描述。叙事文本的写作强调对教育事件的场景、情节和过程进行整体性、情境化和动态的“深度描述”。“深度描述”绝不仅仅只是记录人物的所作所为，而是去详细描述情境、情感以及人际交往的社会关系网络，它必须能将其所描述的东西活生生地呈现出来，从而唤醒人们的情感与内心感受。它能将历史插入经历，以求把交往情境中个体的经历意义及其发展顺序揭示出来。在深度描述中，交往个体的声音、情感行动与意义不仅能被人听到，而且能被人看见。叙事研究者要敏锐地捕捉教育教学情境中有意义的细节，通过深度描述，刻画出栩栩如生的活动场景，并呈现出研究对象是如何理解其周围所发生的事件的，从而使读者身临其境地体会其所描述的经历与事件。

第五，解释叙事文本。教育叙事研究的目的是通过故事的讲述揭示行为背后的意义。意义需要理解和解释，因此解释在叙事文本的创作中占有重要地位。任何解释都是在一定的框架内进行的，正如邓金所指出的：“解释必须澄清一系列经历所产生的意义，它是在一定的解释框架之内进行的，而这个解释框架对于研究对象来说，同样也是意义丰富的，也就是说，它所使用的概念以及所做出的解释都非常贴近研究对象的经验。”③教育叙事研究的解释框架不仅包括教育学的理论和概念，而且包括研究者从研究对象的经验中提炼出的“扎根理论”和“本土概念”。它们以经验事例为依据，与特定的使用情境相联系。在叙事研究者看来，只有情境化的理论才能有助于揭示教育教学问题的复杂性。

① 王彦，王楠. 从理性思辨走向经验表达的教师叙事研究[J]. 全球教育展望，2005(7)：29-32.

② [美]诺曼·邓金. 解释性交往行动主义——个人经历的叙事、倾听与理解[M]. 周勇，译. 重庆：重庆大学出版社，2004：13.

③ [美]诺曼·邓金. 解释性交往行动主义——个人经历的叙事、倾听与理解[M]. 周勇，译. 重庆：重庆大学出版社，2004：131.

三、教育行动研究

行动研究的兴起和发展主要是与近代以来教育理论与实践的分离，以及教育理论自身实践效果的低下有关。在近代科学理性主义的影响下，教育领域中理论与实践往往被人为地割裂开来：一方面，专业研究者远离教育现实，从理论到理论，为研究而研究；另一方面，教师远离教育理论，缺少反思，简单重复教育实践。这种分离使得教师难以满足社会对其提出的高素质的要求，尤其是在人类迈入后工业社会之后，社会对教育的需求发生了根本的变化，对教师的要求也发生了相应的质的变革，这些都需要对传统的教育和教育研究进行根本的变革。行动研究就是在这一大背景下兴起和发展起来的。

（一）教育行动研究的含义

学术界一般认为，“行动研究”有两个来源。一是1933～1945年美国学者柯利尔曾与同事研究如何改善印第安人与非印第安人之间的关系问题。他认为，研究的结果必须能为实践者付诸实用，并利用之间的经验进行检验，因而他鼓励实践者参与研究。他把这种实践者在行动中为解决自身问题而参与的研究，称为“行动研究”。二是20世纪40年代美国社会心理学家勒温与他的学生一起，试图深入地研究人际关系，以提高人际关系的质量。勒温工作的一个重要方面，是关注社会冲突的实践背景，其很多的工作是与犹太人或黑人合作进行的。这些实践者以研究者的姿态，在研究中积极地反思和改变自己的境遇。1946年，勒温把这种结合实际工作者智慧和能力的研究称之为“行动研究”，并指出了行动研究的几个特征：参与、民主、对社会知识及社会变化发挥一定作用等。行动研究于20世纪50年代进入美国教育科研领域，它主要是在哥伦比亚大学师范学院院长考瑞等人的倡导下进入人们的视野的。

目前，学术界对行动研究的认识和理解颇不一致。当今行动研究的主要倡导者、英国学者埃利奥特认为：行动研究旨在提供社会具体情景中的行动质量，是对该社会情景的研究。英国课程论学者麦克考南认为：行动研究乃是一个反思性过程。在一个给定的问题领域，人们希望借此过程而改进实践或加深对问题的个人理解。行动研究是由实践者着眼于改进实践而做出的系统的自我反思性的科学探究。美国学者麦克纳认为：行动研究是一种运用科学方法解决课程问题的系统的自我反省探究，参与者是这种判断性反省探究过程和反省探究结果的主人。《国际教育百科全书》则把行动研究定义为：由社会情景（教育情景）参与者，为提高对所从事的社会或教育实践的理性认识，为加深对实践活动及其背景的理解，所进行的反思研究。对行动研究的这些不同的认识，归纳起来大致有三种。

1. 行动研究即行动者用科学的方法对自己的行动所进行的研究

持这种观点的人，强调用测量、统计等科学的方法来验证假设。如在柯利尔看来，行动研究者就是实际工作者用科学的方法来解决实践中的问题。有不少人认为，行动研究是一种小规模的实验研究，它用统计的方法来验证假设，用科学的方法来解决教室里的实际问题。

2. 行动研究即行动者为解决自己实践中的问题而进行的研究

持这类观点的代表人物是英国课程与教学论专家斯腾豪斯等人。他们关心的不仅仅是统计数据，而且还重视教师和学生的日记、磁带、照片等所有对以后的回忆和评价有帮助的材料。在他们看来，课程的编制和研究在本质上只是教育实践问题，而不是理论问题；理论的正确性并不依赖于"科学"的测试,而在于是否从实践中产生。他们对行动研究的典型看法是:行动研究就是由教师或其他实际工作者针对实际问题进行研究的一种方法。

3. 行动研究即行动者对自己的实践进行批判性思考

持这类观点的代表人物是美国学者凯米斯等人。他们认为行动研究是追求自由、自主和解放的,从而把行动研究看作是教师和其他实际工作者所进行的一种自我反思的研究,倡导教师对自己的实践进行批判性思考。

上述三种不同的定义反映了人们对行动研究含义的不同认识。第一种定义强调行动研究的"科学性";第二种定义更关注行动研究对教育教学实践的"改进"功能;第三种定义突出了行动研究的"批判性"。据此,再结合我国教育科研实践,可以把教育行动研究的本质内涵表述为:所谓教育行动研究,是指教育实际工作者(教师和教育行政人员),或与研究者结合,在教育情景中,以解决教育教学工作中的实际问题为目的的一种教育科学研究类型。① 教育行动研究反映了教师在行动研究中的主体地位和教育教学实践理性化的发展趋势,它强烈主张在行动研究中教师与教育理论工作者之间相互结合、共同参与教育科研的全过程。

(二)教育行动研究的特点

1. 研究目的是为了行动而研究

行动研究打破了传统教育科研的理性认识和反思意识,更加注意改进教育教学行为,从而提高了教育教学实践活动的质量。由此可见,行动研究既要使教师获得"是什么"的知识,还要使教师懂得"如何做"和"为什么做"的知识。美国学者波普尔认为,科学研究是通过一系列细致、严谨的手段和方法,对不尽精确的表象进行"证伪",从而逐步接近客观真实的过程。从这个意义上来说,教育科研并不是要为课堂教学提供规则和指令,而是旨在提供对改进教育教学实践活动有用的探究性知识与方法。基于此,英国学者克拉克指出,行动研究是研究与理论相关的实践问题,研究人员、理论工作者和实际工作者都关注研究成果,这种研究既有助于促进对实际问题的解决,改进教育教学工作,又有助于完善与实际问题相关的理论,推动理论的发展。这样就避免了理论工作者和研究者的纯学术、纯理论研究而脱离实际,又能促使教育工作者认识到研究教育教学问题一定要寻求理论的指导。教育行动研究是完善理论和解决实际问题相结合的方法,因此教育行动研究又具有方法论的意义和价值。

2. 研究主体是教育教学一线的教师

在传统教育科研中,理论工作者与教师之间存在明显的职业活动差别,似乎教育科研活动只是专家或教育科研者的事,有些教师也认为这是一种与教育教学实践活动毫不相干的学术游戏。这种情况导致了教师主动认识问题、解决问题的意识和对自己的教育行为反思意识的逐渐减弱、淡化,使得教师的工作成为一种单纯的执行教育教学步骤的行动。但是,教育科研的实践表明,教师在开展教育科研方面有着得天独厚的优势。在教育教学实践活动中,教师对教育工作面临的问题有着深切的感受和认识,他们能够时刻体验到教育教学活动的背景、过程及有关现象的种种变化,能够在教与学的互动过程中,不断地及时地解决新问题,能够根据自身的经验对假设或方案的可行性、有效性做出准确判断,也就是说教师不

① 陶文中.行动研究的基本理念[J].教育科学研究,1997(5):33-36.

仅处于最佳研究位置，而且还拥有最佳的研究机会。正如斯腾豪斯所认为的那样，如果没有教师的探究、反省，没有他们主动的认识、理解，没有他们根据实际情况把"官方课程"转变为"操作课程"，任何教育改革最终都是难以取得成功的。① 教师成为研究者，意味着教师不再只是教育专家进行教育科研的一个棋子，也不再把视野仅仅局限在教育教学内容及其传授方法上，而是更加关注教育教学内容的价值和意义，了解教育教学实践活动对学生身心发展产生的实际效果，能够不断地对自己的教育行为进行反思，进而有意识地改造自己的教育教学行为，创设最佳的教育教学活动情境，从而达到预期的目标。

3. 研究对象是教育教学实践中鲜活的问题

教育科研问题必须来自教师自己的教育教学实践，它不同与其他的理论研究，而是教师自己的直接经历和感受，因此教师首先必须广泛收集信息，发现问题，研究问题，在此基础上提高教育教学的质量和效益，改进教育教学工作。与旨在揭示教育教学规律的理论研究和了解现状、提出参考建议的调查研究不同，教育行动研究讲求解决教育教学中的实际问题，这既是第一线教师开展教育科研的根本动力，也是教育科研的根本目的和旨归。当然，教育行动研究把解决实践问题放在第一位，并不等于它仅满足于问题的解决，而不对已取得的成功进行理论探讨。教育行动研究既然是一种研究，必然要对行动的过程和效果进行理论思考，在实践的基础上，在一定的范围做出自己的理论贡献。从哲学的意义上来说，教育行动研究体现了认识世界和改造世界的统一。由于教育教学过程是一个复杂多变的动态过程，因此教师要经常反思教育行动研究过程中的问题，专业研究者也必须深入教育教学实际，与教师一起共同研究出现的新问题，教师应根据行动的实际情况，随时调整计划，完善行动，在良性的变革之中促成问题的解决，使教育教学的工作进程成为一个研究过程，使研究过程成为一个理智的工作过程，达到研究和行动的完美结合。

（三）教育行动研究法的分类

1. 技术的教育行动研究

人类认识的技术兴趣是试图通过工具理性的逻辑占有或支配世界。技术兴趣对手段的选择与运用远远超过对结果的价值追问，其旨趣是寻找更经济、有效的途径达到预期目的。相应地，技术性教育行动研究表现为：行动者在掌握由教育理论工作者生产的理论和知识后，在实践中认真地加以实施。行动者扮演操作员的角色，其功能是把专家生产的知识忠实地落实到实践中去，他们希望通过理论知识的运用改善实践。技术性教育行动研究者相信：知识可以独立于求知者而存在，教育教学中存在普适的理论，而且教育教学实践可以通过外在的推力而强制性地加以改造。在技术的教育行动研究中，校内教育者需要忠实按照外来专家和理论的意图在自己的实践情境中产生预期的结果。如在大规模的由国家发起的课程改革运动中，教师往往扮演着执行者的角色，要求在有限的时间内忠实地执行课程改革的理念和方案。在这个过程中，许多教师在强大的变革氛围和强势的理论推动下，会在课堂中实施变革理论和教学方式。但是，由于教师还没有完全、透彻地理解这些教学理念与方式，他们在这种"照猫画虎"式的教学中所进行的探索就类似于技术的教育行动研究。之所以把它说成是教育行动研究，是因为教师在不断地反思自己的教育教学情境：到底发生了什么？是如何发生的？我如何才能更好地把新的理念更准确地体现出来？并且在后续的教育教学中

① 张天宝，王攀峰. 论教育的行动研究[J]. 中国教育学刊，2001(6)：50-53.

尝试新的做法。在这样的思考与探索中，教师未尝不是在进行教育行动研究。但这种教育行动研究有很大的局限性，教师主要发挥执行者的角色，他们所关心的是找到更好的策略和方法去落实专家的理念，而不会或者很少去思考为什么要改变、改变的理由是什么、是否还有更好的变革理念。也就是说，这种教育行动研究是在外来理论和专家牵制下的教育行动研究，教师对教育教学实践并没有从理论上进行深度的理解和剖析。从这个意义上说，技术的教育行动研究几乎不能称作真正的教育行动研究。因为教师并没有对实践情境背后的理念有透彻的把握，而主要在技术层面进行变革，教师最多扮演的是富有创意的技术员罢了，而理解行为背后的理论才是作为专业人员的教师之根本。教育行动研究若要唤醒教师，使他们觉得更有力量，而不是觉得更加无力，就应该使教育行动研究变成一个民主化的过程，超越技术理性对教师的规限，使他们放心地对自己的实践情境进行真诚的反思，尊重他们的忧虑、理解和期望，在教师与外来理论与专家之间进行平等、开放的对话。

2. 慎思的教育行动研究

理论与实践的关系是包括教育行动研究在内的教育科研与实践中讨论的核心话题。哲学家麦肯曾经提出理论与实践之间可能存在的四种关系：逻辑的关系，即理论与实践之间的界限是清晰的，实践是理论的运用；操作的关系，即行动决定理论，真理被实用性的标准加以衡量，知识被仅仅看成活动和过程；问题的关系，即实践被作为一种探究，知识通过问题界定和问题解决从实践中浮现出来，知识是根据实践情境中所遭遇特殊问题而被修正、调整和选择的；辩证的关系，即理论与实践是不可分离的，理论的问题存在于实践中，反之亦然，实践的问题存在于理论中。很显然，技术的教育行动研究主要秉持“逻辑”的理念，慎思的教育行动研究则从“问题”的和“辩证”的理念出发，强调教师在行动中的理解与判断。

慎思的教育行动研究认为，教师的每次行动都是在具有价值承诺的诠释性框架中进行的，行动是在历史、政治和社会脉络中互为主体地进行的，教师是积极的知识创造者。教师需要对自己的实践进行深入的理解和诠释，挖掘在特定背景中的意义。行动时需要分析和澄清活动中的经验、意义、假设和虚假的判断，焦点是教育教学经验的本质和质量。在慎思的教育行动研究中，知识的作用在于促进教学生活的转化。教师通过对行动情境、对自己作为教师的意象和对习以为常的教学假设的重建来进行经验的重建。除此之外，在慎思的教育行动研究中，还需要教师在日常的专业生活中明察工作中存在的不足，然后实事求是地分析原因，提出改进的策略，进而尝试性地改进实践，并持续地反思整个过程。有研究者提出的“进取型问题解决概念”，就可以说明这种教育行动研究式的专业生活在教师专业发展中的作用。有经验的实践者经常在更高层次上重新表征问题，并投入由于经验而释放的智力资源来加以解决，或者质疑一些原有的常规，最终实施一种高水平的教育教学行为。

3. 解放的教育行动研究

解放的教育行动研究认为教育教学实践不仅负载着价值，而且这些价值由于社会、政治、文化和历史的原因而被扭曲，具有压迫性。主张教育行动研究在检视和解释所依据的价值系统和公平概念基础上，必须寻求揭示具有压迫性和支配性的事物，并且要把批判性的意识付诸行动，教育目的不能仅仅依赖于外在的权威，实践者具有自我决定性。基若士等人强调，教师是反思的实际工作者，不是在执行官僚或其他人预先决定好的计划。一个具有完全自主性的教师，在反思中能够意识到教育教学情景中政治的、历史的、社会的和意识形态的因素，从而进行自由的和有意识的行动。

教师应该有专业自主权，有专业理想与伦理考虑。但教师学习和教师赋权往往以自身为目的，并没有与更广的教育目的、平等和社会公正联系起来。专业必须能对外在的“限制”与“界定”进行批判并加以超越，以获得真正的专业自主能力。因而要使教师的知识超越狭隘的个人和实用的范围，放眼到更宽广的脉络上。教师作为专业人员，负载着道德的、伦理的和政治上的价值，需要认识到教学与教育过程中存在的不公平，甚至教育教学背后所存在的不公平的社会结构，并通过批判来揭示和修正不公平的现象。

（四）教育行动研究法的实施步骤

关于教育行动研究的实施步骤，存在着各种不同的认识和理解，其表述也各不相同，其中由凯米斯、埃利奥特和埃巴特三人提出的实施步骤理论影响最大。凯米斯主要采纳的是教育行动研究创始人勒温的有关思想，认为教育行动研究是一个螺旋式上升的发展过程，每一个螺旋式发展圈又都包括四个相互联系、相互依赖的环节，即计划、行动、考察和反思。

1. 计划

计划环节包括三个方面的内容与要求：一是计划始于问题的需要和设想，设想又是教育行动研究者（行动者和研究者）对问题的认识，以及他们掌握的有助于解决问题的知识、理论、方法、技术和各种条件的综合。计划还应以所发现的大量事实和调查研究为前提。二是计划包括“总体计划”和每一个具体行动步骤的计划方案，尤其是第一、第二步行动方案。三是计划必须要有充分的灵活性和开放性，要允许不断地修正计划，把始料不及的在行动中又显现出来的各种情况和因素纳入计划之中。

2. 行动

行动即实施计划或者按照目的和计划行动，它包括以下内容和要求：一是行动者在获得了关于背景和行为本身的信息，经过思考并有一定程度的理解后，有目的、负责任、按计划采取的步骤。二是行动是灵活的、能动的，包含行动者的认识和决策在内的。实施计划的行动要重视实际情况的变化，重视实施者对行动及背景的逐步认识，重视其他研究者、参与者的监督观察和评价建议，行动是不断调整的。

3. 考察

在教育行动研究中，考察的基本含义和要求：一是考察既可以是行动者本人借助于各种有效手段对本人行动的记录观察，也可以是其他人的观察。多视角地观察更有利于全面而深刻地认识行动的过程。二是考察主要指对行动过程、结果、背景以及行动者特点的考察。由于教育教学受到实际环境中多种因素的影响和制约，而且许多因素又不可能事先确定和预测，更不可能全部控制，因此考察在教育行动研究中的地位就十分重要了。为了使考察系统、全面而客观，教育行动研究的倡导者鼓励使用各种有效的技术。

4. 反思

反思是一个螺旋圈的结束，又是过渡到下一个螺旋圈的中介，起着承前启后的桥梁作用。反思主要包括：一是整理和描述，即对观察到的、感受到的与制订计划、实施计划有关的各种现象加以归纳整理，描述出本循环观察的结果。二是评价解释，即对行动的过程和结果做出判断评价，对有关现象和原因做出分析解释，找出计划与结果的不一致性，从而形成基本假设、总体计划和下一步行动计划是否需要修正，需要做出哪些修正的判断和构想。

第六章　班级管理的前提：了解研究学生

人的内心里有一种根深蒂固的需要——总想感到自己是发现者、研究者、探寻者。在儿童的精神世界中，这种需求特别强烈。但如果不向这种需求提供养料，即不积极接触事实和现象，缺乏认识的乐趣，这种需求就会逐渐消失，求知兴趣也与之一道熄灭。

[苏]苏霍姆林斯基：《把整个心灵献给孩子》

学生是班主任工作的对象，班主任的根本任务就是全面培养和正确引导学生，使之成人成才。而培养和教育学生首先必须了解学生，因为每个学生都是独立的个体，而且，对学生仅做简单了解还不够，还需要进行深入研究。因为只有深入研究，才能对学生有较为全面的认识，才能更好地对其施加教育影响。正如俄国教育家乌申斯基所说："如果教育学希望从一切方面去教育人，那么就必须首先也从一切方面去了解人。"①可见，了解研究学生是班级管理理论与班级管理实践的交接点，是班级管理取得良好成效的前提和基础。

第一节　了解研究学生概述

班主任对学生的了解和研究，不仅要重视影响其成长的外部条件，更要深入分析影响其成长的内部因素。只有充分了解、研究了学生，才能依据学生的实际特点加以正确的引导，进行有的放矢的教育和管理。

一、了解研究学生的价值

全面了解研究学生，对班主任做好班级管理工作、建立良好的师生关系，具有重要的意义。一方面，班主任通过全面了解研究学生，掌握学生知、情、意、行的丰富素材，可以对自己的工作计划的制订和实施获得及时的反馈；另一方面，班主任在了解研究学生的过程中向学生学习，不断丰富自己的班级管理经验和人生阅历。由此可见，全面了解研究学生的过程，其实也正是班主任不断实现自我完善的过程。

(一) 有助于科学制订和实施工作计划

学生的实际状况制约着班主任工作的计划性和针对性，如果工作计划中确立的奋斗目标超越了班级学生的实际情况，就可能使计划流于形式；如果过低则不能引起和督促其前进。因此，班级实际情况是班主任制订和实施工作计划的基础。只有详细地了解和研究学生，掌握学生的真实情况，才能从学生的实际出发，分层次、分阶段地确定奋斗目标，从而使

① [俄]乌申斯基.人是教育的对象[M].李子卓，译.北京：教育科学出版社，1959：27.

每个学生都能找到适合自己的奋斗目标，并为实现目标而不懈努力；只有全面地了解和研究学生，从学生的特点、特长和优势出发，才能调动每个学生的积极性，从而使他们在班级各自的岗位上发挥作用，促进计划的贯彻实施；只有经常及时地了解和研究学生，才能在班级这个多头绪、多方面的复杂工作中，理出头绪，从而分清轻重缓急，使整个工作有条不紊、按计划开展。

（二）有助于优良班集体的培养形成

组织和培养班集体是班主任工作的中心环节，是班主任的重要任务之一。这一任务的顺利实现，需要一个前提条件，即了解和研究学生。组织和培养班集体要首先确立共同的奋斗目标，班主任若缺乏对学生个体和集体的全面了解，就很难确定适合学生个体和集体水平的奋斗目标；组织培养班集体还要善于发现和培养积极分子，配备学生干部，建立班级领导核心，这些也都要建立在全面了解学生情况的基础上，否则，班集体的领导核心便难以形成；组织培养班集体还要帮助学生形成正确的集体舆论和优良的班风，这也离不开对学生个体和集体的精细的了解。开展各种有教育意义的活动，是班主任组织培养班集体的一项重要工作，要使各种活动具有针对性和有效性，班主任也必须全面了解和掌握学生的思想动向、兴趣爱好和年龄特征，才能把活动搞得生动活泼、丰富多彩，从而收到预期的效果。总之，了解和研究学生是组织培养班集体不可缺少的重要条件。

（三）有利于班级活动的顺利开展

班主任在班级管理过程中组织开展的班级活动，必须依据学生的实际情况，并且要顾及学生的兴趣爱好，发挥班级里学生的优势和特长。唯其如此，学生才能乐于参与到班级活动中来，班级活动也才能得以有效开展，最终达到预期的目的。这就要求班主任必须全面深入地了解、研究学生，对每一个学生的兴趣、爱好、个性、特长等情况了如指掌，这是促使班级活动卓有成效的基本前提。

（四）有助于班级管理的有效进行

班级管理必须建立在对全班学生全面而深入的了解研究之上。如果班主任忽视了这一点，在进行班级管理时不能根据自己班级学生的特点采取适当的管理策略和方法，只是盲目地套用别人的管理方法，就不可能取得预期的效果。因此，班主任要想对班级实施有效的管理，就需要全面而深入地了解研究学生，并根据了解到的学生的信息，采取有针对性的管理策略与方法，使班级管理取得良好成效。

（五）有助于良好师生关系的建立

班主任和各科教师一样，在工作中需要和学生进行情感的交流和心灵的沟通，只有建立起民主平等、相互尊重、相互信任、相互支持、相互关怀的良好的师生关系，才能取得较显著的教育效果。而良好师生关系的建立，也必须以了解和研究学生为基础。只有在不断了解学生的基础上，进而理解学生的需求，理解学生在刻苦学习中取得成功的喜悦，或遇到各种难以解决的苦恼和挫折时，了解学生在成长发展过程中的各种需要或迷惑等，才能更加体会到学生需要关怀、帮助和指导，从而为班主任做好工作创造有利条件。

二、了解研究学生的内容

了解和研究学生，既要了解和研究学生个体，又要了解和研究学生集体；既要了解和研究学生本人的实际情况，又要了解和研究各种环境对他们的影响情况；既要了解和研究学生的现在，又要了解和研究学生的过去，预测他们的未来。

（一）对学生个体的了解研究

学生之间的差别，有先天的因素，但更多的、更重要的是后天的环境、教育影响的结果。在这些因素中，有些可能成为促进学生发展的因素，有些则可能成为影响甚至阻碍学生发展的因素。为了更有效地教育学生，班主任就要对此做详细的了解和研究，并采取措施有针对性地做好工作。班主任对学生个体了解研究的内容主要包括以下几个方面。

1. 家庭环境

主要包括父母的职业，家庭的经济状况，学生个人在家庭中的地位，父母的兴趣，父母的教育思想和教育方法等。

2. 个人经历

主要包括是否受过学前教育，上何小学和初中、是否在父母身边长大，是否转学，有过何种奖励和处分等。

3. 个人身心类型

主要包括是何种气质类型，何种性格类型，有无重大疾病、体质如何、有何种卫生习惯等。

4. 个人品德情况

主要包括是否积极响应学校号召，是否尊敬师长、团结同学，有无入团和入党的愿望，是否关心时事政策学习，是否热爱劳动、珍惜劳动成果，是否热爱集体、积极参加集体活动，是否遵纪守法，是否讲文明、有礼貌，有无自我道德认识、评价、控制和监督能力等。

5. 学业成绩和学习态度

主要包括各科学习成绩如何，在班级中所处的学习成绩位置，喜欢哪些学科、不喜欢甚至讨厌哪些学科，有无搞好学习的信心，学习能力、学习方法和学习时间的利用怎样等。

6. 人际关系

主要包括在校内和校外的好朋友是谁，选择朋友的标准是什么，有无合作、互助、关心他人的思想和行为，和老师与同学的关系如何等。

7. 学生兴趣爱好和特长

主要包括对什么最感兴趣、爱好是什么、有何特长等。

8. 周围环境

主要包括学生家庭周围的社会生活环境、来往密切的亲朋好友及其对学生的影响等。

（二）对学生集体的了解研究

作为社会一员的学生，总是生活在一定的群体之中，因而形成了各种各样的关系，其中有正式关系，如学习小组、少先队等；也有非正式的关系，如以兴趣、爱好、居住、家长职业等形成的各种关系。它们都会对班级教育产生一定影响。班主任对学生集体了解和研究的内容主要包括以下几个方面。

1. 班级学生的基本情况

主要包括学生总人数，全班男女学生人数的比例，学生的来源情况，学生的年龄结构，学生的家庭住址、家长职业、文化程度比例，学生家庭结构中复杂型家庭（如三代同堂）、一般型家庭和特殊型家庭（如父母缺一、离异）的比例，学生在家庭中的排行和地位，独生子女的比例，家庭的物质条件、居住条件、平均生活费用等。

2. 班级学生的发展情况

主要包括团员人数比例、团支部思想状况和工作状况，少先队组织和活动的教育状况，学生中各方面的表现，优秀、中等和后进的人数比例，思想品德、行为习惯表现的不同层次情况比例以及各不同层次表现的特点，学生状况、学习风气、各科平均成绩，身体素质情况（如基本健康的、有各种慢性病的、残缺的情况比例，近视发病率和其他常见病的发病情况），学生的心理健康状况（如学生中紧张、焦虑、忧郁、狂躁、恐惧、消沉、敌对等心理障碍表现情况等）。

3. 班集体发展的情况

主要包括学生对班级目标的确认并为之达成的努力情况，学生干部队伍的状况，学生自己管理班级的状况，班级中人际关系状况，自然群体及其对班级情况的影响，班级规章制度的建立和执行情况，班级的集体荣誉感、凝聚力状况，班级当前发展水平等。

4. 班级非正式群体的情况

班级中的非正式群体是指在班级中没有经过班主任及学校其他组织任命的，学生根据自己的兴趣、爱好、情感等因素自发形成的群体。它是相对于班委、少先队、团委、学习小组等正式群体而言的。非正式群体大多具有两面性：当班级正式群体凝聚力强、有威信、起积极主导作用时，他们就会被吸引过来，帮助班级完成一些有益的工作，甚至能够起到班委会干部、班主任不能起到的作用；而其负面作用则表现为削弱正式群体的凝聚力，影响甚至破坏班级正常工作的开展。非正式群体中核心人物的言行，往往能在很大程度上左右班级舆论，甚至造成群体成员心理和行为的距离。尤其在非正式群体与正式群体利益发生冲突时，两者摩擦产生的内耗会给班级工作带来危害。因此，班主任必须对非正式群体加强了解和研究，以便进行正确的教育和引导。对班级非正式群体的了解，包括非正式群体的数量、组成情况、核心成员、活动方式以及形成的原因等。

（三）对学生成长环境的了解研究

学生的成长环境包括家庭环境、社会环境和学校环境。尽管三者对学生的发展具有影响作用，但其影响力并不总是一致的。班主任就是要了解研究这些环境因素，发挥其各自的积极影响，抑制其各自消极影响，从而更好地促进学生的发展。

1. 家庭环境

家庭是一个人一生最重要的影响源，每个人身上都会深深地刻有家庭的烙印。理解学生的家庭情况，包括父母的教养方式、家庭的心理氛围、家庭的经济状况、家庭的结构组成等各个方面，这样就会找到学生行为产生的原因。班主任要对学生的第一成长环境——家庭做细致的研究，主要是研究家庭的道德环境、智力环境、生活环境和特长环境。

第一，家庭的道德环境。主要是指家庭的道德风貌，包括家庭成员的政治态度、思想品德、人际关系、行为习惯等诸多方面。学生如果生长在一个道德风貌良好、民主和谐的家庭里，其品德、学习的发展都会比较好。据对570名中学生的调查发现，凡是道德风貌好或比较好的家庭的学生，出现好学生的比例就高。在266名好学生中，这两类家庭的学生有247名，占好学生总数的93%；道德风貌中等的家庭出现的好学生19名，占好学生总数的7%；道德风貌较差和很差的家庭中，没有出现好学生。由此可见，虽然学生已经接受了学校教育的正面影响，但家庭从小给他们打下的烙印是不容易抹掉的，况且家庭还在继续影响着他们。

第二，家庭的智力环境。主要是指家长的文化素养和智力水平，以及在尊重知识、渴求知识方面所表现出来的积极态度和行为。家长的知识丰富，有较高的智力水平，会在言谈举止间表现出来，这对学生往往是一个很好的熏陶。如果家长能够有意识地开拓学生的知识视野并培养其良好的技能，就会为学生的智力发展创造有利条件。需要指出的是，并非家长有高学历，智力环境就好，重要的是家长在尊重知识、渴求知识方面所表现出来的态度和倾向，对学生往往产生巨大的影响。

第三，家庭的生活环境。主要是指物质生活条件和环境气氛。一般而言，家庭生活比较富裕，能够使学生比较安心地求知求学。不根据学生的实际需要，大手大脚地进行所谓的“智力投资”，并不是很好的现象。许多事实证明，学生的学业进展与家庭的经济投入并不一定成正比例关系。家庭经济困难，有时反而会激励学生刻苦勤奋。

第四，家庭的特长环境。主要是指家庭主要成员甚至全家共同拥有的爱好、兴趣、特长，如音乐、绘画、书法、舞蹈、体育活动、科技制作等。一个家庭健康的特长爱好，常常是家庭和睦相处的感情纽带，也是每个家庭成员热爱生活、积极进取的重要动力。

2. 社会环境

学生是现实社会的一员。由于思想单纯和相对幼稚，比起成人，他们对社会的反映更“现实”一些。学生的思想以及他们所关注的问题、对社会所持的态度、行为和表现等，都是社会存在的反映，随着社会的变化而变化。因此，了解和研究学生，首先要了解研究他们所处的社会环境。离开了对社会的深入了解，就不可能把握学生的本质特点。

影响学生身心发展的社会环境主要包括三个层次：其一是时代大环境，其二是国内大环境，其三是社区环境。上述三个方面都会对学生的成长产生影响，其影响作用的大小，往往和学生与环境的融合程度以及学校的主导作用有关。对时代大环境和国内大环境，学生主要是通过大众宣传媒介、学校教育等渠道感受的，年龄越小，感受越少。随着年龄的不断增长，视野的不断扩展，学生的感受会越来越多，对学生的人生观、价值观和世界观就会产生深刻影响。当前学校里学生的来源越来越广泛，受到的影响也越来越复杂。因此，班主任除了注意本校所在的社区情况之外，还要通过谈话、家访、社会调查等方式了解不同社区的情况，这对全面详细地了解学生是极为必要和有利的。

3. 学校环境

学校是学生发展和成长的最重要场所，因而班主任必须对影响学生的这些学校因素加以详细的了解研究。对学校环境的了解和研究，主要是了解学校、年级、班级的环境和特点。学校的历史传统、设施设备、师资队伍、发展前景、自然环境、文化氛围等，都与学生的成长和发展有着密切的关系。不管是历史悠久的老学校，还是鲜为人知的普通学校，都应该把创造优良的学校环境放在第一位。

4. 人际环境

从现代意义上看，人际关系可以说是学生成长和发展环境的核心。任何一个学生与其他人的接触和交往都会影响其自身的发展，与此同时也影响着别人。每一个学生的人际关系都不是固定的，而是不断变化的。班主任对学生人际关系做“共时”和“历时”的考察是极为必要的，据此可以分析出学生在思想、道德、需要、兴趣、爱好、性格等方面所受到的影响。为了学生的健康发展，班主任有必要引导和帮助学生建立良好的人际关系。

学生的人际关系最主要表现为以下三种情况。第一，直接的联系和交往。这是对学生能够产生最直接影响作用的人际关系。有位班主任曾经调查过本班学生与他人交往的情况,其中交往密切的,平均每人2.5人,而交往对象最小的只有4岁,最大的50多岁。每个学生交往对象的情况、交往频率、交往内容等,都是了解学生的具体参照。第二,间接的交往与联系。这是通过某种媒介进行的,有的是单向的,有的则是双向的。这种交往虽然并不直接,但对学生的影响也不可忽视。第三,学生的内心交往,即所谓的“神交”。一个人的头脑里有时会出现理想化的或丑化了的“交往”对象,在他的主体意识里或对其崇敬、追求,或对其嫌恶、抗拒。严格来说,这不是现实的人际环境,但它是人际关系的一种折射,对学生的身心发展往往影响较深、较久。

第二节　了解研究学生的原则

了解研究学生的原则,即了解研究学生时所应遵循的基本要求。只有按照科学的原则对学生展开了解研究,才能发现学生的真实情况,探明问题发生的根本原因,从而收到事半功倍的效果。

一、尊重理解,民主平等,启开心灵

随着当今社会的信息化,民主、平等已成为世界潮流。无论是从年龄还是从信息获得的角度看,学生的独立意识、自主意识都比过去强。学生知识增长、信息扩展已不再局限于教师一个方面。他们走进学校不仅要传承人类的精神文明成果,而且还要进行创新学习,拓宽人际交往,因此,迫切希望有一种自由、宽松的人文环境。因此,建立民主、平等、和谐的师生关系也成了他们心灵的呼唤。

班主任要用一种新的眼光看待学生:多点理解,少点挑剔;多点赞赏,少点指责;多点肯定,少点否定;多看优点,少看缺点。面对学生心灵呼唤,作为与他们朝夕相处的班主任不应自视比学生高一等,在学生面前表现出高深莫测或凛然不可侵犯的样子。应该正确认识师生在人格上是平等的,不应居高临下,要相互尊重和理解,发自内心地交流。不应感情用事、有亲疏之别,而应将每位学生看作是人才,都能成为对社会有用的人。要理解学生,应对事不对人,一视同仁,以宽容的态度对待不同的学生。要使学生在这种新型的师生关系中体验到平等、民主和尊重,形成积极的、丰富的人生态度与情感体验。如组建班委,要让学生能够在同一个平台上展示自我,民主产生;评优推优,要坚持同一标准评价一个学生,广泛听取各方面的意见,尽可能达到全面、客观和公正。开展班级工作,常与同学们商量,征求他们的意见。

实践证明,这样做了,学生内心感受到了班主任是尊重他们的,就能和班主任交真心,讲心里话,理解和支持班主任的工作,接受班主任的教育。这时,班主任也会从学生对自己的亲近中更加了解他们的个性特长、思想品质、学习成绩、成长经历以及家庭情况等。这样就能有的放矢给予指导,加强和改进教育,提高教育实效。

二、关心爱护,充分信任,进入心灵

关爱学生是传统的班主任专业精神,也是对班主任的基本要求。师爱的阳光,要一视同仁地照到每一个学生身上。加强和改进学生的思想道德教育,走进他们的心灵世界,了解和

研究他们，班主任可用语言表达、意志激励、人格感召、主动接触、排忧解难等方法倾注爱心，以感情换取感悟，以诚心赢得心灵，为他们搭建一个健康成长的平台。要带着感情来关心学生，以浓厚的人情味和亲和力感召学生，用感情的力量营造出一个育人的环境。

第一，要关心学生的学习。帮助他们在完成专业知识学习的同时全面发展，重视非智力的培养，使其今后能以扎实的专业知识、良好的思想素质、健康的身体素质以及适应社会的各种能力，走向社会，融入社会。

第二，要关心学生的政治进步。对于他们的政治热情、进步要求，要真诚欢迎、积极引导并加以保护。帮助他们提高认识，端正态度，使他们真正树立远大理想，确立远大目标，形成正确的人生观、世界观和价值观。

第三，要关心学生的物质生活。由于学生来自不同的家庭，他们的经济状况、生活环境和生活习惯不一样，需要老师的关爱。班主任应以慈母般之爱、朋友之情去理解他们，尽量为他们排忧解惑，以满足他们学习和生活上的要求。

三、观察了解，交流沟通，保护心灵

每个学生都是矛盾的统一体，既有优点，也有缺点；既有积极的一面，也有消极的一面。走进学生的心灵世界，熟悉其内心世界，不是一朝一夕所能完成的，需要长时间观察学生在学习生活中通过言行表现出的真实行为和思想。如他们遇到顺心的事、某个方面获得成功，会自信自豪；遇到批评、挫折或不顺心的事，情绪低沉愁闷；受到情感折磨时，焦虑不安等。所有这一切往往都从学生的外在行为中表现出来，被班主任直接感受到，但也有很多不易被老师所感受。因此，要加强和改进对他们的思想道德教育。

作为一名班主任，应注重师生之间的理解性、相融性和共识性，不仅要重视和看到学生的外部行为表现，而且更应重视透过学生的外部表现找到学生心理活动的轨迹，看到形成这些表现的内在原因，这样才能药到病除，将不良苗头消除在萌芽状态。潜心观察，还要注意目的性和针对性，以免对学生心灵造成伤害而产生反感。走进学生心灵，常与学生交流沟通必不可少。

班主任要熟悉学生学习和生活，很大程度上来源于师生之间良好情绪的交流。而个性化、亲情化的思想教育形式容易被学生接受，因此班主任要经常深入学生之中，尽可能地参与他们的活动，增进相互了解，在谈心中互相交流。要利用各种机会接近学生，与他们广泛接触，以心交心，叩开学生心扉，掌握他们的思想动态，做他们的知心朋友，帮助他们解决和克服学习生活中的困难。同时交流沟通还要讲究方法，营造良好的气氛，使学生乐意倾吐真实的心理活动，以利于班主任全面分析学生，更有效地对他们进行帮助和教育。

第三节　了解研究学生的途径

班主任了解研究学生的途径有很多，需要加以明确和审慎选择。只有通过多种途径，才能全面而深入地了解和掌握学生的真实情况，从而为班主任卓有成效地进行班级管理奠定一个良好的基础。

一、通过入学档案了解学生

学生的入学档案详细地记载着学生的家庭背景和前一个学段德、智、体、美、劳等方面的

基本情况,反映出一个学生的基本面貌和发展趋势,这对班主任了解研究学生很有帮助。每年暑假期间,学校都会把当年所招学生的档案交给班主任审阅,以利于班主任对学生的全面了解。班主任要充分利用这些入学档案,做到“未见其人,先知其情”,为开学后进一步了解学生、开展班级工作打下良好的基础。

二、通过学生介绍了解学生

通过入学档案初步了解学生的基本情况后,班主任还可以通过学生的介绍进一步了解学生,这包括学生自我介绍、制作简历以及同桌介绍等。

自我介绍具有直接、快速等特点,可以在较短的时间里较快地了解学生情况。学生自我介绍可以采取灵活多变的形式,比如可以通过同学互猜的形式,让同学写介绍自己特征的短文,然后在班级里交流,让大家猜猜他是谁。这种做法不仅能够达到对学生的了解,而且有利于锻炼学生当众发表自己观点的能力,还可以从中发现学生的特长,为班级建设储备资源,可谓一举数得。

制作简历也是比较迅速、直接了解学生的方法。大多数学生是愿意向班主任介绍自己的,班主任可以没有任何要求地让学生自己填写简历,也可以让学生填写设定了项目的表格。例如,表格上半部分可以设定一些自然情况方面的填写内容,这些内容对以后开展工作大有裨益;下半部分可以设定学生的自我描述内容,给学生一个自我展示、自我表达的机会。通过这样的表格,班主任不仅能够迅速地对班级学生有一个相对全面的认识,而且能够发现班级每个学生的特长,对以后开展班级工作也是很有帮助的。

同桌介绍是指由于同桌之间对各自的日常生活和学习活动等了解比较多,借助它班主任可以丰富对学生情况的了解。但有两点需要班主任注意:一是要明确时间,有些学生说起来可能刹不住车,所以要限定时间,一般3~5分钟为宜,这也有利于训练学生简洁地表达自己的观点;二是明确内容,要求学生优缺点并重,不仅赞美优点,而且提出缺点,这有利于同学双方的进步。

三、通过平时观察了解学生

寓学生了解研究于班级日常管理和教育活动中,是班主任了解研究学生生活和学习情况的基本途径。为此,班主任应该多走进教室,走入学生的各种活动之中。例如,通过下宿舍,可以了解学生的生活条件、生活习惯和卫生习惯,仔细观察每个学生床上用品的摆放和床旁墙上的装饰,发现学生的审美情趣和某些个性特征;通过经常走进教室,班主任可以观察每个学生的学习情况,如学习目的是否正确,学习态度是否端正,学习兴趣和学习动机是否强烈,学习方法和学习策略是否高效等;通过和学生一起开展课外和校外活动,班主任可以了解学生的兴趣爱好、动手能力、创新能力、情绪情感状况、意志品质水平以及人际关系情况等。

四、通过集体活动了解学生

班主任要积极组织各种有益的集体活动,如义务劳动、主题班会、文体活动、郊游活动,以及各类学习活动、兴趣小组活动等,引导学生充分地表现自我、发现自我,从中了解学生的特点。例如,让学生自己组织联欢晚会,可以发现有音乐和表演方面特长的学生,也可以发现有组织能力和协调沟通能力的学生。更重要的是，某些所谓的“学困生”“后进生”等往往在集体活动中能够表现出自身的“闪光点”；某些性格内向的学生也能够在集体活动中一鸣惊人，从而增强自信心。

五、通过直接交谈了解学生

班主任要善于抓住时机通过交谈了解和研究学生，可以与学生闲谈、个别谈话，还可以采用座谈会等方式，了解学生的思想表现和学习情况，以弥补表象观察存在的不足。通过谈话了解学生，班主任要根据学生不同的性格特点，选择合适的谈话地点和谈话时间，采取不同的谈话方式。对性格外向的学生，可以开门见山，直奔主题进行谈话；对性格内向的学生，则要先消除其紧张情绪，通过诱导一步一步地引到谈话主题上来。在谈话的时候，班主任一定要给学生自己表达的机会，不要不听学生解释而一味地批评学生。否则，不仅不能达到了解学生的目的，反而会给学生造成负担或伤害。

六、通过任课教师了解学生

在学习方面，任课教师比较熟悉学生的具体情况，如学习态度、学习方法、学习习惯、学习成绩以及言语表达能力等。同时，由于任课教师不是学生的直接管理者，因而一些学生可能更愿意对任课教师敞开心扉，把一些特殊情况告诉任课教师。因此，班主任要经常主动与任课教师取得联系，了解班级学生的情况。唯其如此，班主任才能更加广泛地了解学生，也才能发挥教师整体力量的教育作用。

七、通过班级干部了解学生

班委会、少先队、团委会干部对班级情况往往都很熟悉，因为他们本身就是班级中的一员，与同学接触最为密切，甚至知道许多同学的一些细小的事情。出于责任心，他们往往会毫无保留地把自己知道的情况告诉给班主任。这十分有利于班主任及时发现一些班级隐患，采取针对性措施及早解决。班主任要注意的是，通过班委会、少先队、团委会干部了解学生情况，切忌只听一面之词，应该通过其他途径对所反映的情况加以核实，然后再采取相应的措施。

八、通过家庭访问了解学生

学生的行为方式总是会带有家庭的印记。家访是班主任了解研究学生成长背景的重要途径，也是班主任了解研究学生众多行为表现的重要手段。班主任在进行家访时，可以了解家长的教养方式、待人接物的方式、家庭环境以及学生在家庭中的表现等。家访可以采取直接登门拜访的形式，也可以采用信函、电话等方式进行。召开家长会，也是班主任了解研究学生的重要途径。家长会的一般做法是：班主任向学生家长汇报学生在学校的表现，以及对家长如何配合学校对孩子进行教育提出一定的要求。现在的学生家长大多工作比较繁忙，很少有时间到学校向教师了解或反映自己孩子的情况。因此，班主任要抓住家长会这一与学生家长接触的机会，尽可能地从家长那里了解学生的情况，使家长会变成一个双向了解的平台。

九、通过查看周记了解学生

学生的性格是不一样的。有的学生善于将自己的想法说出来，而有的学生却善于写出来。因此，班主任可以采取让学生写周记的形式，使他们能够畅所欲言。周记不一定讲求形式的完整，也不一定有篇幅长短的规定，学生想写什么就写什么。通过周记，班主任可以了解学生近期的思想情况和情绪情感状况，随时能够与学生保持沟通与联系；学生也能体会到班主任对他们的经常性关心和爱护，知道班主任老师时刻都在关注自己的成长，从而增添进步的动力。

十、通过博客论坛了解学生

在信息化背景下，很多学校都为班级和教师搭建了班级博客、班级论坛以及教师博客等网络平台。相对应面对面的交流来说，网络交流平台避免了谈论某些话题时的尴尬，学生也更愿意通过这种方式与教师进行交流，这就为班主任了解研究学生打开了一扇窗口。与此同时，班主任可以把自己想了解的内容放在班级博客或论坛上，供同学们讨论；家长也可以利用这个平台，加强与班主任的交流。作为班主任，应该充分利用班级博客、班级论坛，以及自己开设的博客等网络平台，及时了解学生的行为与思想，并进行恰当的反馈与指导。有位班主任在总结博客对班级工作的作用时这样写道：学生通过班级博客中的“留言”敞开了自己的心扉，班主任则可以通过知名或不知名的留言洞察学生的心灵世界，并通过留言不断地给予学生心灵的慰藉，使学生感受到班主任的关心和爱护。通过这种不见面的心灵交流，解除学生的思想疙瘩，把握学生的心理状况，帮助他们成为乐观向上的人。由此可见，利用好班级博客这一崭新形式，对于班主任了解研究学生，进而施加有针对性的教育，具有十分重要的作用。

第四节　了解研究学生的方法

由于每个学生的性格不同，个体差异较大，班主任不可能采用某种“万能”方法对其说服教育，而是要根据不同学生、不同问题的情况，对学生实行不同的教育策略。一般而言，班主任了解研究学生行之有效的方法包括观察法、谈话法、调查法等。当然，这些方法并不是唯一的，也并不是万能的。班主任在碰到具体情况时，要灵活使用各种方法，以达到最终了解、研究和教育学生的根本目的。

一、谈话法

谈话法是指班主任有目的、有计划地和学生进行面对面的交谈，从而深入地了解学生的一种方法。它是班主任了解和研究学生经常采用的方法，也是增进班主任和学生之间情感交流和相互了解的一种有效方法。教育家苏霍姆林斯基曾说：“如果学生不愿意把自己的欢乐和痛苦告诉老师，不愿意与老师开诚相见，那么，谈论任何教育都总归是可笑的，任何教育都是不可能有的。”①

---

① [苏]苏霍姆林斯基.给教师的建议[M].杜殿坤，译.北京：教育科学出版社，1981：211.

谈话法的优点是它比较直接和真实，能调动学生的积极主动性，还能洞察学生的观点、态度和内心活动，摸清他们行为表现的内在原因，以弥补观察的不足。谈话法的局限性在于它花费时间较多、不容易控制，对谈话结果分析，易受个人偏见的影响。

（一）谈话法的运用方式

1. 按正式与否，可分为正式谈话和非正式谈话

正式谈话是班主任按照预先准备好的谈话提纲，有顺序地提出问题，在学生回答问题的过程中，班主任可以和他讨论，也可以补充一些问题。非正式谈话是指在谈话过程中，班主任根据需要对了解的问题及时发问，而不使用调查提纲。

2. 按谈话的对象，可分为个别谈话、集体谈话和对话

个别谈话是为了了解情况而与学生进行的单独交谈。集体谈话是在班会上、课堂上与多数学生一起进行的谈话，这是班主任有目的地对学生发问，征求学生意见，从中了解学生的方式。对话则是在民主的气氛下，由学生提出问题，班主任或其他老师作答，从中了解学生思想动态、认识水平的一种方式。

3. 按谈话的手段，可分为商讨式谈话、点拨式谈话、触动式谈话、谈心式谈话、突击式谈话、渐进式谈话

（1）商讨式谈话

这种谈话是指班主任以商讨问题的方式与学生谈话，它适用于性格倔强、脾气暴躁、感情容易冲动的学生。采用这种谈话方式，可以消除学生对班主任的成见，排除师生传递信息的障碍，为加深谈话内容创造条件。

（2）点拨式谈话

这种谈话是指采用暗示的手段，或采用名言、警句、格言、成语等加以提示，意在帮助学生明白某些道理。这种谈话方式适用于自我意识强、独立感受力突出、心理比较敏感的学生。

（3）触动式谈话

这种谈话是指以严肃的态度、激烈的语调、尖锐的语言给学生以较大的心灵触动，促其深入思考和改变。这种谈话方式适用于具有惰性心理、依赖心理和试探心理的学生。但运用这种方式切记一定要注意适度，火药味不宜太浓，不能给学生造成伤害。

（4）谈心式谈话

这种谈话是指以诚恳的态度、亲切的语言与学生在良好的气氛中交流内心的真实思想。这种谈话方式很普遍，也很便利于使用。但是，班主任一定要注意谈话的艺术，要巧妙而自然地加以引导。

（5）突击式谈话

这种谈话是指班主任因时、因地、因人进行个别谈话，主要适用于自我防卫心理比较强的学生。这样的学生一般不肯轻易认错，事后矢口否认，或搪塞掩盖，或转嫁他人。班主任要注意利用刚发生或正在发生的事件，突破其心理防线，往往可以取得较好的效果。

（6）渐进式谈话

这种谈话是指班主任有目的、有步骤、有层次地安排谈话，它适用于内向、孤僻、有自卑心理的学生。班主任与这样的学生进行谈话，如果语言稍有不慎，他们就会以沉默相待，甚至寻死觅活。因此，班主任与他们进行谈话要注意适可而止，分别将个别教育的信息输出，

逐步将话题引向心灵深处，从而获得水到渠成的良好效果。

（二）谈话法的基本要求

1. 做好谈话前的准备工作

（1）了解谈话对象

班主任与每一位学生谈话前，都要尽量了解学生的第一手背景资料，只有对学生的具体情况“了如指掌”，才能做到“运筹帷幄”。通过查询学生情况登记表，了解学生家庭成员、父母职业等基本情况；结合学生平时的性格特征、学习纪律和生活习惯，向学生家长和其他熟悉的人询问、了解学生的优缺点、爱好、兴趣及家庭背景；深入其他学生当中，了解要谈话学生出现某一问题时的思想动态、情绪变化和问题根源，及时发现并解决问题。除此之外，还要了解学生的心理状态。班主任单独与学生谈话时，学生容易产生紧张、揣测、防御、恐惧等不安心理。因此，只有全面掌握学生情况，确定有效的谈话策略，才能把握谈话主动权，才能走近学生，与学生在思想上进行良好的沟通。

（2）确定谈话内容

班主任与学生谈话时要明确主题，即谈话内容是什么。一般说来，谈话大致有以下几个目的：一是沟通感情，融洽关系；二是解决问题，化解矛盾；三是安排任务，指导工作；四是肯定成绩，指出不足；五是关心爱护，增强信心。谈话不能企图同时解决许多问题，谈话的目标要尽量集中，内容要围绕主题进行，否则容易引起学生厌倦情绪。时间不能过长，要适可而止，让学生有意犹未尽的感觉，这样的谈心最能给学生留下深刻的印象。

（3）把握谈话时机

俗话说“打铁看火候，穿衣看气候”，班主任找学生谈话要选择恰当时机。谈早了，条件不成熟，达不到预期目的；谈晚了，就会时过境迁，于事无补，因此与学生谈话的时机选择特别重要。关键在“适时”，该“热处理”的“热处理”，该“冷处理”的“冷处理”。一般情况下，当学生知错认错，试图改变，需要帮助时；当学生犯了错误，已经自责，需要谅解时；当学生遭遇不幸，悲痛万分，需要安慰时；当学生内心抑郁，愁绪满怀，需要排解时；当学生取得成绩，满心欢喜，需要认可时；当学生遇到麻烦，一筹莫展，需要指点时，均是班主任与学生谈话的最佳时机。

（4）选好谈话环境

恰当地选择和利用环境，是谈话成功的重要一环。班主任应在轻松、舒适的环境下与学生谈话，比如宿舍、教学楼走廊、校园小径、操场边等，有利于工作的开展，也容易听到学生的真心话；相反，在办公室里，氛围压抑，学生很难放下心理包袱对老师真诚。班主任也可以在偶遇、同行的路上或在开展活动的场地上与学生谈话。一般来说，对新生，宜在学生寝室交流，寝室是学生最放松的地方，便于交流；对体育爱好者，宜在球场，从评价、称赞打球导入正题，效果颇理想；对性格外向的学生，宜在路上，边走边“吹”，他什么都敢对你说；对性格内向的学生，宜在电话中，不直视老师的眼睛，他会变得大胆些；开导勤奋的学生，宜在教学楼走廊，显得自然；而对知识广博的学生，宜在校园风景优美的地方，或树下，或花园，环境优美，心情愉快，即使批评他，他也会欣然接受。

2. 调控好与学生谈话的全过程

（1）营造氛围，放松情绪

谈话前，当学生发现班主任找他时，他心里已经开始做出各种揣测，思想顾虑重重，心里焦虑不安。如果用“一问一答”的方式进行谈话，会使谈话变成“审问”式，学生会更加紧张，很难讲清真实的情况和想法，更不可能真诚坦率地与老师进行良好的沟通。学生刚进门口，班主任不急于开口提问，而是通过热情打招呼、给予微笑、请学生坐下来等礼貌行为让学生感到亲切，然后从学生的特长、爱好引出话题。对沉默寡言而无明显特长的学生可以从家常谈起，也可以从一些与主题有关的生活小事谈起，等学生的紧张情绪完全放松后再导入正题，这样把学生的“戒备”心理解除了，师生的心就靠近了，谈起话来就自然和谐、变得投机。创建自然、和谐的谈话氛围，放松学生的紧张情绪，会收到事半功倍的效果。

(2) 善于倾听，尊重学生

倾听是良好沟通的基础。倾听是一种心与心的对话，是师生沟通的桥梁，是建立和谐师生关系的基础。为此，班主任与学生谈话过程中，要多听少说，不要急于打断学生的话，不要过多地阐述个人观点，而要尽量注意倾听学生的话。倾听时要全神贯注，放下手头一切工作，眼睛看着对方，点头微笑表示了解，使学生感到老师很尊重他们，也很重视他们说的话。在倾听中要认真听取学生的陈述，从中获取有价值的信息，以便发现问题与解决问题，适当的时候可以提出问题，也可以根据谈话走向适当表达自己的赞许、质疑和意见，目的是激发学生的积极性，同时又控制谈话朝着正确的方向进行。班主任善于倾听，学生对班主任的好感会油然而生，彼此的心理距离也会拉近许多。学生受了委屈，就会告诉班主任，把你当成知心朋友。总之，倾听不仅是一种艺术，更是一种教育观念。

(3) 亲切和悦，言情感化

唐代诗人白居易曾说：“感人心者，莫先乎情。”班主任与学生谈话，态度冰冷、严厉指责、盛气凌人，都会关闭学生的心灵大门，学生口服心不服，甚至会引发对立心理。唯有炽热的感情、真挚的语言，才能使学生感到亲切。班主任对待学生要像对待自己的子女那样怀着至诚的爱，用尊重和信任，用甜美的语言启迪、感化学生、“软”化学生，使学生想说话、愿说话、说真话，和盘托出自己心底的秘密。因此，班主任在言语上要注意三点：一是注意语气要和缓，言辞要委婉，态度要真诚；二是注意语言表达要精练，清楚而不烦琐，准确而不芜杂，凝练而不拖沓；三是要注意自己的体态、表情，可以巧妙运用体态语言，即用面部表情、身体动作及手势、空间距离和音调等来表达情感和意向，以形成良好的谈话氛围。

(4) 有凭有据，以理服人

对于学生存在的某种现象或问题的谈话要有凭有据，如对不参加班级活动或破坏班级纪律的学生要摆事实、讲证据。班主任可先讲清楚学校的规章制度，使学生清楚违反纪律的后果，并把学生某些违反纪律的情况记录好，且亲自去现场查看，做到有据可依、有文可查。当班主任找违纪学生谈话时，就可以拿出有力的证据摆在学生面前，使学生在强大的制度、记录和证据面前认清自己的错误。

(5) 捕捉闪光点，欣赏鼓励

心理学认为：褒奖的方法最好是针对学生潜在的能力，夸奖他自己暗自注意的事，这样他一定非常感激，下决心把这事做得比以前更好。其实，每一位学生都有自己的优缺点。在谈话中，班主任要善于调动学生的积极因素，善于捕捉学生身上的优点、闪光点和兴趣点，多点赞扬语言，加以鼓励、欣赏和肯定，使学生认识到老师不光是盯着自己的缺点和不足，也能看到自己的长处，从而使他们树立信心，增强勇气，最后慢慢打开心扉，消除心理隔阂和抵触情绪，最终达到说服教育学生的目的。

3. 抓好与学生谈话的结束环节

谈话结束阶段实际是“收尾”工作，班主任与学生谈话的结束方式是影响整个谈话成功与否的重要因素。恰到好处的结束，可使师生双方达到更进一步的沟通。

（1）水到渠成

当班主任与学生的谈话已达到预期目的时，就要将谈话引入收尾阶段，结束谈话，切忌东拉西扯，偏离主题。

（2）重复主题

班主任与学生谈话结束时，为了强调谈话的内容，使双方就谈话的主题达成明确一致的共识，可以把重要内容重复一下，但要言简意赅。

（3）勿忘询问

在谈话结束时，不要忘记询问对方还有什么事没有，或者下一步的安排，如“你还有别的事吗？”“明天早上什么课呢？”这样既可以防止谈话内容的遗漏，又显得友好亲切。

4. 注意与学生谈话的总结工作

（1）注意信息反馈和跟踪问效

学生与班主任谈话后可能会出现两种情况：一是学生可能会继续产生思想波动和行为反复，二是学生可能是在敷衍和应付班主任的谈话。因此，班主任要及时做好信息反馈、跟踪问效工作。如果学生在谈话后改正了错误，就要给予充分肯定和鼓励，激励学生不断进步；若出现行为反复或重新出现了新动向和新问题，班主任要把握时机，及时针对新动向和新问题开展新的谈话，并继续做好细致的思想工作。

（2）做好谈话记录和总结

班主任对学生的工作既是一个不断重复的过程，又是一个不断深化的过程。班主任要做好谈话记录，总结谈话的经验，主要是记录与学生谈话的内容、过程、采用的方法等，得出经验，目的在于日后学生出现同样的问题、同样的事件时，便于指导谈话的开展，并提供宝贵的资料储备，以便在实践中不断改善和提高与学生的谈话技巧，总结出一套行之有效的工作方法。

二、观察法

观察法是指通过观察学生在自然状态下的行为表现，以获得学生各个方面真实情况的方法。由于观察是及时发现问题的前提，是正确分析和解决问题的基础，加之观察的空间无限广阔，内容广泛丰富，形式多种多样，因而它是了解和研究学生较为简便易行的基本方法。“苏联教育家苏霍姆林斯基曾对3700名学生做了详细的观察记录，并据此撰写了大量著作。瑞士心理学家皮亚杰通过详细观察和记录（主要是对自己的3个孩子），揭示了许多儿童认知发展的规律。”①法国著名科学家巴斯德曾经说过：“你们要给自己的热心找到一个不可分割的伴侣，这个伴侣就是严格的观察。”教育“万物之灵”的人，是一门最辩证、最灵活、最复杂的科学。班主任只有用最敏锐的目光捕捉学生瞬息万变的外部特征，才能洞悉学生的心灵秘密。

观察法最突出的优点是它保持了被观察者心理和行为表现的自然性和客观性，由此所

① 马云鹏. 教育科学研究方法[M]. 长春：东北师范大学出版社，2001：91.

得的材料生动具体，真实可信；它不需要特殊的设备和环境条件，可以随时随地加以运用。它的不足之处在于：观察者处于被动的地位，必须消极地等待有关现象的出现；观察到的现象大多是表面现象，因而难以精确地确定某现象的真实原因及其本质；观察易受观察者本人的兴趣、愿望、知识经验、情绪情感和观察技能的影响。

（一）观察法的运用方式

1. 全局观察法

全局观察法的目的就是为了把握学生的总体情况。这种方法一般采用分解综合的方式。教育者要总揽全局，善于在短时间内把学生分为若干部分或方面进行观察，然后将观察所得的各部分的主要特点综合起来，形成一个总的印象。这种观察法要注意抓主要点，对次要的、一般化的东西要舍弃。如我们要了解一个新学生，可以分析他的相貌、装束、言谈举止、表情动作等，然后将这些方面进行综合分析，就可以概括出这个人整体上的性格特征。

2. 细微观察法

细微观察法就是教育者对学生做近距离的、精细的观察。这种观察的目的就是为了把握学生的个性，发现别人身上没有的东西。细微观察法常与全局观察法结合使用，即在全面观察的基础上，抓住某一特点进行观察。要深入地了解学生，一般都要在全面的基础上进行细微观察，以了解每一个学生的特有个性。这种观察，也就是对相貌、装束、言谈举止、表情动作中的某个具体方面进行细致观察，从而抓住学生的个性特征，实施适宜的教育方式。

3. 多角度观察法

从单一的角度观察学生，只能得到一个方面的特点，从不同的角度观察学生，可以克服片面性，加深对学生的了解。宋代著名画家郭熙在《林泉高致》一文中曾说过："山近看如此，远数里看又如此，远十数里看又如此，每远每异，所谓'山形步步移'也。山正面如此，侧面又如此，背面又如此，每看每异，所谓'山形面面看'也。如此是一山而兼数十百山之形状，可得不悉乎？"观察学生不但要正面观察，也要侧面观察和背面观察，从优点、缺点、长处、短处等多角度考虑。

4. 比较观察法

比较观察法就是教育者将两个（或两个以上）学生或同一学生自身的几个方面加以比较，从而观察其性格异同的一种方法。这种观察法可以使学生的特点更清楚地显示出来。通过比较观察，我们可以发现学生之间的相似性和差异性。比较观察有两种形式，即横向比较观察和纵向比较观察。横向比较观察是对不同学生之间的比较，这种比较可以发现每个人在性格上的相似和差异；纵向比较观察就是一个人行为、言谈、装束上前与后的比较，这种比较可以发现一个前后性格的不同变化，从而全面了解一个学生性格的发展。

5. 追踪观察法

追踪观察法就是教育者不静止在一时一地观察学生，而是根据情况的变化，不断地变换时间、地点进行观察。这样对学生的了解研究才会比较透彻。因为一个学生在此时此地的表现会是一种状态，而在彼时彼地的表现也许会是另一种样子。这就要求教育者不仅要在课堂教学中观察学生的性格特点，还要在课余活动中观察学生的特点，在劳动实习中观察学生的特点，这样可以了解学生的表现是否一致，是否因时间、地点、环境的变化而改变，从而避免了解错误。

6. 实验观察法

实验观察也叫情景观察,就是教育者有意识地把学生放到预先设计、安排好的环境中,来观察学生性格特点的一种方法。这种观察方法的目的十分明确,就是教育者有意识观察全体、部分甚至个别学生在某一方面的具体表现。如教育者可以事先在教室中乱放一些废纸杂物,来观察学生进教室后的不同反应和表现,借此来折射出学生对这件事的态度及处理方法。

(二) 观察法的基本要求

1. 观察要有目的性和计划性

要对学生进行观察,首先必须明确“观察什么”,即明确观察的目的;其次则须明确“怎样观察”,即制订观察计划,确定观察方法。这样方能抓住真实可靠的材料,深入本质,而不是根据一时的偶然现象轻率地下结论。

2. 观察要善于洞悉学生的内心世界

班主任对学生进行观察,不能只看现象,也不能只看其一而忽视其二,更不能戴着有色眼镜去观察学生,而要善于透过现象探求其本质,洞悉学生的内心真实世界。为此,在观察过程中,班主任要放下架子,平等待人,做学生的知心朋友。

3. 要做好观察记录

利用观察法了解学生所得的材料比较真实,有较高的可信度。但要了解学生内心深处隐藏着的动机就比较困难。特别是学生的心理具有闭塞性,情感具有文饰性,有些外显行为并不一定都是发自内心的,因此,内心世界的真实也不一定表现出来。班主任在运用观察法了解学生时,还必须与其他方法结合起来。

4. 要重视观察技能技巧的训练

观察是一项要求较高的工作,为了做好班级管理工作,班主任应注意进行观察技能技巧的训练,以培养自己良好的注意力、观察力、忍耐力和记录能力。同时,还要注意控制自己的行为,使自己对观察情势的影响以及由此引起的变化减少到最低限度。只有加强训练,提高观察技能技巧,才能克服观察本身的缺点,从而充分发挥观察法的优点。

三、调查法

调查法是指班主任通过召开座谈会、访问等口头询问形式以及书面问卷形式,有计划地广泛了解学生的方法。它是班主任了解和研究学生时普遍采用的有效方法之一。调查研究法主要包括访谈法、问卷法、典型调查法和资料分析法。

(一) 访谈法

访谈法是班主任利用交谈的方式向单个或多个调查对象了解情况的方法。这种方法的最大优点是形式灵活,不受时间限制,有话则长,无话则短。它还可以把问、听、看三者结合起来。通常,班主任了解研究学生的访谈法有以下几种。

1. 座谈会

它是根据事先拟好的调查提纲,选择部分代表,围绕调查的中心议题进行讨论发言,从而获取学生信息的一种方法。开好座谈会,可以更广泛地集中多方面的意见,直接了解学生生活情况,发现新的问题,把情况和问题了解得更准确;还可以集中多数人的经验和智慧,通过充分讨论,做出符合实际情况的结论。开座谈会,首先要拟好明确的调查提纲。调查提纲是成功调查的“导航仪”，调查的主题、大纲、细目要清楚，需要了解的问题、数据、事例要清晰明了。其次，要选择好参加座谈会的人员，要挑选熟悉调查内容、思想敏锐、敢于讲实话的人参加座谈会，以利于畅所欲言，从而收集到广泛而又真实的第一手资料。第三，要采取讨论式，避免问答式。要鼓励参加人员解放思想，各抒己见，畅所欲言。

2. 个别谈话

个别谈话是调查者围绕某个需要深入了解的问题单独访问被调查者，以获取学生各方面信息的一种方法。个别谈话交流更直接，学生可以在谈话中道出心里话，提出自己的观点，易于互相交流情感，实现心理沟通。

3. 家庭访问

这是班主任向家长了解学生情况的一种重要途径。主要任务是了解学生情况，了解家庭对学生的影响和学生在校外的表现。各类学生的表现均受家庭影响，家庭也是学生活动的另一片天地，是班主任视线达不到的地方，通过家庭访问就可以弄清楚学生在家庭中的表现情况，加深对学生的全面了解。

(二) 问卷法

问卷法实际上是一种书面形式的调查方法，班主任根据一定的教育要求，可以对全班或部分学生进行书面调查。问卷是为了了解研究学生某些方面的问题，即按照一定的调查目的和任务，向学生提出若干问题，通过学生对问题的书面回答，了解学生的思想状况、要求、愿望、情绪、兴趣、追求等。问卷一般适合于比较简单或具体的事实性问题，可以在最短的时间里收集到范围较广的材料。由于允许学生采用无记名方式回答，所以获得的材料可能比谈话法全面真实，但也不可避免地存在着局限性。

问卷大致可以分为开放型问卷和封闭型问卷两种。所谓开放型问卷，是指在问卷上只提问题，不列出答案，它要求学生填写自己的想法，回答不受任何限制。如“你最喜欢看的电视节目是什么？为什么？”这种问题不便于统计，只适合在少数人中进行。封闭型问卷不仅要提出问题，还要提供可选择的答案，限定回答的顺序和数量。它只需要学生在自己觉得合适的答案中画出选择性符号。这种问卷形式，学生回答简便，资料统计也比较便利。封闭型问卷又可以划分为以下三种：一是是否式问卷，这种问卷中的问题只有相互对立的两个答案，让学生按照自己的情况从中选择一个作为答案；二是选择式问卷，即一个问卷后面给出若干个参考答案，让学生选择一个与自己的想法相符合或自己认为满意的答案；三是排列式问卷，例如，要求学生按照自己的情况，把影响学习成绩的原因，依照影响程度从大到小的顺序进行排列（教师讲课、家长督促、个人努力、别人帮助、原来的学习基础、良好的学习方法和学习习惯等）。

简单的问卷方式是仅仅列出班主任需要了解的单个或多个问题，不加任何形式的导向，让学生署名或不署名地回答。有的新学生在开学第一天，就拿到班主任发给的简答题式问卷，上面写着“激励你学习的动力是什么”“你有何特长”“你准备为新班级做些什么贡献”等题目。这样的书面调查不但能使班主任调查了解到学生的学习目的，而且启发了学生热爱班集体的思想。

问卷表格是把要了解到的理论命题变成具体的经验命题，把调查项目中的概念变为一系列的变量和指标，以变量表现概念，用指标作为衡量变量的标准。如“你对我国实现四化的看法如何”是变量，充满希望、无所谓、丧失信心则为“看法如何”的指标。问卷的设计可以把变量的指标按不同的方式列成表格，把需调查的活动、人物、事件、问题排列在表上，让学生按自己的标准去评价、选择。

表格式问卷的要求是：中心内容清楚，措辞准确，表格设计合理，并且问卷的结果能够进行统计处理。一般采取不署名的方式作答，问卷只供领导和老师了解情况，进行定量分析使用。

（三）典型调查法

典型调查法是在对班上的学生有了初步了解的基础上，选择有代表性的小组或个人进行周密系统的调查。典型调查的理论依据是马克思主义关于共性与个性辩证关系的原理。典型所反映的个性总是和总体的共性相联系而存在的，而且能充分地、集中地表现共性的一般特征。典型调查的特点是通过“解剖麻雀”突破一点取得经验，再来指导面上的工作。典型调查的规模可大可小，内容可简可繁，单个学生都可作为一个典型来调查。

典型调查具有范围小、人数少的特点，便于班主任深入细致地了解学生。典型调查的资料可作为教育一般的典型，也可以作为推动全体的依据，还可以作为预测事物未来发展趋势的依据。

班主任在运用典型调查法对学生进行了解研究时，一定要注意以下几个方面的基本要求。

1. 选择具有代表性的典型

典型不是神话的，而是根生于班级土壤中的产物。经过一段时期的教育，班主任就会发现学生的德、智、体、美、劳诸方面的成长中存在着差异。为了更好地教育一般学生，应深入了解表现较突出或明显后进的学生的状况。两极的学生不一定都能成为典型，班主任应在初步了解的基础上进行筛选。有的学生事迹虽然很突出，但成长环境独特，一般学生达不到，不能选这样的学生作为调查对象。要尽量选与一般学生条件大体相同而表现突出的学生作为典型调查对象，其典型经验与教训才有推广意义。

2. 调查要紧扣典型进行

集中精力搞清典型调查目的，列出调查提纲，不要设计过多的人和事，不要调查一些与弘扬典型精神无关的事。典型调查时也可使用典型实验。

3. 分析典型要有科学思维方法

支配典型人物行为的思想，不是头脑固有的，而是由他所处的教育条件、知识素养、社会环境等客观条件作用于大脑的结果。把以上结论联结在一起，就可以得出一条思想产生和作用的反映公式：客观条件—思想—行动。按照这个公式，当我们看到典型人物行为时，就必须深入地分析支配这种行为的思想，并调查清楚支配典型人物行为的思想产生的条件，这样才能分析准确，找到根源。

（四）资料分析法

所谓资料分析法，是指班主任对学生有关的材料记载进行分析、比较、综合，从而找出原因或规律的一种方法。在接手有关新班时，班主任要查阅学生的有关资料，以便尽快地初步了解有关情况。记载学生情况的材料，主要包括学生自己书写的材料和别人书写的材料。学生自己书写的材料，包括填写的各种登记表、考试试卷、作业、日记、作文、总结报告等。他人书写的材料，包括每学期的学生成绩单、操行评定以及受到的批评和处分、表扬和奖励等的记录。这些材料可以帮助班主任了解学生过去的表现及其基本情况。

在运用资料分析法对学生进行了解研究时，班主任必须注意做好以下几点。

1. 坚持发展的观点

资料记录的都是学生或班级过去发生的事情，这些只能说明过去，不能说明现在，更不能代表将来。事物总是处于发展变化之中，不能把资料作为了解研究学生或班级以及制订工作计划的唯一依据。

2. 坚持全面的观点

资料所记录的常常具有一定的局限性，有的情况不一定有详细的记录，有的内容可能还有待进一步核实，班主任就要具体情况具体对待，针对不同材料加以甄别，有些材料还要做出必要的更正和补充。

3. 坚持更新的观点

班主任在班级管理过程中一定要做一个有心人，和学生、班级、任课教师、家长、社会教育机构等保持及时有效的沟通，随时注意学生新问题、新情况的收集和整理，不断积累起有价值的材料。

第七章　班级管理的中心:组织培养班集体

对于一个班主任来说,推动其教育事业发展的应该有两个轮子,一个叫做"情感",一个叫做"思考"。教育情感使他热爱学生,忘我地工作,并从中体验到奉献的自豪;教育思考使他明确自己的教育方向,科学而理性地设计、实施自己的教育,同时不断地总结、提炼、升华自己的教育实践。因此,做一个反思型班主任,在反思中提高自己的专业化水平,应该成为我们的不懈追求。

李镇西:《做一个反思型的班主任》

建设优良班集体,是学校德育工作的一项基础工程。优秀班主任,无不重视班集体的组织和培养,他们往往都是班集体建设的"艺术家"。班集体不仅是班主任教育培养的对象,而且也是班主任施加自身教育影响力的重要场域,因此,组织培养班集体是班主任工作的中心环节。

第一节　班集体概述

一个优秀的班集体是在班主任及其他管理人员的正确引导下逐步形成的,它经历了由组建到优化的不同阶段,学生的心理品质也经历了由不成熟到成熟、由松散到凝聚的发展过程。研究班集体的内涵、特征、作用及其形成过程,既是班集体组织和培养的前提与基础,也是班级管理成功的必然要求。

一、班集体的含义

把握班集体的含义,首先需要了解何谓群体和集体。所谓群体,是指在相互交往的基础上而结成的共同体。群体具有下列特征:有共同的需要或社会目标;有一定的组织形式以保证共同任务的实现;有共同的心理倾向和遵守的行为规范。群体从不同角度可分为以下几种类型:按群体构成的原则可分为"正式群体"和"非正式群体"。正式群体是按一定的法律、章程建立起来,有法定地位,得到社会承认的群体,如工厂、学校、机关、军队等;非正式群体是由情投意合者自发组织的群体,如以同乡、同学等为媒介组成的团体。按活动目标与社会价值可分为进步性群体和逆反性群体。进步性群体是指其活动方向是促进社会进步,有益于人民的;而逆反性群体是有悖于社会进步和人民群众利益的。而按交往范围则可分为大群体、中群体与小群体等。所谓集体,是指为了实现有价值的社会目标,而严密组织起来,有机构、有纪律、有心理凝聚力的群体。它是群体的一种特殊类型,也是社会群体发展到高级阶段的特殊形态。集体除了具有群体的一般特征外,还具有以下特征:① 集体必须具有共同的有价值的奋斗目标;② 集体必须具有健全的组织机构;③ 集体必须具有统一的行为规范和必要的纪律约束；④ 集体必须既具有稳定的领导核心，又具有充分发挥积极性的团结友爱的各个成员。

所谓班集体，是指按照班级授课制的培养目标和教育规范组织起来的，由具有明确的奋斗目标、坚强的领导核心以及良好的纪律和舆论的班级学生所组成的活动共同体。从本质上来看，班集体的内涵具有多层次性。首先，班集体是一个以学生亚文化为特征的社会群体，它传导和积淀着班级制度的社会文化基因(教育目标、规范和组织模式)。其次，班集体又是一个以教学为中介的共同活动体系，它以课堂教学为中介，整合学校、社会、家庭的教育影响，社会化的共同学习活动是班集体形成和发展的主要整合因素。再次，班集体还是一个以直接交往为特征的人际关系系统。正是交往和人际关系，动态地反映了集体与个体、个体与个体、集体与环境的相互作用，标志着集体形成的过程。最后，班集体是一个以集体主义价值为导向的社会心理共同体，集体心理的统一性和社会成熟度综合反映了集体主体性的水平。

班集体与班级并不是完全相同的两个概念。班级作为一种教学的组织形式，是班集体形成的组织基础，班集体只有在班级的基础上才能逐步建设起来。但并不是每一个班级都称得上是班集体，它需要经过大量组织教育和管理工作才能形成。研究表明，班级更侧重于组织名称，而班集体则是一种价值判断，反映组织的性质和水平。马卡连柯曾指出："集体是活生生的社会有机体，它之所以是一个有机体，就是因为它那里有机构，有职能，有责任，有各部分之间的相互关系和相互依赖。如果这样的因素一点也没有的话，也就没有集体了，所有的只是随随便便的一群人罢了。"①一个真正的班集体，有明确的奋斗目标、健全的组织系统、严格的规章制度与纪律、强有力的领导核心、正确的舆论和优良的作风与传统。它能正常发挥其整体功能，有计划地开展各种教育活动，不断总结经验，使集体不断自我提高、自我完善和不断前进。

二、班集体的构成

班主任组织和培养班集体的实质是有效实现班集体组成要素的最佳配置。要建设优良班集体，班主任就必须了解和研究班集体的构成要素。班集体的构成要素主要包括班集体目标、班集体交往、班集体组织、班集体规范和班集体舆论等几个主要方面。

所谓班集体目标，是指班集体活动所期望达到的结果，至少应该包括班级集体目标、小组目标和学生个人目标等。

所谓班集体组织，是指班级的组织机构，包括班委会、团支部、少先队、学习小组、学生非正式群体等。

所谓班集体规范，是指班级的纪律规范，包括中小学生守则、中小学生日常行为规范、课堂纪律、班级公约、社会公德等。

所谓班集体舆论，是指班级的舆论影响，包括班级的主导舆论、班级同学对不同意见的看法、班级的评价活动、班级舆论阵地的利用等。

班集体的构成要素包含着丰富的内容，班主任应该重视诸要素的研究，实现诸要素的协调一致和有机配置。如果班主任缺乏"要素意识"，班集体的组织与培养就有可能会失去重

---

① 马卡连柯．马卡连柯全集：第5卷[M]．北京：人民教育出版社，1956：226-227.

点和缺乏针对性,也就不可能实现班级管理功能的最优化。

三、班集体的特征

班集体作为一个独特的学生社会群体,有着自身鲜明而独有的特征。概括而言,主要包括以下几个主要方面。

（一）目标特征

凡是班集体,都有明确的共同目标。在班集体里,学生能够把社会和学校明文规定的教育目标化为自己的目标,达到群体成员之间目标定向的统一。由于目标定向的统一,班集体具有明确的发展方向,这是班集体的首要特征。明确的奋斗目标能够成为动机推动行为,给人以力量克服困难并一步步奔向目标。一个共同的奋斗目标能对群体的行为产生凝聚作用,增加向心力。有了它,集体就有了方向和动力。在目标的指引下,集体中的成员按照目标中的要求控制、调整自己的行为方向,使自己成为一个集体需要的人。

（二）价值特征

班集体的价值特征是集体主义取向。班集体并不排斥个人的行动自由和否定个人的兴趣爱好,但班集体崇尚集体主义精神。在班集体内,关心集体,爱护集体,遵守集体的规范,通力合作为集体争荣誉,是班级生活的主旋律。个人以自己是班集体的一员为荣,必要时愿意为了班集体约束自己,而不妨碍班集体。

（三）行动特征

班集体的行动特征是令行禁止。班集体已经形成了集体自觉的传统,因此,班集体认为该做的事,一经决定就立即去做。同样的,班集体不认可的事,一经决定不做就立刻停止,即使个人有不同看法,也应该服从。

（四）情感特征

班集体的情感特征是彼此相悦相容。因而,学生生活在这种集体里感到非常愉快,这是社会上许多群体难以具备的特征。班集体能容纳各种个性的学生,不同的人都可以从中得到关心、照顾和帮助,而不会遭排斥、受歧视。它给学生提供了许多积极的体验。

（五）活动特征

集体活动是班集体生存和发展的命脉。集体不是组成的,是在活动中形成的。丰富多彩的共同活动是班集体形成的主要决定因素和重要标志之一。

四、班集体的作用

班集体不仅是班主任班级管理的对象,而它一旦形成也会自然而然地成为对学生教育影响的重要手段。班集体的作用可以从以下三个方面加以解读。

（一）班集体是促进学生个体社会化的环境

个体的社会化是指根据一定社会的要求,把个体培养成为符合社会发展需要的具有一定态度、情感、知识、技能和信仰的人。个体的社会化程度是其素质水平的重要度量。然而,人的个体社会化是在一定的社会关系中形成的。学校是学生接受社会教化的主要执行者,学校教育过程是有组织、有计划地推进学生个体社会化的过程。而班级是促进学生实现个体社会化的最重要的社会单位。班级管理者按照一定的社会要求,在实施管理的过程中,以班级的组织目标为导向,借助集体规范、集体舆论、集体活动等,使学生从一个自然有机体逐渐转化为社会成员。班集体对学生个体社会化的作用主要表现在三个方面:其一,在集体生活中,向学生传递社会价值观,指导生活目标,引导他们树立符合社会期望的理想;其二,在班级管理中,引导学生学习、掌握并遵守社会规范,培养学生的社会态度,指导和训练学生的社会行为;其三,在集体活动中,为学生的角色学习提供多方面的条件,提高他们转换角色、胜任角色的能力。

(二) 班集体是促进学生个体个性化的舞台

个性化是学生在社会化过程中,社会的各种观念、制度和行为方式内化到需要、兴趣和素质各不相同的个体身上,从而形成他们独特的个性心理结构。个性化的要素包括自我概念的发展,自尊心和成就动机的发展,行动、认识、智能、兴趣、思想、情绪等所有个人特质的综合发展。个性是学生整体素质的最直观、最本质的表现。班集体不仅是促进学生个体社会化的重要环境,而且是促进学生个体个性化的舞台。如果说班集体在促进学生个体社会化的过程中,是按照社会要求对个体的社会同一性的管教、定向和控制,其作用方式是对学生个性施以环境和教育的外部影响的话,那么,班集体在促进学生个体个性化的过程中,则表现为按照学生身心发展的特征、水平及其形成和发展的规律,以环境和教育的社会化影响为媒介,通过学生主体性的"内化"机制,形成和发展学生的个性。这两个过程是互为前提、密不可分的。班集体对学生个体个性化的作用主要表现在:班级管理者正确分析和把握班级学生的个性差异及其形成原因,据此设计、确定每个学生的个性完善途径,采取因材施教的策略,在管理过程中有意识、有目的地培养和完善学生个性,促进学生学会自我管理、自我教育、自我发展。

(三) 班集体是一种巨大的教育力量

班集体是教育的对象,它一旦形成以后,便又成为教育的主题,有着巨大的教育力量。马卡连柯非常重视集体教育的力量,并提出平行教育原则。他指出:"教育了集体、团结了集体、加强了集体,以后集体自身就成为很大的力量。"因为,一个良好的班集体不仅能向集体提出奋斗目标,有健全的组织和领导核心,有严格的纪律和很强的集体舆论,还有融洽的师生、同学之间的关系和积极向上的心理氛围。这样的班集体必然使学生的心灵受到积极的影响和熏陶,对他们的言行产生同化力和约束力。学生该做什么,不该做什么,常常是在"随大流"中养成的,就是说由于集体的制约力量,能使学生从不自觉到逐渐自觉,并形成良好的行为习惯。集体也能够匡正某些学生的不良行为,使他们这种行为在"别人"面前不能表现,进而有所收敛,以至逐渐自觉地克服掉。这个过程就是在班集体中学生的自我教育过程。班集体的状态越好,这个过程的作用就越强。而离开集体,这种自我教育的能力就会减弱,甚至消失。学生的集体意识也只能在集体中并通过集体活动培养形成。因为集体的要求和行动气氛会促使青少年形成集体意识和服务意识,所以良好班集体是形成青少年集体意识的直接动力。

五、班集体的形成过程

苏联教育家马卡连柯说:"由集体组织者的专断要求到个人在集体要求的基础上向自己提出任意要求所经历的经验,也就是苏维埃学生集体发展的基本道路。"①组建一个良好的

① 唐迅.班级社会学引论[M].南京:南京大学出版社,1990:146.

班集体,既是学校教育工作的需要.也是每个学生的愿望。但是,班集体不同于一般心理学意义上自然形成的群体,它的成员不可能自由选择:其组织者和领导者——班主任是由学校委派的,具有不可选择性。因此,班集体的形成也和其他群体一样,要经历发展过程的各个阶段;各个阶段在奋斗目标、组织结构、活动形式、心理特征和管理方式上具有不同的特点。从教育史上看,有关班集体形成过程的研究具有以下两种观点。

一是马卡连柯的集体形成阶段理论。他从管理的目标任务出发,以对学生的要求不断提高的形式拟定了一个集体发展的顺序。他把这个顺序划分为四个阶段。第一阶段是领导者的绝对要求阶段。在这一阶段,集体组织不健全,由领导者直接向集体成员提出目标、任务和实施要求。第二阶段是为积极分子所支持的要求的阶段。在这一阶段,领导者周围已吸引了部分积极分子,领导者提出的要求,首先为积极分子所支持,并影响其他成员去贯彻执行。第三阶段是整个集体提出要求的阶段。在这一阶段,集体成员自己提出奋斗目标,这个目标为绝大多数成员认同,并执行集体提出的活动计划。第四阶段,是集体形成的最高阶段。集体的每个成员在集体要求的基础上对自己提出要求,每个成员都能关心集体事务,使自己的目标符合集体目标,自觉地使个人利益服从于集体利益并为集体目标的实现而努力奋斗。在这样的集体中,集体生活以"远景目标"为动力,不断努力去达成集体目标,在共同的活动过程中蓬勃向上,不断发展。

二是西方团体成员心理成熟程度理论。它把团体的形成划分为松散阶段、凝聚阶段、形成阶段和优化阶段。这种理论认为,团体发展的过程也是团体成员的心理不断成熟的过程,即团体成员对自己的目标任务及其意义的认识程度、觉悟水平、责任心、自律性,以及自己确定目标、制订计划、执行计划、检查评价、自我调整的能力等不断发展成熟的过程。在成熟的团体之中,团体具有强大的凝聚力,团体成员能独立活动,自己调适个人与团体、个人与个人之间的关系,协调各自行为,完成团体目标,形成团结的群体。

根据以上理论,我们认为,班集体从其初步形成到巩固成熟是一个连续的、动态的过程。一个优秀班集体的形成一般要经过以下四个阶段。

（一）组建阶段

这是班集体形成的低级阶段。由于成员刚刚聚合在一起,缺乏了解、互不认识,班级对同学尚无吸引力,自我管理机构尚未建立起来。这一阶段的主要工作是深入了解学生,选择积极分子,加强常规教育,对学生提出明确而严格的要求,开展促进团结、维护集体利益的活动。当集体的目标和要求已被大家所接受,集体成员能够使个人利益服从集体利益,这一阶段的任务就基本完成了。

（二）形成阶段

这一阶段是在前一阶段的基础上建立起来的。这时,领导核心已基本形成,班级机构也已建立起来,集体的自我管理水平进一步提高。这个阶段的重要特征是班集体自身已初步具有自我教育的能力,集体成员的个人利益已经能够服从集体共同利益。这一阶段的主要工作应抓好领导核心的建立与培养,支持班干部大胆开展工作,加强对班集体舆论的正确引导,正确处理集体荣誉感与狭小团体思想的关系,按照培养目标开展一系列有教育意义的活动。

（三）发展阶段

班集体形成和巩固的主要标志是:班集体领导核心坚强有力,能独立开展工作;正确统一的舆论已经形成，全班已经成为一个组织制度健全的有机整体；班级教育目标已转化为学生自己的奋斗目标，集体中的每个成员都能为共同目标而自觉行动；良好的班风和团结互助的人际关系已经形成。这个阶段的主要特征是，将集体的要求变成每个成员的自觉要求，集体已成为教育的主体，学生担负起自我教育的使命。这一阶段的主要工作是向班集体提出更高层次的奋斗目标：进一步提高班干部的素质，扩大积极分子队伍；让学生自我教育、自我管理；提高班集体活动质量，发展学生个性。

（四）成熟阶段

这一阶段是班集体趋向于成熟的时期，班集体的特征得到充分的体现，并为所有班集体成员所内化，全班已经成为一个组织制度健全的有机整体，整个班集体洋溢着一种平等、和谐、上进、合作的心理氛围，学生积极参与班级活动，并使自己的个性和特长得到良好的发展。

第二节　确立班集体的发展目标

集体目标是集体活动所期望达到的结果，是通过集体的一系列活动，使班级达到什么规格的问题。班集体是在全体学生共同活动中逐渐形成的。只有在共同的集体活动中才能表现出集体的精神，进而发挥集体的教育作用。由于目标具有导向、凝聚和激励的作用，有了共同的集体目标，就能使全班学生为实现这个目标而团结奋斗。向班集体不断提出新的奋斗目标，用“前景”吸引、鼓舞集体不断前进，这是形成班集体强有力的手段。几十个学生聚集在一个班里，如果没有共同的努力目标，缺乏共同的愿望，就无法形成团结友爱的集体。相反，在一个具有共同目标的班级里，每个学生都会深刻体验到个人和集体的关系，体验到集体的力量和协作精神，认识到个人在集体中的社会价值，感受到集体的荣誉感、自豪感和责任感，从而更加严格地要求自己。对集体目标认识得越明确，感受得越深刻，集体的凝聚力和积极性就越强，学生合作的热情就越高涨，这就必然产生持久的活动能量。

一、班集体发展目标的作用

班集体发展目标的确立不仅能够指引班集体发展的正确方向，而且能够激励班集体成员的积极性，同时还能提升班集体活动的效能。

（一）指向作用

确立集体目标，为的是引导集体朝着教育目标的总方向前进。任何集体目标都具有方向的规定性，不是指向正确的方向，就是指向错误的方向，只有正确的集体目标，才能把集体活动引向正确的方向，取得良好的教育效果。管理效能公式表明，“管理效能＝方向目标×工作效率”。也就是说，方向目标与工作效率，同管理效能密切相关。方向正确，效率越高，则效能越好；反之，方向错误，效率越高，效能越低。

（二）激励作用

目标对人们的行动具有推动和激励作用。合适的目标能激发人的动机，调动人的积极性。期望理论表明，目标是一种激励因素，人们对目标的价值看得越大，估计实现的概率越高，这个目标激发出的力量也就越大。班主任应充分发挥目标的激励作用，动员全班师生为实现集体目标尽心尽力。

（三）标准作用

目标是评价工作成就大小、质量水平高低的标准尺度。班集体目标发挥着衡量班集体活动的标准作用。凡符合目标要求，有利于目标实现的，应得到增大和强化；反之，则应通过思想工作和组织工作加以控制和调整。班主任应充分发挥目标的标准作用，以提高集体活动的效能。

二、班集体发展目标的类型

确立班集体的发展目标，要坚持系统观点，把发展目标系统化，从不同的角度，按不同的标准把班集体发展目标分成各项子目标，以构成相应的目标体系。

（一）按目标实现过程对班集体发展目标的划分

如果从时间上来划分，可以把班集体发展目标划分为远景目标、中景目标和近景目标三个方面。

1. 远景目标

所谓远景目标，是指班集体整个学段的发展目标，如小学 6 年的发展目标、初中 3 年的发展目标和高中 3 年的发展目标。远景目标具有概括性、全局性和根本性的特点。通过长期建设，班集体具有健全的组织系统、严格的规章制度与纪律、强有力的领导核心、正确的集体舆论和良好的班风；能够正常地发挥其整体功能，有计划地开展各种教育活动，从而使班集体达到自我提高、自我完善和自我发展的目标。

2. 中景目标

所谓中景目标，是相对于远景目标和近景目标而言的，它可以是一学年的发展目标，也可以是一学期的发展目标。在多数情况下，中景目标包含在班集体学年或学期计划的目标任务之中，如把班集体建设成为学习先进班集体、常规管理先进班集体等。在个人道德行为方面，确立具有先国家和集体、后个人的集体主义精神；养成艰苦奋斗、遵纪守法的行为习惯，以及较好的生活自理能力。在智力培养方面，确立具有正确的学习态度、端正的学习目标、正确的学习习惯、科学的学习方法，形成求实、探索、团结、进取的学风等。

3. 近景目标

所谓近景目标，是指每个具体阶段的教育所要达到的目标，如抓好课堂教学的纪律、搞好个人和教室卫生、做好课前预习和准备等。此外，近景目标还应该体现在每次精心设计的教育活动之中，开展教育活动的目的，是为了培养学生的集体主义精神和助人为乐、热爱劳动的优良品质，以及一定的组织能力和实际操作能力等。近景目标往往带有具体性和可操作性的特点。

远景目标是班集体建设的最终目标。班集体的全部工作都是为了使全班学生朝着这个方向去努力奋斗，但这是一个渐进的过程。这个过程要成为学生自我教育的过程，要使学生懂得：每个班集体目标的实现，都是全体成员共同努力的结果。这样，通过班集体发展目标的制定，全部同学心往一处想，劲往一处使，从而增强班集体的凝聚力和向心力，促使班集体尽快发展成为优秀班集体。

（二）按目标范围对班集体发展目标的划分

班集体自身的复杂性，决定了班集体发展目标的内容也是十分复杂的。按照目标范围，班集体发展目标可分为以下几种类型。

1. 班集体全面发展目标

这是体现整个班集体发展方向的目标。班集体全面发展的目标应当包括德、智、体、美、劳各个方面。其总体要求是,把德育放在首位,"五育"统一,和谐发展。具体来讲,在制定德育目标时,应以中学德育大纲、学生行为规范和守则为依据,并且参照学校及其各级组织的德育工作计划,同时要结合自己班集体的具体情况,过高过低都是不可取的,其结果必然招致实施中的失败。智能开发理论、学校的教学计划和要求,以及各科任课教师根据教学大纲、学生实际所提出的目标期望,可作为班集体智育目标制定的基础。学习水平、合格率、优秀率均可作为智育的具体指标,但不可量化过细,若处处以分数高低为衡量标准,则会使智育目标陷于呆板和僵死的境地,也会将学生引入分数挂帅的歧途。为此,智育目标的制定要侧重于学习的态度、方法习惯和能力的培养,要创造和烘托出整个班级的学习气氛和良好的智育氛围。体育教学大纲与学生身心发展特点及需要的有机统一构成了体育目标制定的依据。体育目标的制定还要考虑本班集体的学生特长和全面发展的结合问题。如本班学生篮球、足球或排球爱好者、擅长者居多,就可以以上述球类为特长项目发扬光大。若本班学生田径是强项则可以此为特色、为龙头。同时要兼顾弱项,要使身体的各个部分都得到锻炼,这就需要贯彻全面发展的体育目标。由长短项的结合来加以完善体育目标不仅可以使学生得到全面发展,全方位增强身体素质,而且有助于集体凝聚力和荣誉感的形成。

2. 班集体组织管理目标

要使班级的全面发展目标得以实现,就必须抓好班集体组织管理目标的落实。班集体的组织管理目标是实现全面发展目标的保证,是达到全面发展目标的组织条件和环境条件。班集体的组织状况、纪律与规范、舆论和班风以及人际关系状况都属于组织管理目标的内容。首先,班集体组织状况方面的目标包括班委会的工作组织,学习小组、各类服务小组、课外活动小组的形成和组织。同时班内组织网络的形成与完善,班集体内核心和骨干的形成和扩展,各种组织的功能发挥都要列入相应目标之中。其次,班集体的纪律、规范目标,应体现德育大纲中有关纪律的要求,量化中体现出学生行为规范和守则中的水平和要求。可视本班具体情况,适当增加一些更为具体和有针对性的要求。随着某些不良习气的好转,具体要求也可修改或删除。最后,班集体在一定时间内形成何种状况的舆论和班风是班集体舆论和班风目标的核心内容,在这一内容中要体现全班上下的凝聚力和向心力,要贯彻集体主义原则。对具体小项目也要统筹规划并予以列出,要求学生从小事做起,从一点一滴开始。对班集体的师生关系、同学关系和群体关系的要求,形成了班集体的人际关系目标。良好的人际关系是班集体建设的环境条件。人际关系目标应包括消除不良人际关系的要求。

3. 小组与个人目标

小组是班集体的细胞,在整个班集体建设中离不开各个小组的协同努力。为此,各类不同小组目标的制定就显得尤为重要了。由于各类小组的内容和职能有所不同,在小组目标制定的过程中要围绕班集体的总目标而展开自己独立的目标要求。此外,班集体中的每个成员也都应有自己的目标。

三、班集体发展目标的确定

班集体发展目标的确定,不仅要考虑社会发展的要求,而且要考虑学校的具体培养目标和班级各方面的实际情况。制定班集体发展目标时,要注意防止把重点放在片面追求升学率上，特别是毕业班，更要防止忽视德育、体育与美育，强迫学生单纯提高考试分数的不良倾向。

（一）明确班集体发展目标确定的依据

1. 以党和国家的方针政策为依据

党和国家的方针政策与有关文件，尤其是教育方面的方针政策和教育行政部门的文件，以及学校总体的管理目标等，是制定班集体发展目标的主要依据。班集体发展目标，只有从这个依据出发，才能保证正确的方向。

2. 以教育科学理论为依据

教育科学理论是教育科学行为的先导，它有助于班主任更深刻地认识班集体活动的特点和规律，使班集体目标的制定更加科学。因此，班主任只有自觉地学习教育科学理论，提高理论修养，才能根据实际制定出科学合理的集体目标。

3. 以班集体的现实条件为依据

班级现实条件包括人、财、物、环境因素与社会关系基础。确定集体目标要进行条件分析，既要看到班集体的优势，又要看到班级问题；既要看到学生的现状，又要看到学生的潜力。只有这样才能制定出既充分发挥优势，又解决薄弱环节的目标，做到不脱离实际，不盲目拔高，也不因循守旧和思想保守，使集体目标具有挑战性和激励性。

（二）遵循班集体发展目标确立的原则

班集体发展目标的确立有其基本原则，确定班集体发展目标要符合这些一般要求，以使班集体发展目标更具科学性。

1. 一致性与灵活性统一原则

班集体发展目标首先应该是国家培养人才的目标和学校教育目标在班集体建设中的正确反映。因此，班集体发展目标要同国家的教育目标和学校的教育目标保持一致，使目标与总目标保持一致，以保证上级目标和学校目标的实现。同时，班集体发展目标是全班师生共同努力的方向，是全班统一认识和行动的纲领，确立班集体发展目标又要从班集体的实际出发，充分发挥班级的优势和长处，使班集体发展目标具有一定的灵活性，以充分发挥班级的主观能动性。

2. 全面性与重点性统一原则

确立班集体发展目标时要考虑到班级的全面工作，全面体现班级的基本任务，使班级的各组织及其成员都有明确的目标要求，以体现其全面性。同时，确立班集体发展目标时又要抓班级工作的主要矛盾，抓住关键，突出重点，以体现其重点性，从而使确立的班集体发展目标既有普通要求，又抓住了关键，既体现了全面要求，又突出了重点。

3. 激励性和可行性统一原则

班集体发展目标要具有一定的挑战性，能激励学生你追我赶，具有一定难度，学生经过努力才能达到。同时，班级发展目标也不应定得太高，要符合学生的身心特点、思想觉悟、生活经验及集体发展水平等实际状况，并为多数学生所认同，做到切实可行。

4. 具体性和数量性统一原则

班集体发展目标不能太抽象、空洞、一般化，而应让学生看得见、摸得着，做到行动有明确的方向、检查有依据、考核有标准。因此，确立发展目标要具体、明确，尽可能以量化的指标描述。对于难以量化的目标，也应尽量地具体化，并制定出衡量的标准，以便实施和考核。

5. 中心性与渐进性统一原则

班集体发展目标是全班师生为之努力奋斗的方向，也是班级工作的出发点和归宿。班集体发展目标的实现有一个过程。首先，班级的一切工作都要以发展目标为中心，密切联系日常的学习、工作、活动，并用它来检查督促班级的各项工作，使之真正成为推动班集体建设不断前进的巨大动力。其次，实现发展目标，又不能操之过急，即一个近期目标实现之后，经过认真总结，及时根据中长期目标提出新的近期目标，并努力达到中期目标，及至长期目标，使之成为一个前后衔接、循序渐进、不断提高和深化的过程。

6. 集体性与个体性统一原则

确立班集体发展目标，不是班主任说了算，而应充分发动群众、发扬民主、发挥班集体的智慧和力量，提出多种方案、择优决策。这样，在确立班集体发展目标时，既能保证集体目标的质量，又重视了学生的个人目标，把二者很好地协调起来，就能使全班学生形成一个坚强有力的集体，共同为实现班集体目标而努力奋斗，也使每一学生的个体目标与集体目标保持一致。

（三）了解班集体发展目标确立的步骤

1. 提出总体目标的草案

班主任要根据国家和上级指示以及学校培养、管理目标，在调查研究和科学预测的基础上提出总体目标草案。同时，要利用各种途径向学生宣传介绍目标管理的意义，激发学生对班集体目标制定的关心和参与意识。

2. 制定具体工作的目标

组织学生研究分析班情，讨论整体目标，分解整体目标，制定各项具体工作的目标。通常总体目标的分解包括两方面：第一，按德、智、体、美、劳的要求和班集体目标及学生的心理特点，可将长远目标按学年、学期、学周等分解成班集体近期目标。第二，要求学生根据班集体长远目标和阶段性目标以及自身特点，制定出个人长远目标和近期目标。分解后的目标，应尽量与整体目标保持一致，应包括指标、措施、进度和自我预测等，以便于统一、平衡和协调。

3. 综合各方面发展目标

班主任将班集体各方面的目标集中起来，加以分析和综合。良好的目标系统应具有以下特征：① 统一性，即使每个具体目标都成为整体目标的组成部分，并服从整体目标；② 具体性，即班集体目标应尽量数量化，明确具体，便于检查和验证；③ 激励性，即目标的要求程度与班集体成员的能力水平大体相符或略高，既要比较先进，又要留有余地，有利于激发班级学生的积极性。

（四）掌握班集体发展目标确立的方法

1. 师生共商法

所谓师生共商法，是指由班主任同全班学生或干部一道讨论确立集体发展目标的方法，它一般用于发展状况良好的班级。采用这种方法能确保目标的可行性，因为它可以集思广益，使提出的目标更符合实际；能增强激励性，因为它可以满足学生的情感需要，使提出的目标更易内化为学生的自觉需求，并主动为之奋斗；能加强合作性，因为它可以使学生和班主任沟通感情，使教育的目标更具有凝聚力；能培养学生的自觉性，因为它有利于培养学生自我调整、自我教育的能力。但是，这种方法在学生还不具备共商能力的情况下，也在一定程度上表现出它的局限性。

2. 班主任定夺法

所谓班主任定夺法,是指班主任做出决断并向班集体提出要求以作为其目标的方法。它通常用在班集体的初建时期或班级暂时处于散乱的状态。这种方法有很大的局限性,突出地体现在不利于调动班级成员的主动性和积极性。因此,它要求班主任在提出要求之前必须深入到学生中进行细致的调查研究,尽可能地了解并吸引学生的愿望和要求,以确立目标;在目标提出以后还要做反复的讲解、动员,使目标逐步转化为学生自觉努力的方向。

3. 分解目标法

所谓分解目标法,是指根据不同的情况、按不同的需要对班集体发展目标进行分解和优化组合的一种方法。分解目标法包括三种方式:一是具体化目标方式,即把学校总的教育目标具体化为班集体的目标,再根据集体中每个成员的不同情况提出在德智体全面发展方面的具体要求;二是系列化目标方式,即把班集体发展目标分为近期、中期、远期等系列,结合班级特点和具体任务分步骤实现;三是针对性目标方式,即针对班集体存在的问题而提出的活动要求。

第三节　建立班集体的核心队伍

一个班集体由几十个学生组成,只有形成了核心并发挥核心的作用,才能成为有活力的班集体。形成班集体核心,主要是选拔和培养学生干部和积极分子的问题,这是班集体建设的重要内容之一。班主任工作能否顺利地开展和取得应有的效果,在相当程度上要看班干部的能力和作用发挥得如何。而班干部的能力和作用,则是与选拔和培养工作做得如何密切相关的。

一、班干部的选拔

班级是培养学生的一个基本单位,是培养学生全面发展的摇篮。在班级形成和建设过程中,一个好的班干部队伍,不但是班主任管理班级的有力助手,而且还能带动全班同学创造良好的班风和学风,促使全班同学团结和谐,奋发向上。

(一) 班干部选拔的方式

选拔和任用班干部有以下几种形式:一是班主任任命制,比较适合于新成立的班级临时成立班委会;二是民主选举制,适合于班集体内的同学已经相对熟悉和了解的情况下使用;三是综合选拔制,即将任命制和选举制综合起来选拔学生干部。

1. 班主任任命制

作为刚入学组建的班级,各方面工作千头万绪尚未走向正规。组建临时班委会不但有利于班集体的形成,更有利于开学后各项活动的开展。而选拔班干部必然要全面了解学生情况,更要重点了解哪些同学以前担任过什么样的学生干部职务,同学们和老师的评价如何等。根据这些材料,列出班干部的候选人,然后分别约这些同学面谈。在谈话过程中,班主任要了解学生对于担任班干部的想法、意愿以及工作方法、原则等并做相应的记录。有了这些资料,选拔时方向就比较准确,可以避免选用不合适的人。在班干部人选已经基本确定后,可以有意识地布置一些具体的工作让他们做,在开展工作的过程中,班主任要注意观察他们的组织能力、解决问题的能力、工作态度和工作作风。然后根据所掌握的情况，从中选定学习较好、工作能力较强的学生担任临时班委的重要职务，注意任期不宜太长。经过一段时间的相处，同学们之间有了较全面的了解后，再进行及时的调整。这种方式在新生入学之初，可以比较高效地组建班干部队伍，使得班级建设尽快步入正轨。当然在程序上还应该民主一些，任命时一定要向全班同学说明任期，一方面可以督促临时班干部更积极主动地工作，另一方面还可以让更多的想担任班干部的同学明确还有机会。

2. 民主选举制

对于已经形成的班集体，每隔一定的时间也要通过班干部测评、民主选举等方式及时调整班干部队伍。民主选举的优点在于能让更多的学生有展示才华的机会，使选出的班干部有深厚的群众基础，有利于在实践中培养学生的民主意识和竞争意识，还有助于克服班主任的主观主义和包办代替的现象，使各种人才脱颖而出。但是，如果追求纯粹的“民主”，也容易出现选举结果不尽如人意的情况。特别是在新生入学之初，如果采用民主选举的方法选举临时班委会成员，由于同学之间的了解不是很多，选举结果可能会受很多因素影响，导致选出来的班干部并不是班主任老师想要的，或者在实际的工作中得不到广大同学的认同，这样班级建设和班主任工作开展起来就会比较被动。

3. 综合选拔制

综合选拔制是结合任命式和选举式二者的优点综合考虑选拔班干部的一种方法。对于开学之初指定的临时学生干部，一般以开学到第一次期中考试作为一个考察期。在此期间，通过开展一些有针对性的班级活动，同学们之间已经有了比较充分的了解，班主任老师对每一位学生也有了较深入的认识。此时班主任根据自己考察的情况并征求部分学生意见后，经充分酝酿，通过推荐、自荐等方式提出班干部候选人名单，交全班学生以投票方式进行表决，按每人得票多少来决定班干部人选。这种方式能够比较公正、客观地反映出班主任与学生各方面的意见，让更多的同学参与竞选，同时选举出来的班干部又具有广泛的群众基础。

（二）班干部选拔的标准

什么样的学生才是班干部的挑选对象呢？一般认为，一个班干部，首先应该是个好学生，即是一个德、智、体、美、劳全面发展的优秀学生。除此之外，从班干部任职要求的角度看，还应注意以下几点：第一，有为集体服务的思想和热情；第二，是非界限比较明确；第三，能够以身作则，团结同学；第四，具备一定的工作能力和某些方面的特长。应该说明的是，以上四条既是班主任了解选拔班干部的依据，也是教育和培养班干部的主要内容。因为学生干部的身心品质不是自发形成的，而是在班主任的不断教育和学生自身的实际锻炼中逐步形成与完备起来的。在挑选班干部的时候应该考虑这一点，从实际情况出发，在比较中加以取舍，而不应事先带着框框，苛求十全十美，重要的问题在于今后的教育和培养。

一般情况下，班主任新接一个班级，不要立即建立班集体核心。因为一方面班主任需要对班干部人选做深入的了解和考察，另一方面也要使全班同学对班干部的思想品质和工作能力有所了解，这些都需要一定的时间。因此，班主任必须首先通过查阅学生档案、家庭访问、与原班主任或任课教师联系之后，确定人选，成立临时班委会。临时班委会的工作不能太短，一般以 6 周左右为宜。在这段时间内，班主任可以从会议、工作和个别接触中对班干部人选做进一步的了解，也可以特意布置一定的任务进行“火力侦察”，从检验学生能力中进行了解。在临时班委会工作期间，班主任要指导和帮助他们开展班级日常工作，并且还应组织1～2次班级集体活动,不仅让临时班委会干部,而且也让全班学生都有发挥其特长,为集体服务的机会,这也是选拔班干部的良机。

在人选确定以后,班主任要有意识地表扬那些经过了解、考察后认为合格的班干部的优点,包括他们的道德品质、工作态度和能力等,帮助他们在同学中树立威信。经过了这一阶段以后,班主任心中有了底,学生心中也有了对象,就可以进行班委会的选举工作了。在选举工作中,班主任要发扬民主,尊重大多数学生的选择,切忌将自己的意志强加于学生。班委会的选举工作要认真准备。选举会应开得隆重、严肃,可以有一定的仪式,如当场竞选演说、当选干部代表发言等。这对当选的班干部和全班同学都是一次教育,也有助于树立班委会的威望。选举以后,要立即召开新的班委会,进行分工,明确职责,立即开展工作,并尽可能使班委会成立以后出现一些新气象。

二、班干部的培养

当代中小学生成长在中国经济飞速发展的年代,他们的人生观、价值观及心理状况都明显地打上了时代烙印,他们普遍思维活跃,有强烈的自尊心、荣誉感,乐于助人且有工作热情。在实际工作中,班主任应重视根据学生的心理特点来培养班干部。

(一)培养班干部学会做人

学会做人是联合国教科文组织提出的现代教育"学会认知、学会做事、学会共处、学会学习"四大目标的重要体现,著名教育家陶行知也提出"千教万教教人求真,千学万学学做真人",强调了学会做人的重要性。学校学生教育的理念之一是"先做人后做学问",而对学生干部的要求是"以德为先",所以在培养学生干部时,应将教学生做人放在第一位。学生干部的工作很大一部分是处理人际关系的工作。对于同一件事,善于处理人际关系的学生干部做起来得心应手;反之,如果没有良好的处理人际关系的能力,就会在实际工作中受到不必要的阻力。在跟学生干部交流的过程中,班主任除了跟他们探讨活动本身的工作方法、过程优化和效果外,还应提醒他们反思在为人方面需要改进的地方,要照顾到合作和参与的其他同学的情感和感受,跟他们一起反思和探讨怎样可以做得更好。经过一段时间的提醒、强化和磨炼,有些班干部对工作就会考虑得更周全,更加能得到同学们和老师的认可。

(二)与班干部探讨工作方法

学生干部的工作开展是否顺利,工作效果是否能得到师生的认可,很多时候取决于工作方法是否得当。班主任平时应重视与学生干部探讨处理和解决问题的有效方法。比如怎样统筹安排同时要做的几项工作,如何调动同学们参与活动的积极性,如何引导同学们在个人利益与集体利益冲突的时候做到顾全大局等问题。有了这些法宝,班干部工作起来就会得心应手,即使偶尔出现了问题,也会在思想上和方法上给他们最强有力的支援,他们完全可以放下包袱,信心十足地投入到工作中去。

(三)树立班干部的威信

班干部威信高低、执行力强弱直接影响着班级管理工作的效果和质量。为了让班干部在同学中尽快树立起威信并顺利地开展工作,班主任应严格要求班干部必须重视自身修养以及在纪律、学习和生活等方面的表率作用,并注重对他们自我管理能力和自我控制能力的培养与提高。此外,对班干部的工作也予以热情帮助与支持。如果工作有了进步或取得成绩,一定要及时在全班同学面前给予表扬、肯定;一旦工作中出现失误,要与当事人沟通,鼓励他们及时承认错误，并表达积极改进的决心，必要的时候和他们共同承担责任，但是绝对不掩盖错误，偏袒班干部。这样做既充当了他们强有力的后盾，也帮他们在班集体中树立起了威信。

（四）给予班干部充分信任

通过精心的选拔，班主任选出的班干部一般都具有较强的工作能力。再加上一段时间的锻炼和培养，整个班干部队伍在工作上已经表现得比较成熟，具备一定独立开展工作的能力。这时班主任应鼓励班干部大胆放手工作，并全程关注他们的工作情况，以便必要的时候给予建议和支持。一般是建议他们在工作之前先列出流程，然后设定主要负责人，必要时班干部队伍中的多数同学都参与到活动中，同时要鼓励非班干部同学参与活动。在工作过程中，注意分工明确，责任到人，同学之间相互支持和帮助。通过一系列的活动，不但锻炼了班干部的工作能力、协调能力，发挥了他们的创造性，同时培养了他们的团队合作精神，而好的工作效果又得到了同学们的认可，树立了班干部的威信，可谓一举三得。

班干部是班主任的得力助手，班级管理的核心力量。培养班干部需要教师有智慧、有策略、有方法。教育家马卡连柯曾经说过："教育了集体，加强了集体，以后集体自身就能成为很大的教育力量。"班干部队伍对班集体有着"以点带面"和"以面带面"的作用，班干部队伍直接影响班级的班风与学风建设。实践证明，做好班级管理工作，必须依靠一支优秀的班干部队伍，班主任一定要重视班干部的培养工作。

三、班干部的使用

班干部是班主任的左膀右臂，若没有班干部，班级工作就很难开展。在班干部的使用过程中，可遵循以下几个基本要求。

（一）用其所长

班主任要充分发挥班委成员的各自特长，让其主管自己擅长、自己喜欢的工作，使班委对自己分管的工作有能力、有兴趣去完成。同时还要充分调动其他同学的积极性，充分发挥全班同学各自的特长，对有特长的同学委以专职，而不是让班干部单枪匹马自己去干。例如，让有书法、绘画等方面特长的同学担任板报组组长、书画兴趣小组组长；让喜欢唱歌、跳舞的同学担任教歌员和舞蹈教练；让喜欢踢球的同学担任足球队长；让班委协助这些同学开展活动。这样，既可减轻班委工作负担，又可发挥同学的特长，调动同学的积极性，活跃班级生活，使同学更加关心班集体。

（二）严格要求

班主任不能因为班干部为班级做了工作、为班级出了力，犯了错误就不批评、不处理。因为班干部是班级同学的表率，如果班干部不严格要求自己，必然会降低自己的威信。例如，班干部犯了错误不处理，班级纪律就会变成一纸空文，班干部也无法管其他同学；另外，还会增长班干部的自高自大心理，把自己看成高人一等的学生贵族。

（三）尊重爱护

班主任要积极主动帮助班干部解决工作中的困难，指出其自身以及工作中的不足。一个班级有几十名同学，各种各样的同学都有，班干部的工作不可能使每个同学都满意。对心怀不满的同学，班主任一定要做好这部分同学的思想工作，让他们理解班干部，支持班干部的工作。对一些经常违反纪律，给班干部出难题的同学，班主任要积极引导进行细致的思想教育。对班干部工作中的失误,班主任要及时指出并提出改进意见。对班干部自身的不足,班主任要提出努力方向,使班干部的威信和能力不断提高。

第四节　健全班集体的组织结构

从根本上说,班级是一种教学组织形式。伴随着班级的不断发展,其组织结构也得以不断完善。班集体组织结构是一种组织中的工具性角色结构,它对班集体的健康发展,特别是对学生人格的养成和能力的提升发挥着十分重要的影响作用。因此,班主任必须重视班集体组织结构的建设和完善。

一、班集体组织结构建设的内容

班集体组织结构建设的内容从总体上来看,主要包括班集体愿景的确立、班集体组织机构的建立和班集体组织规范的制定等几个方面。

(一)班集体愿景的确立

在实际的班级管理活动实施前,班主任应当对班集体愿景进行设计,并制订出班集体愿景实施方案。班主任预先设计的班集体愿景要成为班集体组织结构的组成部分,就必须把班主任所设计的班集体愿景转化为班集体组织的实际愿景,这就是班集体愿景的确立。班集体组织愿景的确立是一个过程,包括班主任提出班集体愿景、班集体成员结合自己的愿望讨论班集体愿景、最终达成班集体愿景共识等三个阶段。

1. 提出班集体愿景

提出班集体愿景是指班主任把自己设计的班集体愿景向全班同学介绍,以使班集体成员了解班集体愿景,从而为班集体愿景的确立创造条件。班主任提出班集体愿景必须考虑特定年龄阶段中小学生的语言特点。在书面语言尚不丰富的小学低年级,班主任的口头介绍尤为重要。不仅如此,班主任也要把自己设计的班集体愿景向任课教师和学生家长介绍,使班集体愿景能够成为包括任课教师和学生家长在内的共同愿景。

2. 讨论班集体愿景

班集体愿景只有成为班集体成员的共识,才是实际的存在。而要使班集体成员达成愿景共识,班主任就必须让班集体成员对班集体愿景展开深入的讨论。在组织班集体成员对愿景进行讨论时,班主任要注意加强对学生的引导。中小学生的年龄特点以及他们作为班集体成员的角色,使得他们并不能自觉地从班集体整体来考虑问题,这就需要班主任对学生进行班集体组织生活的介绍,让他们知道如何过组织生活。经过班集体愿景的讨论,班集体愿景逐渐融入学生个体的愿景之中。通过对班集体愿景的讨论和学生个人愿景的表述,才能最终确立班集体实际的共同愿景。

3. 达成愿景共识

要达成全班愿景共识,班主任就要对班集体愿景的讨论结果进行评估。评估的重点可以侧重于以下几个方面。第一,学生是否充分理解自己的愿景设计。如果学生不能够充分理解,就需要进一步向学生做出说明。如果大部分学生始终不能理解班主任的设计愿景,就要反思愿景的适切性,并进行适当的修改。第二,愿景设计是否符合班级学生的发展实际。设计的愿景如果低于或高于班级学生的实际情况,都要进行一定程度的修改。第三,愿景设计是否充分吸纳学生个体的积极意愿。积极吸纳班集体个人的意愿,必定能够使愿景充分彰显其个性,也必定会为班集体大多数成员所认同和接受。

（二）班集体组织机构的建立

班集体作为正式的社会组织,要具有一定的组织机构。组织机构的建立往往能为班集体的正常运行提供坚实的基础。一般而言,班集体中的正式组织机构主要存在以下几种形式。

1. 班委会

班委会是班集体的核心组织,其成员由班主任任命或由民主方式产生。班委会设班长、副班长、学习委员、宣传委员、文艺委员、体育委员、生活委员和劳动委员等。班委会的产生方式,应视班集体的具体情况而定。小学低年级班委会可在班主任指导下民主选举产生,也可任命。高年级可以充分发扬民主,也可竞选产生。班委会下可设 4～5 个行政小组,并选出相应的组长。班委会在班主任的指导下,由班长领导,相对独立性地开展班集体的各项工作。在中小学班委会的建设中,班主任要根据学生自治能力发展的可能性来发挥其作用,既不可低估也不能高估学生的自治能力。

2. 值日班长

值日班长负责检查督促班集体各个岗位的工作,处理班集体当天发生的事情,协助班主任安排当天的工作,并负责对班集体各项工作及时进行总结。实行值日班长制度,班主任需要进行精心的指导,以便使更多的同学都来关心班集体的工作,并在工作获得锻炼的机会。

3. 各种类型小组

学生是班集体建设的主体,班级必须给每个学生创造一个表现自我、发展自我、塑造自我的空间。要在班集体内部建立各种类型的小组,实行组长负责制,并定期轮换,以使更多学生都能得到锻炼的机会。例如,学习小组、兴趣小组、文艺小组、体育小组等。学生在各个小组内能够有效地开发自己、展示自己,得到锻炼。当然,班集体机构的建立并不是一蹴而就的,它往往要有一个较长的完善过程。从促进学生发展的目标出发设置机构能有效地开发学生个体的聪明才智,培养班集体骨干及班集体成员的主人翁意识,从而使组织机构成为班集体建设的支柱。

4. 学生会议

从民主管理的要求出发,班主任应当注意建立班集体学生会议制度。但是,在小学里,由于学生的年龄还比较小,以及学校管理制度上的差异,或班主任管理思想的不同,这一制度的建立和执行情况往往可能会存在较大的差异。

（三）班集体组织规范的制定

班集体规范的形成一般要从组织规范的制定入手。班集体组织规范就是班集体成员在日常教育教学活动中必须共同遵守的行为准则。班集体组织规范不仅有国家制定的,也有学校和班级自己制定的。从内容上看十分丰富,不仅有显性的,也有隐性的;不仅有倡导性的,也有禁止性的;不仅有强制性的,也有自愿性的。

1. 班集体组织规范的作用

班集体组织规范所发挥的作用可以从四个方面加以分析:第一,协调班集体与个人的行为,以保证共同活动的目标得以实现;第二,保护班集体与组织中个人的权益,一方面个人要服从组织,维护组织的权益,另一方面组织也要保障个人的发展权益;第三,塑造作用,班集体倡导性的规范为学生提供了行为参照,班集体规范成为学生的行动指南和行为准则,并潜移默化地塑造着学生的行为;第四,警示作用,班集体规范中的禁止性规范起着防范作用,用以警示班集体中的每个成员。

2. 班集体组织规范体系

班集体组织规范体系主要包括班集体组织制度、行为规范、集体舆论与班风等。制度与行为规范是班集体组织规范的内容,舆论与班风是班集体组织规范的支持力量。首先,班集体制度使班集体教育和管理行为有章可循,使班集体工作常规化和制度化,从而有利于稳定教学秩序,提高教育质量。班级制度一般是以文字形式加以表达的,用以指导、约束班集体成员的言行,协调和联系班集体组织成员之间的关系。班级制度必须组织全部同学共同参与制定,制度的内容涉及日常生活、教育教学、考核评价等各个方面,以此来统一班集体成员的行动。其次,行为规范主要是指中小学生所要遵循的行为准则,包括对学生品德、仪表、生活方式等的要求,人际交往中的要求,以及学校集体生活的要求等。

3. 制定班集体组织规范的要求

制定班集体组织规范要讲求实效。班集体规范的效果,取决于学生的遵从水平。一般认为,学生遵从规范存在着三种不同的水平,即服从、认同和内化。首先,在班级初建阶段,学生对规范的认识是服从。学生在外力的控制下对规范的遵从,是为了获得奖励或避免受到惩罚。其次,随着班集体组织的发展,班集体组织规范逐渐被学生所认同。认同是学生以他人为榜样进行模仿而表现的遵从。最后,当班集体组织达到成熟阶段时,班集体规范就会内化为成员的行动。内化是学生真正认识到规范要求的重要性、正确性以及它的社会价值,认为自己必须按照规范行动,把规范转化为行为的要求。这样,规范逐渐就会成为个人较为稳定的观念和行为习惯。要想使班集体的建设有序进行,班主任就要在学生对规范已有认识的基础上加以引导,从而使班集体大多数学生达到规范内化的水平。

二、班集体组织结构范式的转换

伴随着管理科学、组织行为学、教育学、心理学等学科的发展,以及基础教育改革的深入推进,班集体组织结构范式也正经历着变革和转换。这种变革和转换主要体现在以下几个方面。①

(一) 班主任角色的重新定位

班主任角色的诸多隐喻,如家长、保姆、生活导师、精神向导、引领者等都未能揭示班级整体概念的内在属性。班级组织是一个多变量系统,包括人员、结构、技术、资源、任务,与外界不断发生着信息与能量的交互渗透。因此,班主任工作具有综合性和创新性。班主任应当是领导者,发挥其领导职能。领导是通过战略视野的架构和策略的改进,总结班级工作的基本任务和原则,探索决策、管理、指挥、用人的方法,揭示班级组织活动的特点和规律,使班级领导科学化、高效化。

班级领导包括目标领导、价值领导、道德领导、专业领导、文化领导等多个方面。班级组织领导包括五项基本职能:第一,确定班级发展的目标与方向;第二,培养人才,组建班、团、队干部;第三,创设必要的制度与环境,充分授权;第四,评定班级工作绩效;第五,激励、协调

① 杨如林,王旭升. 班级组织变革:价值重构与范式转换[J]. 宁夏师范学院学报,2014,35(1):156-160.

与沟通。与管理不同,领导往往要做出一种文化与价值判断,在育人目标、治班理念、班级特色和未来走向上做出正确的决策。

(二) 班级自组织系统的完善

班级组织是一个小型社会,是学习共同体。班级管理需要打破传统、严格控制、指令性的纵向组织结构,建立灵活、灵敏、柔性和富有创造性的横向自组织系统。以"兴趣主导,任务驱动"为基本指向,根据学科特点、现实问题、学生个性特征、学校资源、当地文化生态组织各种小型部落,如各科兴趣小组、读书会、记者团、学生论坛、调研协会、英语沙龙、体育俱乐部、话剧组、创作协会、环境志愿组织等。

班级自组织系统具有以下六个特点:第一,基于个人兴趣而非外部要求,有充分的激情干好自己的事;第二,通过个人潜能、性格、专业化水平自行分配职责;第三,组织内部目标一致,通过协商而非竞争解决面临的问题;第四,运用首创精神和进取心,欢迎创造性和新事物;第五,利益共同体,要求勤奋,注重节约;第六,知识往往在非特定地点、环境和时间通过实践和交往而获得。

班级自组织系统的完善是以个人自由以及人与人之间的权利平等为基础,以保证学习中的个人自由和权利平等,方便个人有效谋取自己的教育利益为特色的组织范式。相对于班级组织的前后左右有序的矩阵式以及自上而下、上传下达的职能式组织排列方式,班级自组织系统则表现出自创生、自生长、自适应的动态运行过程。在自组织之间的相互作用下,知识呈现多重组合与交融样态,学生通过与环境的交互作用形成对现实状况的理解,在丰富多彩的生活世界中形成对生命的体悟。

(三) 参与式管理模式的建构

参与式管理的特点在于:在管理目标上倾向于按学生自身需要定制,灵活地自发调整;组织设计上强调学生的团队精神和创造性,集中于核心学习任务,学生集体合作攻破难关;学生留有对实际问题的决策余地,以及对学业水平的自我控制;依赖激励与惩罚机制以自我推动的方式,进行自发性横向交流;共同协商,共建班级文化,通过开创具体学习项目活动以增强学习潜能和创造潜能,以及集体对新信息的反应性;强烈的集体责任感迫使对落后者提供帮助以实现集体效能。参与式管理的最高理想是适应多样化情境,追求高思维水平和高积极性的合作者以应对复杂的学习任务。

学生自主管理主要体现在以下六个方面:第一,参与教学过程,建立学生反馈相关教学信息的长效机制,教师与学生之间"融合式"探索教学中存在的问题和学生的实际需求,提倡教学互动,实现教学相长。第二,参与班委的组建,班委会不是通过班主任任命而是通过学生民主选举产生,建立班委会定期选举制度和监督机制,畅通学生对班级管理的各种渠道,使每个学生都能建言献策,化解管理与被管理之间的天然界限。第三,参与班级制度建设,学生通过科学调研形成针对实际问题的议案,通过小组讨论,形成班级制度草案,再通过民主决议,最终形成班级管理制度以及班级监督管理制度。第四,参与班级文化建设,以主题性文化活动为主要依托,通过分层次解读人文素质教育内涵,形成班级浓郁的人文氛围。第五,参与组织服务,学生通过加入各类学生组织,参加学生组织的各类活动,能够很好地实现自我教育、自我管理、自我发展,加快自我社会化进程。充分重视新兴学生组织和虚拟学生组织的构建,从而引导学生对热点问题的探究。第六,参与实践创新,把学生参与社会实践活动作为素质拓展必修学分,要求全体学生利用寒暑假参与各类社会实践和社会调研活动;

扶持学生自主参加组建的学生科技团体,与学校整体科研立项接轨,在校园营造浓郁的科技创新氛围。

(四) 信息化管理平台的搭建

班级信息化管理具有开放性、共享性、交互性与协作性等基本特征。开放性打破了以学校教育为中心的教育体系,使得教育社会化、终身化、自主化。共享性是信息化的本质特征,它使得大量丰富的教育资源能为全体学习者共享,且取之不尽,用之不竭。交互性能实现"人-机"之间的双向沟通和"人-人"之间的远距离交互学习,促进教师与学生、学生与学生、学生与其他人之间的多向交流。协作性为教育者提供了更多的"人-人"、"人-机"协作完成任务的机会。

班级信息化管理主要包括以下三个方面内容:第一,搭建资源共享平台。以学生和教师两个信息库为出发点,关注学生的成长和教师的专业成长,注重学生和教师的长远发展。整合学生的学籍、成绩、考勤、宿舍管理以及成长记录档案等建立学生信息库,通过收集整理教师的基本信息,建立教师信息库,实现师生资源共享。第二,建立教师、学生及家长之间的沟通机制。随时公布班级特色、组织结构、班会、班级活动及文化建设,使教师能够在第一时间掌握班级动向,使班级管理工作保持动态开放状态。同时,学生能够通过信息平台及时了解班级管理工作,对班级工作提出意见和建议,有利于推进民主化管理进程。家长可以随时了解孩子在班级的表现和学业状况并能和教师保持沟通,有针对性地配合学校工作。通过开通班级微博,师生之间可以在虚拟世界展开真诚对话与心灵碰撞,避免了真实交谈中的紧张感。第三,形成科学、公开、透明的信息化评价机制。信息化评价是评价者运用信息化标准对评价对象的各个方面进行量化和非量化的测量过程,并最终得出一个可靠的结论,是客观、科学地反映信息化水平的重要手段。信息化评价从方法上避免了教师对学生可能的主观偏见,从评价内容上排除了通过学习成绩评价学生的单一标准,从主体上体现了学生自评与互评的多主体性特点,从性质上体现了形成性评价和终结性评价、量化评价与质化评价相结合的特点。

三、班集体组织制度的健全

班集体组织制度是班集体成员在教育教学和日常生活等活动中必须共同遵守的行为准则。它一般以文字的形式表达一定的行为规范,用以约束班集体成员的言行,调节集体内部的人际关系。它要解决的是班集体成员在一定条件下应当干什么、怎么干以及相应的标准和要求等问题。

(一) 班集体制度的类别

1. 职责类制度

职责类制度是班集体管理中最基本的制度。建立班级管理的责任制,是班集体制度管理中一项十分重要的工作。班集体管理人员的岗位职责,根据目前的组织设置,主要应包括班主任工作职责、任课教师工作职责、班长和副班长职责、学习委员职责、劳动委员职责、生活委员职责、体育委员职责、文娱委员职责、宣传委员职责、课代表职责等。

2. 常规类制度

常规类制度是指把班级大量反复出现的日常管理事务,按其各自内在规律与学校要求,制定出师生都必须遵循的规则,使之成为正常状态下相对稳定的工作准则和行为规范,以保证正常的学习和工作秩序。班集体常规类制度，就学生而言，最主要的是学生守则和学生日常行为规范。具体地说，有课堂规则、作业规则、考试规则、实验规则、课间操纪律、劳动纪律、请假制度、卫生保健制度、爱护公物的规定、讲究文明礼貌的规定等。

3. 考核类制度

如果仅有职责类和常规类制度，而没有与之配合的考核类制度，那么职责与常规中的要求就不易落到实处，因此，考核类制度对其他制度的贯彻执行具有保证监督作用，是不可缺少的。由于考核类制度是根据其他制度中的要求来制定的，这就使不同班集体的考核制度无论从数量上还是内容上，都可能有较大的差别。一般情况下，就学生这一方面来看，可以制定德、智、体、美、劳各个方面的单项考核制度，也可以制定整体工作的综合性考核制度。

4. 奖惩类制度

奖惩类制度是与考核类制度相配套的一项重要的管理制度。考核类制度只有与奖惩类制度结合起来使用，才有它的现实意义。奖惩类制度只有以考核类制度为基础，它的效用才能得到最佳的发挥。因此，考核类制度与奖惩类制度是相辅相成、协同作用的。班集体管理中的奖惩制度，与学校中的奖惩类制度有着较大的差别。一是它没有经费，只有精神性奖励，而没有物质性奖励。二是它没有处分学生的权力，一般只有批评教育，而没有行政处分，但有向学校反映和建议的义务和权力。根据这种情况，班集体管理中的奖惩制度，就不能不充分注意班集体仅是学校基本单位这个特点，因此，班集体管理中的奖惩制度，一般比较单一而不太复杂。但这并不意味着它可有可无。如何科学地制定并有效地运用奖惩类制度，使之发挥良好的教育作用，仍然需要班主任发挥创造性，深入进行研究。

（二）班集体制度的内容

1. 政府部门制定的制度

政府及教育部门颁布的各种教育政策，虽然从整体上看有些不是直接针对班集体及学生管理的，但其中有些内容和条文是属于班集体管理制度范围的，因而在班集体制度管理中，必须很好地加以运用。除此之外，也有不少规范和制度是直接针对学生管理的。例如，学生守则、学生日常行为规范等，可以直接列为班集体管理的基本制度。

2. 学校制定的各种制度

这是学校根据上级政策要求所制定的各种常规制度和实施细则中有关班集体和学生管理制度的部分。应该说在学校制定的一系列管理制度中，绝大部分对班集体各项工作的管理，都是具有直接指导意义的，有的完全可以移植、改造和具体化为班集体制度，如请假制度、考核制度、奖惩制度、课堂规则、作业规则等。对于这一点，班主任应有清楚的认识，切不可无视学校既有的制度去搞另一套，造成上下不一致和相互矛盾的情况出现，从而影响班集体制度管理的效果。

3. 班集体制定的制度

这是班集体根据党和政府及教育行政部门和所在学校的要求，结合班集体实际情况而制定的具体制度。这些制度的内容一般都比较明确具体，大部分是上级各种规定和制度的具体化。当然，也有不少是为班集体管理而单独制定的制度，这些制度虽然从数量上看不是太多，却是体现班集体管理，特别是制度管理特色的一个重要方面。

（三）班集体制度制定的要求

建立健全班集体制度，这是班主任实施制度管理的前提条件。班集体制度不仅是师生行动的指南,而且是检查评比、总结奖惩的重要依据。俗话说,良好的开端是成功的一半,对于班集体制度管理来说更是如此。能否建立一套切实可行、行之有效的班集体制度,直接关系到班集体建设的成败。为此,需要抓好以下三个方面的工作。

1. 统一认识,发挥班集体制度的积极作用

在对待班集体制度建设的问题上,历来存在着两种错误的认识和做法。一是无视班集体制度的作用,把制定制度同"管""卡""压"等同起来,不善于利用一定的条文规范,对班集体的日常工作进行管理。二是把制定制度看成是管好班集体的"灵丹妙药",热衷于制定各种各样的条条框框,似乎制定得越多越细,也就越好。事实上,一个班集体如果没有一套合理的并得到彻底实行的管理制度,师生就没有行为规范的合法界限,或无所适从,或各行其是,是非善恶观念就无从谈起。相反,如果用繁多庞杂的框框去约束人,就会在不同程度上禁锢师生的思想,压抑其积极性,从而导致班集体工作的教条化、模式化、简单化,扼杀班集体应有的勃勃生机。因此,在这个问题上,班主任应教育集体成员统一认识,保持清醒头脑,既不能因噎废食,也不能搞繁琐哲学;要发挥集体制度的积极作用,防止和克服它的消极作用。

2. 注意做到四个方面的统一

第一,目的性和教育性统一。制定班集体制度的根本目的是为了育人,是为了调动、发挥和增强班集体成员学习和工作的积极性和创造性。第二,政策性和规律性统一。班集体制度应该符合党和国家的方针政策,特别是有关教育法规,同时应符合教育教学及管理过程的客观规律,以及学生的身心发展规律。第三,民主性和群众性的统一。要在充分发扬民主的基础上,进行必要的集中,以使集体制度得到集体成员的认同,增强群众基础,为贯彻执行创造条件。第四,求实性与可行性统一。要深入调查研究,摸清班情,切实根据需要和可能来确定制度的内容和条文的多少,切忌不加消化地照抄照搬校外班级制度。

3. 增强各制度间的内在联系

制定好各项制度是十分必要的和重要的,但仅此还远远不够,还必须努力增强各项制度之间的内在联系,使之形成合理的结构,组成一个有机统一的整体,发挥出整体的效应。为此,从纵的方面看,必须努力加强新旧制度的前后联系,及时取消旧制度中不合时宜和有害的部分,同时补充新内容。切忌不加分析地全部推倒重来或兼收并蓄,必须坚持批判性和继承性的统一。从横的方面看,在制定制度时,不是只从一事一时一个方面来考虑,而应从班集体的全局整体来考虑,看有无必要制定某一制度,应该规定哪些内容,这个制度与那个制度的关系怎样,这一条与那一条的联系如何,以防相互矛盾、相互抵消的现象发生,从而使各项管理制度的条文相互依存、相互照应、相互渗透,较好地发挥整体大于部分之和的功能。

第五节　培养正确的集体舆论和班风

在班集体的影响因素中,集体舆论占有突出的地位。教育家马卡连柯认为:"只有建立了统一的学校集体,才能在学生的意识中唤起舆论的强大力量,这种舆论的力量,是支配学生行为并使它纪律化的一种教育因素。"①正确的集体舆论是学生自我教育的手段,也是形

① [苏]马卡连柯.论共产主义教育[M].刘长松,等译.北京:人民教育出版,1956:353.

成和发展班集体的巨大力量。班风发端于舆论的形成，一个班集体舆论持久地发生作用，就会形成这个班的班风。正确的集体舆论和优良的班风的形成，是优秀班集体建立的重要标志。

一、班集体正确舆论的培养

舆论是社会心理学研究的重要内容，它在社会认知、人际交往以及人际沟通中发挥着重要作用。班集体舆论是舆论在班集体这一特定领域的具体反映。

（一）班集体舆论的含义

所谓舆论，是指群体中占优势的言论和意见，也可以说是信息沟通后的一种共鸣。个人在社会中遇到一些事物、现象，必然会产生不同的主观反应。起初这些反应并不统一，但经过彼此间相互作用后，逐渐保留统一，淘汰异见，最后形成一种相同的看法并流传开来，便成为舆论，对社会发生更大的影响，并产生连锁反应。舆论一般具有以下几个基本特征。一是为大多数人赞成和支持。某种意见，即使有人大力宣传和提倡，但未取得大多数人的赞成与支持，那么这种意见并不能称之为舆论。相反，那种为大多数人所赞同与支持的意见，不管其变化形式如何，都可称为舆论。例如，目前社会上人们对于重视教育问题的一些看法，为许多人所赞同，即使不表态，也是内心赞同的，故可以说是代表社会的舆论。二是舆论所涉及的对象是与大多数人的利益相关。当社会上出现某些特殊的现象与社会固有的风俗传统、伦理道德相悖，人们感到这种情况不利于社会的安宁与幸福时，便会做出种种议论。三是有效性。能否使某种观点成为舆论，最主要的是其有效性，即这种观点能否发生社会影响。凡是不能发生效力的议论，就仅仅停留在意见阶段，而不能将它说成是舆论。四是两面性。既有健康的舆论，伸张正义，驱邪扶正，引人奋发向上；也有消极错误的舆论，混淆是非，颠倒黑白，涣散人心。

所谓集体舆论，是指在集体中占优势的为大多数学生所赞成的言论和意见，借助于集体讨论，以褒贬形式来肯定或否定集体动向或集体成员言行。它是个人和集体发展的一种力量，是学生自我教育的重要手段，也是形成和发展班集体的巨大力量。一个健全的班集体，需要具备共同的奋斗目标，需要拥有优良的班风和学风，在班集体建设中更离不开正确的舆论导向。在班集体建设过程中，正确的舆论起着至关重要的作用。它是一种无形的力量，保证集体的发展方向，发扬积极因素，克服消极因素。它能扶持班上的好风气、好精神蒸蒸日上，发扬光大，它能把班上的坏现象和不良思想消除在萌芽状态。一个班级，有了正确的舆论，好人好事会层出不穷，歪风邪气便没有藏身之处。

（二）班集体舆论的心理作用

1. 评价作用

班集体舆论总是反映着班内多数人的意愿、态度和倾向。因此，正确的舆论必然形成一种巨大的影响力，对班集体的矛盾和冲突，对班集体内某些事物的是否、美丑能够进行评论，使错误的东西感到一种压力，并且在压力下不得不发生改变。

2. 同化作用

由于班集体舆论本身产生的压力，使一些班集体成员自觉或不自觉地改变“顺应”，使错误的言论被战胜。不仅如此，班集体舆论的形成是一个传播、扩散的过程，作为一种信息的沟通而引起多数人的共鸣，这是一个认知上的影响过程，同时也是一个情感上的感染过程。

3. 驱动作用

班集体的正确舆论,对一切道德的行为和美好的事物都是一种肯定、支持、鼓舞和激励,因此,它的一个重要功能是在班集体内部产生一种驱动作用。

(三) 班集体舆论的特点

1. 内容广泛

随学生年龄增长,他们对社会关心程度逐渐增强,自身认识逐步提高,班级舆论既有对国家前途的展望,也有对个人命运的忧虑;既有对社会腐败的痛恨,也有对金钱万能的理解。班集体舆论所反映的是学生感性世界和理性世界的全方位信息。

2. 社会化倾向

学生不单以自己的眼光去认识、分析事物,在许多情况下,是以其他社会角色的耳目去认识事物、分析事物,从而使班集体舆论具有一定的社会意义。

3. 否定现实

青少年学生对于社会发展具有较高的期望值,因而容易忽视社会发展背景条件的差异,对社会发展过程中出现的诸如腐败、不公等现象感到不能容忍,导致在班级舆论中具有较强的偏激、片面情绪。

(四) 班集体舆论的培养

1. 加强班集体民主作风

班集体舆论是全体学生参与形成的。因此,培养班集体的健康舆论要从加强班级的民主作风开始。无论是建立组织、评比先进,还是班级日常管理,都应采取民主公开的形式,让学生生活在一个公平和谐的集体中。这样选出的班干部才有凝聚力,评出的先进才有感召力,处理的事情才有说服力,全体班级成员才有主人翁的责任感。只有这样班集体舆论才能从根本上起到作用。

2. 班主任注重以身作则

班主任要善于以自己的言行把班集体舆论引向正确方向。班主任不仅对学生负有教育和管理的责任,并且他的精神风貌往往会成为班集体风尚的重要影响力量。班主任的言行、思想和观点,很容易被学生接受,内化为他们的观点,进而形成一种班级的舆论。这正是班主任影响班集体舆论的优势所在,正所谓“亲其师,信其道”。要做到这一点,班主任必须具有高尚的道德品质、健康的精神世界,真正成为学生的思想导师和生活益友,以自己的言行有效地引导班级舆论向着健康的方向发展。

3. 预测班集体舆论的发展趋向

一个集体中,舆论不是一成不变的,而是随着内外部环境的变化而不断变化。不同的学年段学生关心的问题是不同的。班主任应当抓住规律,结合对社会大环境和班级小环境的分析,准确预测舆论趋向,从而有的放矢地开展工作。事先打“防疫针”,比起事后堵“窟窿”,学生易于接受,可谓事半功倍。这就要求班主任要善于在繁杂的具体事务中研究、归纳出带有普遍的东西,从而有效地引导班集体舆论的走向。班主任可以通过宣讲学校的管理规定和师生的行为规范,指导学生阅读一些有教育意义的书刊和文艺作品,来培养班集体的健康舆论。

4. 培养和形成班集体核心

要培养健康的班级舆论,最重要的一点就是要形成一个真正代表班集体意愿和要求的核心。一个集体的核心,有法定的和自然形成的两种。法定的核心是班干部。班干部是学生的领头雁,是管理班级、形成健康舆论导向的主力军。班主任必须重视班干部的选拔、培养和使用,要选准对象,从严要求,激发热情,树立威信,教给方法。自然形成的核心有成绩优秀的、有良好人际关系的学生等,班主任和班干部绝不能低估了他们的作用。要帮助他们提高分析和评价舆论的能力,使他们和班委会一班人真正形成一个集体的核心,一个代表正确舆论导向的核心,这是形成健康班级舆论的重要基础。

5. 利用评价引领班集体愿景

对于班集体舆论进行客观的评价,是培养班集体健康舆论的有效方法。班主任应不失时机地对班集体出现的舆论加以评价,使学生明辨是非。要利用大力表扬好人好事,组织学生讨论、评议不正确的言行倾向等各种适当的形式,表达集体的正确愿望与要求,使其成为集体中舆论的中心。也可以通过组织学习政治时事、看电影、读文艺作品等,让学生知道什么是在我国占主导地位的社会舆论,使健康舆论成为巩固班集体的强大力量。

6. 遵循班集体舆论形成规律

心理学认为:"舆论的形成与扩散,带着浓厚的情绪色彩。"因此,要在班集体内形成一种共同的意见和观点,必须考虑多数人的需要和情绪,不能以个人的好恶来强行"推行"某种观点。要考虑多数人是否有可接受的心理准备和思想基础,否则舆论不能扩散和沟通。班主任应注意耐心倾听各种学生舆论,不应盲目粗鲁地压抑学生的情绪,违背多数人的意愿而"制造"出的舆论肯定是苍白无力的。班主任可以创造条件,使多数学生的意见、观点能够有相互作用,逐渐汇聚,最终导致趋同的机会。例如,通过组织讨论会、思想交流会等,使正确的言论得以充分表达,发挥其积极的影响作用,并形成一种强大的力量,使集体的健康舆论真正形成。

7. 抓住培养班集体舆论契机

要培养健康的班集体舆论,班主任就要善于抓住一切有利于培养健康舆论的契机。例如,学校运动会、文艺会演、主题班会、课外活动等,这些活动的开展最能体现班级的生命力,最能充分展现学生的个性和思想,检测班级的舆论导向。因此,对于任何一次集体活动,班主任都要严密组织,精心策划,巧作安排。班主任要注意活动的过程,因为组织得法的过程本身就是一个教育过程。活动结束后,班主任要及时予以总结,大力表彰好人好事,引导学生讨论、评议不正确的言论和倾向。发挥班级舆论扶正压邪、鼓舞人心的作用,是形成健康的班集体舆论的重要手段。

二、优良班风的营造

班风是指班级的作风和风气,是班级大多数成员的思想认识、情感意志和精神状态的综合反映,是班级建设的核心和精髓所在。班风由于反映了一个班级成员的整体精神风貌和个性特点,因而也是班级的内在品格与外部形象的体现。班风决定着班级发展的方向,对班级建设有着重要的导向作用。所以说一个班级的班风非常重要,良好的班风一旦形成,就会发出强大力量,增强班级的凝聚力和约束力。

(一)优良班风的作用

1. 教育引导作用

班风的形成,在班级成员中产生了集体的感受、情感、习惯和舆论,个人荣誉自觉地与集体荣誉紧密联系在一起,起到了教育人、引导人的作用。一是表现在对班级思想教育上,共同的理想、信念和价值观,在班级成员中成为共识的言行标准。二是表现在个人的人际交往、学习和生活中,由班风而形成的价值取向影响着个人的思维习惯和道德品质。三是表现在当班级中个别成员的言行偏离了班级的共同价值取向时,班级成员对其的真心帮助,班风的教育引导作用便显现出来了。

2. 向心凝聚作用

班风的形成是集体参与的结果。经过班级所有成员的不断努力,逐渐形成了班级成员共同认可的价值取向,因此,班风一旦形成,便成为班集体成员共同的行为准则,产生向心力、凝聚力。一是表现在班级成员普遍感受到集体的认同感、荣誉感,促使班级成员把集体放在价值体系的重要位置上;二是表现在班风对每个成员的思想行为、价值取向产生影响,积极向上的班风成为凝聚班级成员的无形力量;三是表现在这种向心凝聚力的影响下,班级呈现出强烈的归属感、群体意识和团队精神,形成相互帮助、相互宽容、相互支持、共同提高的良好氛围。在以班级为单位参加的活动中,班风的向心凝聚力显得尤为明显。

3. 自觉约束作用

良好班风一旦形成,便形成了一种集体的心理氛围,它以一种潜移默化的形式对班级成员起作用,成为自觉约束班级成员态度、价值观和行动的因素。一方面,班风对班级成员言行、情感意识产生制约作用,个人不良的行为和价值观在班风的强大约束下,逐渐修正,以期达到班集体的认可;另一方面,班风不认可的行为和舆论,在班级成员中受到了自觉抵制,个人的言行在不知不觉中受到班风的制约。

4. 荣誉激励作用

优良的班风能够激励上进,陶冶情操。第一,班集体成员在集体中感受到班集体的温暖、力量,集体给个人带来的荣誉能激发学生积极上进的热情。第二,学习上互帮互学的风气激励学习差的学生努力学习,生活中的相互帮助能建立密切的人际关系,集体的认同感能激励学生养成良好的品质,各项班集体活动中的共同参与和相互鼓励,能激发学生的团队意识。第三,优良的班风能够使成员形成健康、活泼的心理素质。

(二) 优良班风的营造

1. 充分发挥班主任的引导作用

班主任的引导作用主要体现在引导学生确定班级的奋斗目标。班主任要从国家教育方针出发,结合自己班级学生的实际,引导学生制定班级的奋斗目标。不仅如此,班主任还必须经常向学生强调“目标”意识,鼓舞和引导班级学生为实现班级目标而努力。强化“目标”意识可以两个方面入手:一是利用每天晨会时间;二是利用学校与班级组织的各项集体活动。集体活动是培养学生荣誉感、班风的最佳途径。学校组织的体育节、艺术节、黑板报评比和班级组织的主题班会、晨会、大扫除等活动,尽量让每位同学都参与其中,而不只是部分同学的特长表演。由于分工明确,每个人都有自己的职责,学生们自然乐在其中。这样每个人在活动中都能体会集体的快乐,感受集体的力量,在活动中班级目标明确了,凝聚力、战斗力也就随之增强了。班主任的引导作用还在于通过抓细节,营造良好班风。教室地面卫生情况、晨读情况、自习课纪律、课堂学生坐姿、集会或社团活动纪律等,这些细节都能反映班风的情况。因此,班主任可以从这些细节入手,严格要求,营造良好班风。

2. 积极调动学生的主观能动性

学生是班级的主人，班风建设自然离不开学生的参与，而在其中起到核心作用的则是班干部。班风建设要想取得成效，没有一支高素质的班干部队伍作为骨干是不可想象的。班干部是班风建设中的核心，肩负着重大责任，他们能带动班级的高效管理，引导班级风气沿着好的方向发展。因此，班主任必须建立、培养一支高素质、高效率的班干部队伍。班主任每次在接手新班后，都会细致了解班级学生状况，然后选拔那些在学生中具有一定威信，而且有一定的工作能力的学生担任班干部，组成一个强有力的班委。这样学生组成的班委因为本身就有一定的威信，再加上班主任的支持，很快就能打开局面。他们本身就是各方面比较优秀的学生，一旦当选为班干部，他们的表率作用就能充分发挥出来，成为良好班风建设的主力军。当然，班主任也不能忽视榜样的作用，要善于用学生中的先进人物和先进事迹在班上树立榜样。班主任给学生树立榜样要分层次，给不同层次的学生树立不同的榜样，这样每个学生都能学习有目标、追赶有方向。同时，班主任自身也具有示范性的特点，其表率作用对学生有着特殊的影响。“其身正，不令而行；其身不正，虽令不从。”班主任以身作则，对学生来说就是无声的引导。

3. 家校协调配合共创优良班风

苏联教育家苏霍姆林斯基曾说过：“教育的效果取决于学校家庭的一致性，如果没有这种一致性，学校的教学、教育就会像纸做的房子一样倒塌下来。”学生的成长离不开学校、家庭、社会三个方面的影响。现在的教育是开放的、现实的、全方位的社会活动。班级是由几十个学生组成的集体，良好班风的形成自然也离不开家长、社会的配合。家庭教育不是学校教育的简单重复，也不是学校教育的简单继续，而是和学校教育互为补充的一条重要途径。因此，班主任还要经常和学生家长以及社区、社会有关方面联系，各方紧密配合，共同制定教育措施，及时排除班风建设中的各种不利因素。班主任要着力避免出现“5＋2＝0”的现象，不能让学生在学校里接受5天的教育，形成了好的班风，但是由于周六、周日在家，家长放任自流，不好的习惯又复原了；再加上又接触了社会，受到了社会上不良风气的影响，不仅把5天在学校的教育浪费了，下周班主任还得从更差的起点努力了。

第八章　班级管理的重心:抓好课堂管理

纪律不是方法,也不能成为方法。一旦把纪律看成方法,它就会立刻变成可诅咒的东西。纪律只能是一切工作的最后结果。在苏维埃社会里,只有在任何情形下总是善于选择最有利于社会的正确行为,并且不管任何的困难和阻碍、始终坚持这种行为的人,我们才有权利成为守纪律的人。

[苏]马卡连柯:《马卡连柯论青少年教育》

班级管理的根本目标在于学生学业水平的提升和身心发展的实现,而这一根本目标达成的重要场域是课堂。为此,班主任的工作重点必须聚焦课堂,切实做好课堂管理,营造良好课堂氛围,维护良好课堂纪律,优化课堂结构和进程,及时对学生的课堂问题行为进行管理和教育。从这个意义上而言,抓好课堂管理,正是班主任班级管理的重心。

第一节　课堂管理概述

课堂管理是班主任为了完成教学任务,调控人际关系,营造教学环境,引导学生学习的一系列行为方式。管理好课堂是开展教学活动的基石,班主任必须不断提高课堂管理的技能和艺术。课堂管理的相关要素包括物理环境和课堂纪律,基本模式有行为主义取向、人本主义取向和教师效能取向三种。学校管理水平、教师管理能力、学生学习行为、班级规模和班级的性质等,都会影响课堂管理的效果。

一、课堂管理的含义

课堂管理概念的界定,在很大程度上取决于人们对课堂和管理的不同认识。正是由于这些不尽相同甚至相反的认识,课堂管理便有了多种不同含义。例如,有学者认为,课堂管理是为实现课堂活动目标所运用的一种程序;有学者认为,课堂管理是协调课堂中个体和团体各种关系的一种决策;有学者则认为,课堂管理是处理课堂活动中各种矛盾与冲突的一种活动。上述观点总体上体现出课堂管理的两种取向:其一是监督和控制学生,让学生遵守规范;其二是引导和激励学生,让他们主动参与。据此,我们认为,所谓课堂管理,是指协调课堂人际关系、建立有效课堂环境、保持课堂互动、促进课堂生长、实现预定教学目标的过程。对这一概念,可以从以下几个方面加以解读。

(一)课堂管理通过创立良好的课堂环境,保证课堂活动的顺利进行

良好的课堂环境有助于外在控制向内在控制转化,为学生形成自律心理机制和促进“他人标准”与“自我标准”的统一创造条件,因而可以减少产生矛盾与冲突的可能性,并消解许多潜在的矛盾与冲突。有了良好的课堂环境,不仅课堂秩序的维持会收到事半功倍的效果,

更为重要的是会促进课堂中的创造,为课堂的持久发展创造条件。同时,在良好的支持性课堂环境下,课堂便能自组织和自我管理。由于学生在课堂中的自我意识总在不断发展,达到一定程度后,学生就可能凭这种自我意识去考察处在课堂各种关系中的自我,去洞悉个人与他人的真实关系,班主任所采用的作为"集体规范"的"他人标准"将经过学生本人的内化而成为"自我标准"。这时,班主任如果单方面采用外在控制常常不能发挥作用,最终也达不到维持课堂秩序的目的。有效课堂管理的方式是:确立目标行为,并伴随着必要的引导和持续性的激励,帮助学生自我管理,给学生成长的机会,让课堂成为师生共同建构生活的组织。因此,一个良好的课堂环境,不仅充满秩序,而且充满活力。

(二)课堂管理通过促进交流与互动,促进课堂活动的有效展开

课堂并非静止的空间,而是一个特殊的师生生活和成长的互动情境。课堂活动也是一个师生共同劳动的活生生的动态发展过程,是人类的一种创造性的社会实践活动。美国当代教育学者多勒曾提出了课堂的生态系统观,他认为:教师和学生就是生活在这个环境里的"居民",因而课堂乃是由"居民"和"环境"交互作用而形成的生态系统。课堂中人与人之间、人与环境之间的相互作用或相互影响,构成了课堂情境中的互动。课堂互动是课堂的本质特性,也是课堂管理的重要任务。但课堂交流是课堂互动的前提,因为课堂是共享的,其融合性非常大,涉及课堂中相互交流的每一个学生。课堂活动本身也是一种寻求对话的实践活动,实际上是一个信息交流的过程。无论学生知识经验的获得与心智的开启,还是能力的发展,乃至教师课堂教学质量的提高,都有赖于课堂活动中信息的有效传递和交流。只有实现了课堂中人与人之间、人与环境之间自由的信息交流,课堂才会呈现出生机和活力。因此,真正意义上的课堂管理,就是一种不断激发课堂交流、保持课堂互动的过程。

(三)课堂管理通过激发课堂活力和促进课堂生长,为学生的持久发展创造条件

课堂活动的最终目的是促进学生的可持续发展。"课堂活动不仅仅是一个教学活动过程,而且还是生活与成长过程,是学生人生中一段重要的生命经历,是他们生命中的有意义构成部分。"①课堂活动的质量直接影响学生当前及今后多方面的发展。因此,课堂活动对于学生具有个体生命价值,蕴含着巨大的生命活力。只有生命活力在课堂中得到有效激发,才能有真正的课堂生活,课堂中人的生长才能真正实现。课堂管理就是要调动各种可能的因素,激发课堂的活力,发挥其生长功能。如果失去了这一生长功能,课堂生活便会变得单调,缺乏应有的活力,课堂管理也就不能很好地为学生的持久发展创造条件。课堂管理就是要把促进学生的生长作为其价值取向,通过学生生长功能的开掘,促使课堂资源不断再生和繁殖。

二、影响课堂管理的因素

从教学实践来看,课堂是由教师、学生、教学内容、教学方法等多要素构成的,这就决定了影响课堂管理的因素也是复杂多样的。具体分析,主要包括以下几个方面。

(一)教师的领导风格

教师的领导风格对课堂管理有着直接的影响,民主参与式领导与监督专制式领导对课堂管理具有不同的影响作用。民主参与式领导注意创造自由、民主、平等的风气,鼓励学生

① 叶澜.让课堂焕发生命活力:论中小学教学改革的深化[J].教育研究,1997(9):3-8.

自由发言和表达自己的观点，不把自己的意志强加到学生身上；而监督专制式领导则独断专行，专制压抑，待人冷漠，只注重集体讨论的进程，过于关注学生的行为有无越轨，是否违反了课堂纪律。教师如果选择民主参与式领导，那么课堂管理的效果就会很好；而如果选择监督专制式领导，就会形成一种假象：表面上课堂管理得井井有条，但实际上学生并非心悦诚服地自愿接受管理。

（二）班级规模

班级人数多少和规模大小，也是影响课堂管理的一个重要因素。第一，班级的规模大小会影响学生之间的情感联系，班级规模越大，学生之间的交往越会受到不利影响，情感纽带的力量就会越弱。第二，班级学生人数越多，学生之间的个别差异就会越大，课堂管理所遇到的阻力也可能就会变大。第三，班级规模的大小也会影响学生之间的交往模式，班级规模越大，学生之间相互交往的频率就会越低，对课堂管理技能的要求也就越高。第四，班级规模越大，班级内部就越容易形成各种非正式小群体，而这些小群体又会影响课堂教学目标的顺利实现。

（三）班级的性质

班级的性质也就是我们经常所说的班级集体舆论和班风的好坏，它也是影响课堂管理的一个重要情境因素。不同的班级往往具有不同的群体规范、集体舆论和班风，不同班级学生的向心力和凝聚力也各不相同。班主任不能用固定不变的管理模式对待不同性质的班级，而应该在深入了解学生及班级的基础上，掌握他们的不同特点，运用促进和维持的良好技巧，从而获得理想的管理效果。

（四）对教师的期待

人们往往对班主任在学校情境中执行任务存在着一种固定的看法，即使某一位班主任的外貌谈吐并不符合这种固定的看法，人们还是会按照这种固定的看法去看待和解释班主任的行为，这就是心理学和社会学中常说的"定型期望"。定型期望包括人们对班主任理应表现的行为及其所具有的动机和意向的期望，其形成是班主任长期交往方式和一般行为的结果。班级学生对班主任的管理行为和课堂行为同样也会形成这种定型期望，他们期望班主任以某种方式进行教学和课堂管理，当期望与现实发生冲突时，这种定型的期望必然会影响课堂管理的效果。

三、课堂管理的模式

概括而言，课堂管理的基本模式可以分为三种取向：行为主义取向模式、人本主义取向模式和教师效能取向模式。

（一）行为主义取向模式

这种模式的基本理念是：学生的成长和发展是由外部环境决定的，他们在课堂中所表现出来的不良行为，或者是通过学习获得的，或是因为没有学会正确的行为。在课堂管理中，班主任的责任是强化适宜的行为并根除不宜的行为。典型的行为主义取向的课堂管理模式主要有斯金纳模式和坎特模式。

斯金纳模式又称为矫正模式。他认为人的行为本质是对环境刺激做出反应。行为能否得以维持，取决于后果。在课堂管理中，班主任要想使学生在课堂中表现出适宜的行为，就必须奖励和强化适宜的行为，忽视学生的不良行为。为了维持良好的课堂环境，班主任必须清楚地讲明规则，忽视学生不良行为，对遵守规则的学生行为给以奖励。

坎特模式又称为果断纪律模式。与强调行为强化的行为主义模式侧重不同，该模式希望借助有效制定和实施课堂秩序来进行课堂纪律的管理。坎特指出，许多班主任相信强力控制是沉闷的、残忍的等观点是错误的，仁慈的强力控制实际上是对学生负责的行为，也是行之有效的。班主任应当使用果断的纪律来管理课堂，维持良好的课堂纪律，促进学生的发展。果断纪律包括：事先陈述和解释要求、期望；坚持自己的期望和要求；运用明确、冷静、坚定的口气和目光；用非语言性的姿势来支持言语要求；不用威胁和斥责来影响学生的行为；时时重复自己的要求，不要升格为训斥。

（二）人本主义取向模式

与行为主义不同，人本主义取向的课堂管理者认为，学生有自己的决策能力，他们可以对控制自己的行为负主要责任。在课堂管理中，班主任不应该要求学生百依百顺，而是应该关注学生的需要、情感和主动精神，向学生提供最好的机会去发掘归属感、成就感和积极的自我认同，以此来维持一种积极的课堂环境；当出现问题行为时，班主任应更多地运用沟通技能，引导学生分析问题的性质和后果，自己把问题加以解决。典型的人本主义取向的课堂管理模式主要有格拉赛模式和基诺特模式。

格拉赛模式又称为现实疗法和控制疗法。该模式认为，人有两种基本需要，即爱和被爱的需要、希望自己的价值得到自己和他人认可的需要。如果这些需要不能得到满足，就会产生行为问题。另外，该模式相信学生是有理性并可以控制自己的行为的，因此班主任不应该接受学生不良行为的借口，而是应该帮助学生做出好的选择。格拉赛提出了现实疗法的基本程序：联系学生；正确对待学生面临的行为问题；形成判断；制订计划；做出承诺；不接受借口；承受自然后果。

基诺特模式又称明智信息模式。这种课堂管理的核心概念是强调教师用明智的方式和学生进行和谐的沟通。基诺特认为，纪律是一点点形成的。在纪律形成的过程中班主任应该以身作则，在和有行为问题的学生进行沟通时，应当设身处地地从对方的角度考虑。另外，就是要相信学生的自控能力，并鼓励学生进行自我管理。班主任与学生之间进行和谐沟通时应做到：表达“明智”的信息；接受感情宣泄而不是否决；避免贴标签；谨慎使用表扬；引导合作；理智地表达愤怒。

（三）教师效能取向模式

与行为主义和人本主义取向的课堂管理观不同，教师效能取向的课堂管理模式关注的是教师课堂管理技能的提高。持这一取向的研究者认为，课堂管理主要取决于教师的管理技能，通过培训提高教师的课堂管理技能可以达到改善课堂管理质量的效果。典型的教师效能取向的课堂管理模式有戈登模式和库宁模式。戈登模式又称为教师效能训练模式；库宁模式则是用来防止和应付不良行为的团体管理策略。

四、课堂管理的策略

在当代，旧的学习模式正逐步被新的学习模式所取代，如果课堂管理不能很好地适应这一变革，它就难以发挥自身所蕴含的积极作用。正因为如此，班主任必须清楚认识和正确运用课堂管理的有效策略。

（一）学生需要的理解与满足

这是班主任实现有效课堂管理的前提和基础。植物需要肥沃的土壤、充足的水分和阳光,才能枝繁叶茂,否则它们就会枯萎乃至死亡。学生同样需要适宜的生长环境,他们有身心两方面的基本需求。理解学生是满足课堂管理过程中的需要所不可缺少的条件。理解意味着摆脱先入之见;理解意味着对别人的接纳;理解意味着班主任对学生的倾听、接受,以及与学生交往而不受自己的价值观的束缚;理解包含着对他人情感变化的敏感和与他人在情感上的相通;理解牵涉到"在他人的生活状态下体验一段生活",进入到他人的私人"视域",并且用他人的眼睛看待事情;理解还包含避免评判他人的感受,而是要站在对方的视角上去全面深刻地理解这些感受。

理解学生的基本需要是教育和管理的基本出发点。中小学生基本的心理需求包括以下几种:第一,被接纳的需要。被接纳或者说归属感的形成是人类的重要需求,同时也是其他需求的基础,如果没有足够的被接纳感和归属感,那么人类将如同被剥夺了水和食物一样,逐渐耗尽直至死亡。接纳就意味着班主任必须无条件地接纳每个学生,学生可以不付出任何代价地被接纳,接纳不是靠赢得的。第二,被重视的需要。学生需要感觉到自己被重视,自己是重要的,感到他们在课堂上的参与是有意义和有价值的,感到他们可以产生一定的影响,感到他们是被别人需要的,感到他们所做的努力是必需的、被欣赏的。学生一旦认为自己在课堂上是无关紧要的成员,他们就会放弃或失去参与竞争和取得进步的动力。第三,被认为有能力的需要。感到自己有能力的学生清楚自己可以学会很多事情,知道成功和失败同样重要,即使困难重重他们也愿意接受挑战。他们的内在驱动力可以使他们在学习和生活中处于最佳状态。第四,安全的需要。学生需要感到安全,感到在学校的环境中有充分的自我控制的权力。如果失去了生理和心理上的安全感,学生将会感到恐惧和焦虑。强烈的恐惧感和焦虑情绪将阻碍一个人的积极行为,并可能使其受到伤害;强烈的恐惧感和焦虑情绪还会影响人的思维、记忆、行为等生理机能。当然,班主任不可能同时满足所有学生的每一个需求,但是必须要表现出对这些需求的关注,学生是不能被忽视的。

（二）课堂管理目标的确定

由于课堂管理的首要职能是促进课堂的生长,因而确定课堂的生长方向是课堂管理的核心。它包括两个方面:一是拟定远景目标;二是拟定课堂行为目标。远景目标意味着对课堂集体和个人的未来状况的引导性描述,它作为一种导引,能真正起到指导作用,能刺激学生的积极性。适用于各种情况的好的远景目标至少要达到三个标准:其一是有意义,即值得学生个人和课堂集体去追求;其二是能满足课堂集体和个人的需要;其三是具有相应的实现目标的合理战略。同时,远景目标不是静态的,而是能动的动态过程,随着课堂环境和条件的变化而处于不断的演变过程中。

课堂行为目标能够为学生提供一个共享的价值体系,为他们指出在课堂复杂系统中超越纯粹个人的更深层的意义,帮助解释和说明发生的事件,从而建立一种认同感和形成协作的意愿。学生也会从意义发生的背景中评估众多的行动路线,并做出负责的恰当选择,课堂秩序便会在更深层意义上得以实现。因此,班主任从一开始就要根据远景目标提出对学生行为的期望,确定哪些行为是合适的和可接受的,哪些行为是不合适的和不可接受的,并让学生清楚明了。确立了对学生行为的期望,还要把期望转化为课堂规则和程序。班主任在确定课堂行为目标时,要立足于是否有利于课堂教学活动的有效开展,是否有利于学生积极主动地参与课堂活动，是否有利于学生完成课堂活动计划，直接的、短期的行为目标与课堂的高层次远景目标、学生持久发展的终极目标是否相适应。

（三）建设性课堂环境的建构

良好的课堂环境必然能够有助于合理地利用课堂活动时间，促进课堂活动的有效性和成功率；相反，不良的课堂环境必然会耽误课堂活动时间，导致学生的行为问题的发生。班主任要有效达成课堂目标，就必须创造一种适于更新和发展的环境，使课堂焕发生机和活力。课堂环境包含多种因素，这些不同的因素相互联系、相互作用，构成一个特有的有机整体。一般而言，课堂环境主要由有形的物质环境和无形的社会心理环境两类环境构成。物质环境主要包括时空环境、自然环境；社会心理环境主要包括人际环境、组织环境、情感环境和信息与舆论环境。物质环境是课堂活动赖以进行的物质基础，它与社会心理环境共同构成课堂环境的整体，影响着课堂活动的广度与深度，是课堂管理无法避免的制约因素。社会心理环境尽管是一个无形的环境，但它具有课堂群体互动所形成的气氛结构、过程及规范等潜在特性，往往可以表现出课堂群体的独特风格，对于师生的心理活动和社会行为以及整个课堂活动都有着巨大的潜在影响力，是影响课堂管理效率及目标实现的至关重要的因素。

班主任建构课堂环境必须兼顾上述两个方面。物质环境不仅要有利于学生的健康和确保学生的安全，而且要使之适合于学生及活动的特点，有利于学生的参与、互动与成就获得，为课堂的生长和学生的持久发展创造良好的物质条件。课堂心理环境要多方用力，尤其要在教学方法与管理风格上下功夫，注重营造一种适宜而愉悦的课堂氛围。实践表明，分享和相互交流新的发现、新的学习内容及成功所带来的强烈的喜悦，是这一适宜气氛的关键部分。为此，班主任要善于树立积极的课堂期望，发展有效的沟通对话，激发学生的主人翁情感和团体归属感，培养学生的集体认同、群体互动和成就共进，鼓励学生的积极参与、自我更新和自我完善。

（四）课堂交流与沟通的促进

课堂是一个复杂的系统，沟通是其有效管理的必要条件，也是有效管理过程的明显特征。班主任如果在课堂管理中不能妥善地与学生进行和谐沟通，不仅会影响其与学生的关系，而且会使课堂目标最终难以实现。课堂中的任何成员，无论是班主任还是学生，他们都不是完全独立的，而是互相联系的，保持这一联系的合理性无疑是对课堂管理的特殊挑战。如果这一联系不合理或者受阻，学生非但不能很好地组织起来，朝着同一方向迈进，反而会产生课堂冲突，阻碍课堂活动，课堂管理的目标便难以实现。而要保持联系的合理性和顺畅性，沟通是必不可少的手段，因为沟通能够使班主任和学生形成一种共同的关注，一种整体感和认同感，这无疑是实施课堂活动的源泉。不仅如此，课堂远景目标及具体的行为目标确定以后，也必须有效地传达到学生中去，并为学生所理解与接受。如果确立的目标不能很好地传达给学生，或者学生不能对目标予以理解和接受，课堂目标就不能成为学生的导引或动力。

由此可见，班主任的课堂管理必然面临着沟通方面的挑战，即通过课堂中班主任与学生、学生与学生之间的广泛的沟通交流，让学生理解与接受课堂远景目标及具体的行为目标，使其朝着远景目标和战略方向不断迈进，进而使所确定的目标变成现实。良好的课堂环境，尤其是社会心理环境的建立和保持，也有赖于有效的沟通。沟通是为了促进课堂成员之间的相互信任，增进他们对课堂目标、课堂事件与问题的更深入和广泛的了解，使课堂中的矛盾与冲突表现出来,具有可见性,并促使班主任把精力重新引导到建设性的方向上去。因此,沟通是以一种建设性的对话与交流方式,把学生的精力引导到分歧的问题上而不是个人冲突上,让其寻求有创意的解决办法。这样既可以解决课堂中出现的问题,有效达成课堂秩序,也能激励学生的行为,保持良好的社会心理气氛,从而使课堂充满互动与活力。

(五) 课堂中学生激励的实施

即使在最佳的课堂环境中,学生也总会遇到各种不同程度的阻碍,如果没有高度激励的措施和行为,这些阻碍就会真正成为整个课堂管理的障碍。课堂管理就是通过激励,引导阻碍朝着建设性的方向变化。课堂管理的主要任务之一就是激励和引导,激励是课堂管理的重要步骤。事实上,班主任能否极大地激励学生进行变革,同目标的确定、环境的建构和有效的沟通是同等重要的。从某种意义上说,目标的确定为师生确立一条正确的前进路径,良好的课堂环境为目标的实现奠定不可或缺的物质基础,沟通提供了一种达成理解共识与不断前行的手段,而成功的激励则为战胜前进路径中的障碍和持续的课堂活力提供了保证。

然而,长期以来,班主任在课堂管理过程中通常是通过惩罚实现学生的顺从,达成课堂的控制。实践证明,这是极其低效的,常常还会适得其反。良好的课堂纪律和学生行为并非一蹴而就,它需要长期培育,而最好的方法就是通过不断的鼓励和强化手段,促使学生的进步,满足他们的社会需求,形成课堂中积极向上的气氛和学生专心投入的热情。班主任如果不能有效地激励学生,学生的社会需要就不能得到真正的满足,学生就不可能全身心地投入课堂活动,也就不可能得到最好的发展。对于学生而言,激励是一种无穷无尽的资源,如果能有效地激励学生,学生的热情就会随之而生,并会体会到挑战的兴奋、活动的刺激和成功的喜悦。传统激励常常是高度控制性的,尽力让学生更加努力地准确完成班主任的日程计划,所采用的方法是“胡萝卜+大棒”,一旦学生的行为符合他的计划,班主任就会给予赞扬;而如果学生不顺其心,他就会严加惩罚。

当代激励手段和方式正在发生迅速的变化,班主任正在逐步废弃过去的控制式的鼓励刺激,从容易监督的常规型工作向不易监督的智力型工作转换,它削弱了班主任通常宣称的在管理技能上的优越性。班主任的激励要想达到高效,就不能仅仅通过控制机能将学生往正确的方向上推,而是要满足学生非常基本而又常常被忽略的人类需求,即成就感、归属感、认可感、自尊感等。为此,班主任首先要明确课堂目标与学生之间进行的不是一次或偶然性的沟通,而是持续不断地向学生明确阐述远期目标及其对他们的关怀价值与意义,使课堂目标融入学生的价值体系之中;其次,班主任要鼓励学生积极地参与目标的演变与决策,积极支持学生为实现远期目标而做出努力,学生必须真正愿意参与远期目标的实现,而不是受班主任的操纵或被迫服从;最后,班主任要善待和尊重每一位学生,向学生表达真诚帮助他们的意愿,鼓励他们在其需要帮助时随时与自己联系,并提供必要的指导和帮助,使他们能成功地朝着远期目标方向而努力奋斗。

第二节　课堂气氛的营造

现代教育心理学研究表明,课堂教学效果不仅取决于教师如何教、学生如何学,而且取决于一定的教学环境。这里指的教学环境既包括教学的物质环境,也包括教学的精神环境,这种精神环境就是人们常说的课堂气氛。良好的课堂气氛是激发学生积极性、提高学习效率的重要条件。

一、课堂气氛的含义

课堂气氛是指班集体在课堂上所表现出来的心理气氛，通常是指课堂里某些占优势的态度与情感的综合状态。一般认为，课堂气氛是由教师的教风、学生的学风以及教室中的环境作用所形成的一种心理状态。这种综合的心理状态是教师与学生在教学活动中形成的某种稳定而积极的情感体验，以及对待教学活动的态度和行为的综合反映，它具有认知和情感的特征。课堂气氛既具有稳定性，也具有可变性。在一定条件下，课堂气氛会形成某种占优势的稳定状态。这种稳定的群体心理状态，在教学过程中始终会受到教师、学生、教学内容等诸多因素的影响。

由于课堂气氛反映了学生与教学情境之间的关系，因而某种课堂气氛形成之后，必然成为体现这种关系的标志或信号。这就是说，课堂气氛具有一种"信号功能"，它标志着学生以情感体验的方式表达的对课堂教学和人际关系的态度和评价。积极的或消极的课堂气氛表明了学生对教师教学、师生关系、同学关系的不同态度和内心体验。由于情感的信号功能具有比较显著的外露的特点，因而课堂气氛所传递的信号意义就易于为教师、学生所感知和领会，从而影响教与学活动。对于教师而言，课堂气氛往往成为课堂教学效果的一种信息反馈，教师据此就可以及时了解学生对教学的反应，以便从教学内容、教学方法、教学态度等方面予以改进或变更原有的课堂教学，以求取得最佳教学效果。而对于学生而言，某种课堂气氛会使他们头脑中形成关于该课堂情境的具有情感色彩的记忆印象，这样，他们不仅再次见到该情境中的某类事物时会唤起相应的情绪体验，而且当再次观察到某种情感表现（如教师或同学的目光、表情、神态、姿势等）时，就会很快领会其含义（如关怀、热心、同情、谅解、厌烦、冷漠等），从而做出积极的或消极的态度反应和行为上的趋避反应。由此可见，课堂气氛所具有的信号功能，对于教学效果的及时了解和评定，对于师生间的信息交流，对于教师威信的建立，对于学生学习兴趣的形成等，都具有非常重要的意义。

二、课堂气氛的类型

课堂气氛是在课堂中呈现的一种综合性的心理状态，它可以用一定的心理、行为指标来衡量。如果我们以秩序、参与、交流三个指标为依据，就会把课堂气氛划分为三种主要类型：积极的课堂气氛、消极的课堂气氛和对抗的课堂气氛。

（一）积极的课堂气氛

积极的课堂气氛是一种理想状态的课堂气氛，它主要表现为以下明显特征：师生双方有饱满的热情；教与学态度端正、目标明确；课堂活动井然有序；学生求知欲强烈、注意力集中、思维活跃；师生间注重情感交流，学生参与面广，双方处于互动积极的状态；师生共同洋溢着为实现教学目标而获得成功的喜悦与满足感。总之，积极的课堂气氛，其主要标志是严肃与认真、宽与严、热与冷、张与弛的有机统一。这种课堂气氛使教师教的主导作用和学生学的主体作用的发挥得到了和谐统一。

（二）消极的课堂气氛

消极的课堂气氛常常是以学生的紧张拘谨、心不在焉、反应迟钝为基本特征的。在课堂学习过程中，学生情绪压抑、无精打采、注意力分散、小动作多，有的甚至打瞌睡。对教师提出的要求,学生一般采取被动应付的态度,很少主动发言、积极参与。有时,甚至表现出学生害怕上课或提心吊胆地上课的情况。

(三)对抗的课堂气氛

对抗的课堂气氛是一种失控的、混乱的课堂气氛。这种课堂气氛主要表现为:师生之间关系紧张,大部分学生不信任教师;教师不能有效地驾驭课堂,难以激发和调动学生学习的积极性、主动性和创造性;相当一部分学生讨厌上课,注意力分散,各行其是,课堂秩序一片混乱;正常的教学活动难以开展,教与学的任务常常不能顺利完成;师生都把教与学视为一种精神负担。

三、良好课堂气氛的作用

良好的课堂气氛能够加强“社会助长作用”。社会心理学研究指出,有人在场或许多人一起从事某项工作,可以促进个人活动效率的提高,这就是“社会助长作用”。良好的团体气氛可以使这种作用得到加强。由于个体在群体中有一种“从众”的倾向,特别是青少年学生正处于心理发展形成过程中,他们易于受到情绪上的感染,自制力弱。因此,“社会助长作用”在具有良好学习气氛的课堂教学环境下就会表现得更为明显。

首先,从教育的角度来看,良好的课堂气氛能够造成一种具有感染性的催人向上的教育情境,使学生受到感化和熏陶,产生情感上的共鸣。这种情感上的“预热”是对学生进行教育特别是德育的最为有利的条件。国内一项实验研究表明,当教师富有表情地讲述故事中主人公的道德行为和某人的不道德行为时,儿童也相应地产生了积极的和消极的情感共鸣。国外有关研究指出,产生了积极情绪的儿童能做出更多的助人行为,而产生悲伤情绪,处于消极情绪状态的儿童则不太乐于助人。因此,创造积极的、健康向上的气氛和班风,自觉地发挥社会助长作用,从情感的激发入手,熏陶感染塑造学生的心灵,是提高教育效果的重要途径。

其次,从教学的角度来看,生动活泼、积极主动的课堂气氛能够使学生大脑皮层处于兴奋状态,激发学习兴趣和学习动机,从而更好地接受新知识,并开展创造性学习。我国心理学研究者所做的一项实验表明,教师以高兴、愉快的情绪教学,从幼儿园、小学到中学,学生的学习效果与一般的情绪状态相比,最多提高 16.8 分;而教师以不高兴、低沉的情绪教学,比一般情绪的课堂教学效果最多降低 30.3 分。日本学者曾叙述了下面的研究:让分别是积极的“支持型”气氛和消极的“防卫型”气氛的两个小学五年级班级进行创作活动,然后对两个班级的各自的共同作品进行客观分析,结果发现:在创造性方面,具有支持型气氛的班级的作品比另一个班级的作品要强得多。分析其中的原因,在防卫型气氛中,集体中的学生处于不安状态,担心遭到攻击,因而倾向于保守的、较为安全的常规活动;而在支持型气氛中,集体中的学生互相信任与体谅,无须担心集体的压力与他人的目光,因而能够不拘泥于惯例与规范,创造性地去思考与行动。

四、影响课堂气氛的因素

由于课堂气氛的营造主要在于教师,因而从教师的视角来看,教师的教学、教师的领导方式、教师对学生的期望以及教师的情绪状态等,是影响课堂气氛的主要因素。

（一）教师的教学

教师教学观念的正误、教学能力的高低、教学方法的优劣等，都会直接影响课堂气氛的好坏。教师如果能够对教材有深刻的理解，又充分掌握学生的个体差异，讲课准确清晰、系统条理、生动活泼、通俗易懂，就能促进学生积极思考，吸引学生的注意，提高学生的学习兴趣，使学生的心理状态处于最佳水平。相反，如果教师的教学照本宣科、枯燥乏味、拖泥带水、矫揉造作，就会使学生的学习兴趣下降，甚至产生厌烦情绪，造成消极或对抗的课堂气氛。

（二）教师的领导方式

教师的领导方式是教师用来行使权力与发挥领导作用的行为方式。德国教育心理学家勒温曾经将教师的领导方式划分为集权型、民主型和放任型三种类型。这三种不同的领导方式会使学生产生不同的行为方式，从而形成不同的课堂气氛。实验表明：在民主型教师的领导之下，学生的学习积极性、主动性、自信心以及学习效率和学业水平为最佳；其次是放任型教师的领导方式；最差的为集权型教师的领导方式。

（三）教师对学生的期望

研究表明，教师的期望对课堂气氛的影响主要有以下四种途径：第一，接受。教师通过接受学生意见的程度，为不同学生创造不同的社会情绪气氛。第二，反馈。教师通过输入信息的数量、交往频率、目光注视、表扬或批评等，向不同期望的学生提供不同的反馈。第三，输入。教师向不同期望的学生提供难度不同、数量不等的学习材料，对问题做出程度不同的说明、解释、提醒或暗示。第四是输出。教师允许学生提问和回答问题，听取学生回答问题的耐心程度等，都会对课堂气氛产生不同的影响。

（四）教师的情绪状态

教师的积极情绪状态往往会投射到学生的身上，使教师与学生的意图、观点和情感等联结起来，从而在师生之间产生情感共鸣，有利于创造良好的课堂气氛。焦虑是教师对当前或预计到对自尊心有潜在威胁的任何情境所具有的一种类似于担忧的反应倾向。只有当教师具有适中的焦虑水平时，才会促进教师努力改变课堂现状，避免呆板或恐慌反应，从而推动教师不断努力以谋求最佳课堂气氛的出现。

五、良好课堂气氛的营造

课堂气氛影响学生的学习效率和人格发展。教师是课堂教学的组织者、领导者和管理者，良好课堂气氛的营造需要教师精心组织与主动创设。具体来说，可以考虑从以下几个方面进行良好课堂气氛的营造。

（一）教师的课堂运作能力

教师要营造良好的课堂气氛，必须具备课堂运作的能力。课堂运作即强调课堂中有效的管理与有效的教学之间紧密的联系。课堂运作能力是通过教师的一系列课堂学习管理能力实现的。美国教育心理学家卡罗尔·西蒙·温斯坦和安德鲁·米格纳诺经过多年的研究认为，教师要实现良好的课堂运作，必须具备以下六个方面的能力。①

① ［美］卡罗尔·西蒙·温斯坦，安德鲁·米格纳诺. 小学课堂管理［M］. 梁钫，戴艳萍，译. 上海：华东师范大学出版社，2006：211.

1. 洞悉班级学生各方面情况的能力

所谓洞悉能力,是指教师在教学的同时,能够注意到课堂上发生的所有情况,并用言语或非言语的形式予以适当处理的能力。例如,一位教师在讲植物各个部分的功能时,同时注意到两个学生在小声说话,这时教师就提出“植物什么部分结果实”的问题,同时迅速走到那两个学生的桌子旁,平静而严肃地说:“把手放在自己身边。”然后走到教室前面的讲台上,对其中一个学生提出进一步的问题:“你看挂图上结果实的部位在哪儿?”教师的这种洞悉力,有助于避免学生不良行为的产生,使课堂保持良好的秩序。这位教师一方面提出问题,以教学内容吸引全班学生的注意力;另一方面及时用言语制止了个别学生的违纪行为,将他们的注意力转移到教学中来,使教学活动顺利进行。

2. 兼顾课堂多方面活动的能力

所谓兼顾能力,是指教师在同一时间内能注意或处理两个以上事件的能力,也就是在同一时间内,既能照顾到全班学生的学习活动,又能回答个别学生的问题。例如,教师在指导小组学习时,一方面指导全组学生读课文,另一方面迅速地回答个别学生的问题而不影响小组活动的顺利进行。缺乏经验的教师有时会因为处理个别学生的问题而拖延时间过久,使大多数学生精神涣散而影响学习。

3. 把握分段教学环节顺利过渡的能力

在教学过程中,有时教学活动还必须分段进行。在分段教学中,教师要具有能按计划组织学生,使他们迅速而有序地从一个阶段向另一个阶段过渡的能力。这要求教师向学生提出的要求明确、具体。例如,在分组讨论时将座位较近的学生组成一组,搬动桌椅时要轻,讨论时声音不要影响其他小组,以及讨论多长时间等。这样使学生做到心中有数,使教学能按部就班、有条不紊地进行。

4. 使全班学生始终参与学习活动的能力

在课堂教学过程中,使学生在一节课内都保持一种积极参与的状态不是一件容易的事情。这需要教师在教学过程中采取必要的教学组织形式。一般在教学过程中采取以下的策略:教师讲解时可以结合教学内容向全班学生提出问题;指定某个学生在黑板上演算一道题,同时要求全班学生在座位上也演算这道题;在要求学生朗读课文时,对于篇幅较长的课文可以由多个学生接力朗读。

5. 创设生动活泼、多样化教学情境的能力

生动活泼、多样化的教学情境可激发学生的动机与兴趣。教师可使用幻灯、投影仪、录像和多媒体等教学手段,使教学内容更直观形象、生动活泼;教师还可以组织多种形式的教学活动,如团体比赛、合作学习、参观、访问、演说、角色扮演等,都有利于提高学生的积极性。

6. 责罚学生时避免微波效应的能力

在教学过程中,教师有时要在全班学生面前批评或责罚某个学生。但在责罚个别学生时,要避免产生微波效应。所谓微波效应,是指教师责罚某一学生后,对班级中其他学生所产生的负面影响。例如,有的教师在责罚学生时,由于情绪比较激动,不能冷静对待,有时言辞过于偏激,甚至说出过头话,有损学生的人格,这样不但不能使犯错误的学生受到教育,反而会引起其他学生对这个学生的同情,甚至对教师产生反感。而如果被责罚的学生在班上部分学生中有一定的影响力,那么教师的这种做法会引起严重的负面影响。因此,教师处理个别学生问题时,应避免微波效应。

（二）教师的移情能力

所谓移情，也称“共情”，是指在人际交往中，当一个人感知对方的某种情绪时，他自己也能体验相应的情绪，即设身处地从对方的角度去体察其心情。在课堂学习管理中，教师要有体察情感反应的能力，使自己在情感上和理解上都能处于学生的地位，多为学生着想。因此，移情是师生之间的一座桥梁，它可将教师和学生的意图、观点和情感连接起来，创造良好的课堂气氛。例如，有一位班主任从自身位置出发，认为一个喜欢把小动物带进教室的学生是故意捣乱，因而采取批评的方法，结果弄得师生关系紧张，课堂气氛受到严重影响。后来换了一位新的班主任，他能从学生的角度想问题，理解学生的兴趣和爱好，并支持学生的这种爱好，让他担任动物饲养小组的组长，使小组活动开展得生动活泼，课堂气氛也不再受到小动物的干扰。

（三）教师的期望能力

所谓期望，是指人们在对外界信息不断反应的经验基础上，或是在推动人们行为的内在需求基础上，所产生的对自己或他人行为结果的某种预测性认知。教师如果能充分了解每个学生的认知能力和人格特征，形成对每个学生恰如其分的高期望，那么教师的这种期望可能对学生产生良好的“自我实现预言效应”，促使学生向好的方向发展，并形成和谐的课堂气氛。否则，如果教师对学生带有偏见，看不到他们的优点而形成低期望，学生则可能会自暴自弃，学习成绩越来越差，并严重影响课堂气氛。这种期望效应产生的方向性，以及它对学生行为和课堂气氛的影响，基本上是一致的。

（四）教师的焦虑调适能力

所谓焦虑，是指个体由于不能达到目标或不能克服障碍，致使自尊心与自信心受挫，或使失败感和内疚感增加，形成一种紧张不安、带有恐惧的情绪状态。教师对教学能力和知识水平的自我评估，常常使自己感受到对自尊心的威胁而产生焦虑。教师的焦虑水平是不同的。一般认为，过高或过低的焦虑对于发挥教师的能力是不利的，只有维持在中等焦虑水平，才有利于教师的水平和能力的充分发挥。在创设课堂气氛中，如果教师的焦虑水平过低，则他对教学、对学生就容易采取无所谓的态度，师生之间很难引起情感共鸣，容易形成消极的课堂气氛。而如果教师的焦虑过度，在课堂上总是忧心忡忡，唯恐学生失控，害怕自己教学失败，一旦学生出现问题行为，就可能缺乏随机应变的能力，做出不适当的反应，使课堂气氛紧张。因此，只有当教师的焦虑处在中等程度时，他才会努力改变课堂状况，有效而灵活地处理课堂上出现的问题，不断努力以创设最佳课堂气氛。

第三节　课堂纪律的维护

在以班级为主的课堂教学过程中，有效教学离不开课堂纪律维系的有序环境。心理学家弗雷法利克·琼斯研究认为，在正常的情况下，教师会因学生的违纪失去50%的课堂时间。学校不仅仅是一个管理组织，更是一个育人场所，课堂纪律除了能维持秩序，更承载着育人的价值。因此，班主任和教师必须重视加强课堂纪律的维护与管理。

一、课堂纪律的含义

所谓纪律，是指为维护集体利益并保证工作进行而要求成员必须遵守的规章与条文。

一般而言,纪律包含有以下三种基本含义:纪律是指惩罚;纪律是指通过施加外来约束达到纠正行为目的的手段;纪律是指对自身行为起作用的内在约束力。这三层意思概括了纪律的基本内涵,同时也反映出良好纪律的形成是一个由外在的强迫纪律逐步过渡到内在自律的过程。纪律作为一种人们的行为规则,是伴随着人类社会的产生而产生的,伴随着人类社会的发展而发展的,因此具有历史性的特点。纪律既然随着人类社会的发展而发展,那么当人类社会出现阶级以后,纪律就必然打上阶级的烙印。纪律既然是维持人们一定关系的规则,因而它要求集体成员必须予以执行。

所谓课堂纪律,是指在课堂教学情境中,为保证课堂教学活动顺利进行,有针对性地制定的、利于学生发展的、合理的、人性化的、要求学生共同遵守的一系列行为规范。全面把握课堂纪律应该结合以下几个方面:认识、制定、执行与评价。首先,课堂纪律的认识不能偏离纪律主体始终指向学生这一特点;其次,课堂纪律的制定应该充分考虑学生主体的参与;再次,课堂纪律的执行是灵活变通、有弹性的情境性执行;最后,课堂纪律的评价应该是合理的、辩证的、发展的,是符合学生身心发展特点和教育规律的。课堂纪律主要表现出以下几个基本特征。

(一) 规范性

凡是有人群的地方,每个人的一言一行、一举一动,都有一定的规矩和标准,这就是规范性。课堂纪律是维持与促进课堂教学行为的一种规则,强调教师采用一系列的手段将学生的行为集中于课堂教学任务上,它反映了教育对人的发展的一些普遍性和规范性的要求。课堂纪律要求教师和学生必须遵守一系列行为规范,表明了教师对学生行为期望的具体要求,作为一种行为规则或标准,一旦形成便具有巨大的约束力,这必然要求教师和学生必须严格遵守这些规范。可以想象,在课堂教学中如果没有相应的课堂纪律的约束与限制,每个人的行为与活动都只是从自身利益出发,不考虑他人的意愿,不遵守基本的规则,那么课堂教学活动会混乱一团,教师教和学生学的活动将无法保证。

(二) 针对性

课堂纪律是在课堂教学情境中教师对学生行为的规范与约束,课堂纪律必然具有针对性的特点。课堂纪律主要是针对在校的中小学生,其个体差异性决定了课堂纪律的制定和实施要充分考虑他们的年龄特点和身心发展状况。在制定课堂纪律时,教师应充分考虑到学生的意愿,聆听学生发出的声音,有针对性地提出方案,与学生共同讨论,这样做才是符合科学民主的程序,让学生了解课堂纪律的价值与意义,使学生理解并且乐于接受课堂纪律,并转化为学生的自觉行为。

(三) 情境性

课堂纪律是师生互动的产物,这是指纪律总是处在一定的课堂教学情境之中。课堂情景是极其复杂的、动态存在的,即使教师准备再充分,也难以预想到课堂中会出现的形形色色的情况和事件。① 课堂纪律指导班集体中的成员进行有目的、有意义的活动,班级中的行为规范影响并制约着学生在学习过程中所采取的行为方式。对于同样的一种行为,课堂纪律在一定程度上明确地告诉了教师和学生在什么时间和场合是合理的、应该做的,在什么时间和场合是不合理的、不应该做的。

① 郑金洲.重构课堂[J].华东师范大学学报(教育科学版),2001,19(3):53-63.

二、课堂纪律的意义

课堂纪律是教育教学活动的一部分，是在课堂教学情境中教师为了维持班级秩序，保证教学活动和学生学习活动顺利进行，要求学生必须遵守的一系列行为规范。课堂纪律的主体始终是指向于学生，因而纪律必须为学生服务，其根本目的就在于帮助和促进学生的全面健康发展。

（一）保证课堂教学活动的顺利进行

课堂纪律的根本目的是教师在课堂教学中维持班级秩序。“秩序”在《现代汉语词典》中的解释是“有条理、不混乱的情况”。班级是学校教育教学活动的基本单位，是学生的集合体，是学生活动的主要场所。在班级中，学生的活动不能由着个人的意愿而进行，班集体的每个人都必须要有一种规则和规范意识，依据规范所规定的标准与要求开展活动，因此课堂纪律是班级必须具备的要素。课堂纪律对学生行为具有规范性和约束性，只有课堂纪律才能维持班级的各项活动有条不紊地进行，避免出现混乱的情况，它是班集体组织存在的前提条件和必要条件。为了维护良好的课堂环境，教师必须不断地影响学生，及时处理一些课堂内外的突发事件和偶然性事情，与学生共同创造良好的学习条件，使课堂形成一个规范有序的教育环境，保障课堂教学的顺利进行。

（二）促进学生社会化的发展

学生发展是以学生的生物遗传性因素为物质前提条件，在教育、环境和学生个体主观能动性的相互作用下，学生个体身心素质获得的持续性的变化。学生作为独立存在的个体，有个性化和社会化两种发展，当代学生的发展是学生由“自然人”向“社会人”的转化，其理想的状态是学生个性化和社会化这两种发展的和谐统一的实现。中小学时期是人的社会化即人由自然人发展为社会人的重要时期。人的社会性要求人必须学习、遵守社会规则，进而适应社会规则。课堂纪律要求学生在课堂中必须遵守一系列的行为规范，它为学生的行为确定界限，使学生懂得个人行为所依据的价值标准。学生的“规则”意识逐渐得到强化，明确自己在班级中该做什么、不该做什么，使自己的行为指向正确的目的，逐渐懂得如何约束自己，和别人相处，适应集体生活，适应社会，逐步实现着人的社会化。

（三）培养学生良好的人格品质

课堂纪律总是与班级集体生活联系在一起的，几乎所有的学生都有一种强烈的愿望，希望自己成为班级集体中的一员，关心集体生活，遵守集体纪律，维护班级秩序。遵守课堂纪律的过程其实是学生自我约束的过程，学生在遵守纪律的这一过程中，培养了集中注意力、自我控制力、耐受力等能力，逐渐形成独立、自信的人格品质。

三、课堂纪律的类型

由于纪律形成的原因存在着差异，这就决定了课堂纪律也存在着不同的类型。一般而言，可以划分为以下四类。

（一）教师促成的纪律

所谓教师促成的纪律，主要指在教师的帮助指导下形成的班级行为规范。这类纪律在不同年龄阶段所发挥的作用是有所不同的。刚入学的小学生需要较多的监督和指导，因为他们不知道如何在一个大的团体中学习和游戏，没有教师的适当帮助，很难形成适合于有组织集体活动的行为准则。年龄越小,学生对教师的依赖越强,教师促成的纪律所发挥的作用也就越大。随着年龄的增长和自我意识的增强,学生一方面会反对教师的过多限制,另一方面又需要教师对他们的行为提供一定的指导和帮助。因此,这类纪律虽然在不同年龄阶段发挥作用的程度不同,但它始终是课堂纪律中的一个重要类型。

（二）集体促成的纪律

所谓集体促成的纪律,主要指在集体舆论和集体压力的作用下形成的群体行为规范。从小学生入学开始,同辈人的集体在促使其社会化方面就开始发挥越来越重要的作用。随着学生年龄的增长,同伴群体对学生个体的影响会越来越大。当一个学生从对成年人的依赖中逐渐解放出来时,他同时开始对自己的同学和同辈人察言观色,以便决定应该如何行事、如何思考。中小学生常以“别人也都这么干”为理由而从事某件事情,在一定时期他们的信奉、见解、爱好、憎恶甚至偏见等,也都视集体而定。由于同辈集体的行为准则为中小学生提供了价值判断和日常行为的新的参照点,结束了他们在思想、情感和行为方面的不确定性、无决断力、内疚感和焦虑,因而他们往往过高地估计同伴集体行为准则的价值,并积极地认同和服从它。集体促成的纪律也有两类:一类是正规群体促成的纪律,如班集体的纪律、少先队的纪律等;另一类是非正规群体促成的纪律,如学生间的友伴群体等。教师应着重对非正规群体加以引导,帮助他们形成健康的价值观和行为准则,并使之融合到正规群体中来,使每个学生都认同班集体的行为规范。

（三）任务促成的纪律

所谓任务促成的纪律,主要指某一具体任务对学生行为提出的具体要求。这类纪律在学生的学习过程中占有重要地位。在日常学习过程中,每项学习任务都有它特定的要求,或者说特定的纪律,如课堂讨论、野外观察、制作标本等任务,都有各自的纪律要求。任务促成的纪律是以学生对任务的充分理解为前提的,学生对任务的意义理解越深刻,就越能自觉遵守任务的纪律要求,即使遇到困难挫折也不会轻易退却。因此,学生完成任务的过程,就是接受纪律约束的过程。教师如能很好地用学习任务来引导学生,加深学生对任务的理解,不仅可以有效减少课堂纪律问题,还可以大大提高学习效率。

（四）自我促成的纪律

所谓自我促成的纪律,也就是人们常说的自律,它是在个体自觉努力下由外部纪律内化而成的个体内部约束力。自我促成的纪律是课堂纪律管理的最终目的,当一个学生能够自律并客观评价他自己的和集体的行为标准时,就意味着他能够为新的更好的集体标准的发展做出贡献,同时也标志着学生的成熟水平大大提高。

四、课堂纪律维护的原则

（一）以人为本原则

课堂纪律维护的目的绝不是对学生的支配和控制,更不是扼杀学生的主体性和创造性,而应该是充分理解和尊重学生,充分张扬人性,以促使学生获得更大的自由和彻底解放。因此,班主任老师的课堂纪律维护要切实做到:第一,严格纪律要求和尊重学生人格相结合,教师的行为要充分尊重学生人格,尊重学生的自尊;第二,自控与他控相结合,要以学生自控为主,他控为辅,着重引导学生自己管理自己;第三,积极指导与民主管理相结合,在课堂纪律管理中,教师既要积极地介入、机智地干预,让学生知道哪些可为、哪些不可为,又要实施民主管理，注重发展学生的个性和创新精神，培养良好的纪律行为和团结友爱的合作精神。教师要严禁用“不许”“不准”约束学生，严禁体罚和变相体罚学生，反对苛刻的、恶意的和侮辱性的惩罚方式。

（二）最小干预原则

有学者指出，在课堂教学中当发现学生“走神”或“开小差”时，应该采用最简单的、最小值的干预纠正违规行为。如果最小值的干预没有发生作用，可逐步增加干预值。其主要目的是既要有效地处理违规行为，又要避免对教学活动产生不必要的干扰。因此，当学生出现不良行为时，班主任老师可以采取以下措施：第一，提供情境帮助，使学生专心于学习活动，如移走引起分心的事物、调整课堂环境和教学活动、提高学生兴趣、强化恰当行为等；第二，采取非惩罚性的行为，将学生唤回到学习活动中来，如运用幽默的语言艺术予以暗示提醒，让其回答问题，提醒学生注意纪律等。

（三）预防为主原则

古人云：“凡事预则立，不预则废。”实践证明，当等到学生出现问题行为再去补救，往往比事先预防要困难得多。因此，班主任老师在课堂纪律管理中要注意做到：第一，确立学生活动规范，通过与学生共同讨论的方式，对课堂行为提出明确而具体的要求，并依附师生共同监督执行。第二，教师要认真选择学习材料，科学选择教学方法，精心组织教学活动，减少学生学习焦虑和疲劳，激发学生学习兴趣，让每一位学生都成为课堂活动的积极参与者，为学生个性的张扬和获得成功经验创造条件。第三，建立积极课堂环境，一方面要创建整洁、优雅的教室环境，使学生有足够的安全感，从而使学生有勇气迎接学习的挑战；另一方面要综合考虑学生的心理和生理特点、个性特长、学习习惯、行为特征、同伴关系等多种因素，依据学生和学习目标的不同，科学合理地安排调整学生的座位和排列形式。第四，建立和谐平等的师生关系，理解学生所表达的内心感受，接纳学生的意见和建议。

（四）因材施教原则

课堂纪律维护必须深入了解学生的具体情况，分析问题产生的主要原因，综合各种因素，因人而异、因事而异，科学地选择处理问题的方法。因此，班主任老师对待学生的课堂不良行为应认真分析，从学生的看法和感受出发，充分尊重学生的感受与体验，诚恳待人，给学生以必要的支持，从而调动学生的积极性，使课堂纪律维护起到事半功倍的效果。

（五）发展性原则

现代心理学研究表明，学生是发展中的人，其生理、心理、知识、能力、自律等都处于发展之中，处于不成熟、不完善的状态。每个学生不论其目前的状况如何，都存在着发展的潜能，教育的责任就在于使学生的潜在可能性向现实可能性发展。因此，班主任老师要用发展的眼光对待每一位学生，尤其是曾有课堂不良行为的学生，要充分相信他们经过教育培养都能成人成才。

（六）激励性原则

班主任老师对课堂的最大影响是营造气氛和对学生发展的激励。在课堂纪律维护中，班主任老师应采取成功激励与评价激励相结合的办法，坚持正面积极评价，多肯定、多表扬、多鼓励，尽量做到不批评、不指责。第一，班主任老师评价学生课堂行为的出发点和落脚点是寻找学生的进步，发现其闪光点；第二，班主任老师要细心发现每位学生在原有基础上的点滴进步，多肯定、多表扬、多鼓励；第三，班主任老师对学生出现的不良课堂行为既要宽容，又要正确引导,促使其自我克服、自我矫正、自我完善。

五、课堂纪律维护的策略

课堂纪律维护是一种艺术,班主任老师必须关注每一个学生,运用一定的课堂纪律组织艺术,努力调动学生的有意注意,激发学生的情感,使学生在愉快、喜悦的心境中全身心地投入学习之中。

(一) 变"被集体化"为"自由联合集体"

课堂纪律是教师集体管控的产物,是教师凭借个人权威,通过一定的规则规范对学生集体实施管控,以期实现教师对课堂教学的有效控制和把握,达到"集体化"的状态。这是失去自由个性的"被集体化",是以湮灭学生天性为代价营造的统一的、标准的、规范的集体状态。而学习是教师启迪学生智慧,引领其实现个体自觉的过程。个体自觉是学生在学习的过程中,通过与学习内容的"邂逅",达到对自我认知、社会认知、自然认知的个人觉醒,最终实现个人在公共秩序中的自觉。依据学生学习的本质是发现学生自我的学习兴趣、发展自我的独特个性、实现自我的个人价值,课堂应该是宽松的、和谐的、生动的、活泼的。课堂是学生自由学习的场域,而不是被限制、被辖制的物理空间。因此,教师需要转变现有调节课堂秩序的方式,由对学生的集体管控向引导学生个体自觉转变,让课堂成为一个个具有主体意识、个性释放的自由联合集体。

(二) 变"外部他律"为"生命自享"

传统课堂教学中,教师通常以维护教学秩序之名对学生自由意志进行"规则绑架",通过外部强制力约束学生的行为。这是以外部他律的形式督促学生的学习,势必隐含着对学生自由学习的粗放式的裹挟;而学生的学习只有以其合乎人的自然天性与自由意志,才具有持久的生命力。学习的过程本身就是生命自享的过程:学生以知识为媒介,通过与教师的良性互动,焕发出自我内心的存在感、使命感、价值感,其特有兴趣、独特个性在与知识的碰撞中得到最大的释放和展现。如果要保证课堂纪律与学生学习的统一,就必须变教师的外部他律为学生的生命自享。首先,规范个别学生的"破坏性行为",营造生命自享的课堂环境。教师需要通过合理的规范化要求引导其树立正确的行为价值,尊重他人,尊重课堂公约,为所有的学生都能在课堂中实现生命自享创造有利的条件。其次,课堂纪律的泛滥极易变相沦为对学生鲜活心灵的一种遮蔽,忽视学生的人性价值和尊严。课堂是学习的主阵地,也应该是学习的乐园。运行其间的课堂纪律只能是为了保证学生更好、更快乐、更深入地学习,除此之外,别无他用。教师在课堂上引导学生学习,做到"不愤不启,不悱不发",允许学生自由地表达自我,穷尽自我地展现其智慧。课堂教学的实质就是让学生真正体验到学习的快乐,让他们享受自我生命意志的释放和个性思维的觉醒。

(三) 变"消极惩罚"为"积极鼓励"

学生作为一种智慧生命,其内在要求是要得到鼓励和褒奖。教师在课堂上每一个举手投足的鼓励,都能激起学生内心对学习的持续性兴趣。因此,在课堂教学中,教师要变消极惩罚为积极鼓励。首先,消除惩罚弊病,塑造教师亲和力。惩罚作为一种手段,其不当的运用不仅给学生带来伤害,而且使他们滋生内心恐惧或者反抗情绪。内心恐惧的学生将课堂视为学习的"地狱",因畏惧而丧失兴趣,只会应付教师的教学,不会深刻体悟知识,更不会倾其心智去探索。其次,积极鼓励,弥补学生个性缺位。学生的天性希望得到他人的认可和赞扬,然而传统课堂教学中教师通常以权威者的身份,通过其赖以为凭的课堂纪律,遏制学生自由意志,忽视学生个性发展。面对学生个性缺位的局面,教师应该积极鼓励,用关心激发学生的求知欲,用赞扬激励学生的个性张扬。

第四节 课堂结构的优化

结构是指组成事物的各要素之间的一种关系。相同的要素,结构不同,其性质功能也不同,正如有机化学中的同分异构现象。课堂教学也是一样,它是由教师、学生、教学内容、教学手段等要素组成的。这些要素的不同组合,具有不同的功能。研究课堂结构,优化课堂结构,对于提高教学效率和教学质量有着极为重要的意义。

一、课堂结构的含义

课堂结构就是以教室为活动场所,通过师生之间分工合作和职权、责任的制度化而有计划地协调师生活动,以达到教学目的的一种组织系统。它主要包括教学目标的理解与制定、教学素材的选择与组合、各阶段的时间比例和衔接方法、各环节的主次搭配与相互关系、师生之间的角色分配和交流方式等。课堂结构的内容在表现形式上有隐性和显性之分。其中,目标确定、素材选择、流程构想等反映在教案或授课者课堂构思的部分是隐性的,而整个课堂教学的实施阶段是显性的。学生对课堂教学内容的理解和掌握情况又是隐性和显性共存的。

课堂结构对教与学具有一定的规范作用,有了课堂结构就不会“漫无章法”。课堂结构使课堂教学有了明确的目的性,易于操作。课堂结构是产生教学艺术的基石,会降低追求课堂艺术的难度,在环节的规范中,学生能碰撞出智慧的火花,老师能产生因材施教的灵感。同时,课堂结构与教师个性、教学艺术、学科特点的张扬相辅相成,是实现课堂艺术、升华学生思维的保障。

课堂结构是新课程改革所倡导的课程开放性的必然要求,是提高教学效率、在最短时间达到最优化教学效果的重要手段。根据课堂结构的特点,如果能分别创制出新授课、复习课、作文课、阅读课、研究性学习、自主性学习、合作性学习等课堂教学结构模型,对学生学业成绩的全面提高必然能够发挥至关重要的作用。

二、影响课堂结构的因素

课堂教学构成因素的多样性,决定了课堂结构影响因素的复杂性。从课堂教学实践来看,课堂结构的影响因素主要表现在以下几个方面。

(一)预设的教学目标

在教学实践中,教学目标的确定具有很大的客观性。从国家的课程标准到各种考试的具体导向,都对教学目标做出了比较明确的规定,教师的选择空间很窄。但在实际的教学过程中,某些课的目标却仍然是含糊的,教师和学生处于信马由缰、漫无目的的状态。出现这种状况的主要原因在于教师对课程标准和学生情况的认知模糊。这一方面是教师教学责任心缺失的结果,另一方面也是因教师对课堂突发情况的应变处理不当而导致预设目标的偏离。在课堂结构体系中,预设教学目标的合理性和科学性是首要的因素,具有统领全局的作用。要达到教学目标预设的合理性和科学性,需要教师对课程标准和学生的实际学习情况有比较准确的认识,对达到预设目标的路径和方法有较为准确的把握。

（二）选择的教学内容

目标确定以后,教学内容或素材的选择就成为另一个重要因素。教学内容的选择是否恰当,主要看是否有利于目标的达成,是否贴近学生的认知基础,这是最能够体现教师基本功的地方。有经验的老师都知道"讲什么"比"怎样讲"更重要,他们能够对教材内容大胆取舍,与其他教学资源重新整合;而缺乏经验的新教师往往是跟着教科书走,表现为照本宣科的"本本主义"。当然,教师不能希望一本教科书能够适用于所有的学生,但也不能忽视教科书的引领和导向作用。怎样用好教科书所提供的教学素材,需要新教师在自己认真研究的同时,多向有经验的老教师请教。

（三）学生的学习基础

学生现有的学习基础与预设教学目标之间的差距是贯穿于教学全过程的主要矛盾。有的教师形象地将其比喻为"现在在哪里,要到哪里去",就是要把出发点和目的地搞清楚。对学生情况的把握,来源于教师在日常教学活动中对学生信息的收集归纳。学生在作业、笔记、考试等学习活动中暴露的问题,是教师了解学情的主要渠道;师生之间的课堂交流和课后交流,也有助于教师加强对学生的了解;分阶段地进行学情调查,或座谈或填写调查表,也是很好的方法。教师对学生情况掌握得越全面,就越能准确地确定教学的基点。但教师对学生的了解也常会出现偏差。我们常听到有的教师抱怨:这个班学生太笨了,这么简单的问题也搞不清。特别是在公开课上,如果答题的学生怎么也到不了教师希望的"点"上,教师往往会感到着急上火,甚至干脆越俎代庖,自问自答,把学生晾在一边,这是对学生估计偏高;有时也会出现教师对学生普遍掌握的问题用力太多,又讲不出新意,引起学生不满,这又是对学生估计偏低。

（四）教师的业务能力

备课的深入程度、课前准备的精细程度和课后对学生跟进辅导的帮助程度,是教师教学责任心的体现。在课堂教学过程中,教师展现出来的是个人的综合素质。仅就这一环节来说,要能够上一节好课,需要教师长期的业务素质积累和课堂上的激情洋溢。教师必须把握好几个不同的角色。首先,教师应该成为一名好导演,他能够引导学生(演员)深刻领会教材(剧本),使学生不但能将对教材的理解迅速内化,而且能够充满激情地展现出来。其次,教师也应该是一名演员,和学生一样参与演出的过程,而且要尽量将自己扮演的角色相对弱化,让学生演员成为主角。再次,教师还要当一名好剧务。在整个课堂教学的过程中提供必需的支持和服务,尤其在学生演员遇到困难的时候,支持、鼓励、点拨需要及时跟进。

（五）教学支持条件

教学活动的正常开展离不开物质支持,也需要对其他教学资源的选择与整合。在物质日渐丰富的现代社会,教师开展教学活动的空间视野得以大大拓展,工作效率也得以大幅度提高。在教学的准备阶段,教师可以轻易地搜集到大量的相关信息。多媒体的支持又使教师可以将更多的信息、更多的素材在课堂展示给学生。与小黑板、油印讲义等传统的教学辅助工具相比,今天的教学支持设备已经基本实现现代化。我们在看到支持条件现代化带来巨大便利的同时,也不能忽略其产生的负面作用。有的教师因获取信息量的增加而失去了分析选择能力;有的教师一节课基本上没有了必要的板书,一味在播放幻灯片;有的教师没有了对课程标准和学生实际情况的分析，更没有建立在这种分析基础上的备课环节，干脆直接采用现成的电子课件。出现这些现象，绝不是教学设备现代化之误，而应归因于教师职业责任感的缺失和教学管理的疏漏。

三、课堂结构的类型

影响课堂结构因素的复杂性，在一定程度上决定了课堂结构的类型多样性。从教学实践来看，课堂结构一般可以划分为课堂情境结构和课堂教学结构两种。

（一）课堂情境结构

1. 班级规模的控制

一般而言，班级规模越大，学生的平均成绩就会越差，教师态度、学生态度和课堂处理的效果就会较差。班级规模过大，往往容易限制师生交往和学生参与课堂活动的机会，阻碍了课堂教学的个别化和个性化的开展，有可能导致课堂出现较多的纪律问题。通常情况下，中小学生班级规模以 30～40 人为宜。

2. 课堂常规的建立

课堂常规是每个学生必须遵守的最基本的日常课堂行为准则。预习、上课、听讲、记笔记、发言、做作业、复习、写字姿势和教室卫生等方面的常规，赋予学生的课堂行为以一定的意义，使学生能够明白自己行为所依据的价值标准，具有约束和指导学生课堂行为的功能，从而使学生的课堂行为逐步规范化。

3. 学生座位的安排

教师在安排学生的座位时，一方面要考虑课堂行为的有效控制，能够预防课堂纪律问题的发生；另一方面，也要充分考虑促进学生之间的正常交流和交往，形成和谐融洽的师生关系。这样做有利于学生良好人格特征的形成。

（二）课堂教学结构

1. 教学时间的合理使用

课堂教学主要是由教师的教和学生的学所组成的时间流程，一节课一般为 40～45 分钟。学生在课堂里的活动可以分为学业活动、非学业活动和非教学活动等三种类型。在通常情况下，用于学业活动的时间越多，学生的学业成绩便越好。为此，教师一定要注意指导学生在课堂上聚焦自己的学业活动，减少非学业活动和非教学活动等的不利影响。

2. 课程表的编制

课程表是使课堂教学有条不紊进行的重要条件，编制时应尽量将语文、数学和外语等核心课程安排在学生精力最充沛的上午进行，将音乐、美术、体育等安排在下午开展。同时，还要注意将文科与理科、形象性学科与抽象性学科交错安排，以避免和防止学生疲劳与厌烦现象的发生。

3. 教学过程的合理规划

教学过程主要由组织教学、课程导入、讲授新知识、巩固新知识和课程结束等环节组成。善于合理规划教学过程的教师，上述诸环节能够井井有条、按部就班、一环紧扣一环地进行，在不知不觉中就能使学生顺利掌握知识，形成技能，获得良好的思想品德以及审美修养。正因为如此，很多教师在教学实践中往往把教学过程的合理规划看成是极为重要的教学基本功。

四、课堂结构的优化

寻求教学效率,提高教学质量,是课堂教学的根本目标,而有效解决这一问题的途径便是优化课堂结构,即由原来"一言堂"式沉闷的课堂教学,转变为灵活的、活跃的、多种方式并行的课堂教学。

(一)转变教学观念,使课堂从封闭走向开放

传统的课堂教学,在"教"与"学"中由于偏重于"教",使得学生被动地接受知识,教师则过于注重书本知识的传授,过于强调预期和封闭。课堂教学自然是机械的、沉闷的、程式化的。因此,转变教学观念是当务之急。学生是能动的、独特的学习者,而不是被动的知识灌输对象,在课堂教学中应该转变"教师权威"的观念,更多地强调与学生之间的合作和交流,强调知识的实践与应用,让学生对所学知识有更多的感性认识。课堂知识与生活世界、学生的心灵世界有着广泛而深刻的联系,然而以往的教学过多强调概念、判断、推理,忽视了学生个体的感受、领悟和想象。一个开放、创新的课堂,就要注重知识与实际的联系,就要注重学生的悟性和灵性的发展,培养学生一颗敏慧的心灵和对生活敏锐的悟性。要让课堂从理论的象牙塔中走出来,融入生活实践中,使教学变得更加鲜活生动。

(二)处理好预设与生成的关系

一个优化的课堂是由多种元素构建而成的,其中包括确定的因素,也更应该纳入大量不确定的因素。课堂上要有预设,但重要的是要有生成。学生作为有着个性差异的学习个体,是有着巨大认识能力和主观能动性的。教师的预设不可能是十全十美的,它会与学生的实际学习有一定的偏差。因此,教师要根据学生学习的需要,对自己的教学做出富有创意的调整。学生的反馈信息也是一种重要的教学资源,教师要充分利用这种资源,优化课堂结构,使预设和生成有机地融于课堂教学中。将预设与生成协调起来不仅是一种教学的科学,更是一种教学的艺术。它的技巧在于根据当时的实际情况,巧妙地在学生不知不觉中做出相应的变动。教师在课堂上不必预见到课堂的所有细节,重要的是牢牢地把握住动态生成的情况,使教学提升学生的发展水平。

(三)促进学生学习方式的转变

在教学中,教师是教学的主导,学生是学习的主体,两者相互配合、相辅相成,形成有效的互动,共同构建一个优化的课堂。教师在课堂中不再存有绝对的权威性和强制性,而是充当知识引导者的身份,学生成为一种需要加以塑造和发展的对象,而不是知识的容器。要发挥学生的主动精神,使之成为学习的主人,充分调动学生的参与意识和学习的积极性,促进学生学习方法的转变。古人云:"授之以鱼,不如授之以渔。"教会学生思考问题的方法比传授知识本身更为重要。教师要在课堂发挥学生的主体作用,必须加强师生之间的互动。在教学合作中,教师起到支点的作用,学生则是通过参与课堂实践,达到构建自身知识体系的目的。师生共同合作、彼此倾听和分享对方的认知成果,可以加深对自己和周围世界的认识与理解,丰富内心世界,有效地提高课堂教学的效率。

(四)实现课堂师生之间交往与互动

教学是师生之间交流互动、共同发展的过程,但课堂上的互动往往成了一种教师在台上"唱"、学生在台下"和"的情况。场面看似非常热闹,但却多了一份人为的做作,少了一份自然的真实,使师生间的交流互动流于形式,成了毫无实际意义的课堂"表演秀"。实现课堂上

师生间的有效互动，要形成课堂的知识共享，讲求互动的实效性。在教学中，无论是教师还是学生，他们都是课堂文化的创造者，都是课堂的教学资源。教师要认识到学生也可以是一个教育者，充分挖掘课堂中学生的课程资源，捕捉学生信息，使学生分享相关经验；要在交往主体——师生间形成以知识为载体的共同理解，这种理解既包括对课堂知识的思维、分析的理解，也包括对人际关系的理解。通过师生之间的知识共享，形成有效的交流、互动，使学生获得知识意义和思维方法，并在与教师交往与互动中获得经验和精神成长。教师要调动每一个学生的积极性，使他们踊跃参与到课堂中来；要通过富有创意的实践，构建一个生动活泼、主动和有个性的课堂互动情景，促进每一个学生的充分发展。

（五）加强信息技术与课堂教学整合

信息技术的普遍应用以及学校网络环境的建设，极大地扩充了信息技术的学习资源，教师可以运用信息技术与课堂教学进行整合，运用集图、文、声、像于一体的计算机多媒体技术，优化和活化课堂教学内容。例如，图片可以展现大自然的丰富多彩；动画可以展示事物发生、发展的动态过程；模拟可以使实验过程变得明晰；视频影像可以表现真实生活的事件和情景；音乐可以渲染情节与气氛等。这些可以使课堂呈现出多种信息的传递方式，创设一个图文并茂、有声有色的数字化教学环境。这样不仅能够满足学生认知发展的需要，而且能激发学生爱学、乐学的感情。同时，也能引导学生运用课前收集的网络信息与同学、老师展开线上与线下的交流和讨论。这不仅能使教学内容和方式都发生新的变化，而且能开阔学生的视野，增强学生的动手能力，陶冶学生的情操，最终促进教学质量的不断提高。

第五节　课堂问题行为的处理

在教学过程中，教师往往会遇到某种扰乱课堂秩序，影响正常教学的行为，即问题行为。问题行为常常会迫使教师把当时的讲解停下来，把注意力集中在出现问题行为的学生身上，并设法使这些行为不再继续下去，因而干扰了正常的教学行为。因此，正确认识课堂问题行为，正确机智地处理课堂问题行为，是班主任和任课教师在日常教学与管理工作中的一项重要任务。

一、课堂问题行为的含义

对于课堂问题行为，国内外学者存在着不同的解读。美国教育心理学家林格伦认为，问题行为是指任何一种引起麻烦的行为（干扰学生或班集体发挥有效的作用），或者说这种行为所产生的麻烦（表示学生或集体丧失有效的作用）。我国有学者研究认为，问题行为是指“不能遵守公认的正常儿童行为规范和道德标准，不能正常与人交往和参与学习的行为”①。也有学者指出：“课堂问题行为是指学生或者教师在课堂中发生的、违反课堂规则、程度不等的妨碍及干扰课堂活动的正常进行或影响教学效率的行为。”②对课堂问题行为概念的不同回答，表明其界定标准的复杂性。有关课堂问题行为的标准，我国学者研究后认为，为了确认某一行为是否构成了问题行为，问题行为的严重性程度如何，必须考虑频率、维度、强度、

① 教育部人事司，教育部考试中心．教育心理学考试大纲[M]．北京：北京师范大学出版社，2010：3.

② 陈时见．课堂管理论[M]．桂林：广西师范大学出版社，2002：193.

时间、态势、刺激源以及离差等几个方面的因素。① 据此,我们认为,客观地评判一个行为是否是课堂问题行为,要综合考虑以下几个方面。第一,普遍性,即这种行为是否是该年龄阶段学生普遍发生的问题行为。比如,注意力不集中的现象在年幼学生身上表现更突出。第二,时间,即在课堂上发生的时间。某个学生的某个课堂问题行为在一节课的什么时候发生,是课一开始就发生,还是在中途发生,或是在快下课时才发生。第三,延续性,即这种行为是否每次都会延续很长时间,能不能自行消失。第四,频率,即这种行为在某一节课上是否经常发生。第五,针对性,即这种行为是否只针对某一门课或某几门课,如有的学生在数学课上常表现出问题行为,而在语文课或其他的课上很少表现或不表现问题行为。第六,指向性,即该问题行为是指向自己,还是指向其他同学,或者正在上课的教师。

根据中央教育科学研究所调查统计,教师知觉到的学生最普遍的课堂问题行为包括:走神(57.9%)、随便说话(18.0%)、多动(14.2%)、不跟随任务(3.2%)、不参与合作(2.7%)、退缩(1.3%)、嘲笑他人(0.9%)、妨碍他人(0.8%)、不服从(0.6%)、情绪失控(0.4%)。② 这些问题行为有多种分类方式,目前最普遍的是按学生课堂问题行为的表现形式,分为外显性和内隐性两种。外显性课堂问题行为,容易被老师发现并批评,主要表现为上课讲话、争吵打闹、和老师对着干等;内隐性课堂问题行为不易被发现且难以矫正,一般表现为学生注意力不集中、打瞌睡、看课外书、不愿意思考、不配合老师上课等。前者直接干扰课堂纪律,后者会危害学生的心理发展和影响学习效果。

研究发现,一个学生的不良课堂行为不只是影响他自己的学习,同时也可以破坏课堂上其他学生的学习。在一般情况下,一个学生的问题行为可能简单地诱发另一个学生不听课,也可能把问题蔓延开来,诱发许多学生产生类似的问题行为,即产生所谓的"病原体传染"现象。它会蔓延至全班,破坏课堂秩序,影响教学活动的正常进行。这种问题行为是许多教师经常遇到的,也是最怕发生的。因此,对课堂问题行为及时加以控制和防范,是课堂管理的重要内容之一。

二、课堂问题行为的类型

(一) 国外学者的分类

美国教育心理学者威克曼把破坏课堂秩序、不守纪律和不道德的行为等归纳为扰乱性的问题行为;把退缩、神经过敏等行为归纳为心理问题行为。奎伊把问题行为分成品行性问题行为、性格性问题行为以及情绪上、社会上的不成熟行为等三种类型。布罗菲和罗尔肯帕在 1981 年提出将课堂问题行为分为三类:一是属于教师的问题,学生的行为使教师的要求受挫,从而引起教师的不快或烦恼;二是属于学生的问题,由于意外事件或他人(除教师外)的干扰,学生的要求受到挫折;三是师生共有的问题,师生彼此使对方的要求和目标受到相同程度的挫折。这一分类最引人注意和具有启发意义的地方,就是将教师的问题行为也列入其中。实际上,课堂上不少问题行为的确是由教师自身造成的,如教师粗暴的态度、对学生频繁的训斥等,都可能会引发一系列课堂问题行为,这方面问题应当引起教师的注意。

① 刘丽群.课堂问题行为的管理[J].教学与管理,2000(8):8-10.

② 张彩云.小学教师对学生课堂问题行为的知觉[J].中国特殊教育,2007(8):69-74.

（二）我国学者的分类

我国学者根据学生行为表现的倾向，主张将课堂问题行为分为两类。

1. 外向性问题行为

外向性问题行为主要包括相互争吵、挑衅推撞等攻击性行为；交头接耳、高声喧哗等扰乱秩序的行为；做滑稽表演、口出怪调等故意惹人注意的行为；故意顶撞班干部或老师、破坏课堂规则的盲目反抗权威的行为，等等。外向性问题行为容易被觉察，它会直接干扰课堂纪律，影响正常教学活动的进行，教师对这类行为应果断、迅速地加以制止，以防在课堂中蔓延。

2. 内向性问题行为

内向性问题行为主要表现为在课堂上心不在焉、胡思乱想、做白日梦、发呆等注意力涣散行为；害怕提问、抑郁孤僻、不与同学交往等退缩行为；胡涂乱写、抄袭作业等不负责任的行为；迟到、早退、逃学等抗拒行为。内向性问题行为大多不会对课堂秩序构成直接威胁，因而不易被教师察觉。但这类问题行为对教学效果有很大影响，对学生个人的成长危害也很大。因此，教师在课堂管理中不能只根据行为的外部表现判断问题行为，不能只控制外向性问题行为，对内向性问题行为也要认真防范，及时矫正。

三、课堂问题行为产生的原因

学生课堂问题行为具有普遍性，其原因非常复杂。既有学生的主观因素，也有教师及家庭、社会方面的客观因素。

（一）学生方面因素

1. 生理障碍

学生的生理障碍是诱发课堂问题行为的重要原因。如果学生存在视、听、说等方面的生理障碍，则会妨碍学习活动的正常进行，在课堂上常常出现不敏感、不专心、退缩、低沉，甚至烦躁不安、自行其是等问题行为。神经发育迟缓或神经功能障碍也会造成学生的“多动症”，导致学生注意力涣散、活动过度、冲动任性、怪声尖叫等问题行为。此外，发育期的紧张、疲劳、营养不良等也会引起学生在课堂上精神不振、担心害怕、神志恍惚等问题行为。

2. 适应不良

适应不良是指学生不能很好地根据环境的要求改变自己，或不能积极作用于环境并改造环境，由此而产生的各种情绪上的干扰。学生在求学过程中发生的转学、转校、更换班主任、小学进入初中等事件，如果学生不能适应新环境，便会产生一些不良的心理特征，如焦虑、沮丧、兴趣减弱、注意力降低、多动闹事等。这些特征严重干扰着学生的学习，也是学生课堂问题行为产生的直接原因。

3. 心理挫折

问题行为在很大程度上是由于学生在学习活动中遇到挫折而导致的。在学习中，学生不可避免地会遇到一些挫折。面对挫折，有些学生能正确地对待，勇敢地排除各种障碍，实现奋斗目标。而有的学生对挫折不能进行正确的归因，则会导致问题行为。若学生把挫折的原因归于外部，怨天尤人，为了发泄内心的不满和气愤，就可能出现外向性、攻击性行为；若学生把挫折的原因归于内部，就可能出现内向性退缩行为，如学习成绩差就产生自卑感，丧失学习的兴趣和信心，想方设法逃避学习或脱离学习环境等。

4. 寻求注意

有些学生的问题行为只是为了引起教师或同学的注意。一些学习成绩较差的学生,发现自己无法从学习或竞赛中获得教师和同学的承认,感到自己受到别人的关注太少,同时内心有着强烈的渴望别人关注的需求。他们发现在课堂教学中,教师为了维持课堂秩序对问题行为比较注意,于是便故意地表现出课堂问题行为,以引起老师和同学的注意,从而实现其需求的满足。

(二) 教师方面因素

1. 教育思想失当

教师缺乏正确的教育思想,会直接影响教师的教育教学方式,从而引发学生的问题行为。例如,教师缺乏正确的教育理念,重智轻德,将升学率作为唯一目标,无休止地补课、考试,学生成为分数的奴隶,学习成了无边的苦海。这样,学生的厌倦情绪、逆反行为甚至对抗性行为就会随之而生。另外,一些教师对学生存有厌恶、歧视的态度,不尊重学生,处理方法简单、粗暴,这极大地伤害了学生的自尊心、自信心,使他们产生消极自我概念,生发畏难情绪,或激起学生反感,产生师生对立情绪,由此引发问题行为。

2. 教学管理能力差

教师缺乏组织课堂教学的能力,不善于处理课堂教学中的违纪行为。主要表现在两方面:一是教师放弃管教的责任,采取不闻不问的立场,放纵学生,在课堂上未能形成良好的学习气氛,学生也因缺乏接受教导或改正的机会而出现违反课堂规则的行为;二是教师对学生的问题行为反应过敏,处处设防,动辄对学生大加训斥,甚至滥用惩罚,学生在课堂上感到紧张与焦虑,这不仅无助于维持课堂秩序,而且还会引起学生对教师的怨恨、反感或对立,从而诱发学生的问题行为。

3. 教学上的偏差

教师教学上的偏差是学生产生问题行为的重要因素。例如,教学方法呆板,枯燥乏味,学生听课没有积极性;不了解学生,没有根据学生的实际情况安排教学内容,讲课速度过快或过慢;表达能力较差,语言含糊不清,学生听不明白;教师缺乏活力,精神不振,懒懒散散;对学生评价不公正,师生关系紧张,等等。这些都容易动摇教师在学生心目中的威信,引发课堂问题行为。

(三) 环境方面因素

1. 家庭的影响

家庭结构、家庭氛围、父母的教养方式等,都会影响学生课堂问题行为的产生。研究表明,父母不和、经常吵闹家庭的学生,在课堂上经常会表现出孤僻退缩、烦躁不安,甚至挑衅生事;父母对孩子娇惯溺爱、纵容放任,对其百依百顺,容易养成孩子任性、固执、自我中心,甚至玩世不恭、放荡不羁;而父母的教养方式简单粗暴,对孩子非常严厉,动辄打骂,则容易养成孩子弄虚作假、消极对抗、冷漠孤僻、情绪异常等。

2. 社会的影响

社会的不良环境也是诱发学生产生课堂问题行为的因素之一。例如,社会的不良风气、治安状况及媒体传播中的暴力、色情、凶杀等信息,都会使一些学生出现模仿行为,这些行为也常延伸到课堂中,影响教学活动。有关研究表明,观看充满暴力内容的电影、电视的学生比其他学生有更多的攻击性行为出现,并具有更多的恐惧感。

四、课堂问题行为的预防和矫正

无论是显性问题行为还是隐性问题行为，都不可避免地干扰课堂教学的顺利进行，降低课堂教学的效率。因此，教师应采取有效措施，预防和矫正课堂问题行为。

（一）课堂问题行为的预防

1. 优化教师素质

教师在教学活动中起主导作用。一般来讲，学生倾向于服从与尊重那些素质较高的教师。一个素质较高的教师比较容易得到学生的认可，因此他教的班级就会较少产生问题行为。教师的素质一般包括良好的职业道德和教育素养。教师既要有广博的文化知识，又要有精深的专业知识；既要有丰富的教学经验，又要有良好的教育理论修养和较高的教育教学技能技巧；既要有严谨的教风，又要有充沛的热情；既要有为人师表的责任感，又要有教学上的民主。

2. 发扬教学民主

课堂教学是师生双方的协调活动，需要师生共同管理课堂纪律，不要只把它看成是教师对学生的监督、控制。要引导学生按照课堂纪律的要求，规范个体行为，控制问题行为的发生。课堂中的教学气氛和师生关系应是民主、友好的，绝不能专断、冷漠、过于严厉。教师还应注意的是，频繁使用竞赛、名次、奖品等鼓励竞争的强化方式，以及用指责、训斥等来刺激学生，会造成或加剧学生的适应问题。

3. 调动学生学习积极性

学生是学习的主体，在课堂教学中，必须充分调动学生学习的积极主动性，增进与学生的情感交流和人际合作。只要学生积极投入到课堂教学中去了，就会很少产生问题行为。调动学生积极主动性的策略很多，其关键在于激发学生的学习动机，引发学生的学习兴趣。同时，要特别注意那些具有隐性问题行为的学生，因为这样的学生不易引起教师的注意，一旦发生问题行为更难处理。

4. 充实教学内容

教学内容是教师教学和学生学习的主要依据。丰富多彩、充满趣味的教学内容会吸引学生的注意，引发学生的积极投入。相反，枯燥无味的教学内容则会使学生感到厌倦、产生反感、引起焦虑，从而引发问题行为。因此，在设置课程内容时，要根据现代教育教学理论，坚持以活动促进发展的教学指导思想，加强课程的综合性和实践性，加强知识发生过程的教学，最大限度地让儿童积极参与教学活动，激发儿童的兴趣和潜能，培养学生的创新意识、创新能力和创新精神，为学生的自我发展奠定基础。如此一来，就减少了问题行为的发生。

5. 设计教学方法

良好的教学方法不仅是预防问题行为发生的有效途径，而且具有发展学生智力的功能。常言道："教学有法，但无定法，贵在得法。"这说明教学方法很多，其中最重要的一点就是所选择的教学方法要适用于学生的学习，要能够充分调动学生的积极主动性。有的学生上课时爱做小动作，是因为他们闲着。教师在课堂上不要让学生闲着，要准备好有吸引力的内容和方法，把学生的注意力吸引过来。有时学生感到疲劳而注意力分散，教师可有组织地让学生松弛一下，或结合教学内容穿插讲个笑话，或让学生改变一下姿势，以减轻疲劳。如果教师选择了一种适用的教学方法，就能提高学生的注意力，减少课堂问题行为发生的概率。

（二）课堂问题行为的矫正

1. 强化

根据操作性条件反射理论,如果在一个指定的情境中,某人做某事之后,立即给他一个积极强化物,那么当他下次遇到相同情境时,就很可能再做相同的事情。例如,在课堂上教师看到平时调皮的某学生安静地埋头做作业,可走过去轻轻地拍拍他的肩膀并给予赞许的微笑,以后该生在课堂上认真做作业的可能性将增加。课堂上教师可以使用的强化方式有以下几种。

第一,社会强化。社会强化是教师在课堂中经常使用的、非常有效的一种强化,它是与社会肯定相联系的。最常见的社会强化是表扬、给予注意、身体的接触、肯定的表情、目光的注视等,如向学生微笑、亲切地轻拍学生的头或背、称赞学生能干等。研究表明,社会强化对提高学生的良好行为非常重要。

第二,活动强化。活动强化就是当学生表现出具体的期望行为时,允许学生参与其喜爱的活动,或提供较好的机会与条件,如允许学生参加其喜欢的兴趣小组活动、提供设备的优先选择权和使用权、提供课堂活动或体育运动中的领导角色等。例如,学生在课堂上认真听讲,就可获得10分钟的自由活动时间,包括自由交谈、做游戏、读杂志等;如果有人在课上捣乱,则每一次减去1分钟的自由活动时间,这种方法可极大地改进学生的学习行为。

第三,代币券的强化。代币券的强化是指用某一种票据或奖券的形式代替直接的强化,让获得这种代币券的人换取他所需要的奖励。实行代币券,首先要选择一些特殊的行为指标作为强化目标。这些目标可以是课堂上独立完成的作业、认真听讲或者作业的准确性。这些行为指标要易于监控和强化,要有可操作性。另外,代币券的设计要新颖独特,对学生有吸引力。教师应明确告诉学生,如果做到了教师事先提出的要求,表现出了这些行为,就给他们多少代币券,任务越难以完成或者越复杂,所给的代币券就越多。

第四,强化其他行为。当学生出现我们所欲求的行为时给予强化,而出现不欲求的行为时不予强化,实施有选择的强化。即强化其他一切行为,唯独不强化我们所认为的不欲求的行为。如上课有同学做小动作不听讲时,教师不必去批评或责备那些同学,而是点名表扬那些上课认真听讲、注意力集中的同学。这样,那些不认真听讲的同学也会意识到自己的行为表现,而逐渐消除自己的不良行为。

2. 消退

行为矫正专家认为:人类的不良行为都是不良的条件强化作用的结果,如果取消这些不良的强化物,不良行为就会自然消退。学生课堂问题行为的产生有时是为了赢得教师或同伴的注意。如果教师直接干预,可能正好迎合了他的目的。因此,教师有意忽视,对他们的行为不予理睬,学生会自觉没趣而改变其行为。消退最好与积极强化相结合,在选择对不良行为进行消退处理时,应同时选择适当的替代行为,并予以强化。例如,当学生上课说话时,不予理睬,而当他认真听讲时,马上给予表扬,强化他的良好行为。

3. 暂停

这种方法是使问题行为学生在一段时间内得不到对目标行为的任何强化,从而降低或消除问题行为的发生。例如,有学生上课捣乱,教师可把他带入隔壁的空房间,单独坐5分钟,然后再让他回到教室。暂停通常有两种做法:一种做法是在一段时间内对问题行为不予强化,如上课铃响后,班上的学生依然大声喧哗,这时教师可让学生趴在桌上平静几分钟,然后上课；另一种做法是要求问题行为者离开当前的情境，到暂停区待一段时间。学生在暂停区的行为应受到监控，不能任其自由。

4. 后果共担

只要班级或小组中一个同学违反了纪律，整个班级或小组都要受到处罚。如教师告诉班上同学，只要某个爱捣乱的学生有所改进，就给班上所有同学奖励，如果这个同学表现不好，其他同学表现再好也无济于事。这样就把个别学生的行为表现与他周围的学生的奖罚联系起来，全班同学会出于自己的利益而干预这名学生，从而起到有效的作用。

5. 契约

契约是一种通过学生与教师签订协议的方式而改进行为的方法。在签协议时一定要考虑什么是要改进的目标行为，这一行为的规定应当是具体的，一旦学生做到了这些行为，就要按事先的约定对学生进行奖励。如果学生没有按协议履行承诺，就要按照事先规定的给予惩罚。签订协议时还要考虑强化物的选择。一般可以选择学生喜爱的活动或者自由活动时间作为强化物，要观察学生经常从事的活动，并与学生商讨以什么活动作为强化物最为合适。

6. 批评

如果很多方法对制止学生的问题行为都不奏效，那就要正面严肃批评，指出其缺点，使学生认识并改正错误。当然，正面批评要建立在尊重学生人格的基础上。教师可以根据对问题行为严重程度及问题行为者特征的判断，灵活掌握批评的尺度。批评时，必须使学生切实明白他所犯错误的性质及原因，并指出矫正错误行为的具体方法及行为发展的目标。这样可以加快学生行为矫正、获得新的良好行为的速度。

7. 积极的练习

所谓积极的练习，就是当学生出现问题行为时，教师不是简单地进行批评教育或惩罚，而是让其做正确行为的练习。如学生出现捣乱行为和不认真听讲行为时，教师可让他举起自己的手，说出什么是正确的行为和应当做的行为，然后，让他练习正确的行为 5 分钟。这一方法往往会取得良好效果，它的最大优点在于为学生提供了一个学习正确行为的机会，通过练习使学生认识到什么是正确的行为，什么是不正确的行为。

第九章　班级管理的关键:进行个别教育

> 我们的教师没有去注意一些最普遍的典型性格,譬如"老实人"、"道学先生"、守财奴、滑头鬼、萎靡的人、粗枝大叶的人、卖弄殷勤的人、爱占便宜的人、厌世的人、爱幻想的人、书呆子。有时我们也能看出他们的存在。但是第一,他们对于我们没有什么妨碍,其次,我们反正也不知道拿他们怎么办。而实际上,后来成为害群之马的正是具有这种性格的人,而不是调皮捣蛋的人。
>
> [苏]马卡连柯:《论共产主义教育》

个别教育是集体教育的一种补充方式,体现着作为实施者的班主任素质和能力。无论从宏观上看一个班集体班风如何,还是微观看上班集体每一个学生的学业成绩、思想状况,都与班主任的管理水平与管理方式有密切的关系。人们习惯把学生分成优秀、中等和后进三个层次,这些学生各自都有优点和缺点。班主任在开展个别教育时,要善于对不同层次的学生因材施教,做好优秀生、中等生和后进生的教育工作,使每个学生都能扬长避短,学有所得,不断取得新的进步,从而促进整个班集体的健康发展。

第一节　个别教育概述

个别教育是班主任根据学生个人的特点、需要和问题而单独进行的教育,它一般包括个别谈心、个别指导、个别辅导和个别帮助等内容。对学生进行个别教育的客观依据是个别差异。所谓个别差异主要是指心理的个别差异或个性差异。学生的个别差异是指学生在活动中所表现出的个性倾向和个性心理特征方面的差异。前者是指学生在需要、动机、兴趣、信念、世界观等方面的差异;后者是指学生在能力、气质、性格等方面的差异。例如,有的学生对数学有浓厚的兴趣,有的学生却对文学有浓厚的兴趣;有的学生具有非凡的记忆力,而有的学生却具有丰富的想象力;有的学生善于交际,有的学生则沉默寡言;等等。个别差异是在独特的自然基础上,在一定的历史条件下,受到家庭、学校、社会环境的影响,并通过实践活动而形成和发展的。现代个性心理学与社会心理学的大量研究表明,社会环境和教育条件在学生个性心理差异的形成和发展中起着巨大的作用。

一、个别教育的意义

学生在其成长的过程中,固然有共同的年龄特征,但每个学生由于遗传的差异、环境和教育条件的不同,他们会呈现出各不相同的个性差异。班级是由学生个体组成的,班主任在精心建立班集体的同时,必须做好个别教育工作。

（一）有助于因材施教促进每个学生的发展

班级通常是由几十个不同的学生组成，这些学生尽管年龄大致相同，文化水平接近，生理和心理存在着许多共同特点，但是由于他们所受的影响不同，他们之间又有着各自不同的特点，存在着个别差异。班主任做个别教育工作，就要认真细致地了解学生的各种具体情况，如他们的德、智、体、美、劳等方面的情况，他们的爱好、兴趣和特长，他们的学习态度、学习方法和学习成绩，他们的品质和性格，他们心目中最崇拜的人和最尊敬的老师是谁，他们在家庭生活中的地位和他们的社会交往情况等。班主任只有对学生的这些情况了解清楚了，在教育他们时才能有的放矢，因材施教，扬长避短，长善救失，从而促进班级中每个学生都得到充分、和谐、全面的发展。

（二）有助于系统有效地做好学生德育工作

对学生的德育是班主任经常性的重点工作，也是班主任的主要任务。班主任要想高速高效地完成这一任务，在很大程度上取决于对学生个人的德育工作。只要每个学生都教育好了，整个班集体也就具有了良好的思想品德。班主任在长期的个别教育过程中，掌握了学生的年龄特征和思想实际，以及他们思想品德形成和发展的规律，这样在进行教育时就可以保证其系统连贯性和深入有效性。在教育实践活动中，班主任之所以能有效地对学生进行德育，其原因也正在于此。

（三）有助于班集体的组织培养和健康发展

从一定意义上说，做好个别教育也是组织和培养班集体的一项重要内容。例如，在班集体中有一些学生，他们独立活动能力和组织能力很强，但却骄傲自大，目空一切，如果不把他们团结到集体中去，就会对班集体起破坏作用。班主任就要特别对这些学生进行个别教育，让他们在集体中发挥个人才能；鼓励他们多为集体做好事，逐步培养他们的集体观念，摆正个人与集体的关系。

二、个别教育的原则

个别教育的原则是指班主任在对学生进行个别教育时必须遵循的基本要求。在个别教育的过程中，班主任如果能正确地理解并坚持这些基本原则，对于提高个别教育的质量和效果具有重要的意义。

（一）目的性原则

学校是育人的场所，一切活动都要为育人这一中心服务。个别教育作为教育的一种形式，同样要有明确的目的。一方面，个别教育要围绕培养“四有新人”这一总体目标；另一方面，在实施个别教育的具体过程中，又要有明确的教育目的，即通过个别教育要达到一个怎样的目标，或帮助学生培养某种优良的个性品质，或帮助学生克服某种不良的行为习惯。坚持目的性原则，要求班主任在进行个别教育的过程中，要帮助学生树立正确的方向目标，提出具体的要求。通过多种教育方法，引导、督促学生向既定的目标迈进，使更多的品学兼优的学生脱颖而出。

（二）针对性原则

所谓针对性原则，是指在对学生进行个别教育时，要针对学生的年龄特征、个别特点和思想实际，相应地提出教育的要求，确定教育的内容，运用教育的方法，避免“一般化”“成人化”。要做到针对性，首先必须了解学生的年龄特征，即不同年龄阶段所具有的心理和生理特点。例如,小学生的行为,主要是以情绪、临时动机为基础,因而就要注重示范、威信和正确引导,多进行行为的练习等。即使是同一年龄阶段的学生,其身心发展也有个别特点,在学习、能力、爱好、性格、行为习惯以及身体素质等方面表现出各种差异。因此,进行个别教育时,要根据具体情况,因人而异。由于社会生活是不断发展的,学生的思想也是不断变化的,因此班主任要经常地、不断地掌握学生的思想状况,不仅仅要掌握一个集体中的思想状况,使教育工作有针对性,而且要了解每一个学生的思想实际,做到"一把钥匙开一把锁"。

（三）适时性原则

贯彻实施适时性原则有两个方面的要求:一是在正常的教育过程中,要针对不同学生的特点不失时机地抓好个别教育;二是当学生表现出某种好的行为倾向,或出现某种不良苗头时,要及时采取措施,加强个别教育,长善救失。及时进行个别教育,往往容易引起学生心灵的触动,起到有效的作用;否则,时间一长,学生的情绪往往不易调动起来,达不到理想的教育效果。当然,有的时候不宜"趁热打铁",而应"冷处理",否则,可能会"火上加油",效果适得其反。适时性原则就是要求班主任在个别教育的过程中,要努力把握好"火候",争取最佳的教育效果。

（四）可行性原则

可行性原则要求班主任所采取的个别教育措施要符合学生的身心发展规律和思想实际,做到切实可行,能为学生所接受,并起到较好的作用。同样的教育内容和方法,在甲同学身上适用,在乙同学身上未必可行;在彼时不行,未必在此时不通。班主任在个别教育中,就是要不断加强对个别学生或一类学生的特点及其所处环境的了解和研究,采取相应的教育措施,提高个别教育的可行性和实效性。

（五）感染性原则

情感在教育活动中往往能够起到催化剂的作用。在进行个别教育时,班主任若能激发学生的积极情感,对于提高教育成效无疑起着重要作用。感染性原则就是要求班主任在实施个别教育的过程中,要善于以自己满腔的热情和坚定的信念,去唤起学生感情上的共鸣,激起思想的波澜,达到教育的目的。要使个别教育富有感染性,关键在于班主任对学生的真诚关心和爱护,以及对教育内容的深刻领会和教育方法的灵活运用。如果板着面孔,言不由衷,或者装腔作势、矫揉造作,只能引起学生的反感和怀疑,达不到教育的目的。

（六）民主性原则

学生既是教育的对象,又是教育活动的主体,只有是学生主动参与的教育活动,才是有效的教育活动。因此,个别教育必须充分发挥民主,调动学生参与的积极性。坚持民主性原则,一方面要求班主任要以平等的态度对待教育的对象,另一方面要调动学生集体的积极性,共同关心、参与个别教育,特别是要使学生积极参与和配合。只有在充分发扬民主的基础上进行的个别教育,才是最有效的个别教育。

（七）一致性原则

一致性原则是指实施个别教育时,各方面要统一要求,教育影响要一致。坚持一致性原则,不仅要求班主任对学生提出的要求应始终如一,不要前后矛盾,而且要使其他教育影响,比如任课教师、团队乃至家庭的教育影响,与班主任的教育影响相一致,形成教育的合力网络。只有这样,才能收到预期的教育效果。因此,班主任应经常保持与各方面的联系,互通情况,并及时协调好各方面的工作和影响,保持教育目标的一致性。否则,各行其是,即使班主任花费再大的精力，个别教育也将是徒劳的。

（八）反复性原则

个别教育的成功，不可能一次性完成，必须经过多次反复、强化训练。学生的个性心理不成熟，他们可塑性大，模仿性强，接受也快，但是往往不能持之以恒。学生的某种良好品质不是一两次教育就能形成的，学生的某种不良行为也不可能指望一次教育就能改正。也就是说，教育不可能是立竿见影的。贯彻反复性原则，班主任要看到个别教育过程的长期性、反复性、持久性，只有通过不断的强化训练，才能达到理想的个别教育效果。

三、个别教育的方法

个别教育的方法是指在实施个别教育过程中，根据教育的特点和需要所采用的方式和手段。对学生进行个别教育的过程，实际上是班主任和学生双边活动的过程。因而，教育的方法也应当包括班主任的活动方法和学生的活动方法。由于教育过程的复杂性、影响教育效果的因素的多样性，因而个别教育的方法也应该是多种多样的。

（一）目标激励法

根据不同学生的特点，提出不同要求，树立不同的目标，激发其内在的动力，激励学生上进。目标的提出，要符合学生的实际，过高或过低都不能起到激励的作用。学生经过努力，“跳一跳”能够得着的“桃子”，最具有吸引力，能较好地发挥激励作用。

（二）榜样示范法

榜样示范法是以正面人物的优良品质和模范行为影响学生。这种方法的特点在于：它是通过榜样的言行，把抽象的道德规范、高深的政治思想原理等具体化、人格化，使学生从这些富于形象性、感染性和可信性的榜样中受到深刻的教育，从而增强个别教育的吸引力和有效性。学生的模仿力特别强，易接受别人的影响。运用这种方法，除了以革命领袖、英雄模范人物为榜样进行示范外，更重要的是注意班主任自身的示范作用和同龄人、同类型人中的优秀事迹，因为这样的榜样示范更直接、更可信，更易被受教育者所接受和模仿。

（三）集体影响法

信念对学生学习生活的环境，以及对学生个性品质和行为习惯的形成，具有重大的影响。马克思曾经说过：只有在集体中，个人才能获得全面发展其才能的手段。在个别教育过程中，班主任要特别注意发挥学生集体的影响作用。班主任可以通过良好的集体气氛、积极的集体舆论、丰富的集体活动以及和谐友好的人际关系等，促进学生良好个性品质和才能的形成与发展。

（四）自我教育法

在班主任的启发和引导下，受教育者对自己的品德和言行等进行自我认识、自我监督、自我克制和自我改正。自我教育是一种自觉能动性的表现。由于学生在认识、评价、调节和控制自己行为的能力方面发展还不成熟，运用这种方法时，班主任要十分重视启发引导。加强自我教育，绝不意味着可以降低班主任的责任和要求，而是对班主任提出了更高的要求。班主任在加强对个体的自我教育的同时，还要同集体的自我教育有机地结合起来，才能更好地发挥“平行影响”的教育作用。

（五）情境陶冶法

情境陶冶主要是通过自然的特别是教育者自觉创设的教育环境，对学生进行积极感化和熏陶,潜移默化地培养学生。班主任要善于按照教育目的,运用教育艺术和机智,精心选择或设计教育情境,并充分利用情境中的各种良好的条件(如向上的气氛、典型的形象、优美的环境等)对学生施以熏陶和感染。同时,对环境中的不良因素要加以控制和引导,提高学生的识别和抵制能力。

(六)行为实践法

在教育者的指导下,通过有目的、有计划地开展各种实践活动,训练和培养学生优良的个性品质、行为习惯和能力等。这种方法与其他方法相比,其特殊作用在于它更有利于形成和巩固言行一致的优良品德和行为习惯。运用这种方法时,要让学生充分认识行为实践的意义,启发他们自觉实践的内在要求;要坚持严格要求并坚持督促检查,磨炼意志,增强实践的信心和决心。

(七)因势利导法

因势利导也就是顺着事情的发展趋势加以引导。学生中有不少消极行为和不良兴趣爱好,但其中往往包含着一定的积极因素。班主任如果因势利导得好,可以化消极因素为积极行为。例如,把喜欢在桌凳上乱刻乱画的学生组成篆刻、书画小组,引导他们把兴趣、爱好和积极性用在办墙报、搞宣传上。这样不光克服了他们的不良习性,而且促进了学生良好行为和能力的形成发展,可谓一箭双雕。

(八)长善救失法

长善救失是指对一部分学生的缺点或不良行为,可以通过表扬另一部分学生的优点或良好行为来加以疏导,或者通过表扬该学生的长处,促使其抑制和改正自身的短处。有时通过"扬长"来"克短",比直接的批评和训斥,更能解决思想问题,纠正不良行为,达到个别教育的目的。

(九)旁敲侧击法

对于有些爱面子、性格内向而又较敏感的学生,如果产生了思想障碍或不良行为,班主任往往不宜"正面出击",否则他们可能承受不了,甚至产生逆反心理。对此,班主任可采用"旁敲侧击"的个别教育方式,传递有关信息,给以暗示,来影响他的思想和行为。这种教育方法,不留痕迹,而又易被学生所接受。

(十)感情沟通法

感情沟通是指加强师生之间的接触和联系,促进相互理解,消除隔阂,增进感情。有了感情基础,就容易开展好个别教育了。班主任要经常跟学生一起参加一些有益的活动,加强感情投资,要善于与学生交心、处朋友。师生的感情融洽了,学生就愿意向班主任倾诉心里话,反映真实思想;班主任的话学生听得进、信得过,工作也就好开展了。

第二节 优秀生的培养提高

优秀生是指那些思想品德和学习成绩方面都高于教育培养目标对该年龄段所提出的基本要求的学生。在这一概念的界定下,尽管有些学生学习成绩突出,但品德不良,或品德良好,但学习成绩不佳,便不能划入优秀生之列。班级中的优秀生,常常会受到家长捧、邻居夸、班主任爱、同学敬,这种得天独厚的优越地位,使他们形成了独特的个性心理特征。

一、优秀生的心理特征

(一) 自尊好强,充满自信

一般说来,优秀生有极强的进取精神。他们正处于花季年华,正是雏鹰展翅、飞向新的人生的重要转折时期。新的环境、新的学习内容,把他们带进了新的天地。随着他们生理和心理上的各种能力的迅速成长,学校和家庭对他们提出了更高的要求。他们凭借着良好的学习基础,自尊、自信又自重。他们坚信,通过自己的刻苦努力,一定会逐渐走向成熟,向着更高的水平发展。优秀生的这种心理特点,如果能积极地加以引导,可促使他们继续努力,不断进步。但是,若不加强教育,他们也容易产生骄傲自大、目中无人、看不起同学、不能容忍批评等不良品质。

(二) 强烈的荣誉感

荣誉感是对个人的实际表现所带来的光荣名誉的一种内心体验。它对优秀生的成长起着十分重要的作用,推动着他们努力学习,力求上进,去争取更大的荣誉。优秀生在日常生活和学习中所取得的成绩和获得的荣誉,比其他同学要多得多。这些成绩和荣誉便成为肯定性的强化刺激,不但会强化原有的学习行为,而且将会形成新的学习动机,产生更强烈的学习动机。所以,班主任应对优秀生所取得的成绩和荣誉给予肯定和保护,以激励他们不断前进。但是,如果不及时地加以引导和教育,很容易转化为虚荣心,从而过多地考虑个人的得失,而不顾集体和他人的利益。

(三) 超群愿望

优秀生具有强烈的超越同辈群体的心理趋向,他们以自己的优越条件,不时地向自己提出远大的奋斗目标。他们往往有说不完的雄心,道不尽的壮志,在既定目标的激励下,不失时机地抓住机遇,并能及时调节自己的行为;以超越同辈群体作为自己某一时期的价值追求,以激发起一种行之有效的内在动机,并转化为强大的动力;以与众不同的学习方法去实现自己的奋斗目标。针对优秀生的这种心理意向,班主任如果指导有效、教育有方,这种品质就会转化为他们继续发展的动力;反之,则会逆转为嫉妒心理,成为他们发展的障碍。

(四) 竞争意识

优秀生能积极地参加各种竞争活动,是其前进的动力和有效手段。竞争可以造成一种外在的压力气氛,激励起你追我赶的心理需求。班级中的优秀生有着强烈的竞争意识,并具备较高的竞争优势。在竞争活动中,他们力求在各个方面的成绩都能达到优秀,但是,在现实的竞争中,并不总是事事如愿,总会遇到失败和挫折。所谓挫折,是指一个人从事有目标的活动,他们行为受到阻碍,遇到困难,或者遭到失败,无法实现既定目标而产生的一种沮丧、失意、不满、焦虑等紧张情绪状态。一般说来,班级中每个学生都会遇到这样或那样的挫折,但是,只有优秀生的感受最为强烈。因为他们自身的目标大、标准高,对每项活动都有极高的期望值。这时班主任如果不加以正确的疏导和教育,将会使他们产生气馁、颓丧。所以,培养优秀生坚强的意志和承受挫折的能力,是班主任的又一重要任务。

二、优秀生培养提高的策略

优秀生在班集体中有一定的威信,影响也比较大,在与班主任的交往中扮演着与一般学生不同的角色。班主任在与他们的交往和培养教育过程中,应注意以下几个方面的策略。

（一）坚持全优，防止自满

优秀生应该是德、智、体、美、劳全面发展的学生中的佼佼者。但是，近年来由于中小学片面追求升学率的思想比较严重，学校领导、班主任和任课教师，往往仅以学习成绩的高低作为区分优秀生的唯一标准，认为只要学习好，就是优秀生，从而对他们赞不绝口，表扬多，批评少，甚至无原则地迁就他们，致使他们只知埋头学习，追求好成绩，而不关心时事政治，不关心集体和他人，缺乏集体观念，缺乏自我修养，甚至嫉妒别人超过自己。这是一种教育的误区，在实践中已经有了不少惨痛的教训。因此，班主任教育优秀生，应该摒弃智育第一或德育第一的偏见，树立“全优”的观念，从而通过教育，实现优秀生真正意义上的优秀。

（二）爱得适度，客观公正

班主任喜欢优秀生，这是正常现象，也是可以理解的。但对优秀生的爱一定要适度。适度的爱是指着眼于学生未来发展的全面之爱，尊重学生个性的理智之爱和给学生鼓励的信赖之爱。适度的爱既能充分发挥优秀生的优点，又能克服其缺点和不足，从而促进优秀生更快更好地发展。适度的爱的反面就是过度的爱，即把他们当作班里的骄子宠起来，视为掌上明珠捧起来，只看到优点而忽视缺点，甚至袒护其缺点和错误。过度的爱是爱的误区，不但收不到好的效果，反而会事与愿违，影响学生的正常发展。

（三）提高标准，严格要求

俗话说：“严是爱，松是害，不管不教要变坏。”对优秀生进行教育，应该提出比一般学生更严、更高的要求。班主任要经常帮助他们找差距、找不足，不断地为他们树立榜样，促使其始终不懈地努力；要经常给他们一定的压力，让他们在班级中起模范带头作用；对他们的缺点和错误不迁就、不护短，并进行严格的批评。这样才能促使优秀生不断地向更高的方向发展。苏联教育家马卡连柯曾说：“我的基本原则（我认为这不仅是我个人的基本原则，也是所有苏维埃班主任的基本原则）永远是尽量多地要求一个人，也要尽可能地尊重一个人。实在说，在我们的辩证法里，这两者是一个东西。对我们所不尊重的人，不可能提出更多的要求。”①这段论述正好说明了对优秀生进行高标准严要求的必然性、必要性和重要性。

（四）不断激励，弥补挫折

优秀生的期望值一般都比较高，对成功的渴求比一般同学更为强烈。但由于主、客观原因，有时也会遭到一些失败和挫折，而且，由于较少受到挫折，他们的挫折承受能力往往也较低，有的甚至因此而一蹶不振。在这种情况下，班主任要给以真诚的鼓励，教育他们正确对待挫折，提高他们对挫折的承受能力，并为他们创造良好的表现机会，满足他们的补偿心理，使优秀生沿着“偶然的失败—再次表现—表现成功—自信心增强”的轨道不断前进。

（五）消除嫉妒，公平竞争

优秀生有强烈的竞争、超群意识，重视自我价值的实现，并渴望自己能够在竞争中取胜。为保证自己在竞争中取胜有时会采取一些“保密”的行为，有的优秀生甚至出于妒忌心理，采用恶意中伤的手段攻击、诽谤竞争对手。出现这种情况时，班主任要及时采取有效措施，让优秀生明白“山外有山，人外有人”的道理，教育他们看到并学习别人的长处，把这种消极心理转化为积极向上的竞争意识。

① [苏]马卡连柯．论共产主义教育[M]．陈昌浩，译．北京：人民教育出版社，1953：272.

第三节　中间生的激励促进

中间生是指在班级中各方面表现都处于一般水平的学生。他们占班级人数的绝大多数，同时这部分学生在班级中又是最容易分化的。教育不好，就有可能使他们中的部分人向下滑落，造成后进生队伍的庞大；教育得当，不仅可使大部分中间生继续发展，而且也可使一部分中间生经过努力达到优秀生的水平。因此，对中间生的教育也是班主任不可忽视的内容。

一、中间生的心理特征

（一）较强的从众心理

从众心理是指个体在群体中，由于受到某种力量的影响，放弃了个人的意见，最终与大家保持行动一致的心理行为，它类似人们的“随大流”现象。中间生由于缺乏自信心和独立见解，比较容易产生从众心理。从众这一心理现象既有积极意义，也有消极作用。一般情况下，它所产生的消极作用居多。例如，如果班级里有个好闹事的学生为某事起哄，班上的大多数同学本来并没有固定的意向，也就莫名其妙地跟着附和，一哄而起，干扰学校和班级里的正常秩序。

（二）容易受到他人暗示

暗示是在无对抗的情况下，人们对接触到的某种信息，迅速无批判地加以接受，并以此做出行为反应的过程。暗示是双方的，一方面，暗示者运用语言或行为制造某种气氛，使对方发生自己所期望的行为。在班集体里，中间生由于在认知和判断能力方面发展的水平有限，在接受某种信息时缺乏批判性的选择，在迷茫之中，比较容易接受周围的某种信息，做出相应的行为反应，即在不知不觉中接受暗示的影响。他们所接受的暗示如果是积极的，则有利于促进他们的成长；如果接受了消极性的暗示，则有可能使他们走进误区。

二、中间生激励促进的策略

由于中间生在班级中占的比例较大，能否有效地做好他们的教育促进工作，是影响班集体建设和班主任工作质量的不可忽视的问题。由此，班主任应注意以下几个方面的策略。

（一）发挥舆论力量，做好心理诱导

班主任在中间生的教育工作中，对于从众这一心理现象在他们周围出现时，应看到这是他们把从众当作解脱自己与群众冲突的一种手段，要冷静地分析，切忌操之过急，简单粗暴。要帮助他们分析是非曲直，培养学生的独立思考能力。要利用健康的集体舆论来抑制那些不合乎社会要求的、错误的从众行为，使从众这一心理现象中的积极因素得以增强、消极因素受到抑制，借以引导学生沿着正确的方向前进。

（二）运用教育机智，调控暗示因素

班级学生无时无刻不在接受别人的暗示，而中间生表现得更为突出。班主任应“将计就计”，“以其人之道，还治其人之身”，运用暗示手段，调控某些因素来改变某一状态。由于暗示是在无对抗的条件下互相影响的一种心理行为，不会引起受影响者的反感和对立。班主任可充分运用多种刺激，如语言、行为、表情、权威、情境、气氛等多方面的影响因素，以造成

对方接受这种控制的最佳心理状态。

(三) 亲近每个学生,关爱每个学生

首先,班主任在工作中要注意每一个学生。因为学生的意愿是相同的——求知和心理上平等。班主任若把全部的工作放在学生干部、优秀生和后进生身上,在中间生的心理上就会产生一种不平衡感。他们都希望班主任能注意自己,而每个学生并不是都具有能给班主任留下深刻印象的特长或特点,这就需要班主任尽可能多地观察、注意每个学生,从不同角度去观察和注意他们,并让他们意识到班主任在注意他们。其次,班主任要善于发现每个学生身上迸发的火花,哪怕很小。即使各方面都很平常的学生,他们身上也都潜藏着创造力,关键是班主任能否抓住这转瞬即逝的火花。如一个数学成绩平平的学生在解题中运用了一种新的方法,一个语文成绩平平的学生在作文中能用上比较优美的词汇等,这些都要求班主任能及时地发现,并加以挖掘。最后,班主任要懂得热爱学生。每个班主任也许都懂得要热爱自己的学生,但在实际工作中产生的困难是如何使学生体会到爱,或者如何把爱传递给学生。一方面,班主任应通过自己的行为把爱传递给学生。班主任真诚的爱和暗含的期待可以对学生产生巨大的感召力。另一方面,班主任要善于运用语言把自己的爱传递给学生。古人云:"言为心声。"班主任在和学生相处时,所选用的词句,可以使学生感受到班主任的爱和热心的关注。班主任热爱学生,可在师生之间构建起感情的桥梁。只有"亲其师",然后才能"信其道"。在班主任耐心热情的指导下,学生才能有较好的发展。

(四) 区别对待学生,分类指导帮助

针对不同类型中间生的心理特点进行有的放矢的教育。对渴求进步型的学生,要抓住其要求进步的心理,因势利导,帮助他们尽快跻身于优秀生之列;对安于现状型的学生,要引导他们多做横向、纵向的比较,为他们树立新的目标,强化其竞争意识,给他们注入奋发进取的活力;对欲进畏难型的学生,要不断强化其"欲进"的积极面,多谈心,多帮助,注意培养其非智力因素,尤其是意志品质的培养;对性格怯懦型的学生,要多体贴,多关心,积极为他们排忧解难,在课堂教学时创造更多的机会,鼓励他们多发言,大胆地发表自己的见解。

第四节　后进生的教育转化

后进生是指在班级中学习成绩较差,或思想品德方面表现较差,或学习成绩和思想品德都较差,缺点和问题较多的学生。这部分学生人数虽然不多,但能量很大,破坏性很强,影响面较广,是班级的消极因素。因此,教育转化后进生就成了班主任一项特别重要的经常性工作。班主任只有深入细致地做好后进生的教育转化工作,才能使后进生改正自己的缺点,才能使他们跟上一般学生,从而促进其身心正常并全面发展。

一、后进生的心理特征

班级中后进生的表现,是在某种客观条件的影响下,通过个体一定的心理活动而形成的。一般来说,后进生具有以下几个方面的心理特征。

(一) 变态的自尊心

自尊心是一种个人要求受他人、集体和社会尊重的感情。学生的自尊心能使他们珍惜自己在他人心目中的地位,保证自己的声誉,它是使学生积极向上,努力进行自我规范、自我激励的内部动力。班级中的后进生，由于经常犯错误，或者学习成绩不好，受到过多的指责和惩罚，自尊心得不到满足而自卑。然而，他们呈现于外的却是与众不同的、畸变的自尊心。他们既不能容忍班主任当众的批评、教育，往往硬撑面子，不肯轻易认错；也不能容忍班主任以恩赐或对弱者庇护的态度对待他们。这些学生争强好胜，喜欢在大众面前显示自己，期望在同学中获得威信、受人尊敬，但由于一贯受到冷落，因而往往存在着既自负又自卑的矛盾心理。他们有时自吹自擂，自甘堕落；他们对优秀的学生不服气，喜欢讽刺挖苦他们，但内心也极想拥有这种优越地位；他们不能正确地理解权利和义务、荣誉和责任的关系等。有的学生为了满足自己自尊好胜的欲望，不惜采取种种不适当的方法以求突出自己。

（二）枯萎的学习动机

学习动机是直接推动学生学习的一种内部动力。美国心理学家梅里和吉尔福特认为，人类社会性动机中有交往性动机和威信性动机两种，而学习动机则是在此基础上派生出来的、在学习活动中的具体体现。其中，交往性动机是一种最基本的社会性动机，这种动机在学习中表现为：有的学生愿意为他所喜欢的班主任努力学习，而拒绝为不喜欢的班主任学习。而威信性动机是一种更高级的社会性动机，它是人们要求在社会上取得一定地位、待遇的愿望的体现。如追求别人对自己的尊重，希望获得别人的肯定和表扬，向往获得成就等。这类动机是学习自觉性和积极性的心理基础。然而，后进生在以往的学习过程中，由于种种原因，经常得到否定性评价，受到个别班主任的冷落，他们没有成功的喜悦，失去了学习的乐趣，把学习看成是一种沉重的负担，从而导致了学习动机的枯萎。这表现在他们经常逃学，遇到困难和障碍时不能坚持下去，缺乏克服困难的信心与勇气。

（三）模糊的是非观

是非观念和是非感的欠缺、辨别是非能力差，是后进生的又一重要心理特点。所谓是非观念，就是对某些言论和行为的好与坏、善与恶的认识和评价。缺乏是非观的学生不能在出现错误举动之前及时地加以辨别和制止，在行动之后也不能产生忏悔和改正的意向。因而错了不知其非，不知其丑，一错再错，最终陷入后进生的行列而不能自拔。例如，他们常常把敢于顶撞班主任、违反纪律看作勇敢；把包庇同学、为同学作弊、抄袭作业视为友谊；把路见不平、拔刀相助当成是英雄好汉和江湖义士之所为等。

（四）薄弱的意志力

意志力是人们克服障碍、调节自己行为与思想感情的精神动力。它能帮助人们克服内部与外部的各种困难，无论在顺境或逆境中都能坚持自己认为正确的行为方式。但后进生由于意志力薄弱，即使懂得向哪个方向努力，也懂得应该怎样去做，最终也会半途而废。由于他们缺乏坚定的意志力，经不起各种诱惑而做出违背公德和违反纪律的事情；由于他们的意志力薄弱，已经形成的不良的习惯难以改正，即使改了，还可能旧病复发；在学习过程中，上课、做作业不能专心，学习成绩一落再落，从而失去了学习的积极性和自觉性。可以说，意志力薄弱是制约后进生前进的重大的心理障碍。

二、后进生教育转化的策略

做好后进生的教育转化工作，在班主任的个别教育工作中处于首要地位。班主任教育转化一个后进生的社会价值要超过培养一个优秀生。因为把一个优秀生培养成才，固然能为社会做出贡献，但当一个后进生转变成才后，一方面他也同样能为社会创造财富；另一方面,在转化过程中,还能把原来的"负值"转化为"正值"。如果当初班主任未尽到应有的责任,使他越变越坏,最后走向犯罪道路,他将对社会产生极大的破坏力。要做好后进生的教育转化工作,班主任需要注意以下几个基本策略。

(一) 关心爱护,尊重人格

后进生由于各方面的表现较差,普遍有着严重的自卑心理和自暴自弃的想法,与班主任之间存在着无形的感情上的"鸿沟",对班主任往往采取回避甚至敌对的态度。如果对他们严加"管教",往往会加重他们的逆反心理,达不到预期的教育效果。后进生最缺乏爱,最难得到信任,也最需要爱和信任。为此,班主任要以发展的眼光来看待后进生,不要把他们看死,要坚信他们都是可以教育好的。在具体工作中,对后进生给予应有的尊重,消除后进生的疑惧心理,在尊重他们人格的基础上,向他们伸出温暖的双手,注意倾听他们的心声及苦衷,尽量听取他们的意见,采纳他们的合理建议。是否关心、爱护后进生是一个班主任是否真正热爱学生的重要标志。

(二) 培养兴趣,激发动机

有些学生常常是由于学习无兴趣、思想空虚、无所事事,久而久之便从社会上、影视中接受到一些不良因素的影响,逐步成为后进生。因此,要促使后进生的思想转变,就必须培养他们的学习兴趣,激发学习动机,把他们的精力引导到学习上来。要采取相应的措施,帮助他们从听懂课、会做一般的习题开始,树立学习的信心,逐步提高学习成绩,形成良好的习惯,改变自己的不良言行。

(三) 区别对待,对症下药

对少数确实智力偏低的学生,班主任可以考虑送其到特殊教育机构进行专门教育;对内驱力弱型的学生,班主任要让他们认识到知识的价值和作用,端正他们的学习态度,激发他们的学习欲望,培养他们的学习动机;对心理障碍型的学生,班主任要为他们创设良好的心理氛围,关心他们学习成绩的提高,让他们体验到成功的喜悦,改善他们与周围人的人际关系,注意有目的地培养他们的适应能力。对家庭过分溺爱的学生,班主任要取得家长的密切配合,共同努力克服他们身上的骄、娇二气;对家庭破裂的学生,班主任要给予特别的关爱和照顾,使他们失去的父母之爱在师爱中得到补偿,激发他们的信心和勇气;对受社会上不良团体成员的影响而致差的学生,班主任要提高他们辨别是非的能力,形成正确的是非观,使他们认识到不良团体的危害性,并注意采取各种有效措施,切断他们同不良团体成员的联系。

(四) 提供范例,明辨是非

后进生尽管不断出现问题,不断承认错误,有时也有进步的表现,但本人并不一定真正意识到问题的性质、危害以及克服缺点的方法。为了从根本上解决问题,必须设法增强他们的是非观念。为此,班主任可以向他们提供有正反两方面经验教训的生动事例。通过启发、讨论,使他们明辨是非,分辨好坏,从中得到借鉴,认识到改正自己行为的必要性和可能性。特别是要用他们身边熟悉的一些榜样的说服力和感染力,激发起后进生改变现状、不断要求进步的上进心。

(五) 动之以情,晓之以理

"人非草木,孰能无情。"后进生同样富有情感,需要别人的热情对待和真心呵护。班主任要用炽热的感情暖化后进生心理上的"冷冰",形成积极向上的"暖流",使其不良的思想尽快转变。班主任之爱是学生前进的重要源泉，是做好后进生思想转化工作的最基本要求。动之以情是后进生发生转变的动因，而晓之以理则是转变的根本保障。只有摆事实、讲道理，使后进生认识到自己错误的根源和危害，产生自觉改正的要求，使他们的心理需求与班主任的要求产生共鸣，才能使其不良思想得到真正的转化，才能使他们弃旧从新。

（六）发扬积极因素，克服消极因素

任何一个后进生不论他多么落后，或多或少总有一些积极因素，班主任要善于及时发现这些因素，有时甚至要夸大这些积极因素。通过教育转化活动，激发他们的上进心和自信心，对他们的点滴进步给予及时的表扬，使之成为推动他们前进的动力和良好转化的开端。在实际工作中，让后进生受一次表扬并不容易，因为他们很少有表现的机会。为此，班主任要进行有效的心理暗示，把做好事的机会留给他们，把一些争光露脸的事情有意让他们去做，比如让有文体特长的学生在校运会、文娱晚会充分施展自己的才能，并及时加以表扬、鼓励，肯定他们的成绩。这样既满足了他们的表现欲，又可以帮助他们在同学心目中树立起威信，使其获得自信，从而加快转化的速度。

（七）抓反复，反复抓

后进生的思想转变与事物的发展一样，是波浪式前进、螺旋式上升的，常常会出现波折和反复。“淘气的学生在几年的淘气史中，会有过上百次的自食其言，会有过上百次拒绝良言相劝，会有过上百次逃避父母管教，会有过上百次敷衍班主任。对我们某一次成功的教育来说，只要不是第一百零一次拒绝、敷衍，只要有了一步朝前面的跨越，就很不容易了。不要期望过高，期望过高，既不利于班主任树立教育的信心，也不利于学生树立改过的信心。”①因此，对后进生的教育转化工作是一个长期的、反复的过程，不能急于求成，更不能期望一劳永逸，必须抓反复、反复抓，进行持之以恒的教育。当他们的缺点和错误再度出现时，要不急躁、不嫌弃，耐心地帮助他们分析出现反复的原因，提出转变的有力措施。对后进生可能出现的反复，班主任要有正确的预见和措施，防患于未然。对极个别的“双差生”，要制订出转变他们的具体计划，有步骤地进行教育。

第五节　学生的学习指导

搞好学习活动，提高学习效率，是学生的主要任务，它对学生个性的全面发展起着重大作用。因而，对学生进行学习指导，就成了班主任的经常性工作。

一、学习的含义

学习有广义和狭义之分。广义的学习是指人和动物通过练习获得个体行为经验的过程。从低等动物到高等动物，从婴儿到成人，都经常以个体经验的变化去适应周围生活环境的变化。因此，广义的学习，既包括动物的习惯行为，也包括儿童学习走路、说话，同时又包括学生在学校里学习知识、技能、习惯、道德品质等。狭义的学习是指人类的学习，即人在社会实践中，以语言为中介，自觉主动地掌握个体和社会经验的活动。人类学习与动物学习相比较，人的社会性决定了人类学习的内容是掌握人类社会的历史经验；人类学习是以语言为

---

① 龚春燕.魏书生教育教学艺术：第4卷[M].桂林：漓江出版社，2000：73.

中介来进行的；人类学习具有自觉性和积极主动性。

学生的学习是人类学习的一种特殊形式，是在班主任的指导下，有目的、有计划地获得知识、形成技能、发展智力和体力，并形成良好思想品德的过程。学生的学习是以掌握书本知识和间接经验为主的学习，其主要目的是为参与未来社会的生活实践做准备。

二、学习指导的意义

学习是个体适应环境的必要条件，是人积极地改造环境的手段，它能促进人的身心发展。学习，可以说是人为了成为一个真正的人的基本发展过程。然而，正在成长中的学生，不一定都能意识到学习的重要性，也可能有的意识到了，但没有掌握科学的学习方法，或有其他原因影响了学习。因此，加强对学生的学习指导，有着非常重要的作用。

学习指导，就是为了使学生更容易地学习而安排学习内容，准备学习环境，并对学习活动计划的展开和调整给予必要的合理化建议的过程。指导和帮助学生的学习活动是学习指导的中心。因此，学习指导要求班主任的是方法和技巧，要求学生的则是认识能力和学习意向。教育是培养人的社会实践活动，人只有凭借教育才能成人。如果说为了有效的教育而进行的活动称为指导，那么学习指导就是帮助学生成人的重要一环。

三、学习指导的条件

指导是一个含有创造性的努力和创造性的活动的概念。指导包含有帮助学生独立学习、以发展他们的创造性的意思。学习指导的实质是在班主任与学生之间进行的教育性活动。班主任在进行学习指导时，应满足以下条件。

（一）学习指导者的条件

为了加强学习指导以提高效果，承担学习指导的责任者，即担负重要使命的班主任应当具备下列条件：一是深入了解学生。要充分了解每个学生的个性和能力，了解学生在校外的学习环境，了解学生团体——班集体的心理结构和成员所处的地位和作用。二是要善于研究课程和教材。因为课程和教材直接或间接地决定教学内容。另外，在指导学生学习时，既要考虑学科自身的体系，又要考虑学生的知识经验水平和身心发展特点。在当前信息不断增加的情况下，还要考虑培养学生处理信息的能力。三是掌握学习指导的方法和技巧。四是以正确的态度接触学生。公正是班主任与学生产生信赖关系的基础。班主任应在此基础上以发展的眼光看待学生。

（二）学习者的条件

进行学习指导时，学习者应具备的条件既是学习者所必需，又是指导者之所求。学习者的条件一是对学习要有准备。作为学习活动主体的学生，要具备与学习指导计划相适应的能力与态度。二是引起学习动机。引起动机即唤起本人的学习意向，为实现目的而去驱使行为。研究表明，出自内在动机的自觉的学习行为收获大并能持久。重视内在动机，从发挥本人固有的可能性及独特个性这一教育观点考虑，也是重要的。

四、学习指导的内容

良好的学习心理是学生在学习活动中的一种自觉能动的心理状态，它是由多种心理因素构成的，主要包括学习兴趣和学习动机等。学生具备良好的学习心理是顺利完成学习任务的一个重要条件。因此，班主任必须重视培养和激发学生的学习兴趣和学习动机。

（一）学习兴趣的激发

兴趣是积极探究某种事物或进行某种活动的倾向。学习兴趣是学生对学习活动的认识倾向，这种倾向是和一定的情感相联系的。一个学生一旦对某一学科发生兴趣，就意味着他不仅在课堂上能专心听班主任讲课，认真地做好作业，而且还会主动地向班主任提出许多有关问题，查阅课外书籍，收集有关信息，千方百计地学好这门课。

学习兴趣是良好学习心理中很现实、很活跃的心理成分，它在学习活动中起着十分重要的作用。邹韬奋曾说："一个人在学校里表面上的成绩，以及较高的名次，都是靠不住的，唯一的要点是你对于你所学的是否心里真正觉得很喜欢，是否真有浓厚的兴趣。"①教育家孔子也说："知之者不如好之者，好之者不如乐之者。"学生的学习积极性往往以自己的学习兴趣为转移，年级越低越明显。刚上小学的学生，他可能对新书包、书本，或老师一会儿教朗读、一会儿教识字、一会儿教生字等感兴趣，他的兴趣主要表现在对学习过程的形式上。随着年龄的增长、学习的锻炼，学生不仅对学习活动本身感兴趣，而且开始重视学习的结果。这主要表现在他们的学习兴趣更加广泛，并且有了更大的分化性和选择性，兴趣的深刻性也开始发展。这一变化不仅能使他对一门学科的兴趣扩大到其他学科乃至所有学科，而且能使他走向专业化的道路。

影响兴趣形成的因素主要有以下方面：一是强烈的学习动机。学习动机对学习兴趣的形成起着积极的作用。研究表明，如果学生对某门课程具有浓厚兴趣，一般都能明确说出自己的学习目的，以及为什么喜欢这门课程等。反之，单纯为学习而学习，动机、目标不明确，则往往无法对该课程形成浓厚的兴趣。二是知识掌握的深度和广度。知识的不断掌握、巩固、扩大和加深，是导致兴趣产生、发展的重要条件。在教学工作中，常有这样的现象，学生的某门课程学得越好，就越有兴趣去学这门学科；相反，学生则不但没有兴趣，甚至害怕这门学科。三是深刻的认识和积极的情感。学生在学习活动中，认识到学习的重要性，就会克服一切困难来完成学业，这种认识越深刻，学习兴趣和劲头会越大。而积极的情绪情感体验，又能大大增强学生的学习兴趣。教育家苏霍姆林斯基说过："让学生体验到一种自己在亲自参加与掌握知识的情感，乃是唤起少年特有的对知识的兴趣的重要条件。当一个人不仅在认识世界，而且在认识自我的时候，就能形成兴趣。没有这种自我肯定的体验，就不可能有对知识的真正的兴趣。"②例如，语文教学中，教师的强烈情绪情感，对学生的学习兴趣、学习积极性的提高有着明显的促进作用，对教学效果的影响起着极其重要的作用。相反，照本宣科的教学方法，则很难引起学生的学习兴趣和学习积极性。四是成人正确的引导、鼓励，以及学生坚定而顽强的意志，也是兴趣得以巩固和发展的不可缺少的条件。

学生的学习兴趣不是与生俱来的，也不是自发形成的。它总是与社会、家庭、学校的教育，特别是学校教育分不开的。班主任在培养学生的学习兴趣时，一般应注意以下几个要求。

1. 明确学习目的，使求知成为自身需要

学习目的的教育，是学校的一项经常性的重要工作，它总是与学校的思想政治教育联系

① 邹韬奋. 韬奋文集(3)[M]. 上海：生活·读书·新知三联书店，1956：11.

② [苏]苏霍姆林斯基. 给教师的建议[M]. 杜殿坤，译. 北京：教育科学出版社，1981：97.

在一起的。研究表明,采用适合学生的生理、心理发展水平的、生动有趣的方式,把学习目的与未来就业、生活目的的教育联系起来,可以有效地培养学生的学习兴趣。求知不再是为父母、为班主任、为他人,而成为他自身成长发展的需要。强烈的求知欲也是培养学生学习兴趣的一个重要因素。

2. 改进教学方法,变“要我学”为“我要学”

兴趣可分为直接兴趣和间接兴趣两大类。直接兴趣是指对事物或活动过程本身的兴趣。它由事物本身和活动内容的特点直接引起。间接兴趣是指对某种事物或活动的结果感到需要而引起的兴趣,是对某种事物或活动的社会意义深刻理解的基础上产生的。教学内容和教学方法的不断变化和更新,如老师的教学语言艺术,新、奇、变、异的教具,直观形象的小实验等,都能引起学生的直接兴趣,使学生学好每堂课的知识。而这些知识的积累又能促进学生对整个学习的认识,从而产生对该学科的间接兴趣,使学生能积极主动地学习。如果说,那种死记硬背、抄写式的学习是“要我学”,那么,通过新颖的教学方法而引起学生学习兴趣的学习可称为“我要学”。这正如教育家第斯多惠所认识的:“教学的艺术不在于传授的本领,而在于激励、唤醒、鼓舞。”①

3. 适当开展竞赛,刺激学习兴趣的不断提高

竞赛是激发学习积极性的有效手段之一。因为在竞赛中学习兴趣和克服困难的毅力大增,因而大多数人在比赛的情况下往往能激发自身的兴趣和潜能。但是,过于频繁的比赛或测验,不仅会失去鼓励作用,反而容易造成紧张气氛,有的学生因此而怯场,加重学习负担,对学生身心健康产生不利影响。学习差的学生,常会因失败而丧失信心和兴趣。因此,采用竞赛必须慎重、适量,注意方式,竞赛后要对不同类型的学生进行思想教育,以利于不断调动学生学习积极性。

4. 利用学习结果的反馈,进一步激发学生学习兴趣

学生及时了解自己的学习结果,包括解答题的正误、学习成绩的好坏、应用知识的成效等,均可激发起学生进一步学习并学好的愿望,强化他们的学习积极性。实验证明,学生了解学习结果比不了解学习结果,学习积极性高、进步快。

5. 组织学生积极参加社会实践活动,提高学习兴趣

学生在生产劳动、各种课外小组活动、小型的社会调查活动中,能使自己体验到知识的实践意义,感到自己知识的不足,从而引起新的学习需要,增强学习动机。而学生在实践中培养起来的兴趣,又可能成为未来职业选择的重要依据。

(二)学习动机的培养

动机是激励人去行动以达到一定目的的内部动力,是直接推动学生进行学习活动的内部动力。动机产生于需要,学习动机实际上就是学生对学习的一种需要。这种需要是社会、家庭和学校对学生学习的客观需求在学生头脑里的反映,它表现为学习的愿望、意向或兴趣等形式,对学习起推动作用。

学习动机和学习目的既有区别又有联系。学习目的是学生进行学习所要达到的结果,而学习动机则是促使学生达到目的的内部动因,它说明学生为什么要达到那个学习目标。具有相同学习目的的不同学生,其学习动机也不一定相同。例如,学习目的相同的学生,有

① 张焕庭.西方资产阶级教育论著选[M].北京:人民教育出版社,1964:377.

的可能是为了班主任和父母的表扬、奖励，有的可能是为了继续深造，有的可能是为了将来谋一份好职业。同样，学习动机相同的学生，有的学生要求达到的目的低些、贴近些，有的则大些、长远些。当然，学习动机和学习目的有时也是可以相互转化的，在一些情况下是学习动机，在另一种情况下则可能是学习目的。因此，了解学生的学习动机，对更好地调动学生的学习积极性、目的性等均有很大的帮助。

学习动机的形成过程受主客观因素的影响。首先，社会生活条件和教育是影响学习动机的决定因素。学生的学习动机是社会要求的反映，而社会要求主要是通过家庭和学校提出来的。因此，学生的学习动机在很大程度上反映了父母和班主任的要求。如果家庭、社会和学校的教育要求是一致的，学生已初步形成的动机就会得到巩固和加强，错误动机就会得到改正。如果家庭、社会的要求与学校教育要求不一致，就会抵消或破坏学校教育的作用。其次，年龄特征对学习动机形成的影响。学生在不同年龄阶段，其学习动机是不同的。小学生往往是直接的、短暂的学习动机，因而他们的学习更多地受直接兴趣和老师、父母的具体要求的影响。到了中学，尤其是高中阶段，随着学生的年龄和知识经验的不断增长以及世界观的逐步形成，他们逐渐产生了与社会要求相适应的学习动机，而且越来越占支配地位。此时，间接的、长远的学习动机就占主导地位并且变得更加稳定、深刻和持久。最后，个性特点对学习动机的影响。学生的学习动机是其道德品质在学习方面的具体体现。思想觉悟高、品德好的学生，其学习动机必然是正确的。在一般情况下，学习动机与道德品质是一致的。学习动机的培养要遵循以下基本要求。

1. 加强学习目的的教育

为了把社会和学校向学生提出的客观要求变成学生自己的学习需要，班主任要通过学习目的的教育，使学生正确认识学习的社会意义，从而形成间接的、长远的学习动机。

2. 培养学生的求知欲和认识兴趣

培养学生的求知欲，不仅意味着使学生认识到知识对社会和自己的意义而产生学习的需要，还意味着在从事活动的过程中产生愉快的情绪情感体验，从而产生进一步的学习需要。

3. 利用原有动机的迁移

在学生没有认识学习意义，尚无明确的学习目的，缺乏学习动力的情况下，可以对学生已有的其他活动动机，如游戏、听故事等因势利导，使学生这种已有动机和学习发生关系，把这种活动的动机转移到学习上，从而使学生产生对学习的需要。

4. 组织学生参加实践活动

学生在生产劳动以及在参加各种课外小组活动中，由于进一步体会到知识的实践意义，深感自己知识的不足，从而引起了新的学习需要，增强了学习动机。

（三）学习方法的指导

学校教育的主要任务之一是帮助学生有效地进行学习。班主任不仅要传授知识，还要教给学生科学的学习方法。尤其在今天，科技飞速发展，知识更新加快，学生学习知识量加大，教给学生学习的方法，提高学生获得知识的能力就显得更加重要。班主任指导学生的学习方法主要包括以下几个方面。

1. 指导学生制订计划

要想取得好的学习效果，首先要制订一个切实可行的学习计划，用以指导自己的学习。

有了计划才能合理安排时间,恰当地分配自己的精力。班主任指导学生制订计划应遵循以下几个基本要求:一是要有正确的学习目的。学习计划是为实现学习任务服务的,因此必须有正确的学习目的。二是计划的内容应详细、明确和具体。大到整个学期学习的总目标、要求和时间安排,各科学习的目标、要求和时间安排,小到系统自学及课外科技活动和其他学习活动的具体的学习目标、要求和时间安排等,都要力求具体而明确。三是要从实际出发。每个学生都有自己的特点,都有自己身心发展的实际水平。制订计划时,就要认真剖析自己特殊的学习情况及其他状况,从各自实际掌握知识的程度出发。四是在执行总的学习计划过程中,还要制订月计划和周计划,以高度的学习热情和顽强的学习意志保证计划的完成。

2. 指导学生预习

课前预习是听好课的保证。通过预习,学生对课堂教学内容的重点、难点和疑点就会做到心中有数,从而有针对性地听课,提高课堂学习的效率。班主任指导学生预习的基本要求:一是查阅有关的工具书,解决在字、词和专业术语上遇到的问题;二是提出在预习中需要学生注意思考的问题;三是要求学生预习与学习新课有关的基础理论知识。

3. 指导学生听课

听课与上课是在同一时间、空间进行的统一的教学过程中两个不同方面的活动,是教学的同一中心环节。听好课,是学生学好课的关键。首先,听课是学生掌握基础知识和基本技能的主要途径。听课质量的高低,直接影响学习的其他环节,影响学习的效果和效率。其次,听课是学生掌握知识的捷径。学生在老师的引导下,在较短的时间内,便可获得系统的、完整的知识。再次,听课还能开发学生的智能。在老师引导下,学生通过听课,学习思维方法,提高自己获取知识、运用知识和发现问题的能力。

班主任指导学生听课应遵循的基本要求:一是指导学生学会有针对性、有重点地听课。有针对性,是指要带着问题听课;听课的重点是指教学内容中的重点、难点和关键。二是指导学生把听课与上课协调、配合起来,步调一致。学生的听要与老师的讲,学生的观察、思考、记录要与老师的板书、演示、动作、表情等密切配合,同步进行。听课,实质上是学生有目的地输入老师发出的教学信息的过程。为此,学生应保持良好的注意力,应眼、耳、手、脑并用。三是在集中注意力的基础上,要指导学生保持思维的积极性。学生思维的积极性既表现在紧跟老师分析问题的思路,也表现在对老师的讲课内容敢于质疑和存疑。只有善疑、善问的学生,才能在听课中有所悟、有所得。

4. 指导学生复习

复习是指重新温习已学过的知识,它是学生预习和听课的继续,是学生特有的一个学习环节,它对于提高学生的学习质量具有重要意义。首先,复习能巩固知识,使知识系统化。学习的知识若不能巩固,就难以学习新的知识和形成技能技巧,也就难以用之于实践,而通过复习,就能使学生巩固知识,使知识系统化。其次,复习能发现和弥补知识缺漏,又能温故知新。在复习过程中,能发现过去所学知识的某些缺漏,及时采取措施予以弥补;在复习过程中,经过反复的分析、综合和归纳,也能促使学生去思考更深、更新的问题,从而学出新意,有所前进。再次,复习还能锻炼和提高记忆力,在反复复习知识过程中,能强化大脑皮层的暂时性神经联系,锻炼和提高大脑的记忆力。

班主任指导学生复习应遵循的基本要求:一是及时对所学知识进行复习;二是分散复习与集中复习相结合;三是合理安排复习的次数和时间;四是复习不是简单地重现,而是对已学过的内容进行归纳、整理,使之系统化、条理化。

5. 指导学生作业

作业是学生对知识基本理解后,运用知识分析和解决问题的过程,是课堂教学的辅助手段,它对学生的学习具有重要意义。第一,它能检查所学知识掌握的程度。学生能否顺利地独立地完成作业,在一定程度上反映了课堂教学、课后复习、掌握所学知识的程度。第二,它能加深对知识的理解、巩固和消化。第三,它能使学生形成技能和技巧,培养解决问题的能力。第四,它能培养学生严谨、规范和认真负责的学风,形成实事求是的作风,锻炼克服困难的意志。

班主任指导学生作业应遵循的基本要求:一是解答每一个问题和做每一个实验,都应该是学生自己运用所学知识认真地进行独立思考和独立操作的结果;二是克服做作业的盲目性,做作业的目的是为了加深对新知识的理解,因此做作业前要复习好功课,以保证作业的顺利进行;三是切忌搞题海战术,做题要有选择性;四是自我检查,细读批语,更正错误;五是书写要整齐美观,切忌马虎潦草。

6. 指导学生系统小结

系统小结是学生在一定阶段内对自己的学习进行系统化总结,是学生通过积极的独立思考,达到全面、系统、深刻、牢固地掌握知识,培养思维的敏捷性与综合能力的重要环节。

班主任指导学生系统小结应遵循的基本要求有三点:一要揭示知识的内在联系。理清教材各章节之间,讲课内容与实验之间的联系,从而弄清思路,从全局上进行综合、归纳,使知识系统化和概括化。二要全面系统,由博返约。要弄清各部分知识之间的逻辑关系和结构关系,比较其异同,列出提纲、表格、图示,或用几句精练的话准确表达出来。这样纵横总结,可使知识形成脉络清晰的完整体系,从而抓住重点,获取精华。三要在小结过程中,注意培养学生丰富的想象力和创造性思维能力。

7. 指导学生课外学习

课外学习是一种内容自由选择、方式灵活多样的自学,是学生课内学习的补充和继续。它不仅有利于帮助学生深刻地理解教材内容,加深和巩固课内学习的知识,还能培养和发展他们的兴趣和爱好,扩大知识面,激发求知欲和学习积极性,培养良好的自学能力。

班主任指导学生课外学习应遵循的基本要求:一是指导学生选择好课外学习的书籍;二是指导学生正确处理课内学习与课外学习的关系;三是指导学生在课外学习中,要尽力做到学练结合,手脑并用,把学习与实践结合起来;四是指导学生根据需要做笔记或记卡片,积累资料。

(四) 自学能力的培养

自学能力是指学生独立地获取知识,并能运用它们发现问题和解决问题的一种学习能力。现代社会科学技术日新月异,人类知识总量加速增长,而学生在校学习的时间却非常有限,不能延长。要解决这一矛盾,除了引导学生有选择地掌握各门学科的基本知识外,主要的途径就是要教会学生学习。教育家陶行知说过:"我以为好的先生不是教书,不是教学生,乃是教学生学。教学生学有什么意思呢?就是把教和学联络起来:一方面要先生负指导的责任,一方面要学生负学习的责任,对于一个问题,不是要先生拿现成的解决方法来传授学生,乃是要把这个解决方法如何找来的手续程序,安排停当,指导他,使他以最短的时间,经过相类的经验,发生相类的理想,自己将这个方法找出来,并且能够利用这种经验理想来找别的方法，解决别的问题。”[①]联合国教科文组织在其发表的《学会生存——教育世界的今天和明天》一书中也有这样一句话：“未来的文盲，不是目不识丁的人，而是不会学习的人。”而要教会学生学习，就必须通过培养学生的自学能力来体现和落实。学生只有具备了自学能力，才算是学会了学习。可以说，自学能力是学生自觉而主动地学习的必要条件，是全面完成学习任务和将来适应社会发展的必备能力。因此，教会学生的自学能力是促进学生发展的重要方面。

一般而言，自学能力具有以下特点：一是独立性。自学的全过程都要求学习者有更大的自觉性和主动性，能独立地阅读、思考，独立地解决学习中的问题和困难。二是基础性。自学能力是形成其他高级的复杂的专门化能力的基础，一个人的自学能力强，他对社会的积极适应能力也强。三是实践性。自学能力只有在自学的实践活动中形成和表现出来，离开自学的实践活动，自学能力无法形成和发展。四是综合性。自学能力是一种综合能力，既包含有多种能力的有机结合，还包含有良好的非智力因素的积极作用。

自学能力包含的内容主要有：独立阅读能力，包括理解能力，分析概括能力，查阅资料、使用工具书的能力，表达能力，评论能力等；组织学习的能力，包括制订学习计划、调节学习进度、组织自己的智力活动等能力；自我监督能力，包括学习的总结、认识、评价、督促、调控等能力；解决问题的能力，包括判断能力、推理能力、实验操作能力、组织管理能力等。培养学生的自学能力应遵循以下基本要求。

1. 阅读能力的培养

阅读能力是自学能力结构的重要组成部分之一。阅读能力又可细分为阅读速度、理解能力和笔记能力三个方面。阅读速度是阅读能力高低的重要标志之一。如果两个人阅读同一种读物达到相同水平的理解，那么，阅读速度越快，学习效率就越高。速度研究表明，要培养快速阅读能力，平时阅读就要注意寻找读物的关键句和关键词语。理解能力是指分析、概括读物内容的能力，在阅读后经常用自己的话复述内容能提高理解力。笔记能力是指笔录内容要点的能力，它是在分析、概括能力的基础上形成的，反过来又能培养分析、概括能力。提纲式的笔记是同遗忘做斗争的武器，要注意在阅读实践中加以提高。

2. 发现问题能力的培养

发现问题就是发现矛盾。学习中的问题在三种情况下才会产生，即材料中有自相矛盾的地方，材料里的见解和自己的见解不一致的地方，不同材料之间矛盾的地方。只有发现矛盾，提出问题，才能学深学透。不少自学者总觉得学不深，这是因为没有抓住学习中的矛盾。为了培养提出问题的能力，学习中必须对知识材料善于分析、比较和对照，找出矛盾。

3. 解决问题能力的培养

解决问题的能力是自学能力结构中最重要的一个方面。自学能否成功，主要由自学者是否具备这种能力决定的。解决问题的思维过程可分为四个步骤，即提出问题，明确问题，提出假设或方案，检验、修正假设。发现矛盾导致提出问题。最初提出的问题往往是笼统的、范围宽广的。通过分析，逐渐找到关键之所在，从而把问题的范围缩小了，这是明确问题的阶段。最后是检验和修正假设。

---

① 陶行知．陶行知文集[M]．南京：江苏人民出版社，1981：14．

4. 检索、整合资料能力的培养

自学能力最终将转化为独立探索研究能力。自学中必定会产生很多问题,需要班主任帮助。自学者应该熟悉图书馆里的各类工具书和各类资料的检索方法。有些问题可以从有关工具书里直接找到回答,而有些问题则需要从不同作者对同一问题的不同论述中寻求启发,找到答案。

第六节　偶发事件的处理

偶发事件是指在教育过程中发生的事先难以预料,出现频率较低,但必须迅速做出反应,加以特殊处理的事件。例如,学生之间打架、课堂纠纷、突发急病、失窃等。偶发事件的处理,是对班主任的特殊考验,它能够测试班主任的思想修养、情感意志、思维品质、组织能力、应变能力等。如果班主任对偶发事件或是表现出极大的冲动、大发雷霆、滥施惩罚,或是茫然失措、计出无从,甚至撒手不管,将矛盾交给学校领导,这不仅会削弱个人威信,严重损害自己的形象,还会极大地削弱班集体的凝聚力。更为重要的是,偶发事件往往是教育的契机。心理学研究表明,学生的心理在平时处于相对平衡状态,偶发事件的爆发使这种心理平衡被打破,这时,他们对周围信息反应特别敏感,思想矛盾特别尖锐,是学生最易接受教育的时机,抓住这些最佳时机,常常可以收到意想不到的、理想的教育效果。

一、偶发事件的特点

既然偶发事件是在班级活动中偶然发生的事件,因此它往往具有突发性、新异性和变异性等特点。

(一) 突发性

偶发事件常常是在没有先兆的情况下突然产生的。由于它的出现不是经常的、固定的,班主任很难把握其出现的规律。班主任备课再深入、再细致,教学经验再丰富,也未必能准确地预测一堂课会出现什么偶发事件,正所谓"天有不测风云"。

(二) 新异性

偶发事件与课堂教学中班主任所讲授的内容迥然不同,学生会十分敏锐地感觉到,受到一种新异的刺激,致使正在进行的课堂教学活动被干扰或破坏。若班主任处理不当,这一堂课便难以继续。

(三) 变异性

课堂偶发事件成因复杂,表现不一,有时明显,有时稍显隐蔽,每次偶发事件各有各的表现形式,不会有一成不变的课堂偶发事件。

二、偶发事件的成因

偶发事件的出现虽无规律,难以捉摸,但通过分析,也不难找到偶发事件形成的原因。

(一) 学生言行失当

学生一般的问题行为,如做小动作、走神、看课外书、玩手机等,尚不足以对教学产生较大的影响,不足以称为一种"事件"。但当学生突然发生的行为对全班的学习都产生了干扰,才能视为偶发事件。这种偶发事件,有的是学生恶意为之,如哗众取宠地发出怪叫,将带来的蛙、蛇、蚂蚱突然扔出来,把前排答问同学的凳子挪开致其摔跤,诱引老师出现教学失误,等等。曾有一个学生把一条小蛇装在粉笔盒里,等女教师一打开粉笔盒,顿时吓得花容失色,连连尖叫。有的是学生无意所致,如不小心碰倒了墨水瓶,文具盒掉到地上发出刺耳的响声,学生打瞌睡倚靠到别人身上,有学生突然发病,等等。

(二) 老师言行失当

主要是指老师自身行为或语言出现失误,而老师处置欠妥,致使课堂教学受到干扰。例如,老师衣服的纽扣错了位,头发乱蓬蓬的,在讲台上踩虚了脚,在说话时发出与平日不同的声音,叫错了学生的名字,纠正学生的问题行为过于执拗而发生摩擦,带错了教具或挂图,等等。

(三) 课堂教学情境的变化

例如,突然停电,正在播放课件的设备出了故障,天花板上突然掉下来石灰块,学生的凳子突然坏了而导致学生摔倒,等等。

(四) 教室外部因素的干扰

例如,天气的突然变化,暴风疾雨骤至;突然有人推开教室门闯入;学校操场上开始了一场球赛;一只蝴蝶飞进了教室,在教室里翩翩起舞;学校围墙外商家搞活动,锣鼓鞭炮齐鸣,等等。

课堂偶发事件与学生课堂违纪有关,但二者并不等同。就一般的情况看,由学生课堂的问题行为而导致课堂偶发事件的产生,最为多见。因此,这种情况应成为班主任关注的重点。

三、偶发事件的处理策略

(一) 了解学情,防患未然

教学是一种双边活动。教与学、班主任与学生,既相互对立而又相辅相成,各以对方的存在为自己存在的前提。学生能否学有所得,除了班主任的因素外,还取决于学生自身努力的程度。也就是说,只有学生深度参加到教学中来,主体作用得到了充分发挥,教学的效益才能得以彰显。班主任要根据教学计划、教学目标,随时对学生的学习行为进行调控,以使之规范。为此,班主任的指令应该明确,应该有针对性,能够根据学情的不同而采取不同的课堂管理措施。班主任要亲近学生,融入学生中,了解学生的共性与个性,做到因材施教。一个班级,难免有一些学困生和沾染了不良习气的学生,个别学生心理不健康,存在心理缺陷,喜欢出风头,哗众取宠,穷极无聊之际,喜欢在课堂上搞恶作剧,以看班主任的难堪为一种乐趣。他们带着某种恶意的言行,最易使课堂教学的进程被迫中断。对这样的学生,班主任一定要心中有数,要有所预防。对于这类学生,班主任事先跟他们打好招呼:即使你不愿意学习,也一定不能妨碍别人。有时可以允许这类学生在实在不愿意听课时自行离开教室,待其愿意学习时再自己回到教室来。哪几个学生在课堂上最容易出问题,班主任要心中有数。每次上课前,班主任宜检查自己的妆容和上课的一应用品,提前到达教室,通过观察,了解教学环境有无变化,把摆放不妥的物品摆放好,把会发出响声的门窗关好,清理讲桌上的杂物,提醒已到教室的学生做好学习准备,营造适宜的课堂教学情境。如果班主任无视教学纪律,已经打铃了才慢腾腾地离开办公室,两眼无光、萎靡不振、丢三落四,这本身就可能成为一种影响教学的消极因素。

（二）沉着冷静，不惊不怒

偶发事件令班主任感到头痛棘手，其中更有一些事纯属学生不讲文明、不守纪律，甚至无理取闹，侮辱班主任。在这种情况下，班主任易产生恼怒、委屈、急躁的情绪，是可以理解的，但千万不能失去自制力和理智。头脑要冷静，感情要克制，态度要从容，处变不惊，迅速做出判断，果断决定处置方法。如有一位姓袁的班主任，第一天进教室就遇到一次严峻的“挑战”。她刚走上讲台，全班学生前仰后合地哄堂大笑。班主任巡视教室，只见黑板上画着一碗热气腾腾的酒酿圆子，旁边还有密密麻麻的小字。原来，这位班主任姓袁，人又长得比较胖，学生便恶作剧地给她取了绰号。她的脸一下子涨得通红，正待发作，理智却提醒她，班主任的威信、尊严绝不能靠训斥、压服来维护，要赢得学生的尊敬，自己首先要尊重学生。她意识到，自己现在的一举一动都被几十双眼睛盯着，自己采取的态度对今后班级工作、师生关系都会产生决定性的影响。在短短的一瞬间，她平静下来，泰然自若地扫视了全班学生一眼，一声不响地拿起黑板擦，慢慢地擦拭黑板上的字、画，一分钟、两分钟……学生的笑声停止了，他们不知道班主任如何处理这场乱子，以期待、好奇的目光盯着班主任。她擦完黑板，转过身来微微一笑，诚恳地进行自我介绍，接着便开始绘声绘色地讲课。课上，教室静得出奇，一些同学眼里流露出疑惑，一些同学眼里流露出歉意，但她再也没提起这件事。事后，恶作剧的同学主动找班主任承认错误，要求给予处罚。面对这一偶发事件，班主任以学生意想不到的豁达的胸襟、宽容的态度、高尚的师德修养，给学生带来极大的震撼，在全班学生心目中留下深刻印象，树立起很高的威信。在这一事件中，班主任果断地采取“以静制闹”的方法，无声地一下下擦着黑板，行动中就包含了无言的、不必挑明的批评，这种方式更容易让学生从疑惑中思考本身的行为，促使学生自我反省，从而认识自己的错误行为。

（三）掌握分寸，不急不躁

班主任在处理某些偶发事件时，要灵活地根据当时事件发生的时间、性质、严重程度，以及肇事者的个性特征、年龄特征等各种差异，进行多方面分析、权衡，掌握分寸，否则就会把学生推向反面。有天中午，学生陈某哭着来到办公室，他的右小腿外侧，烧起了一大燎泡，中间略带焦黄，这是他伏在桌上午睡时，不知被哪位同学烧伤的。班主任心疼了、激动了，烧伤同学这种事多严重。他三步并作两步来到教室，拿起教鞭使劲敲着桌子，把午睡的学生喊醒，讲了一通团结友爱和坦白从宽的道理，要求犯错的同学站出来认错，言辞非常激烈。学生默默地坐着，没有一个站出来，僵持了十几分钟，班主任更火了，他厉声说道：“带有火柴、打火机的，立刻交上来，不交的加倍处罚！”一下子有七人交了上来。学生有的惶惶不安，有的则以不满和敌意的目光盯着班主任，师生间更加对立，班主任陷入窘境，他意识到自己的处理方法过于简单粗暴，于是环视一周，转换口气说：“我想，今天的事情也许是哪个同学想和陈某开玩笑，没想到会产生这样的严重后果，心里感到害怕，不敢承认。可无论如何，他应该勇敢地向陈某道歉。那样，班主任和全班同学都会原谅他的。”说完，班主任让同学们继续午休，自己回了办公室。十多分钟后，一名学生来到办公室向班主任承认错误。这件事确实是玩笑引起的，该生见陈某睡着了，便撕下一张纸条用唾液粘在陈某的腿上点着……他向班主任和陈某道歉，诚恳地向班主任请求：“您狠狠地处分我吧！”事后，班主任就此事件开了一次主题班会，并没有在会上批评该同学，只是就该事件本身教育学生、引导学生宽容、友好地对待同学，学会做人。班主任在处理此类事件时，采取严厉的方法，让学生认错，固然能收到一时的效果，但一定时间后还会“反弹”，而采用宽容、发展的眼光处理，反而会使犯错误的学生产生愧疚感,引发强烈的自责、自省,从而达到事半功倍的效果。

（四）即兴发挥,机智幽默

语言艺术在教育教学活动中举足轻重,可使课堂气氛随着课堂内容或轻松、或紧张、或严肃,可使教学内容生动活泼,易于学生接受。其中,幽默的语言更能达到调节气氛的效果。幽默是具有智慧、教养和道德的表现,与滑稽、插科打诨甚至低级趣味的引申有严格的区别。在处理偶发事件时运用幽默,不仅是为调节情绪,缓解冲突,更主要的是它本身就是教育武器,班主任在谈笑风生中阐述自己的主张和观点,给学生以善意的批评和上进的力量,能够收到意想不到的效果。如某段时间,班级内兴起象棋热,不少学生课间休息时也要杀上一盘。一次,上课铃响过,几名学生仍在鏖战,班主任走过去把棋子搅成一团,全班学生愕然。班主任微微一笑说:“就我刚刚的动作打个谜,猜一电影名。”某同学回答:“一盘没下完的棋。”班主任加以肯定:“对,你是‘聪明一休’。”全班同学都笑了。班主任又说:“那盘凝聚着中日人民友谊的棋因为战争不得已中断了。为了完成学习任务,我们这盘棋今天也只能不分胜负了。”同学们又笑了,在轻松愉快的气氛中,授课开始了。

（五）启发诱导,客观公正

偶发事件的处理重在教育。不论其性质如何、影响多大,也不论当事者表现怎样,都要坚持进行教育,不能简单处置。如有些属于一般性的偶发事件,由班主任对当事人个人进行必要的教育,提出必要的告诫就可以了。有些偶发事件,性质比较严重,影响较大,班主任除对当事人个人进行教育外,还要在集体中进行教育,甚至利用集体的力量来进行教育帮助。对偶发事件的当事人不能采取“一棍子打死”的做法,即不论什么性质的偶发事件,都要给予纪律处分或行政处分。要考虑到学生的可塑性,对一般性的偶发事件,甚至有些影响较大的偶发事件,通过教育,当事人已经对问题有了深刻的认识,并在行为上有改正的表现,就不要再给予纪律处分。对于性质很严重、影响很坏的偶发事件,在教育的基础上,给予一定的行政处分是必要的。班主任在处理偶发事件时,对当事者而言,不论是谁,都要公正对待,不能袒护任何一方,否则将会产生不好的后果。特别是学生小团体之间发生的偶发事件,在处理时更要体现公正性。如在采取措施制止偶发事件时,无论是行动还是语言都要公正,不能只指责一方;在对偶发事件产生的原因进行调查时,要认真听取双方的陈述,不能偏听偏信某一方,而压制另一方的意见;在听取双方陈述的过程中,不要随意表态;在对偶发事件的最后处理时,要实事求是,对事不对人。

（六）有的放矢,因材施教

由于偶发事件的性质、严重程度,以及当事人的年龄特征、个性特点各不相同,班主任在处理的方式、方法和措施上要因人而异。例如,有的可以进行“热处理”,即抓住时机,当机立断,迅速处理,不能拖延;有的可以进行“冷处理”,即不急于表态处理,待时机成熟后再逐步加以处理。班主任要重视对学生的启发、引导和教育,帮助他们认识错误,改过自新;而不能企图借机整人,惩罚和压制学生,这无助于对学生的教育。如有位第一次走上讲台的班主任,全班学生哄堂大笑,笑声中还杂着“真像”、“像极了”的细声碎语。班主任回头一看,发现黑板上画着一个很大的女人头像。她一眼就看出画的是自己,发窘了一瞬,她便很快地平静下来,真情实意地说:“画得确实很像,这位同学应该把画画的特长发挥下去。”之后,她擦净黑板,立即开始讲课。下课铃响时,课没有讲完,这位班主任惋惜地说:“时间不够用了!”马上,不少学生把责备的目光投向画头像的那位同学,他本人也内疚地低下头。这位班主任处理这个偶发事件的高明之处，就在于她没有简单地批评，而是通过自己的表情变化和三言两语，立即转入教学。这种处理，使学生体会到了班主任的真诚、爱护和鼓励，又略带责备之情，使学生很自觉地意识到自己行为的不当。

（七）积累经验，积聚能力

课堂偶发事件的处理，与班主任的素质有关，属于班主任课堂管理能力的范围。课堂偶发事件的处理，既有规律可循，又有方法可用。提高能力，总结经验，对于班主任来说，是一种必需。要树立起能力本位的教育理念，把能力作为班主任教育的基本衡量尺度，把能力培养作为教育教学的根本目标，把能力本位作为教育教学改革的基本价值取向，全面提高班主任素质。班主任素质全面、能力强是控制课堂的基本条件。班主任要大力提高执教能力，尤其是课堂调控能力，其间既有技术问题，也有责任心问题。班主任对教育工作必须形成良好的情感，激发起对教育工作的高度热情，产生事业心和责任心。有经验和责任心的班主任从不会对偶发事件听之任之，他往往从偶发事件中窥探学生的内心深处，视偶发事件的不同而采取妥善的方式来加以处置，让学生心悦诚服，并以此为契机，做出必要的延伸，水到渠成地让学生感悟到更多的东西。

有经验的班主任总是容易使波涛汹涌的课堂，转眼间变得风平浪静。班主任有了丰富的经验，处理课堂偶发事件就会从容不迫，应付自如。他们的一个眼神，一个手势，甚至一种静默，都是一种教育因素，对课堂进行有效的调控，使教学得心应手地进行。如处置分寸的掌握，宽严应有一个度。对学生恶意为之而导致的事件，班主任要严肃地批评，乃至处罚；学生无意或初犯而导致的事件，则不能过于严厉地对待。不管什么原因产生的偶发事件，班主任都不能纠缠，应该快刀斩乱麻，速战速决。倘若死缠烂打，耗费了过多的教学时间，那就得不偿失了。

课堂偶发事件的处理，与班主任在教育过程中表现出的机动灵活的聪明才智，即教育机智有关。教育机智其实是一种智能结构，包含细微的洞察能力、敏锐的应变能力和周密的组织引导能力等。有了教学机智，班主任就能随机应变。在偶发事件的处理中，班主任情绪的流露、措施的采取等都要注意适度，以免适得其反。课堂教学是一个动态系统，教学的全过程是可以调节和控制的。班主任作为教学的主导者，必须了解课堂教学的特点，具有教育机智，掌握课堂的调控艺术，以灵活得当的方式方法处理课堂偶发事件，将教学置于可控范围，保证课堂教学的正常进行。

第十章　班级管理的途径:开展班级活动

只有当学习是在丰富多彩的精神生活的背景下进行的时候,只有当集体与个人的和谐成为这种丰富性的核心的时候,学习才能成为学生愿意去从事的活动。个别儿童、少年和青年不愿意学习,这是一个令人担忧的证据,说明学校里只有学习,而没有集体和个人的丰富多彩的精神生活。学校作为高尚和文明的策源地,如果没有集体丰富而多方面的精神生活,那是不可思议的。

[苏]苏霍姆林斯基:《怎样培养真正的人》

丰富多彩的班级活动,不仅能够促进学生个体不同能力、不同兴趣爱好的发展,而且能够促进学生自我意识和健康个性品质的形成。

第一节　班级活动概述

班级活动是学生认识客观世界、认识他人和自我、适应学校生活与社会生活的重要途径,也是建设良好班集体的重要组成部分。班级的努力目标要靠班级每个成员参与共同的活动而实现。班集体的形成,需要通过一系列教育活动;而班级活动的有效开展,可以促使班级目标得以实现。班主任工作的主要途径就是根据班级活动的特点,为学生提供创新的氛围和一定的空间,鼓励和引导学生在各项班级活动中思索、探求和创造,从而培养学生的创新精神和实践能力。

一、班级活动的含义

班级活动是指在班主任的组织和领导下,为实现教育方针和培养目标,完成学校的教育工作计划,组织班集体全体成员参加的一系列活动。它包括思想品德教育活动、课外教育活动、社会实践活动等。它是班主任向学生进行思想、政治、道德、心理教育的基本形式,是通过学生集体来教育和影响学生个体的较为普遍采用的教育形式,也是学生个体进行自我教育行之有效的方式。在这个意义上说,班级是学校实施教育教学的基本单位,整个学校教育功能的发挥主要是在班级活动中实现的。

班级是学生发展成为社会人的重要场所。个体要生存发展,必须首先适应社会,实现个体的社会化。一个良好的班级,作为一个小社会,对学生个体社会化起着重要的促进作用。因此,除了教学计划中规定的政治理论课、时事学习和思想品德教育课外,班主任要尽可能多地组织一些班级活动,对学生进行生动、形象、具体的教育。班级活动要不拘形式,活动规模可大可小,内容丰富多彩,并且紧贴学生生活实际,从学生个性发展的实际需要出发。

二、班级活动的特点

与课堂教学不同，班级活动具有自身独有的一些特点。

（一）自主性

课堂教学不论是形式、内容、地点以及教师基本上都是既定的，这些对于学生来说具有统一性和强制性。不论是否心甘情愿，所有学生都必须整齐划一地听、看、读、写、做，否则就是违纪行为。而班级活动，学生是否参加，完全是出自学生自己的自主选择。这不仅充分照顾了学生的个别差异，有利于因材施教，而且充分体现了学生在活动中的主体地位。由于学生参加活动是出于自愿，因而在活动中往往表现出很高的热情，充分地展示自己的智慧和才能。

（二）灵活性

班级活动由于不像课堂教学那样受教学大纲的制约，因此，在时间安排、内容取舍、程度深浅诸方面具有较大的灵活性。学生参加活动可根据自己的水平选择内容，规定标准，自由发展。

（三）实践性

班级活动，顾名思义重在活动，其直接方式就是让学生参加实践活动，在活动中获得直接经验或验证间接经验，当然也可能有所发现而获得理论升华。学生在活动中要自己动手创造条件，设计程序，从事活动，检验效果。他们不仅在活动中享受乐趣，更在活动中有所收获。

三、班级活动的类型

（一）思想教育类主题活动

思想教育类主题活动的目的在于通过教育性活动，帮助学生形成科学的世界观、人生观、价值观，坚定的政治立场，深厚的爱国主义情怀，健康的心理和高尚的道德情操。具体可以包括以下几种。

第一，"三观"教育。通过活动让学生逐步掌握辩证唯物主义和历史唯物主义基本观点，形成科学的世界观、人生观和价值观。第二，政治立场教育。通过活动使学生了解中华民族的革命历史，尤其是近现代革命史，坚持社会主义道路，坚持中国共产党的领导，形成鲜明的政治态度和政治立场。第三，理想信念教育。通过活动让学生坚定社会主义理想和共产主义信念，对自身发展充满期待和愿望，从而形成自我发展的内在动力。第四，爱国主义教育。通过活动让学生了解我国的悠久历史、壮美山河、灿烂文化、众多的民族以及当前的国情，激发学生的爱国热情和民族自豪感。第五，集体主义教育。通过活动使学生正确认识集体的作用，产生对集体的认同感和归属感，正确处理个人和集体之间的关系。第六，道德品质教育。通过活动引导学生逐步掌握社会道德规范，履行道德义务，形成高尚的道德品质。第七，心理健康教育。通过活动使学生形成健康的心态、稳定的情绪、良好的人格。

（二）学习指导类主题活动

学习指导类主题活动的目的在于通过教育性活动，激发学生的学习兴趣，提高学习效率。具体包括以下几个方面。

第一，兴趣的激发。通过活动使学生认识到学习的结果，即掌握知识、发展智力的重要意义以及对自己未来发展的价值，让学生体验到学习过程的快乐，这样就能从内心激发兴趣，增强学习动力。第二，效率的提高。通过活动使学生放松心情，掌握学习技巧，交流学习经验，加强学习合作，享受学习快乐，从而整体提高学习效率。第三，困惑的解决。通过活动来解决学生心中的困惑，尤其是一些青春期困扰学生的带有共性的问题，当然也有学生个人的生理、心理上的困惑，家庭变故带来的不良影响等。第四，发展的指导。学生的学习一般都带有功利性目的，这并不是一件坏事。关键是帮助学生对目的进行有效的引导，使他们的学习目的与社会要求同向。可以根据学生的个人情况，帮助他们做一些人生规划，以指导他们有目的地学习和发展。

（三）知识拓展类主题活动

知识拓展类主题活动的目的在于通过教育性活动，开拓学生视野，增加学生知识，开发学生的智力。具体包括以下几种。

第一，体验生活。通过活动使学生积累更多的生活经验，然后才能将课本知识与生活经验相结合，从而达到更好的发展目的。当然，体验生活的另一种形式就是将书本知识运用于实践，从而更好地理解和掌握知识。第二，延伸课本。很多学生需要掌握的知识在课本上是没有的，这就需要班主任有效地组织活动，让学生从活动中学习课本上学不到的知识和技能。当然，延伸课本的另一个层面就是在活动中发现问题，然后再回到书本中去寻找答案。

（四）生活指导类主题活动

生活指导类主题活动的目的在于通过教育性活动，使学生熟悉生存技能，学会生活，学会共处等。具体包括以下几种。

第一，生存技能。生存是人的一种本能，但仅仅有本能是不够的，还需要我们通过活动来教给学生一些知识与技能，让他们懂得尊重生命、敬畏生命、珍惜生命和保护生命。尤其是要教给他们在遇到各种危险时如何保护自己免受伤害，如何力所能及地帮助遇到危险的人脱离危险等。第二，生活技能。学生的生活技能很大程度上是由家庭教育完成的，但在学生生活技能的形成中，学校不能做一个旁观者，教育学生学会生活应该是学校尤其是班主任的重要职责。班主任有责任、有义务通过举行各种学生喜闻乐见的活动，帮助学生培养生活的技能。第三，交往技能。学会交往是学生生活引导的重要内容，由于我国特殊的国情，学生很多都是独生子女，他们在家庭中缺少交往学习的必要条件，在以集体生活为主导形式的班级生活中，学习交往技能就成为最理想的场所。因此，班主任应该有意识地举办一些活动，来加强学生交往的学习，以帮助他们能更好地处理个人与集体、个人与他人的关系，将来更好地融入社会。

（五）审美怡情类主题活动

审美怡情类主题活动的目的在于通过举办教育性活动，调节学生紧张的学习气氛，培养学生的审美情趣。具体包括以下几种。

第一，音乐类。通过音乐欣赏、歌曲演唱、乐器演奏等活动让学生感受韵律美、节奏美，从而提高自己的音乐素养，提高对音乐的欣赏水平，陶冶自己的情操。第二，色彩类。通过观看自然美景、欣赏绘画作品、学习绘画技能等活动，提高学生对色彩的感悟能力和水平。第三，造型美。通过欣赏山川河流等自然美景，动手制作雕塑、剪纸、实物造型，以及参加学生的舞蹈、体操等多种活动，培养学生对形体的感知、理解和欣赏水平。

第二节 组织开展课外活动

“课外活动是指在教学计划和教学大纲范围之外，利用课余时间，有目的、有计划、有组织地对学生进行的多种多样的教育活动。”①广义的课外活动，主要包括由学校组织的各种课外活动、学校的团队活动以及与学校教育密切配合的校外教育活动、家庭教育活动等。狭义的课外活动，则主要是指学校组织的各种课外活动。这里所使用的概念是狭义的，因为校外教育活动是社会教育学研究的范畴，家庭教育活动是家庭教育学研究的范畴，都不是学校教育学研究的对象。

课外活动与课堂教学是两个既有区别又有联系的概念。两者的区别在于：课外活动是在教学计划、教学大纲范围以外进行的教育活动，课堂教学则是在教学计划、教学大纲范围内进行的教育活动；课外活动是根据学生的兴趣、爱好而自愿选择和自觉参加的各种活动，课堂教学则是学生按课程表学习，带有强制性；课外活动以学生为主体，教师处于指导和辅导的地位，课堂教学中教师则起主导作用，而学生既是教育的客体又是学习的主体。两者的联系在于：它们都是为了实现共同的教育目的，都是有目的、有计划、有组织的施教活动等，在全面发展教育中都起着不可忽视的重要作用。

课外活动与课外辅导也是两个不同的概念。两者的区别是：课外活动是在教学计划、教学大纲范围以外进行的活动，而课外辅导则主要是在教学计划、教学大纲以内进行的活动。两者的联系是：它们都是课堂教学的重要补充，都是以集体、小组和个人为主要活动形式，都能更好地促进学生的全面发展。

一、课外活动的意义

课外活动是整个教育系统工程的一部分，是培养学生全面发展的重要途径，对于教育的大面积“丰收”，具有不可忽视的重要意义。这正如苏联教育家苏霍姆林斯基所说：“只有当孩子每天按自己的愿望随意使用5～7小时的空余时间，才有可能培养出聪明的、全面发展的人来。离开这一点去谈论全面发展，谈论培养素质、爱好和天赋才能，只不过是一些空话而已。”②

（一）形成学生正确的世界观和人生观

世界观和人生观是一个人关于自然、社会以及人生的观点体系，是人们认识事物和支配行为的最高调节者。学生虽然有了对事物的认识和分析能力，但毕竟还很肤浅，甚至片面化，极易动摇。他们既容易受真、善、美的感染，也可能受假、恶、丑的诱惑。通过课外活动引导学生有选择地了解社会，剖析人生，可以开阔学生的政治视野，抵制精神污染，从而形成正确的世界观和人生观。正如钟启泉教授所说：它“最具转折意义的追求和观念之一，就是明确反对传统的以知识为中心的教学，将学生情感体验的获得与态度价值观的养成，特别是社会责任感的培养提高到最高目标的层面”③。

---

① 张忠华，张典兵. 学校教育学[M]. 青岛：青岛海洋大学出版社，2001：315.

② ［苏］苏霍姆林斯基. 帕夫雷什中学[M]. 赵玮，等译. 北京：教育科学出版社，1983：179.

③ 钟启泉. 基础教育课程改革纲要（试行）解读[M]. 上海：华东师范大学出版社，2001：151.

（二）发展学生的兴趣特长

蔡元培说过："在学校不能单靠教科书和教习，讲堂功课固然要紧；自动自习，随时注意自己发现求学的门径和学问的兴趣，更为紧要。"①课外活动为具有不同爱好和特长的学生提供了广阔的发展天地。学生可以根据自己的兴趣和爱好选择自己感兴趣的书去读，参加适合自己发展的活动。因此，活动起来兴致盎然，积极性高，娱乐性也好，常常可以乐在其中。另外，还可以有所发现，有所惊喜，从而使兴趣得到一次次强化、一次次升华，使自己的特长在淋漓尽致地发挥中不断长进，最后成为专门人才。这对日后的择业必然产生积极影响。北京市少年宫曾追踪调查了参加过该宫兴趣小组的部分人员，发现有67%的人目前所从事的职业都与当年各自参加的兴趣小组所属学科相同或相近。

（三）开发学生的智力与能力

苏霍姆林斯基对现代学校教学体系曾做过这样的批判："现代学校的整个教学体系有着非常严重的缺点：没有足够的智力的训练，也就是说，没有进行足够的专门的工作来发展学生的能力。"②"自由时间是丰富学生智力生活的首要条件。我们要使学生的生活中不单单只有学习，还要使学习富有成效，那就需要给学生自由时间。"③单一的课堂教学造就的只是知识型的学生，通过课外活动，学生可以把所学知识与实际活动联系起来。在巩固所学知识的同时，又接触了大量的信息，拓宽了知识领域。学生在新事物面前要观察、要思索、要解决问题、要动手操作。因而，整个活动过程就是开发学生智力、培养学生能力的过程。

（四）锻炼学生的体魄和健康

课外活动的开展，不仅极大地丰富了校园生活，减轻了学生的作业负担，保证了学生的休息和娱乐，而且通过体育、郊游等活动，还能使学生的体魄得到直接锻炼，并使他们掌握运动的技能技巧。目前，我国大部分学校学生的体能堪忧，这与学生的课业负担重、课余活动少有着直接关系。

（五）形成学生审美修养和个性

在课外活动中，学生通过各种文艺小组活动，参观游览活动，或欣赏、或演出，从社会、自然和艺术作品中吸取美的营养。这对学生感受美、欣赏美、表现美、创造美的能力的提高是大有裨益的。学生受到美的熏陶，塑造了美的心灵，形成了完满的个性。苏霍姆林斯基就特别主张："拥有完全可以自由支配的时间，是个性发展的一个重要条件。孩子的素质和天资只有当他每天都有时间从事自行选择的喜爱的劳动时才能得到发挥。因此，我们认为给学生提供空余时间就是创造宝贵财富。"④

二、课外活动的内容

（一）社会活动

这是以培养学生正确的社会意识、丰富学生的社会阅历为目的的活动。如重大节日的政治报告、社会调查、访问座谈、参观游览等，都属于这类活动。这类活动可以使学生走向

---

① 蔡元培.蔡元培教育文选[M].北京：人民教育出版社，1980：132.

② [苏]苏霍姆林斯基.给教师的建议[M].杜殿坤，译.北京：教育科学出版社，1981：184.

③ [苏]苏霍姆林斯基.给教师的建议[M].杜殿坤，译.北京：教育科学出版社，1981：69.

④ [苏]苏霍姆林斯基.帕夫雷什中学[M].赵玮，等译.北京：教育科学出版社，1983：13.

“天地大课堂”，接触社会，接触自然，了解人生，从而培养学生的社会责任感和社会适应能力。

（二）科技活动

这是以培养学生爱科学、学科学、用科学，以适应科学技术发展的需要，树立“科教兴国”的观念为目的的活动。这类活动根据学科教学的内容去安排，如气象观测、地理考察等；亦可根据学生情况去组织，如某些发明创造、种植饲养等。这类活动可以激发学生的科学兴趣，扩大知识领域，培养动手能力。

（三）文艺活动

这是以丰富学生的精神生活，满足学生的精神需求，培养学生的审美意识和高尚情操为目的的活动。如文学欣赏、文艺演出、书法绘画等。组织这类活动可以使学生受到美好事物的陶冶，领略美的神韵，从而提高审美素质。

（四）体育活动

这是以增强学生体质，促进正常发育，培养坚强意志和勇敢精神为目的的活动。如体操、武术、游泳、爬山等。通过这类活动，可以使学生的体能得到多方面的锻炼，培养体育才能。

（五）公益劳动

这是以培养学生的劳动观点、劳动能力以及热爱劳动和劳动人民的思想感情为目的的活动。如清扫环境、绿化美化校园、参加工农业生产等。通过这类活动，可以有效地清除现代学生尤其是独生子女的骄气和娇气，树立良好的劳动观念，理解劳动者的伟大和劳动过程的艰辛。

三、课外活动的形式

（一）群众性活动

这是较为常见的一种形式。参加活动的可以是一个班、几个班乃至整个学校，还可以是几个学校的全体学生。由于参加的人较多，可以在同一时间内使所有的学生接受教育。群众性活动的具体形式有以下几种：第一，集会，为了向学生进行时事政治教育、规范教育、科普教育，经常采用这种方式；第二，庆祝活动，重大节日的庆祝活动往往是群体性的，这类活动总要有一个筹备过程，应该把筹备过程当作教育过程组织学生参加；第三，文娱活动，这类活动除了与节日庆祝一起进行外，还有寓知识学习于娱乐活动的学科知识晚会等；第四，竞赛活动，这类活动的内容很广，如歌咏比赛、演讲比赛、知识竞赛、智力竞赛、体育竞赛、书画竞赛等，这类活动充满竞争性，能满足学生的争胜心和荣誉感；第五，参观、访问和旅游活动以及社会公益劳动，也都是群众性的组织形式。

（二）小组活动

小组活动是课外活动的基本组织形式。由于活动小组是在相同兴趣的基础上建立起来的，所以有利于因材施教，发挥学生的特长。同时，小组活动有利于学生自理、自治和自主能力的培养和提高。小组成员的人数可依据活动性质而定。学科小组和科技小组的人数不宜过多，文艺和体育小组的人数可适当多一些。一般一个小组人数最少不低于 3 人，最多不超过 20 人。小组要建立规章制度和制定纪律，还要聘请专门的辅导人员。活动小组的种类很多，如学科小组、科技小组、板报小组、摄影小组、书法小组、体育小组、社团小组等。班主任不一定都是通才，也没有精力去辅导每个小组的活动。但班主任应该在发现学生天赋的基础上，指导和帮助学生建立相应的小组，并选定小组的辅导人员，帮助学生及时解决活动中的困难。

（三）个人活动

个人活动是指学生在班主任或任课老师的指导下，进行独立工作的课外活动方式。一是由小组分配任务，个人单独去完成；二是根据个人的兴趣、才能，有组织、有指导地独立阅读书籍，写读书心得，学习各种艺术，练习某种乐器的演奏等。这些活动有助于培养和锻炼学生独立学习、独立研究的能力，这对于他们以后走向社会具有重大意义。

四、组织开展课外活动的要求

（一）思想上高度重视

当前我国学校的课余生活是单调枯燥的，学生课业负担过重的现象普遍存在，导致学生厌学或者“高分低能”，这是极不正常的现象。实践证明，学生成才的途径有两条：一是课堂教学，二是课外活动，两者相辅相成，不可偏废。苏联教育家苏霍姆林斯基曾经提出，要在课堂教学之余为学生的发展建立智力生活基地，即组织各种各样的课外活动小组。他所领导的帕夫雷什中学的600多名学生，建立了120多个课外活动小组。他明确要求所有学生在校期间至少要掌握一门专业技术。不少发达国家也特别重视学生的课外活动，他们学生的动手操作能力、社会交往能力、自我教育能力等明显地超过我国学生。班主任只有充分认识到开展课外活动的深远意义，才有可能积极地组织指导学生开展丰富多彩的活动。

（二）纳入班级计划

班主任是学校教育中最直接的施教者，应该有目的地把学生课余的主要精力引导到各种健康有益的课外活动中去，使他们的课余生活丰富充实，富于情趣。这就要求班主任对活动的安排不能随意，而要对学期、学年的活动总体上进行精心考虑。从难易顺序，到各项活动的时间、地点以及活动结果的考核等，都要着意安排，且不可抱着“车到山前必有路”的态度仓促准备。

（三）充分尊重学生

课外活动的自主性决定了学生的自觉自愿是搞好活动的精神基础。有了这个基础，学生的主体地位才能体现在活动的全部过程之中，活动也才能真正起到作用。如果班主任强迫命令学生参加活动，学生就可能对活动产生心理上的厌烦，最终使活动表面化。当然，尊重学生的意愿并不意味着班主任对学生的选择完全放任。学生对活动自主选择的准确性是以正确认识自己为前提的。班主任要帮助学生发现自己的优势，激发他们的活动动机，帮助他们做出切合个人实际的选择。

（四）及时了解活动情况

活动的主人是学生，这并不意味着班主任只是旁观者，可以让学生放任自流。尽管学生在活动中可以表现出惊人的创造性，但他们的能力毕竟有限，活动的水平还处在初级阶段，有点“学步”的味道。班主任要经常了解学生活动的情况，恰如其分地予以指导和点拨。但切不可管得过细，怕学生这也干不好、那也做不成，这样只能束缚学生的手脚。学生活动的水平在班主任看来也许滑稽可笑，但对于涉世未深的儿童却可能是莫大的成功。

（五）因时因地因人制宜

我国幅员辽阔，各地的发展很不平衡，条件差别很大。东部地区与西部地区学校、城市与农村的学校各方面的条件都很悬殊。即便是同一地区的学校，条件也绝非毫无二致，同一学校不同班级也有不同的情况，同一个班级学生的情况又是千差万别的。所以，组织指导课外活动没有统一的定式，班主任切不可盲目攀比，生搬硬套。其他地区适应的活动，你这里可能没有条件；一部分学生乐此不疲的活动，另一部分学生则可能毫无兴趣。因此，组织活动不要强求一致，要从地区、学校、学生的实际情况出发，或难或易，或繁或简，量力而行。

第三节　组织开展主题班会

学校主题班会在内容上覆盖面较为广泛，一般将入学教育、学习教育、安全法纪教育、心理健康教育、人际交往指导、诚信教育、自立自强教育、团队精神教育、道德教育、情感教育、文化素养教育等都纳入其中。因此，主题班会是在班主任的指导下，以班级为单位，由学生围绕特定主题所开展的有目的、有计划、有组织的教育活动。

一、主题班会的特点

主题班会与思想政治理论课教学、党团活动、社会实践等传统的思想政治教育手段相比，具有一些独特的特点。

（一）主题的灵活性

团队活动、社会实践一般是按照事先拟定的主题，在既定的时间内对学生开展教育活动。由于这些活动常常会受到活动场地、时间、人员、经费的影响，所以在确定主题方面也会受到一些限制。主题班会在主题的灵活性方面弥补了传统教育手段的不足。无论是国家大事还是班级小事，班主任都可以灵活地选择主题。通过组织召开主题班会，向全班同学传达最新的时事信息，掌握他们的思想动态。

（二）形式的多样性

传统德育一般都以理论灌输为主，教学手段单一，学生难以产生兴趣，这是造成学校德育课教学实效性不强的一个重要原因。团队活动、社会实践一般都是以活动方式来开展教育的，学生在参与活动时大都兴高采烈，但在参与活动后往往缺少一些理性的反思，教育的效果并不明显。主题班会在教学手段上综合了德育课教学、团队活动、社会实践等教育手段的优势。在主题班会的开展过程中，既可以有班主任的理论宣讲、案例分析，也可以有学生的唱歌、跳舞、相声、小品等，其多样性是德育课教学、团队活动、社会实践所无法比拟的。主题班会形式的多样性契合了当代学生的身心发展需求，所以广受学生的欢迎。

（三）内容的针对性

在同一所学校里，德育课程设计都是相同的，教育内容对于所有学生也都是一样的。它没有根据各年级学生的年龄特点来设计不同的教学内容，缺少针对性。团队活动、社会实践一般也是按照学校的整体思想政治工作部署，在规定的时间内开展的，而且很多活动都是一年一度的传统活动。主题班会则是根据学生身心发展的规律，每个阶段都会有不同的关注重点。这些内容适应了不同年级学生的身心发展需求，体现出了明显的针对性。

（四）情境的互动性

传统德育课教学由于受到固定内容和有限课堂时间的限制，一般都是教师在讲台上面讲，学生在下面听，他们实际上还是处在被动接受的地位，所以师生间很难形成真正意义上的互动。而主题班会一般面向全体学生，紧扣普遍性问题，注重理论联系实际，容易引起学生的兴趣，产生互动。学生来自不同的地区，拥有不同的家庭背景、学习方式和生活习惯，面对相同的问题，他们往往会存在不同的看法。在班主任有意识的引导下，他们会以一个平等主体的身份与其他同学进行互动交流。他们都有表达自己和了解别人的欲望，所以在互动过程中表现得较为积极。通过这种互动，他们可以充分表达出自己的观点，有更多的机会去了解他人，从而学会关心和信任他人。

二、主题班会的价值

（一）体现师生平等的理念

如果说传统德育可以称为主体性德育的话，那么强调师生平等和互动交流的德育可以称为主体间性德育。在主体间性德育中，班主任与学生都是德育的主体，二者平等交流，相互影响，共同提高。主体间性德育具备三个面的特征："一是教育者与受教育者之间是共在的主体间的存在关系，二是教育者与受教育者是共在的主体间的活动，三是教育者与受教育者之间是相互理解的。"①主题班会很好地体现了主体间性德育的理念，它既不是单方面地以班主任为中心，也不是单纯地以学生为中心，而是班主任主体与学生主体之间的双向互动。他们在班会中通过这种平等互动而不断推进彼此的发展，最终达到共同提高的目的。

（二）增强班级德育的吸引力

主题班会具有生动活泼的表现形式，常见的有讲故事、唱歌、舞蹈、相声、小品等。这些丰富多彩的表现形式适应了学生身心发展的需求，能使他们受到情感上的激励与艺术上的熏陶，因而深受学生欢迎。班主任在设计主题班会时，应注意寓教于乐。如对社会公德这个主题，小学时开班会会讲，中学时开班会也会讲。如班主任这时还采用说教的方式，不但收不到教育的效果，反而可能会激起学生的厌烦感。在这种情况下，班主任可利用主题班会形式活泼、娱乐性强的特点，设计符合学生身心发展需求的小品来进行。积极鼓励学生参与小品表演，让他们在表演过程中领悟到什么是遵守社会公德的行为、什么是违背社会公德的行为，从而在平时的校园生活中自觉地做到遵守社会公德，告别不文明行为。

（三）充实班级德育的内容

主题班会一般从学生的现实生活中取材，内容上涵盖了入学教育、学习教育、安全法纪教育等方方面面。这些内容使得班主任能够针对不同阶段的中小学生，选择不同的教育内容，运用不同的教育方法，对学生进行个性化辅导，使得学生能够从体验式的班会活动过程中领悟德育的内容，拓展其生活空间，帮助其更好地适应日常生活，理解周围世界并促进他们有条理地思考、有效地表达和交流，运用理性的思维方式洞察现实社会，解决日常生活中的问题，进而形成勇于探索、勇于创新的科学精神。

---

① 张耀灿，等.思想政治教育学前沿[M].北京：人民出版社，2006：48.

(四) 优化班级德育的环境

马克思曾说:“人创造环境,同样,环境也创造人。”[①]人作为德育的对象,正是教育与环境双重作用的产物。德育环境是指“影响人的思想品德形成和发展、影响德育活动运行的一切外部因素的总和”[②]。主题班会氛围轻松活泼,能够调动全班同学参与活动,这有助于形成良好的德育环境。学生在这种环境中会无形地受到熏陶和感染,从而提高自身的德育素质。

(五) 提升班主任管理水平

班主任是学生日常德育和管理工作的组织者、实施者和指导者。他们既要协调授课教师、学生干部等从不同的角度开展日常德育和管理工作,也要围绕学生学习、生活中的实际问题开展日常德育。这些都对班主任提出了很高的要求,要求他们必须具备良好的语言表达能力、人际沟通能力、组织管理能力以及文书写作能力等,成为学生德育的专门人才。主题班会为班主任锻炼和提高这些能力提供了很好的平台。通过召开主题班会,班主任学会了如何根据学生的特点来选择主题,如何根据主题选择形式,如何组织并调动全班学生参与的积极性,让学生在接受德育的过程中自身也获得了美感,体验到了快乐,享受到了愉悦。在这一过程中,班主任的语言表达能力、人际沟通能力、组织管理能力、文书写作能力都会得到很好的锻炼和提高,从而提高学校班主任队伍的整体工作水平。

三、主题班会的种类

(一) 模拟扮演式主题班会

研究表明,教育的效果不是取决于班主任说了些什么,而是学生从中体验到什么,要想让学生接受班主任的要求,培养学生良好的行为习惯,必须使学生进行深刻的体验,而让学生在不同的环境下扮演不同的角色恰恰是增强学生内在体验的有效手段。因此,班主任可以根据主题选择好需要学生扮演的角色,定期召开模拟扮演式主题班会。为了使学生理解父母,班主任以“父母雨天送衣服”为主题召开了一次班会,让学生扮演家长、学生等不同的角色,并有意设计了这样的场景:河里已经结了冰,“家长”在过小桥时不小心掉进了河里,但家长顾不上换湿了的衣服,急忙赶到学校给孩子送衣服。当“家长”在冻得哆哆嗦嗦的情况下将干净的衣服递给学生时,在场的学生深刻地体会到父母的辛苦和对自己的关心,懂得了学习机会的来之不易,从而更加努力地学习。

(二) 咨询答疑式主题班会

学生生理和心理的发展变化比较快,容易出现心理问题,带来很多的困惑。研究表明,青少年时期是人的一生中心理问题和心理困惑最多的时期,成人的大多心理问题根源都在这一时期。这就要求班主任必须关注学生的这些心理问题,针对这些心理问题设计召开一些主题班会,帮助学生解决这些问题,以促进他们的健康成长。根据青少年的这种现状,可以组织以咨询答疑为主要形式的主题班会,班主任可以事先调查确定学生最关注和最期望解决的问题作为咨询答疑的主题,聘请科任教师、学生代表、资深领导或心理专家作为答疑的人选,学生就选定的主题提出问题,答疑人根据自身的经验和掌握的理论进行解答,帮助

---

① 马克思恩格斯选集:第1卷[M].北京:人民出版社,1995:92.

② 赵景文,曹伊.论高校思想政治教育环境的创设[J].学校党建与思想教育,2009(26):27-29.

学生排除一些心理上的困惑和烦恼。

(三)专题报告式主题班会

学校教育具有一定的规划和专题,而这些教育大多要通过班级加以落实,在这种情况下,班主任可以根据学校的教育专题以报告的方式召开主题班会。这种班会的特点是围绕确定的主题聘请有较强的示范性和权威性的人做报告。专题报告式主题班会的主题大多比较明确、比较集中,主讲人员较为固定,具有明显的教育和导向作用,容易取得较好的教育效果。但是在组织这类主题班会时,班主任要能了解和把握学生的思想脉搏,选择学生最关心的问题和渴望解决的困惑,还要选择好主讲人,因为这类主题班会的效果在很大程度上取决于主讲人的权威性和影响力,是借助于个人的影响力达到既定的教育目的。

(四)节日纪念式主题班会

每个学期都会遇到一些值得纪念的、具有教育意义的节日,大多数节日都有明确的主题,教育内容丰富,是对学生进行传统教育的好时机。因此,可以根据节日的特点举行一些纪念式的主题班会,以增强教育的效果,如选择建党节、建军节、国庆节等节日召开爱国主义教育主题班会等;也可以利用近来传入的一些西方节日确定教育主题,组织相应的主题教育活动。

(五)现场体验式主题班会

现场或现身的说法往往更有利于加深学生的体验,增强教育的效果。对此,可以针对学生喜欢参与各种活动,喜欢走出去的特点,充分利用现场的有利条件开展以现场内容为主题的班会。如针对不少学生不遵守交通规则的现象,可以利用交警大队组织的交通事故案例展览现场组织“我看交通规则”主题班会,先组织学生观看交通事故案例,通过血淋淋的案例,引导学生就近观察十字路口的交通情况,统计违反交通规则的人数,记录违反交通规则的类型,组织学生讨论分析、畅谈各自的体会,从而加深学生对遵守交通规则重要性的认识。

(六)经验交流式主题班会

学生在校期间的主要任务是学习,学生的成败在很大程度上是看他们的学业成绩。素质教育要求面向每个学生,学生学习成绩的提高和能力的培养,离不开好的学习方法。而学习方法和思维方法的掌握,除了靠学生自己的摸索和实践,也离不开教师的指导和训练。鉴于这一点,可以利用主题班会有计划、有步骤地安排学习方法专题讲座或咨询,召开学习经验交流会,让各科课代表或成绩优秀生介绍自己的学习方法。这样,通过对其他同学学习方法的借鉴,学生就可以找到适合自己特点的学习方法,从而实现学习成绩的提高。

(七)成果汇报式主题班会

教育不仅是为了让学生获得知识,还要注重培养学生的能力,这就需要引导学生积极走向社会,走向更为广阔的空间,积极参加好社会调查等社会实践活动,以促进学生获得知识,增强学生的社会责任感。班主任在组织学生参与社会实践活动时,要对学生提出召开成果汇报式主题班会的要求,让学生不仅要积极参与活动,回来后还要有成果、有体验。在这样的班会中,学生汇报了在调查中的发现,参与活动的体验,展示了自己取得的成果。通过彼此之间的交流和成果的展示,增强了学生的自豪感和成就感,从而激发学生参与这类活动的积极性。

(八)才能展示式主题班会

培养学生的自信心是班主任工作的重要内容,但学生自信心的培养不是一朝一夕就可以实现的，需要班主任在平时注重营造各种机会，让学生体验到成功，增强学生的自豪感。为此，班主任可以在充分了解每个学生特长的基础上，多次组织以才能展示为主题的班会。这些班会大多以擂台赛为形式组织，把班级的学生随机或自由组合成各竞赛小组，通过打擂的方式展示，以小组的成绩作为评奖的依据。这样的班会不仅使每一个学生都有了成功的可能和展示自己的空间，也有利于培养学生的合作意识。

（九）专题辩论式主题班会

学生喜欢辩论，因为辩论可以使学生分辨一些问题。因此，班主任可以针对学生易混淆、理解不深的问题设置专题，将班内的学生分成正反方进行辩论。班主任要选定口才好的同学当主持人，正反双方各自阐述自己的观点，围绕本方的主题同对方辩论，最后各方派一名代表作总结。这种形式所涉及的论题都是学生非常感兴趣的、平时讨论的热点问题。通过辩论学生弄清楚了那些容易混淆的敏感问题，也培养了学生是非分明、立场坚定、逻辑严密、论证充分的思维方式，提高了学生的口头表达能力。这种类型的班会将知识性与趣味性融合在一起，大大激发了学生的求知欲，可使学生在欢乐轻松的气氛中受到教育。

（十）娱乐表演式主题班会

学生具有较强的好奇心和探究欲，教育活动的效果在一定程度上取决于学生的参与程度，形式新颖、娱乐性强的主题班会往往能够满足学生的好奇心，调动起学生参与活动的积极性。因此，班主任可以设计一些娱乐表演式的主题班会，将深奥的教育道理寓于活泼轻松的游戏之中，使学生在不知不觉中受到教育。即使是严肃的主题也可以在不偏离主题的情况下，让学生采取自编小品、合唱等形式进行组织，以达到提高教育效果的目的。

四、组织开展主题班会的要求

主题班会的设计要遵循计划性、教育性、针对性和创新性原则，在设计过程中，要求紧凑合理、突出主题，重点要把握好以下几方面的要求。

（一）精选主题班会的内容

班会的主题既是对班会讨论范围的限定，又是对参与讨论者的提示。好的主题能震撼学生的心灵，激发学生的热情，使学生不吐不快，言犹未尽。选题总体上要以学校的德育教育为主线，联系学校实际，同时要考虑不同年级的具体情况和不同阶段的教育任务。低年级适宜选择一些表象的、单一的主题，高年级适宜选择理性的、综合的主题。为了突出教育时效性，也可以根据每个月份、节日、纪念日和当前的政治时事来选择主题。选择一个好的主题不是件容易的事情，班主任在平时要善于调查研究，对于本班学生的精神状态、学风、班风和学生日常生活中暴露的思想问题要做到心中有数、了如指掌，然后分析并整理学生中出现的共性和个性问题，围绕这些问题来确定主题。所以，主题的确定要结合本班学生的实际。总之，班会的主题必须突出班会的教育目的，但不是教育目的的直接陈述；必须切合班级存在的主要问题，但不是问题的简单指出，而是要提出解决的方法。

（二）巧选主题班会的形式

主题班会在有限的时间内要达到震撼人心的育人效果，就必须能吸引人，其形式尤为重要。这就需要班主任和班委能够匠心独运、别出心裁、标新立异，以新的形式解决老问题，给旧的形式赋予新活力。如变传统的经验交流式为访谈式，变传统的室内场地为户外场地，变辩论式为开放小品，变枯燥的说教为影片剪辑等。可以设计团队辅导式主题班会，即学生在班主任的带领下完成团队心理辅导游戏,在游戏中通过亲身经历和体验,感悟班会主旨,并在游戏的过程中,学会沟通交流、团队合作、包容信任,这种形式多用于集体凝聚力不强、目标迷茫困顿期。可以设计连续式主题班会,即当一次班会不能彻底解决问题时,可给学生设计任务,制造悬念,留待下次班会揭晓,这种形式多用于新生适应期。如在新生入校,彼此尚不熟悉的时候,在一次班会上设置环节,让学生通过抽签的方式抽到其他同学的名字,不许告诉对方,只能通过默默地观察了解对方的优点,一周后的班会上把自己的观察结果写到便签上送给对方。

(三)优化主题班会的实施过程

成功的班会,除了选好主题和形式,也离不开精心地组织,它是开好主题班会的核心。第一,前期准备。班委是主题班会的主要组织者和主持者,班会前,班长应召集班委会成员,精心构思,细心筹划,包括主题的内容、形式和班会中的程序以及环境氛围的渲染。第二,中期调控。班会中,班主任要融入班级活动中,以起到鼓励鞭策、活跃气氛的目的,及时发现并解决问题。虽然学校、专业、学生结构特点各异,国内外形势变化莫测,班会内容也缤纷多样,但班会的主旨方向始终需要班主任去把握。尤其在讨论式班会中,学生难免出现错误观点和偏激想法,导致主持人难以驾驭,这就需要班主任高屋建瓴的点拨。第三,后期总结。除了确定好主题、精心组织外,班主任还要认真考虑主题如何深化,做好班会的总结。主题班会结束时,班主任的总结是对班会主题的深化和提升,没有这个点睛之笔,主题就很难突出。第四,成果巩固。要使主题班会真正起到教育作用,绝不能忽略最后一个环节,那就是做好"追踪教育",巩固班会成果。主题班会结束一段时间后,班主任必须进行跟踪反馈与思考。

第四节　组织开展心理健康教育

组织开展心理健康教育不仅能使学生以良好的心理状态投入到学习和生活之中,而且也为实现终身教育提供一个健康的心理平台,满足现代人对心理健康的需求。为了培养心理素质过硬的社会主义事业建设者和接班人,作为班主任必须掌握心理健康教育的原理和方法,以便更好地维护学生的心理健康。

一、心理健康教育概述

心理健康是指人的精神、心理及社会适应等方面处于良好的状态,它包括发展正常的智力、稳定而积极的情绪情感、坚强的意志、良好的性格、高尚的道德情操以及和谐的人际关系等。严格地说,心理健康包含三个方面的意思:其一,是指一门学科,即心理卫生学;其二,是指一种心理健康的状态;其三,是指一种服务工作。但无论何种称谓都具有两方面的含义:一方面是指增进心理健康,培养人的健全个性;另一方面是指防止心理疾病的发生和改善心理疾病患者的处境,加强不良适应行为的治疗和矫正。心理健康问题早已为人们所认识。我国古代医学名著《黄帝内经》就明确指出:"悲哀忧愁则心动,心动则五脏六腑皆摇。"在国外,11 世纪阿拉伯医生阿维森纳就把感情列为健康的六个条件之一。但是,由于人们没有及时认识到心理健康的重要性,所以直到 20 世纪初人们才把有关心理健康方面的知识当作一门科学去研究和推广。1908 年,美国人比尔斯发表的自传著作《保持健康的心理》,标志着现代心理健康运动的开始，随后，这一运动遍及世界各国。

（一）心理健康的意义

心理健康是学校教育的一项重要任务，是实现我国全面发展教育目的必不可少的条件，对青少年学生的健康成长和社会主义现代化建设意义重大。特别是在当前社会中，威胁人们心理健康的因素越来越多，而青少年学生由于身心发展还不够成熟，易产生心理问题。作为肩负着管理育人职责的班主任，应积极了解这些方面的知识，采取有效措施预防、治疗某些心理障碍和心理疾病，以促进学生的健康发展。

1. 心理健康是学生健康的重要组成部分

根据世界卫生组织的解释，健康不仅是指一个人没有疾病的症状和表现，而且是指一个人有良好的身体和精神以及社会的适应状态。一个人的心理活动和健康与疾病有着密切的关系，大量医学研究证明，与遗传、生化、免疫等因素一样，心理和社会因素在疾病的发生、发展、预防和治疗中起着一定的作用。同时，某些生理变化或疾病对人的心理活动和行为也有着显著的影响。因此，心理健康是学生身心健康的重要组成部分，且能促进学生的身体健康。要提高学生的身体素质，就必须重视学生的心理健康。

2. 心理健康是学生学习的重要保证

青少年学生的智力活动总是伴随着情感、意志等心理成分。情感的好坏、意志的强弱，直接影响到学生学习的效果和质量。良好的心理素质是学生学习的重要保证，心理健康的学生对生活充满信心，勇于独立思考，敢于质疑求新，不怕失败和挫折，积极进取，有远大的理想和抱负，从而能高质量、高效率地学习；而心理有障碍的学生，则不能适应正常的学习活动，如自卑、焦虑和烦闷，势必造成学生安于现状，墨守成规，缺乏创造力；情绪不稳必然会影响学生思考问题的深度和广度，而消极悲观又易使学生自暴自弃，失去学习的动力。

3. 心理健康是学生健全人格的重要标志

健全的人格和和谐发展的个性是现代社会对人才素质的基本要求，而人在社会生活中，要想获得全面和谐的发展，一般都要经过挫折与冲突的适应过程，心理健康的人能正确对待挫折与冲突，形成健全人格；而心理障碍常常导致个体人格失常、个性发育不全，如青少年学生中出现的盲目自卑、孤独离群、麻木冷漠、逆反抗拒、攻击冲动等，都是他们人格不健全的表现，这些人格表现潜藏的巨大心理危机，极大地妨碍着青少年学生个性的和谐发展和健康成长。

（二）中小学生心理健康的标准

人的生理健康是有标准的，同样人的心理健康也有一定的标准。根据我国国情及青少年学生身心发展的规律，通过调查研究，一般认为中小学生心理健康的标准包括以下几个方面。

1. 情绪稳定乐观，能适度表达和控制情绪

心理健康的中小学生的主导心境始终处于轻松、活泼、快乐的状态。虽然因学习、生活中的挫折、失败或不幸，也会有悲、忧、愁、怒、烦等消极情绪体验，但不会长期处于消极、悲观不可自拔的体验中，更不会因此而轻生。善于适度地表达和控制自己的情绪，能随时排解各种烦恼，喜不狂、忧不绝、胜不骄、败不馁，谦而不卑，自尊自重，不因一时冲动而违反道德行为规范，能在社会规范允许的范围内，满足自己的合理需要，保持稳定、乐观的情绪。

2. 能保持良好的人际关系,乐于交往

心理健康的中小学生往往表现出乐群性,有人际关系交往的欲望。他们能与周围的人建立良好、稳定的人际关系,在交往中互相理解,互相尊重,团结互助,对人善良、诚恳、宽容、公正、谦虚、有爱心;能尊重他人的权益和意见,正确对待他人的短处和缺点,善于与各种类型的人相处。

3. 乐于学习和生活,能保持积极的心态

心理健康的中小学生乐于学习、工作和生活,能把自己的智慧和才能在学习、工作和生活中发挥出来,取得成就,获得满足感。能够从自己实际情况出发,自觉完成学习和工作任务,而不以此为负担。在遇到困难时,能努力去克服,争取新的成就。

4. 了解自我,悦纳自我,能体验自我存在的价值

心理健康的中小学生,不仅能现实地认识自我、承认自我、接受自我,而且还要有自知之明。对自己的能力、特长和性格中的优缺点,能做到客观、恰当的自我评价,既不自傲,也不自卑;能正视现实,生活、学习目标符合实际,不怨天尤人,也不自寻苦恼;对自己的不足或某些无法补救的缺陷,能正确对待,安然接受。

5. 能保持健全的人格

人格健全的中小学生,其心理活动和行为方式处于协调统一之中,有正确的人生观,能以此为中心,把需要、动机、目标和行为统一起来,乐于生活、学习,兴趣广泛,性格开朗,胸怀坦荡,办事机智果断,表里如一,行为上表现出一贯性与统一性。

6. 具有较强的耐挫能力和正常的自我防御机制

心理健康的中小学生在遇到挫折和困境时,能够表现出较高的耐受性和平衡性,不因此而影响或改变自己的目标和正常的学习生活;能驾驭自己的情绪,以良好的意志力,克服前进中的困难;自觉运用自我防御机制,随时可排遣影响学习和健康的情绪困扰,消除各种焦虑、紧张、恐惧、烦恼等情绪现象,使其心理保持良好的平衡状态。

7. 热爱生活,热爱集体

心理健康的中小学生珍惜和热爱自己的学习生活,积极投入到有乐趣的生活中,相信自己的存在对社会和国家有意义、有价值。能坚持不懈地努力,从事有意义的事业,遵守社会公德,维护国家利益,勇于承担社会义务,善于发挥自己的聪明才智为社会服务。

8. 心理特点、行为方式符合年龄特征

心理健康的中小学生,其认知活动、情绪反应、性格特征等心理特点以及行为表现应与其年龄阶段相符合,与其充当的社会角色相适应,保持一定年龄阶段的共性与个性的统一。

9. 能与现实的环境保持良好的接触与适应

心理健康的中小学生能够面对激烈的社会竞争和快节奏的生活,保持良好的适应状态。能够根据客观的需要,主动调整自己的言行,在暂时无法改变客观环境的情况下,能主动改变自己,以适应社会环境的需要,保持平衡的心态,并能精力充沛地投入到学习和生活中。

10. 有安全感、自信心和自主性

心理健康的中小学生能保持相对稳定而常态的生活方式,不因生活的变故和学习环境、学习任务的改变而产生过度的焦虑、思危心理及不必要的负担。能坦然处事,保持安宁的心理状态;善于合理地提出和表达自己的意愿及要求,不盲目冲动,不表现与成人的反抗对立的情绪;能有效地控制和改变消极的逆反心理与行为,使自己健康地成长。

（三）中小学心理健康教育的原则

1．科学性原则

心理健康教育是一门科学，有自身的特点和规律，按规律办事才能收到好的效果。班主任要根据中小学生心理发展的特点和身心发展的规律，有针对性地实施教育；要正确运用现代心理科学的研究成果，合理运用心理健康教育的方法和手段；要尊重学生的客观心理事实，以实事求是、认真、坦诚的态度投入到心理健康教育中，切忌片面性和主观性。

2．发展性原则

学校心理健康教育是针对全体中小学生实施的一种素质教育，是一项系统工程，它是面向全体学生，通过心理健康教育，使学生对心理健康有积极的认识，使其心理素质不断提高的教育过程。它要求以发展的原则来分析影响中小学生心理发展的诸因素，研究中小学生心理发展的趋势和阶段，在中小学生已有心理发展水平的基础上，尽最大可能促进全体学生的心理发展，而不是个别学生的心理诊治，逐步形成以面向全体学生进行发展预防性教育为主，针对问题学生进行障碍性诊断为辅的学校心理健康教育模式。

3．主体性原则

在心理健康教育过程中，应把学生作为主体，尊重他们的客观现实，调动学生的积极性，给他们以充分的理解和信任，尊重他们的人格，增强他们自我教育的能力。要让学生积极地面对心理健康教育，不断正确认识自我，增强调控能力，承受挫折、适应环境的能力；让心理有障碍的学生，通过学习，主动地配合心理咨询和心理辅导，尽快摆脱障碍，自我调节，提高心理健康水平，增强自我发展的能力。

4．平等信任原则

平等信任原则是指在心理健康教育过程中，不以学生的成绩、家庭条件、性别、智力等因素对学生进行人格和心理歧视。在心理健康教育过程中，充满信任的心理氛围的建立，是有效开展心理健康教育的前提。信任氛围的建立，需要以师生平等关系为前提。班主任应该从平等的立场出发，相信学生的诚意和人格，努力和学生建立朋友式的关系，让学生能够轻松、信赖地倾诉自己的心声。

5．面向全体原则

班主任的心理健康教育不同于专业的心理咨询活动，其根本任务是要促进学生的健康成长和发展。因此，心理健康教育要面向全体学生，而不是针对有明显心理疾病的学生。心理辅导不是针对有明显问题的学生，而是有重点但要顾及全体的教育活动。关注每一个学生，是班主任的教育职责。

6．灵活性原则

在学校心理健康教育中，中小学生心理健康水平存在明显差异，所以学校开展心理健康教育，要关注和重视学生的个性差异，根据不同学生的不同需要采取不同的形式，在不违背心理健康基本原则的情况下，因人因时因地而异，灵活地应用各种教育理论和方法，采取灵活的步骤，以求得最佳效果。具体而言，对待不同的问题应选择不同的方法，不同的阶段实施不同的方法，不同的对象采用不同的方法。

二、中小学生常见的心理问题

结合国内外研究，中小学生经常出现的心理问题主要包括以下几个方面。

（一）多动症

多动症又称儿童多动综合征，是小学阶段常见的一类心理障碍，表现为与年龄和发育水平不相称的注意力不集中和注意时间短暂、活动过度和冲动，并经常伴有学习困难、品行障碍和适应不良。国内外调查发现患病率3%～7%，男女比为(4～9)∶1。部分患儿成年后仍有症状，明显影响患者学业、身心健康以及成年后的家庭生活和社交能力。多动症的症状表现主要有：

1. 注意缺陷

表现为与年龄不相称的明显注意力集中困难和注意持续时间短暂，这是多动症的核心症状。患者常常在听课、做作业或其他活动时注意难以持久，容易因外界刺激而分心。在学习或活动中不能注意到细节，经常因为粗心发生错误。注意力维持困难，经常有意回避或不愿意从事需要较长时间持续集中精力的任务，如课堂作业或家庭作业。做事拖拉，不能按时完成作业或指定的任务。

2. 活动过多

表现为患者经常显得不安宁，手足小动作多，不能安静坐着，在座位上扭来扭去。在教室或其他要求安静的场合擅自离开座位，到处乱跑或攀爬。难以从事安静的活动或游戏，整天忙个不停。

3. 行为冲动

在信息不充分的情况下快速地做出行为反应。表现冲动，做事不顾及后果，凭一时兴趣行事，为此常与同伴发生打斗或纠纷，造成不良后果。在别人讲话时插嘴或打断别人的谈话，在老师的问题尚未说完时便迫不及待地抢先回答，不能耐心地排队等候。

4. 学习困难

因为注意缺陷和多动影响了患者在课堂上的听课效果、完成作业的速度和质量，致使学业成绩差，常低于其智力所应该达到的学业成绩。

5. 神经系统发育异常

患者的精细动作、协调运动、空间位置觉等发育较差。如翻手、对指运动、系鞋带和扣纽扣等都不灵便，左右分辨困难。少数患者伴有语言发育延迟、语言表达能力差、智力偏低等问题。

对多动症的心理治疗方法主要有行为治疗和认知行为治疗两种方式。行为治疗利用操作性条件反射的原理，及时对患者的行为予以正性或负性强化，使患者学会适当的社交技能，用新的、有效的行为来替代不适当的行为模式。认知行为治疗主要解决患者的冲动性问题，让患者学习如何去解决问题，识别自己的行为是否恰当，选择恰当的行为方式。

（二）焦虑症

焦虑症又称为焦虑性神经症，是神经症这一大类疾病中最常见的一种，以焦虑情绪体验为主要特征，可分为慢性焦虑（广泛性焦虑）和急性焦虑（惊恐发作）两种形式。焦虑症的主要症状表现为：无明确客观对象的紧张担心，坐立不安，还有自主神经功能失调症状，如心悸、手抖、出汗、尿频及运动性不安等。教师应注意区分正常的焦虑情绪，如果焦虑严重程度与客观事实或处境明显不符，或持续时间过长，则可能为病理性的焦虑。

中小学生常见的焦虑症为考试焦虑，是指因考试压力过大而引发的系列异常生理心理现象，包括考前焦虑、临场焦虑及考后焦虑紧张。心理学认为，心理紧张水平与活动效果呈倒"U"字曲线关系。紧张水平过低和过高，都会影响成绩。适度的心理紧张，可以使人对考试有种激励作用，产生良好的活动效果。但过度的考试紧张则导致考试焦虑，影响考场表现，并波及身心健康。2008年，国家心理健康机构中欧国际研究表明，我国61%的学生存在着不同程度的考试焦虑，其中26%为严重考试焦虑。在考试之前，当考生意识到考试对自己具有某种潜在威胁时，就会产生焦虑的心理体验，这是面临高考或中考的学生中普遍而突出的现象。他们怀疑自己的能力，忧虑、紧张、不安、失望、行动刻板、记忆受阻、思维发呆，并伴随一系列的生理变化，血压升高、心率加快、面色变白、皮肤冒汗、呼吸加深加快、大小便增加。这种心理状态持续时间过长会出现坐立不安，食欲不振，睡眠失常，影响身心健康。

焦虑症或考试焦虑的心理治疗方法主要有：第一，认知调控法。首先，坚决杜绝用"完了""我糟糕透了"等消极语言的暗示；其次，消除大脑中的错误信息，不要被一两次考试失败和一两科考试失误所吓倒，不要以偏概全，认为自己不行，而丧失信心。第二，行为矫正法。可采用放松训练和系统脱敏训练，人在放松状态下的情绪，与焦虑是相互抵抗的，比如放松状态出现了，必然会抑制焦虑和紧张状态的出现。第三，音乐疗法。音乐是一定频率的声波振动，携带有不同的物理能量。音乐对人体的作用应该包括心理和物理两大方面。考生应听些旋律优美、曲调悠扬的乐曲，可以转移和化解心理焦虑，产生愉悦的感觉。音乐还能通过神经内分泌系统，进一步对人体机能进行调节，如促进血液循环，促进胃肠蠕动及唾液分泌，加强新陈代谢等作用，从而使人精力充沛。

（三）学习困难综合症

学习困难综合症是一种学习技能的发育障碍。这类儿童并非呆傻或愚笨，而是从发育的早期阶段起，获得技能的正常方式受损，表现在阅读、计算或绘画等单一方面的能力低下，而其他技能均正常。因此，他们常出现某一门功课的成绩好而另一门成绩差的偏科现象。一般而言，有学习困难的人的智商都是正常的，甚至有时候超越常人，但一些普通人认为是很简单的事情，他们却要付出巨大努力仍难以做到。当普遍认为简单的事情变成艰巨，对患者就会造成深远的负面影响。他们的自信会大大降低，挫败感会使他们变得孤独、离群，产生烦恼及沮丧。这些都会进一步演变成严重的行为问题，从而影响人生道路的发展。如果孩子受这些问题困扰，父母就更加痛不欲生。当望子成龙的期望幻灭，孩子从活泼可爱变成孤独沮丧，那是多么痛心的事。因此，学习困难不但对本人的个人学习和工作造成严重打击，亦会影响到他们的家人及朋友的正常生活。学习困难综合症的症状表现主要有：

1. 阅读困难

阅读是一个需要多种认知过程参与的学习活动，只要儿童在这些认知能力的任意一种上存在问题，都会影响阅读能力，因而阅读困难在学习困难儿童中普遍存在。例如，在阅读习惯方面，阅读时动作紧张，皱眉、咬唇、侧头阅读或头部抽搐；迷失位置，找不到是从哪里开始阅读的；阅读时和所读书本距离过近；以哭泣或其他行为来拒绝阅读。再如，在朗读方面，常常省略句子中的某一个字或某几个字；任意在句中加字插字，任意将句中的字以其他字替换；将词组的前后字任意颠倒；阅读不流畅，在不适当的地方停顿；声音尖锐，喘气声很大等。

2. 书写困难

研究发现，许多学习困难儿童在精细动作能力上发展不足，造成了不同的书写困难。书写困难也叫书写缺陷或视觉-动作整合困难。例如，握笔方法不正确，手指过于接近笔尖，或过于远离笔尖；只用食指来运笔；纸的位置不正确，常移动或放得太斜。再如，书写姿势不正确,身体与桌面的距离不当,太远或太近;手臂与身体的距离不当,太贴近身体或太远离身体。

3. 数学困难

数学学习也是一个需要多种认知过程参与的活动,特别需要具有良好的推理、分类、组合、抽象、概括等能力。另外,在解应用题和学习代数中语言能力有着十分重要的作用。儿童在学习数学前应该已具备了一些准备技能,如按大小、形状、颜色、材料来比较、分类、配对、排列物体的能力,认识到总体是部分之和,认识10个阿拉伯数字并了解其含义,把一种物体里的所有个体一一分配给不同的对象,能模仿和回忆物体的空间排列等。如果儿童这些准备技能发展不足,那么学习数学时就会受到影响。因此,家长应特别注意儿童这方面技能的发展情况,若有不足就要及早进行补救,从而避免对孩子正式的数学学习产生消极影响。

(四)厌学症

厌学症与一般的厌学情绪不同,其主要特征是对学习毫无兴趣,视学习为负担,把学习作为一件痛苦的事情,不能从事正常的学习活动,他们对教师或家长往往具有抵触情绪,稍有不满就逃学或旷课,严重的会导致辍学。厌学症的成因主要有以下几个方面。

1. 学习本身的局限性

学习是一系列复杂的心理活动过程,这个过程需要付出很大的心智努力。而这种需要心智努力的事情,都伴随高度的精神紧张,久而久之必然会产生心理疲倦感。同时,学习也是一个长时间的周期,并非一朝一夕就可完成。无论进行什么性质的工作,时间长了,都会多多少少令人产生厌倦情绪。学生从小学一年级开始,持续努力学习十几年,甚至更长,因而学习本身存在的局限性就使学生产生心理疲倦,从而导致厌学。

2. 学生学习情感淡漠

造成学生学习情感淡漠的原因是多方面的。首先,学生课业负担过重,学生学习时间长,导致学生兴趣下降。其次,教师教法陈旧,师生情感不良。中小学生学习情感的产生往往源于他们对学科教师的情感。一个老师德高望重,从自然威信到学识水平、治学态度、教育教学能力等各个方面,都能赢得学生的爱戴;相反,师生情感不良,学生对教师没有好感,他们就会不喜欢这位老师,由此发生情感迁移,孩子们很可能就不喜欢这位老师所教授的学科了,时间一长,很可能产生厌学情绪。

3. 学生意志品质薄弱

许多学生虽然主观上有学习的愿望,但学习毕竟是一项艰苦的事情,需要一定的时间及毅力,中小学生几乎都是独生子女,是父母的宠儿,生活中的任何困难都是父母帮助解决,因此很多学生意志薄弱,一旦碰到困难便打退堂鼓,害怕去学、去动脑,长期下去便产生厌学情绪。

厌学症的治疗一方面要靠外部教育环境的改善,另一方面学生自身的调节和改变也很重要。为此,教师一定要引导有厌学症的学生:一要使他们充分认识学习的意义;二要让他们面对学习上的失败进行正确的归因;三要使他们能够全面评价自我,恢复自尊与自信;四要让他们能够扬长避短,重新设计,塑造自我;五要使他们能适应环境,不被社会一些不良因素所影响。

（五）强迫症

强迫症属于焦虑障碍的一种类型，是一组以强迫思维和强迫行为为主要临床表现的神经精神疾病，其特点为有意识的强迫和反强迫并存，一些毫无意义甚至违背自己意愿的想法或冲动反反复复侵入患者的日常生活。患者虽体验到这些想法或冲动是来源于自身，极力抵抗，但始终无法控制，二者强烈的冲突使其感到巨大的焦虑和痛苦，影响学习工作、人际交往甚至生活起居。

强迫症的症状表现可以归纳为强迫思维和强迫行为。强迫思维又可以分为强迫观念、强迫情绪及强迫意向，其内容多种多样，如反复怀疑门窗是否关紧，碰到脏的东西会不会得病，太阳为什么从东边升起西边落下，站在阳台上就有往下跳的冲动等。强迫行为往往是为了减轻强迫思维产生的焦虑而不得不采取的行动，患者明知是不合理的，但不得不做。例如，患者有怀疑门窗是否关紧的想法，相应地就会去反复检查门窗确保安全；碰到脏东西怕得病的患者就会反复洗手以保持干净。一些病程迁延的患者由于经常重复某些动作，久而久之形成了某种程序，比如洗手时一定要从指尖开始洗，连续不断洗到手腕，如果顺序反了或是中间被打断了就要重新开始洗，为此常耗费大量时间，痛苦不堪。

强迫症的治疗方法主要有药物治疗、行为治疗、建立支持性环境等，其中日本的森田疗法最为有效。森田认为发生神经质的人都有疑病素质，他们对身体和心理方面的不适极为敏感，而过敏的感觉又会促使他们进一步注意体验某种感觉。这样一来，感觉和注意就出现一种交互作用，森田称这一现象为“精神交互作用”，认为它是神经质产生的基本机制。森田疗法的基本治疗原则就是“顺其自然”。顺其自然就是接受和服从事物运行的客观法则，它能最终打破神经质病人的精神交互作用。而要做到顺其自然，就要求病人在这一态度的指导下正视消极体验，接受各种症状的出现，把心思放在应该去做的事情上。这样，病人心里的动机冲突就排除了，其痛苦也就减轻了。

（六）抑郁症

抑郁症又称抑郁障碍，以显著而持久的心境低落为主要临床特征，是心境障碍的主要类型。临床可见心境低落与其处境不相称，情绪的消沉可以从闷闷不乐到悲痛欲绝、自卑抑郁，甚至悲观厌世，严重者可出现幻觉、妄想等精神病性症状，可有自杀企图或行为。抑郁症可以表现为单次或反复多次的抑郁发作，其主要症状表现有：

1. 心境低落

主要表现为显著而持久的情感低落、抑郁悲观。轻者闷闷不乐、无愉快感、兴趣减退；重者痛不欲生、悲观绝望、度日如年、生不如死。典型患者的抑郁心境有晨重夜轻的规律变化。在心境低落的基础上，患者会出现自我评价降低，产生无用感、无望感、无助感和无价值感，常伴有自责自罪，严重者出现罪恶妄想和疑病妄想，部分患者可出现幻觉。

2. 思维迟缓

患者思维联想速度缓慢，反应迟钝，思路闭塞，自觉“脑子好像是生了锈的机器”或“脑子像涂了一层糨糊一样”。临床上可见主动言语减少，语速明显减慢，声音低沉，对答困难，严重者无法顺利进行交流。

3. 意志活动减退

患者意志活动呈显著持久的抑制。临床表现行为缓慢，生活被动、疏懒，不想做事，不愿和周围人接触交往，常独坐一旁，或整日卧床，闭门独居、疏远亲友、回避社交。严重时连吃、喝等生理需要和个人卫生都不顾，蓬头垢面、不修边幅，甚至发展为不语、不动、不食，称为“抑郁性木僵”。

4. 认知功能损害

研究认为，抑郁症患者往往存在认知功能损害。主要表现为近事记忆力下降、注意力障碍、反应时间延长、警觉性增高、抽象思维能力差、学习困难、语言流畅性差，以及空间知觉、眼手协调及思维灵活性等能力减退。认知功能损害导致患者社会功能障碍，而且影响患者远期预后。

对患有抑郁症的学生进行心理辅导时，首先要注意给其以情感支持和鼓励，以坚定而温和的态度激励其做一些力所能及的事情，积极行动起来，从活动中体验到成功与人际交往的乐趣；其次，也可以采用认知行为疗法，改变其已经习惯的自贬性的思维方式和不适当的成败归因模式，发展对自己、对未来的更为积极的看法；最后，如果有必要，可以在专业医生的指导下服用抗抑郁的药物缓解症状。

（七）恐怖症

恐怖症是以恐怖症状为主要临床表现的一种神经症。患者对某些特定的对象或处境产生强烈的、不必要的恐惧情绪，而且伴有明显的焦虑及自主神经症状，并主动采取回避的方式来解除这种不安。患者明知恐惧情绪不合理、不必要，但却无法控制，以致影响其正常活动。恐惧的对象可以是单一的或多种的，如动物、广场、闭室、登高或社交活动等。恐怖症的核心症状是恐惧紧张，并因恐怖引起严重焦虑甚至达到惊恐的程度。因恐怖对象的不同，恐怖症可分为以下几种。

1. 社交恐怖症

主要是在社交场合下几乎不可控制地诱发即刻的焦虑，并对社交性场景持久地、明显地害怕和回避。具体表现为患者害怕在有人的场合或被人注意的场合出现，表情尴尬、脸红、出汗、发抖或行为笨拙、手足无措，怕引起别人的注意。因此回避诱发焦虑的社交场景，不敢在餐馆与别人对坐吃饭，害怕与人近距离相处，尤其回避与别人谈话。

2. 特定恐怖症

特定恐怖症是对某一特定物体或高度特定的情境强烈的、不合理的害怕或厌恶。儿童时期往往是多发期。典型的特定恐怖是害怕动物、自然环境、血、注射或高度特定的情境等。患者会因此而产生回避行为。

3. 场所恐怖症

不仅害怕开放的空间，而且担心在人群聚集的地方难以很快离去，或无法求援而感到焦虑。场所恐怖性情境的关键特征是没有即刻可用的出口，因此患者常回避这些情境，或需要家人、亲友陪同。

系统脱敏法是治疗恐怖症的常用方法，使用这一方法最好要及时进行。想帮助学生克服恐怖症特别是学校恐怖症，父母要有耐心：一方面要坚决而友善地要求孩子回到学校，习惯学校生活；另一方面，改善班级中的人际关系，营造自由、宽松的学习氛围。此外，适当减轻学生的学习压力，使学生获得成功体验，对于克服恐怖症同样具有重要意义。

（八）人格障碍

人格障碍是指明显偏离正常且根深蒂固的行为方式，具有适应不良的性质，其人格在内容上、性质上或整个人格方面异常，由于这个原因，病人遭受痛苦或使他人遭受痛苦，或给个人或社会带来不良影响。人格的异常妨碍了他们的情感和意志活动，破坏了其行为的目的性和统一性，给人以与众不同的特异感觉，在待人接物方面表现尤为突出。人格障碍通常开始于童年、青少年或成年早期，并一直持续到成年乃至终生。部分人格障碍患者在成年后有所缓和。人格障碍的临床分型表现为以下几个方面。

1. 偏执型人格障碍

偏执型人格是以明显的猜疑或偏执为主要特征的一类人格障碍，多见于男性。这类人表现固执，敏感多疑，过分警觉，心胸狭隘，好嫉妒；自我评价过高，体验到自己过分重要，倾向推诿客观，拒绝接受批评，对挫折和失败过分敏感，如受到质疑则出现争论、诡辩，甚至冲动攻击和好斗；常有某些超价观念和不安全感，缺乏幽默感。这类人经常处于戒备和紧张状态之中，寻找怀疑偏见的根据，对他人的中性或善意的动作，往往歪曲而采取敌意和藐视，对事态的前后关系缺乏正确评价；容易发生病理性嫉妒，易发生偏执狂或偏执型精神分裂症。

2. 分裂型人格障碍

分裂型人格障碍又称关闭型人格，一般在童年早期开始长期存在，其主要表现为退缩、孤独、沉默、隐匿、不爱交往；情绪缺乏和冷漠，不仅自己不能体验欢乐，对人亦缺乏温暖，爱好不多；过分敏感而且害羞，胆怯，怪癖，对表扬和批评均反应不良；未丧失认识现实的能力，但常表现孤立行为，趋向白日梦和内省性隐蔽；活动能力差，缺乏进取心，对人际关系采取不介入的态度；缺乏性兴趣；缺乏亲密和知心朋友。

3. 冲动型人格障碍

这类人格障碍又称为攻击性人格障碍，其主要特征为情绪不稳定及缺乏冲动控制，暴力或威胁性行为的暴发很常见，在其他人加以批评时尤为如此。这种人常因微小的刺激而突然爆发非常强烈的愤怒和冲动，自己完全不能克制，有时可出现暴烈的攻击行为，行动时体验到愉快、满足或放松。这种突然出现的情绪和行为变化和平时是不一样的，他们在不发作时是正常的，对发作时所作所为感到懊悔，但不能防止再发。

人格障碍是个体先天素质与后天教养结合的产物。美国社会心理学家班杜拉的学习原理为有人格障碍的学生提供了良好的行为范例。奖励学生对良好行为的观察和模仿，促使他们将社会规范与外部价值纳入到自我结构之中，对于矫正他们的反社会行为，具有一定的作用。

（九）网络成瘾

网络成瘾又称网络过度使用症，主要是指长时间沉迷于网络，对之外的事情都没有过多的兴趣，从而影响身心健康的一种病症。网瘾的高发人群多为10～18岁的青少年，以男性居多，男女比例为2∶1。这个时期的学生，大脑皮层发育不完善，意识比较弱化，理解判断水平低，自控能力也比较差。他们大多处于青春期，反叛心理严重，对新鲜事物又充满了好奇，寻求刺激、惊险和浪漫，以满足这个阶段的人生需求。网络出现之后，网络游戏、色情和聊天，恰好对应了青少年学生的心理需求，自然就会网络成瘾。网络成瘾的病因很多，可以总体归纳为外因和内因两个方面。

1. 外因

首先是社会环境，包括网吧的出现、网络游戏的流行、同学之间的攀比从众等。青少年学生意志力薄弱，他们会相互模仿和攀比，而很多成年人也有网瘾，不可避免地影响到孩子，因而青少年网瘾与社会环境有着密切的关系。其次是家庭教育，包括家庭环境及教育方式等,如很多家长因工作忙,没有时间照顾孩子,或是父母本身就是网迷,更加滋生了孩子上网的欲望。

2. 内因

首先是满足感缺失,包括学业失败、孤独感、人际障碍等。网络成瘾的大部分人群都会出现学业失败,从而导致心理空虚,缺乏自信,长时间会有一种孤独感。经历这些情况的青少年,为满足自己的内心需要,通常会选择逃避,最容易在网络的虚拟世界中重新找到失去的自我和可以满足的成就感。其次是生理及人格,包括人格特征和生理特点等。青少年学生对新鲜事物充满好奇,很容易陷入网络之中难以自拔。

三、团体心理辅导的组织开展

团体生活是学生形成健康心理状态的必要环节。学生对团体的依赖感是其叛逆期归属感的一种转移,是由家庭向同辈群体的转移。因此,团体心理辅导是学生喜闻乐见的一种方式,它不仅可以达到对学生一般性心理健康问题的辅导,而且可以促进班级凝聚力的增强。

(一) 团体心理辅导的内涵

团体心理辅导是在团体的情境下,借助团体的力量和各种心理辅导的技术,通过团体内人际互动,使团体成员自知并自助,进行分享、体验、感受,从而达到消除症状、改善适应、发展健康人格的目的。团体心理辅导在我国也被称为团体咨询、团体训练、小组工作等。团体心理辅导一般具有以下两个突出特点。

1. 广泛性

根据德国心理学家勒温的观点,由于有共同目标的驱使,团体具有吸引各个成员的凝聚力。这种凝聚力来源于成员对团体内部建立起来的一定规范价值的遵从,它强有力地把个体的动机需要与团体目标连接在一起,使得团体行为深深地影响个体行为。因此,以团体的方式开展心理辅导的最大优点,就是能够用统一的目标来实现对学生的聚合。同时,团体内部成员之间的相互合作和相互刺激,也会对个体心理的发展产生作用。这种沟通是多向的,不仅有教育者与被教育者之间的沟通,也有被教育者之间的沟通。在团体和谐气氛的影响下,可以多角度地开展自我教育,从而减少对教育者的依赖。

2. 高效性

高效性不仅体现于团体辅导在相同的时间和精力投入的前提下,受众人数要明显地比小组和个别辅导多,而且还体现于多个成员的多方面的帮助。对个体心理健康的指导,不仅在班主任那里可以得到,而且还可以在同时受教育者和辅导的群体内获得,呈现了一种由圆圈向中心集中的高效性。每个学生个体都是圆心,而班主任等外部群体人员则依据对个体影响力的大小构成了不同半径的圆。

(二) 团体心理辅导的意义

1. 建立积极自我观念,激发个体潜能

学生心理问题的核心在于自我观念问题。在团体情境中,成员之间通过个体的自我分享,会意识到原来别人的许多问题与一直困扰自己的问题是相似的,这样就会减轻心理负担,改变不当的自我评价,建立积极的自我观念。此外,团体中每个人为寻求改变而付出的努力和所取得的进步,对于其他成员都是一种鼓励,可以增强自己解决问题的信心,激发自我潜能。在团体中形成新的自我观念,在团体活动结束后也会促进个体更好地与所在群体的互动和协调。以游戏团体心理辅导为例,此类心理辅导是以"游戏"作为中介,通过一些有意思的心理游戏活动,使成员的内心世界投射出来,进而对其进行心理辅导。这一方面可以调动学生切身参与的乐趣,体验到意外的发现;另一方面也能通过心理游戏活动唤起当代学生对生活的激情、对周围人的关注、对父母的关爱,极大地冲击了个体的人生价值观念。

2. 纠正心理偏差,培养健全人格

团体心理辅导的积极目的在于发展其功能,这是咨询心理学遵循发展模式的直接体现。通过团体活动可以改善成员不成熟的偏差行为,促进其良好的心理发展,培养健全人格。学校团体心理辅导能给予正常学生以启发与引导。在团体心理辅导过程中,可以创造一种安全、温暖、可信任的气氛,这种气氛会促使成员自我表露,在团体中将内心的思想表达出来与他人分享。团体中的分享,可以促使成员多角度地认识问题、分析问题和解决问题;"和别人一样的体验",使得团体成员不会感到孤独、无助和另类,从而在心理上产生归属感和安全感,满足一定的心理需要,消除一些心理压抑感,合理宣泄情感,在互动中成长。在此种训练中常采用音乐心理调适法,其原理是借助于运用音乐体验的形式,创造一种轻松愉悦的氛围,帮助被治疗者达到心理健康。音乐治疗在学生心理辅导中起着调节情绪、陶冶情操、完善人格等方面的作用。

3. 提高人际交往能力,学会共处

人际交往是指人与人之间利用各种语言符号和非语言符号,进行交换意见、传达思想、表达情感和需要,从而在心理上和行为上发生相互影响的过程。人际交往的体验如何,是影响个人社会生活质量的最重要因素。有关资料显示,人际交往困惑是目前学生存在的主要心理问题。为了适应社会生活,每一个人都需要培养人际沟通技巧,提高人际交往能力,建立和谐的人际关系。在团体训练中,成员可以学习如何有效地交往,如何解决问题,如何做决定,怎样表达自己的意见等。通过小组成员相互作用的体验,学习对自己、对他人、对团队的理解和洞察,并掌握如何处理这些人际关系的技能。20 世纪 20 年代,为了培训有效的生产领班,心理学家莫雷诺根据他自创的团体心理治疗技术——心理剧改变,提出了角色扮演培训方法,其方法是让团体成员依据一定的故事情节,简单模仿故事中的人物,体验不同的社会角色,达到理解他人、增进相互了解的目的。角色扮演法具有展示人际关系与人际沟通不同技艺和观念、增进人们之间的感情和合作精神、用来研究困难情境中不同行为的可能结果的优点。

(三) 团体心理辅导的内容

1. 适应性辅导

适应性辅导主要面向新生,他们刚刚走进校园,必须开始独立的生活,独立地面对陌生的环境,独立地面临各种人际关系,独立地处理各种问题,是一次真正意义上的"心理断乳期"。适应性辅导包括三个方面:一是人际关系方面,即师生关系、同学关系、与异性的关系等;二是学习方面,主要包括学习方法、学习压力、学习困难等问题,使学生具有明确的学习动机,激发学习的积极性与主动性,增强学习的责任感和自觉性,掌握科学的学习方法,促进学习能力的发展;三是耐挫能力方面,即让学生学会正确对待人生的得与失、成与败,对学习、生活中遇到的种种困难、挫折有足够的勇气和信心,对生活中的突发事件、不幸有足够的承受力。还要帮助学生了解自己的心理防御机制的特点,学会维护心理平衡的技巧,掌握解决实际问题的方法,纠正不良的心理防御机制,建立成熟合理的心理防御系统,从而提高耐挫力。

2. 人格心理辅导

人格心理辅导是学生人格健全、完善的保障。人格辅导主要是自我意识方面的辅导。自我意识是人格成熟的标志，自我意识的心理辅导让学生学会正确认识和评价自我、悦纳自我。同时，人格心理辅导可以培养学生的自我控制能力，使学生能主动地协调自我与他人及环境的关系，更积极、有效地发挥自己的主观能动作用以适应环境的变化；帮助学生建立和维护自己的自尊，保持和增强自信，努力提高和发展自我。

3. 情绪心理辅导

首先，要辅导学生正确地认识、了解并表达自己的情绪感受，以乐观进取的态度去感受快乐，养成积极愉快的主导心境。其次，辅导学生学会对情绪的自觉控制和平衡，使他们在面临各种情绪问题时，能够进行冷静、理智地分析，并以积极、有效、健康的方式疏导，做到合理的宣泄。

4. 人际关系辅导

学生的人际关系是社会关系的一个重要组成部分，他们交往的效果与他们之间的人际关系直接影响着他们的学习与生活。班级心理辅导为学生提供人际交往与互动的机会，通过辅导帮助学生树立正确的交往意识，使他们善于主动交往；帮助学生学会交往的技能，克服以自我为中心、自卑、羞怯、社交恐怖症等交往的心理障碍，学会尊重、理解他人，学会与人合作和沟通。人际交往心理辅导的内容包括：同伴交往、异性交往、师生交往、亲子交往和社会交往。

5. 性心理辅导

性心理辅导在中学阶段是十分必要的。对学生进行性心理辅导的内容包括：开展性生理、性心理、性健康、性保健等方面的教育；进行性道德、性法制和婚恋观的教育，使学生正确认识性现象，正确理解友谊和爱情，处理好恋爱与学习的关系，学会将两性关系规范在法律、道德、伦理等范畴内，学会用理智支配自己的情感。

（四）影响团体心理辅导的因素

1. 团体辅导主持人

在一次团体心理辅导培训课上，学员们就团体辅导主持人的定位展开了讨论。有人认为主持人是导游，在不同景点使大家获得不同感受；有人说主持人是厨师，让每个人品味并各自汲取营养；有人将主持人和团体过程类比为导航系统和飞行过程；有人则将主持人和团体过程类比为音乐指挥和音乐会。无论怎样，团体辅导主持人对于团体发展具有重要意义。丹麦心理学家艾鲍认为：在辅导过程中，辅导者能带进辅导关系中最有意义的资源，就是他自己。作为一名团体心理辅导的主持人，首先应当具备一定的个人特质，如关怀、坦白、灵活、温和、客观、诚实、耐心、敏感、自信自爱、自我肯定、友善真诚、有同理心等；此外，还应掌握心理咨询的相关理论技术，遵循团体辅导者的职业道德，如对受导者提出合理的要求、保护受导者的隐私、在团体心理训练中精心策划团体活动、维护所有受导者的利益、尊重受导者参加团体的自主选择权等。

2. 团体的规模与频度

不同类型团体对规模、频度的要求也有所不同，团体规模的大小会影响团体动力。如果团体太大，则不能提供给成员安全的氛围、充分的时间来进行深入交流和深层探索；团体过小，则会导致成员感受到更大的参与压力，带来消极后果。研究表明，6～10人的小组较为适宜，频度和时间视具体活动而定。当然，对于野外拓展训练类团体，可以有更多人参与。

3. 团体的封闭与开放

团体宜采用封闭团体，即团体建立后不再允许新成员加入。实践表明，大多数情况下，尤其是对支持团体和治疗团体，封闭团体既必要且适宜。因为在团体发展过程中，成员间需建立信任感与舒适感。如经常有新成员加入，指导者将不得不花费大量时间介绍并指导新成员，从而产生消极效果。

（五）团体心理辅导的过程

1. 准备阶段

在团体的准备阶段，团体还没有形成，处于筹备过程中。团体在该阶段有两个任务：第一，制订团体心理辅导的计划，包括团体的目标、团体的类型、团体心理辅导的内容、参加人数、团体开始与结束的时间、辅导的频率，以及该辅导方案的理论基础、成员应该注意的问题等。第二，招募团体成员。招募的方式主要有张贴招募广告、开设团体心理辅导课程、通过网络电视广播报纸等媒介进行招募以及专家、老师和熟悉人的介绍等。在学校的团体心理辅导中，主要是以张贴招募广告为主。必要时，可以进行个别访谈，以便清楚地了解团体成员的相关信息，及时修改团体心理辅导的计划；也可以通过访谈，排除不符合本次团体心理辅导目标的成员。

2. 开始阶段

在团体的开始阶段，团体的特征是不确定性和试探性。团体在该阶段有两个任务：第一，确立团体的规范，建立彼此的信任。团体成员初入团体，对团体的相关内容、运作形式以及团体的目标都不了解，很多不确定性的因素使得团体成员缺少对团体的认同感和归属感。他们之间的交流多为试探性的，自我暴露的程度也较低。他们需要领导者告诉他们什么样的行为是合适的、可以获得认可的，什么样的行为是会遭到拒绝的。在规范中，领导者需要带领每一个团体成员共同制定出符合团体规范的行为，如每一个成员必须对团体内的其他成员负责，保守秘密，真诚地对待每一个团体成员等。第二，领导者应该澄清团体目标以及帮助成员重新认识他们的个人目标，帮助成员加深了解并鼓励他们积极参与团体，教授团体成员一些人际交往的技巧，告诉成员如何与人相处、如何表达喜爱、愤怒等情绪。

3. 冲突阶段

在团体成员相识之后，团体会发展到冲突阶段。该阶段团体的特征是攻击性和防御性。团体在该阶段有两个任务。第一，鼓励成员正确地表达冲突，教给成员应对冲突的技巧并帮助成员学会接纳他人不同的行为和观点。随着成员自我暴露的增多，会导致成员之间不一致的行为、观点以及价值观的产生，从而引发各种各样的敌意与冲突。冲突的发生在某种程度上，可以促进团体动力的形成，推动团体向前发展。团体中的领导者需要让每个成员知道，现在团体的攻击性特征对团体的发展是有利的，成员不要压抑自己的情绪，反而需要用恰当的方式表达出来。第二，团体中的领导者应该使用与应对冲突有关的技巧和策略，例如领导者对成员表达的愤怒情绪进行共情式的反馈，真正去理解成员愤怒产生的原因等。如果领导者不能引导成员正确表达冲突与敌意，那么可能导致成员防御心理的加强，不再相信团体本身、领导者以及团体成员，甚至会使他们从团体中脱落。冲突问题会引发一些成员问题，领导者应该观察并记录这些信息，以便以后更好地解决该成员表现出来的问题。

4. 规范阶段

在规范阶段,团体特征是凝聚力逐渐增加、成员关系越来越稳定。团体在该阶段的任务是维持团体的稳定、引导成员从表达彼时彼地的行为转向表达此时此地的感受。经过前三个阶段之后,团体内的成员逐渐找到了自己在团体中所扮演的角色,并且逐渐认同其他成员的观点与行为,对团体的归属感更加强烈,也会更加自如地表达自己的观点与情感。此时,团体的凝聚力迅速增强,团体依恋也随之增加。团体成员与领导者共同推动团体动力的发展。这个阶段的稳定程度关系到团体效能的发挥,也是团体必不可少的过程。团体领导者需要进一步强化团体规范,澄清团体出现的问题,与成员讨论解决的办法,以便减少影响团体凝聚力的行为发生,例如成员会出现迟到行为,领导者需要与成员共同探讨该成员出现迟到行为的原因等。随着团体规范的完善,团体中的不良行为大大减少,团体的稳定性与凝聚力不断增加。领导者还应该鼓励成员在团体中表达此时此地的情感,这也可以促进成员相互的接纳与理解。另外,团体领导者要注意成员自我暴露的程度与水平、团体时间的控制等问题。

5. 效能阶段

效能阶段也是工作阶段、团体内问题解决阶段。该阶段团体特征是团体凝聚力在较高的程度上趋于稳定,成员的垂直暴露水平增多,团体的效能逐渐发挥。团体在该阶段的任务是借助团体凝聚力,支持、保护自我暴露的成员,并同其他成员一起促进该成员问题的解决。在效能阶段,成员开始尝试暴露一些很少在公开场合谈及的话题,而这些问题正是困扰并影响他们生活的主要原因。成员暴露出的一些问题会在领导者与其他成员的共同讨论中得到解决,成员在这个过程中也会感受到复杂的情感,他们既体验到团体的安全与成员的接纳所带给他们的舒适与欣慰,又因为暴露一些深藏在心底的问题而感到痛苦与焦虑。这些复杂的情绪情感存在于整个效能阶段。在效能阶段团体领导者既要鼓励支持成员表达自己的问题,并尝试着引导其进行更深的暴露,又要根据成员的适应能力和当时的状态,把握暴露的水平,以免给成员造成不必要的伤害。成员将自己的问题展现在团体中时,领导者要发挥团体凝聚力的力量,鼓励其他成员共同探讨这一问题,促进该问题的解决。在适当的时候,领导者也可以做一些自我暴露,给成员提供一个示范,这会有利于成员增加自我探索的勇气与信心。

6. 结束阶段

随着成员问题的逐步解决,团体将进入结束阶段。该阶段团体的特征是离别焦虑与总结回顾。团体在该阶段的任务是处理成员离别的情绪、回顾整个团体的历程并提醒成员注意团体效能的迁移。经历前五个阶段,成员对团体的热衷程度达到了最高点,他们愿意留在团体中,与团体同在。但当领导者提醒团体即将结束时,他们的离别焦虑会随之产生,会表现出一些非理性的行为,如提出增加团体的次数、团体结束后要与成员经常联系、认为离开了团体他们的问题还会出现等。团体领导者会扮演一个让成员都“讨厌的角色”,即告知成员团体即将结束。领导者需要给成员介绍与团体结束相关的知识,并帮助成员减少离别所带来的焦虑与担心,让成员明白团体给他们带来的力量不会随着团体的结束而消失。在团体即将结束的时候,团体领导者需要帮助成员表达对团体的留恋,对领导者与其他成员的支持与鼓励表示感谢,整个团体又回到了一个温馨、温暖的气氛之中。他们会相互拥抱、相互鼓励以及互留联系方式、合影留念等。领导者需要与成员一起回顾团体的历程,既要再次重串团体的目标与每个人的目标，并就目标的完成情况进行总结，又要帮助成员处理一些未完成的事件。领导者需要教授一些帮助成员将在团体中学到的知识技能运用到真实生活情境中的方法与技巧，提高成员的情境迁移能力。最后，领导者要鼓励成员在今后的生活中保持信心，勇于应对困难与挑战。

7. 结束后阶段

团体最后一次会面结束，并不代表团体可以就此停止。该阶段团体的任务是评估团体效能、整理团体资料并存入档案和对成员的情况进行追踪。评估团体效能是领导者需要总结整个团体的收获与不足，并就团体目标与个人目标的完成情况与协同领导者、观察者进行讨论。领导者需要把成员对团体评价的相关资料整理分析、对获得的数据进行处理、将每个团体成员的个人资料汇总，并把团体的所有资料存入档案。团体领导者还应该在团体结束一段时间后，对成员的生活情况进行追踪调查，可以是电话访谈、团体会谈、个体咨询等。追踪的时间可以是几个月，也可以是几年。追踪调查可以明确地知道团体效能在真实生活情境中的实际迁移能力，以帮助领导者不断完善团体的计划及团体历程。

（六）团体心理辅导的方法

1. 团体讨论法

团体讨论法有以下几种可操作的方式：其一是嗡嗡法，又称六六讨论法。每组原则六个人，每人发言一分钟，共发言六分钟。每个人发言之前先静思一分钟，最后由主持人归纳意见。此法宜用于初步的意见交换和特别冷漠的群体。其二是脑力激荡法。这是一种集思广益的方法。先有一个开放式的问题，由每个人提出答案，然后制定标准，审核答案，不符合标准的要淘汰。其三是分组角色法，将班级分为若干小组，最好是四个人一组。在统一的问题下，收集各组的意见，将组内成员的角色也进行区分，如小组长、发言者、记录者、副组长。为了协调内部成员的分工，使每个学生都得到锻炼，在角色固定的前提下进行人员的重新安排。

2. 情景剧法

因类似于情景剧而得名。这是在教师的倡议下，抽取自愿的学生来扮演不同的角色，比如家长、教师和学生。可以分为即兴的表演和剧本的表演，有表演者和观察者，同时还要安排主要的评论人员，负责引起话题和提出问题，以活跃气氛。为了避免以少数学生为中心，在表演之前要给学生安排观察任务，并可采取书面的形式进行评论，促进学生进一步领会剧情。

四、个体心理辅导的组织开展

学生个体的差异性是开展个体心理辅导的前提和出发点。不同的年龄、性别、家庭背景、个人遭遇等，都会造成不同的心理状态。同时，也给班级心理健康教育提出了不同的要求。“个体心理辅导又称个案辅导，是指通过鉴别、诊断、分析和干预，解决学生个别心理困惑的一种辅导形式。”[①]在班级内开展的个体辅导，是针对班级内有特殊行为的个体展开的，其特点是针对性强，效果明显，但耗时长。值得注意的是，学校的心理辅导一般不包括病理性心理障碍。班主任的心理健康教育与专业的心理辅导不同，它是与日常的班级管理工作

① 吴增强.学校心理辅导通论[M].上海：上海科技教育出版社，2004：240.

密切联系的。

（一）个体心理辅导的内容

1. 学业成绩困扰辅导

在校的学习成绩和学习表现是困扰学生的主要方面。有的学生由于学习成绩不良而产生挫败感,以及自尊心受到严重打击,从而其注意力转向别的方面,成为“问题学生”。注意观察学业不良学生的心理和行为的变化,是班主任开展心理健康教育不可缺少的环节。

2. 人际适应不良辅导

人际适应问题主要是人际交往问题,人际交往是学生开始走向成熟的重要一步。但是,由于学生个人认知的局限,会出现各种适应不良的状况,如不合群、冷漠、孤僻、退缩,或过于沉默,以及其他不应该在学生身上表现出来的行为等。

3. 生理缺陷心理辅导

学生自我意识的觉醒,会使其对自我形象的关注程度提高,而生理上的缺陷往往会招致同学的嘲讽和歧视,使其学习效能降低,影响正常的人际交往,导致自卑、退缩、孤独等人格特征的出现。

4. 家庭环境不良辅导

社会经济结构的不断变迁,导致了家庭结构的变迁。离异家庭、寄养家庭、贫困家庭以及城市和农村的留守儿童等大量出现,使处于这些不利家庭环境的孩子不仅面临经济上的巨大压力,同时缺乏同龄人所能享有的父母及社会的关爱,导致出现心理和行为问题,甚至人格异常。

5. 品德不良辅导

品德问题一般包括说谎、逃学,或者离家出走、打架斗殴、偷窃等。这些学生的道德观念模糊,处世消极,情绪容易冲动,言行脱节,逆反心理严重。在学生中出现此类较外显的行为,不仅会造成个人学习及生活的困惑,也会对同辈群体造成干扰。因此,对这一类学生进行个别辅导,有利于维护班集体的凝聚力,形成稳定而良好的学习氛围。

（二）个体心理辅导的过程

1. 厘清心理和行为问题

发现问题是解决问题的第一步。厘清学生的行为和心理问题是属于学习困难、品行问题、情绪问题,还是人际适应不良,有助于有针对性地解决问题。这可以通过正面的询问和侧面的资料收集来进行,从而明确其问题所在。

2. 成因诊断及分析

通过了解个别心理辅导学生的个人资料和症状,进行综合分析和诊断,判断其行为的特征、性质和原因。准确地分析诊断,是制定目标和实现辅导的首要环节。在进行原因分析时,要抓住问题的关键所在。

3. 制定辅导目标

辅导目标一般分为近期目标和远期目标。制定辅导目标时需要注意,目标要切合实际并难易适中,同时要有解决问题的毅力和耐力。不能“头疼医头,脚疼医脚”,应从根本上解决问题。

4. 巩固辅导成果

在对学生的心理行为问题进行综合分析、诊断及帮助以后,学生的行为会有一定程度的变化。但是，这种变化可能是暂时的和表面的。班主任要对这种现象有充分准备，并且做好巩固成果的工作。

5. 建立行为档案

针对学生个体的不同情况，对学生采取档案管理，有助于观察、分析、解决学生的连发性问题，便于持续性地开展工作。

（三）个体心理辅导的方法

1. 系统脱敏法

系统脱敏疗法又称交互抑制法，是由美国学者沃尔帕创立和发展的。这种方法主要是诱导求治者缓慢地暴露出导致神经症焦虑、恐惧的情境，并通过心理的放松状态来对抗这种焦虑情绪，从而达到消除焦虑或恐惧的目的。如果一个刺激所引起的焦虑或恐怖状态在求治者所能忍受的范围之内，经过多次反复的呈现，他便不再会对该刺激感到焦虑和恐怖，治疗目标也就达到了。从实质上看，系统脱敏法就是通过一系列步骤，按照刺激强度由弱到强、由小到大逐渐训练心理的承受力、忍耐力，增强适应力，从而最后能对真实体验不产生“过敏”反应，保持身心的正常或接近正常状态。

2. 行为强化法

这是根据斯金纳的操作条件反射原理设计出来的，目的在于通过强化（即奖励）而造成某种期望出现的良好行为的一项行为治疗技术。一般采用逐步升级的作业，并在完成作业时按情况给予奖励（即强化），以促使增加出现期望获得的良好行为的次数。有人认为最有效的强化因子（即奖励方法）之一是行为记录表，即要求个体把自己每小时所取得的进展正确记录下来，并画成图表。这样做本身就是对行为改善的一种强大推动力。还可以采用让个体得到喜爱的食物或娱乐等办法，通过这种方式来塑造新的行为，以取代旧的、异常的行为。

3. 认知疗法

认知疗法是20世纪60～70年代在美国心理治疗领域中发展起来的一种新的理论和技术。认知疗法是根据认知过程影响情感和行为的理论假设，通过认知和行为技术来改变患者的不良认知的一类心理治疗方法的总称。认知疗法的基本观点是：认知过程及其导致的错误观念是行为和情感的中介，适应不良行为和情感与适应不良认知有关。认知疗法常采用认知重建、心理应付、问题解决等技术进行心理辅导和治疗，其中认知重建最为关键。

4. 来访者中心疗法

来访者中心疗法也称为求助者中心疗法，是20世纪60年代兴起的，由人本主义心理学家罗杰斯所倡导。这种咨询方法认为，任何人在正常情况下都有着积极的、奋发向上的、自我肯定的、无限的成长潜力，在很大程度上能够理解自己并解决自己的问题，无须咨询师进行直接干预，人能够通过自我引导而成长。罗杰斯认为，咨询师的态度和个性以及咨询关系的质量是首要的，咨询师的理论和技能是次要的，相信来访者有自我治愈的能力。

5. 理性-情绪疗法

理性-情绪疗法是由美国心理学家阿尔伯特·艾利斯于20世纪50年代创立的。理性-情绪疗法是在埃利斯的“ABC理论”基础上建立的。他认为人的情绪和行为障碍不是由于某一激发事件直接所引起，而是由于经受这一事件的个体对它不正确的认知和评价所引起的信念，最后导致在特定情景下的情绪和行为后果，这就称为“ABC”理论。

理性-情绪疗法的适用范围表现在三个方面:一是要求的绝对化。这是非理性信念中最常见的一个特征,从自己的主观愿望出发,认为某一事件必定会发生或不会发生,常用“必须”或“应该”的字眼,然而客观事物的发生往往不依个人的主观意志所转移,常出乎个人的意料,因此持有这种看法或信念的人极易陷入情绪的困扰。二是过分的概括化。个体对事件的评价以偏概全,表现在一方面对自己的非理性评价,常凭自己完成某一事物的结果的好坏来评价自己的价值,其结果常导致自暴自弃、自责自罪,认为自己一无是处而产生焦虑、抑郁情绪;另一方面对别人的非理性评价,别人稍有差错,就认为他很坏,一无是处,其结果导致一味责备他人,并产生敌意和愤怒情绪。三是糟糕透顶。个体认为事件的发生会导致非常可怕或灾难性的后果。这种非理性信念常使个体陷入羞愧、焦虑、抑郁、悲观、绝望、不安、极端痛苦的情绪体验中而不能自拔。这种糟糕透顶的想法常常是与个体对己、对人、对周围环境事物的要求绝对化相联系的。

第十一章 班级管理的基础:建设班级文化

教育,是人对人的主体间的灵肉交流活动,包括知识内容的传授、生命内涵的领悟、意志行为的规范,并通过文化传递的功能,将文化遗产教给年轻一代,使他们自由的生成,并启动其自由天性。

[美]雅斯贝尔斯:《什么是教育》

班级文化建设是学校文化建设的重要组成部分,更是学生发展的重要资源。班主任作为班级的"主任级教师",在班级文化建设中所扮演的角色在很大程度上引领并主导了班级文化的方向和性质,对于班级文化建设具有不可估量的作用。人总是在一定的文化环境熏陶中成长起来的。加强班级文化建设,努力营造积极、健康、向上的班级文化,已成为提高班级管理水平和促进学生发展的一个重要举措。

第一节 班级文化概述

班级文化是一个班级的灵魂,它具有自我调节和自我约束的功能。班级文化涉及与班级有关的各类人群,既包括人们以往比较关注的学生之间的关系和师生之间的关系,也包括比较容易忽视的教师之间以及教师与家长之间的关系。而教师与教师之间是合力的关系,教师与家长之间则是互补的关系。

一、班级文化的含义

关于文化,一般存在着广义和狭义两种解读。广义的文化是指人类在社会历史发展过程中所创造的物质财富和精神财富的总和,它包括物质文化、制度文化和心理文化三个方面。物质文化是指人类创造的种种物质文明,包括交通工具、服饰、日常用品等,是一种可见的显性文化;制度文化和心理文化则分别是指生活制度、家庭制度、社会制度以及思维方式、宗教信仰、审美情趣等,属于不可见的隐性文化,包括文学、哲学、政治等方面内容。狭义的文化是指人们普遍的社会习惯,如衣食住行、风俗习惯、生活方式、行为规范等。

文化的包含以下一些要素。一是精神要素,即精神文化。它主要指哲学和其他具体科学、宗教、艺术、伦理道德以及价值观念等,其中尤以价值观念最为重要,是精神文化的核心。精神文化是文化要素中最有活力的部分,是人类创造活动的动力。二是语言和符号。它们具有相同的性质即表意性,在人类的交往活动中,二者都起着沟通的作用。语言和符号还是文化积淀和贮存的手段,人类只有借助语言和符号才能沟通,只有沟通和互动才能创造文化。三是规范体系。规范是人们行为的准则,有约定俗成的如风俗等,也有明文规定的如法律条文、群体组织的规章制度等。各种规范之间互相联系,互相渗透,互为补充,共同调整着人们的各种社会关系。规范规定了人们活动的方向、方法和式样，是人类为了满足需要而设立或自然形成的，是价值观念的具体化。四是社会关系和社会组织。社会关系是上述各文化要素产生的基础。生产关系是各种社会关系的基础。在生产关系的基础上，又发生各种各样的社会关系。社会组织是实现社会关系的实体，一个社会要建立诸多社会组织来保证各种社会关系的实现和运行。社会关系和社会组织紧密相联，成为文化的一个重要组成部分。五是物质产品。经过人类改造的自然环境和由人创造出来的一切物品，如工具、器皿、服饰、建筑物、水坝、公园等，都是文化的有形部分。

何谓班级文化？有学者认为："班级文化是由班级成员（包括教师和学生）在学习和交往活动过程中所形成的理想信念、价值取向、态度、思维方式、行为方式及其物质表现形式。"①有学者则指出："班级文化有广义和狭义两种理解。广义的班级文化，是指班级生活中的一切文化要素；狭义的班级文化，是班级中全体成员共同创造出来的独特文化。"②由此可见，班级文化既包括物质形态的文化，如班级课室的布置、活动的设施及其文化意蕴，也包括精神形态的文化，如班级学生的信念、价值观、态度等；既包括显性的班级文化，如班级的规章制度、行为准则等，也包括隐性的班级文化，如师生的精神面貌、班风、舆论、人际关系和相应的心理氛围等；既包括班级群体文化，即班级群体在活动中共同表现出来的观念体系和行为模式，也包括班级个体文化，即学生个体的观念体系和行为模式；既包括制度文化，即符合社会期待班级应有的文化，也包括班级中存在的社会期待以外的文化。

基于上述对班级文化内涵的理解，可以说班级文化的结构是由两个层面的多个要素构成的动态系统：一是显性层面的班级文化，它包括三个要素，即班级物质文化、班级制度文化和班级组织文化；二是隐性层面的班级文化，它包括两个要素，即班级观念文化和班级心理文化。这两个层面的文化及其要素互相影响、互相制约，共同构成班级文化的整体，深刻地影响着班级学生的身心发展，制约着班级学生的社会化进程。

二、班级文化的功能

（一）规范功能

班级文化的规范功能是指班级文化具有规范学生言行的重要作用。班级文化中的制度文化符合社会发展对学生的期望要求，这部分文化通过学校教育影响学生，如各种规章制度、常规的教学活动、学校的课外活动、社会实践活动等，规范着班级学生的发展方向。同时，它也通过班级大量的其他活动潜移默化地影响着学生，如班会、团队会、班级各种竞赛活动、文体活动、劳动等，使学生在各种活动中逐步形成符合制度文化要求的思想、观念、行为习惯，并形成一定的心理氛围。班级文化中的组织文化对学生也有明显的规范作用。由于班级学生都归属于一定的组织，他们都有被承认和被接纳的心理需要，他们总是自觉地根据一定的组织要求来规范自己的言行，从而对自己的行为起着协调和制约作用。同时，班级文化是班级成员价值取向的反映，它代表了大多数人的观点，它所反映出来的行为模式为大多数人所认同，因而对班级成员具有一定的调节和约束作用，并且成为他们评价自己及他人言行的标准。这种观念及评价标准会随着班级活动的开展和班集体的发展更加深入人心，发

① 林冬桂. 论班级文化的功能及建设[J]. 教育导刊，2000 (11)：11-14.

② 齐学红. 新编班主任工作技能训练[M]. 上海：华东师范大学出版社，2007：102.

挥更大、更深的影响。由此可见，班级文化不但规范着学生的学习行为和交往行为，甚至还影响着学生的校外行为，乃至对学生今后在人生道路和社会生活中对各种问题的态度倾向、行为方式也会产生深刻影响。

（二）陶冶功能

班级文化的陶冶功能是指班级文化对学生具有潜移默化的浸染作用。班级文化具有潜隐性，其隐性层面的文化因素，如上所提到的班级学生的价值观、人生观、道德观、审美观等，及其在班级活动和交往中发展和形成的班风、舆论、人际关系和相应的心理气氛等，对班级学生的影响都是在潜移默化中实现的，从而把符合班级文化要求的思想意识和行为准则转化为自我的要求，并付诸行动。班级文化中物质层面的因素，同样对班级学生具有潜移默化的影响。班级学生总是在一定的环境中活动的，在活动中他们既受到精神环境的影响，同时也受到物质环境及其所蕴含的意念的感染，班级整洁的桌椅、干净的地面、美观的摆设、良好的设备、醒目的标语和板报等，无一不给学生透露出一定的信息，给予学生一种美的感受，让置身其中的学生产生一种积极向上、奋发图强的情感。而这种情感在班级学生之间互相感染，就会蔚然成风，形成班级良好文化的氛围。

（三）审美功能

班级文化的审美功能，即班级文化的美化功能，是指班级文化对培养学生感受美、鉴赏美和创造美的能力的作用。班级文化中存在着大量美的因素，可以说美无处不在，美无时不在。班级文化中存在着物质层面文化的美，也存在着精神层面文化的美。物质层面文化的美主要体现在班级的物质环境中，是一种简洁的美、和谐的美。它不是杂乱无章、随机的拼凑，而是在简洁整齐中透露出美的韵味，给人一种赏心悦目的感受。精神层面文化的美更多的是体现在班级成员的精神风貌中，如班级学生尊敬老师、关心集体、关心同学、团结互助、热爱科学、积极学习、刻苦钻研、勇于探索、敢于坚持真理、勇于改正错误等。可以说就是班级成员在学习、活动和交往中体现出来的道德美、语言美、情感美、人格美。这些美的因素对学生产生深刻的影响，使班级学生受到美的熏陶，从而逐渐形成美的思想、美的言行、美的情操。另外，教师的身上也存在着许多美的因素，高尚的品格、严谨的作风、和蔼可亲的笑容、得体的打扮、高超的教学艺术等，也无不透露出美的气息，对学生产生潜移默化的影响，使学生产生美的感受和美的体验。这些因素潜移默化影响的结果必然使学生的审美能力得到不断的提高。

（四）同化功能

班级文化的同化功能是指班级文化对班级成员具有同化其思想观念、行为方式的作用，这是班级社会功能的重要体现。班级文化的同化功能的心理基础，就是班级成员之间的从众、服从、感染、认同、模仿和暗示等的心理效应。班级成员的思想意识、价值取向、兴趣爱好等是在互相影响和互相感染中逐渐发展成为班级的共同倾向的。班级的班风、舆论也对班级成员产生一种无形的压力，对班级成员的行为做出无形的裁判。在从众心理的作用下，大多数学生都会选择服从班级利益的行为，因为班风、舆论代表着大多数人的观点，而且学生一般的都有归属的心理需要，只有服从集体，才能得到集体的认同。另外，班级的规范、人际关系和心理气氛对学生也产生一定的制约和感染作用，发挥一定的同化力，这主要是暗示和感染所产生的效应，对某一观念的认同、对某一行为的赞许，都是在班级成员之间互相影响、互相作用而形成的。

三、班级文化的特征

（一）整体性

班级文化体现在班级学习和活动的各个方面，是以整体的形式表现出来的，从而形成一个独特的系统。首先，班级文化具有丰富的来源，有来自社会文化的影响，有来自学校文化的影响，有来自学生家庭文化的影响，还有来自教师群体、个体文化的影响以及学生群体文化的影响等。但是班级文化并非由来自方方面面的文化直接拼凑而成，而是在班级整合功能的作用下逐渐对各方面文化进行有机整合，形成自己独特的文化体系。其次，班级文化具有多元的特性，由于班级文化来源的渠道多种多样，决定了这些文化对学生影响的多元化倾向，其中既有积极文化，也有消极文化；既有主流文化，也有非主流文化；既有物质文化，也有精神文化；既有本土文化，也有外来文化。这就必然会对学生产生各种各样的影响，特别是现代社会，各种信息传播很快，学校、班级也更加开放，班级成为一个微型的社会，学生所受到的影响更加复杂，呈现出多层次、多元化的特点。

（二）导向性

班级文化体现着班级的整体风貌，而且也代表着班级的价值取向和行为趋向。这就是班级文化的导向性特点。一方面，班级文化体现着班级的价值取向，反映了大多数班级成员共同认同的价值观、道德观以及对班级各种活动的态度倾向，是班级成员认识水平的反映，是班级成员在活动和交往中形成和发展起来的共同意识的体现，代表着班级文化发展的方向。另一方面，班级文化反映了大部分班级成员的行为模式，为班级成员提供了行为的基本准则及模仿的依据和评价的标准，并且在班级成员的心理上形成一种定势，进而引导着学生的行为，促进其行为习惯的形成。①

（三）集体性

班级文化是由全班师生集体创造的，不是班主任个人创造的，班主任和任课教师不是社会文化的正统代表。尽管班级文化建设确有班主任个人影响与个人创造的因素，也有班主任与任课教师的主导作用，但班级文化的集体性特征仍然存在。班主任个人的影响与创造要成为班级文化的因素，必须历经班集体学生干部和全班师生的认同与接受的过程，只有经过全班成员整体的认同，融合成班集体的共同追求，才能真正成为班级文化的组成因素。否则，永远也只是班主任的“单相思”。班级文化的享用、继承与创新也都离不开集体性。

（四）育人性

班级文化建设的根本目的与任务是教育、培养人，全面提高全班师生的素质，并促进班级形成各自的特色。班级文化既是班集体形成与发展的方式，又是班集体成员的集体财富，也是全班师生成长与发展的重要方式。全班每一个成员要想在班级中求得发展，一要认真学习本班班级文化，真正认识和理解它的价值；二要在本班各种活动中实践，通过反复地学习、反复地认识和反复地实践，不断领会和掌握班级文化。对班级讲，就是学生干部和班主任要重视对全班学生的教育与训练，以全面提高班集体整体素质；对个人讲，就是全班每一个师生要在工作、学习和生活中不断学习、不断认识与不断实践，以达到提高个人整体素质的目的。

① 林冬桂.论班级文化的功能及建设[J].教育导刊,2000(11):11-14.

（五）规范性

班级文化代表班级全体成员的集体理想、愿望和利益，对全班师生有一种规范功能。全班成员个人的思想、心理及行为，至少应是有关班集体理想、愿望和利益的思维、心理及行为方式，都应和班集体的目标、理念、思想、心理及行为方式构成认同——要和班级文化相一致。当师生个人的言行与班级文化的规范发生矛盾和冲突时，必须自觉服从班级文化的规范。班级文化的规范，无论对于学生干部与普通学生还是班主任与任课教师，都具有一致性和公平性。本班全体师生在班级文化的规范下，都要使个人的理想、愿望、利益和班集体的理想、愿望、利益相统一，师生个人目标要和班集体奋斗目标相统一，师生个人价值理念要与班集体价值理念相和谐。

（六）潜隐性

班级文化既具有显性的特征，但更多的是潜隐的特点。首先，班级文化主要是以精神形态的形式出现的，潜藏在班级成员的思想意识、行为习惯、班风及班级舆论中，只有通过班级学生的言谈举止、待人处世以及对班级活动的参与程度等方面才能看出一个班级的班级文化发展水平、发展方向及其对班级学生的影响力。其次，班级文化对学生的影响是在潜移默化中产生和发展的，班级学生在班级环境中受到感染和同化，产生一定的情感体验，使其做出一定的判断和选择，这些主要也是在非自觉的、无意识的过程中实现的，它体现为一定的“场”影响和作用于学生。

（七）动态性

班级文化不是一成不变的，而是表现为动态的、渐进的、发展变化的过程。首先，班级文化是在班级成员的活动和交往过程中逐渐发展和丰富起来的，是一个不断积累和不断完善的过程。这是一个动态的发展过程，所以班级文化总是会发生新的变化、新的内涵。其次，班级文化与学校文化、社区文化有很密切的联系，社会上的文化潮流、时尚观念以及人们的价值取向的变化也会反映到班级中来，构成班级文化的新特点。第三，作为班级文化主体的班级成员，其个人的价值观、生活态度、思维方式和行为方式也受到很多方面因素的影响，特别是改革开放以来，由于外来的各种思潮以及互联网上各种流行文化的影响，班级个体文化更加多姿多彩，更加具有个性，使班级文化的动态性特点更加突出。

第二节　班级文化建设的内容

班级文化能使班级学生通过班级活动形成共同的价值观和行为准则，并且能通过物质甚至精神展现出来。一旦这种“价值观念和行为准则”形成，班级成员就会自觉地遵守和维护。他们自身的个体观念、行为、态度逐步趋同于周边良好的氛围，进而使集体更深层次地接受教育。一旦形成良好的班级文化，将会达成从点到面的效果，同时使更多的学生受益。

一、班级物质文化建设

高雅、生动、形象的班级物质文化，对学生具有潜移默化的教育影响力和感染力。班主任在为班级提供良好的教育设施（如宽敞明亮、空气流通、视听效果佳的教室等）的基础上，可组织全班学生对教室进行精心“包装”，让教室的每一面墙、每一个角落都具有教育内容，富有教育意义。用苏霍姆林斯基的话来说就是：“无论是种植花草树木，还是悬挂图片标语，或是利用墙报,我们都将从审美的高度深入规划,以便挖掘其潜移默化的育人功能,并最终实现连学校的墙壁也在说话的远大目标。”①

（一）布置教室

班集体奋斗目标是维系班级师生为之奋斗的纽带,班训或班徽可张贴或悬挂在教室的醒目之处。教室的正墙上可悬挂班旗或国旗以及张贴治学格言,侧墙上可设置“表扬激励”栏,后墙黑板报两边可设置争先角、生物角等。在这样的氛围中学习、生活,不仅可以陶冶学生的情操,还可以启迪学生对美好事物的向往和追求,培养学生爱国、爱校、爱班的情感,起到时时刻刻提醒、教育和激励学生的作用。

（二）办好班报

班级剪报、班级水彩快报、班级卡通画报以及黑板报等,是学生施展才华、倾诉心声、摄取知识的“宝库”。一个主张校园文化教育观的学校,应班班都有这类“班级传媒”,培养一批小记者、小通讯员、小主持人。从文字编辑、新闻采写到版面设计,可任由学生“八仙过海,各显神通”。学生天真烂漫,富于幻想,这方“百草园”有利于培养他们的想象力和创造力,以及设计、书写、写作的能力。

（三）建好图书角

建设班级图书角,可以引导和鼓励每一个学生把自己最喜爱看的书和报拿出来,与他人交流,培养学生的奉献精神。班级开展争做图书角的“主持人”、争做图书角的“热心读者”活动;每学期举办一次“推荐、介绍一本好书”征文比赛。这些举措可以充分调动学生的读书积极性,使图书角发挥其应有的文化源作用。

（四）设计墙饰

墙饰即墙壁的装饰,它能让墙壁说话。这就需要教育工作者独具匠心,美化墙壁,为育人服务。例如,可以将一些历史伟人、民族英雄、革命导师、著名科学家、思想家和各方面的杰出人物的画像及他们的生平事迹挂于教室外走廊,激发学生对伟人的敬仰之情;可以在教室墙壁上挂一些名言警句,并请擅长书法的学生书写,请爱好美术的学生配图;可以挂上奖状锦旗,它是一种荣誉,也代表一个班的历史,是一个班集体共同奋斗成果的结晶,学生经常注目,会产生强烈的班级荣誉感。

（五）绿化和生态角

在教室的一隅放置一盆吊兰或水仙等绿色植物,能够调节教室的气氛。绿色还能给人的视觉以抚慰,使人宁静,让人消除身心、视觉的疲劳。可在教室的窗台、卫生角上放置吊兰、文竹、宝石花等绿色植物,使教室生机盎然。为了营造这种绿化美,可由学生负责定期更换盆景,使教室常绿常新。

（六）班管橱窗

教室门外的墙壁上设计班管橱窗。例如,班管橱窗内列有以下几个栏目:班级精神或奋斗目标,班主任、科任老师一览表,课程表,班队干部分工,班级值日生,班级常规管理成绩统计等。班管橱窗的设立,便于学校的常规检查,它可以成为一个班级文明建设的窗口,对规范学生的言行能起到积极的作用。

---

① [苏]苏霍姆林斯基.教育的艺术[M].肖勇,译.长沙:湖南教育出版社,1983:97.

二、班级制度文化建设

制度是一种文化，具有重要的文化和价值导向作用。班级中的制度建设，是班级文化建设不可或缺的文化资源，是为学生的个性成长创造一种特有的文化环境。一个优秀的班主任，需要用自己的智慧和想象去创设有特色的、非正规的、符合班级和学生发展实际的班级制度。

（一）班级制度文化的作用

班级制度文化往往能够起到观念的导向作用，学生个性的成长正是在班级中各种规范的影响下不断完善和成熟的。一方面，班级制度文化能够渗透教育者的教育信念。每一个教育者都有自己独特的教育观念，而这些教育观念会以各种方式表现于他的教育行为中。班主任是班级的领导者，班主任的教育理论修养、对教育问题的理解以及由此而凝聚成的特有的教育信念，必然会以一种文化的力量渗透在他所推行的班级制度建设之中。班级制度文化会对学生的人格发展产生巨大的“心理期待效应”。教育文化学的研究指出，人有按他人期待而行动的心理倾向。有学者做了非常形象的描述：如果你把他们看作是小孩子，他们将像小孩子那样去行事；如果你期望你的孩子去欺骗人，他们将不会令你失望。一些优秀的班主任，在班级管理中正是充分运用班级的文化制度建设来传递自己的教育期望。另一方面，班级制度文化能够约束和控制学生人格发展的方向。学生正处于文化人格的养成时期，在各方面的发展都处于不稳定状态，因而外界的文化环境对他的影响就显得特别重要。当他处于一个好的文化环境中就可能形成一种积极的文化人格倾向，而在不好的文化环境中就可能形成消极的文化人格。

（二）班级非正规制度文化的影响

班级制度文化的内容虽然十分广泛，但就其特点来看主要可分为班级正规制度和非正规制度两个大的方面。这两种制度具有不同的特点，班主任在班级建设中应正确把握两种制度的区别。一般来讲，正规制度是由学校制定的，是一种预设性的制度，它主要是对学生的学习和生活的最基本方面进行规范和制约，诸如作息制度、考试制度等。正规制度一般又被视为一种硬性制度，它对学生行为的规范往往是外在的和基本的。非正规制度是由班主任根据正规制度的要求，经过独立思考而创造出来的行为规范。非正规制度一般又可看作一种软性的制度，它不是通过外在的规范制约学生，而是以积极的倡导作用发挥建设性的教育功能，它的内容常常比正规制度更广泛、更丰富。

班级中的非正规制度是一种软制度，一般来说，它具有一种约定性和协商性。非正规制度的约定性与协商性也说明了班级文化制度建设的多样性和灵活性。它能深入学生丰富多彩的学校生活之中，因而也需要班主任投入更多的精力和智慧，充分发挥自己的创造才能。只有依靠丰富的教育素养，依靠对学生深切关爱的感情，才可能创造出显示自己个性的班级文化制度。

（三）班级制度文化的形成基础

班级制度文化建设是树立班级理念的重要手段。依靠制度对学生行为的约束性和对教育价值的倡导性，可使制度建设融入班级理念的培育过程。首先，从制度中获得树立班级精神的氛围。一个班级要有良好的精神风貌，必须依靠一定的组织规则来调控和维持。在班级中制定制度性的规范，不仅可以约束学生的行为，还可以起到对学生思想观念的规范和导向作用。科学合理的班级制度，本身就构成对学生行为的一种观念上的氛围。一个具有创新意义的班规的形成，也就赋予这个班级特定的教育价值。班主任是班级的领导者，他可以创造性地利用班级制度的约束作用来培育一种班风。其次，由制度规范塑造班级理念。制定出班规，只是制度建设的一个方面，有了制度不等于就能够自动转化为班级的精神和理念。班规中的内在价值还需班主任通过日常管理行为来实现。班规能够体现一种精神。但班主任如何利用和挖掘班规的内在精神，并使之体现在班级活动过程之中，这是班规建设的关键。只有当班主任与学生对班规的意义取得共识时，班规才能够发挥它特有的价值导向作用。班主任在制定和执行班级规范时，首先应清楚自己为什么要制定这个规范，要研究班规对学生将会产生什么样的文化影响，即是积极的还是消极的，是有利于学生人格的成长还是不利于学生的人格成长。如果班主任为学生制定的规范，只是可以使学生变得规矩听话，减少班主任管理学生的麻烦，使班主任能够从早晨到学校至晚上离开学校变得更加清静，那么，像这样的规范最好还是不要让它出现在学生面前，因为它只能约束学生，使他们从小就丧失做人的自信和创造精神。

三、班级精神文化建设

班级精神文化是班级文化的灵魂，表现为一个班集体的班风、班训、班徽、班歌等。

（一）班风

班风是指某一个班级的精神面貌和整体氛围（或特色风格）。良好的班风一旦形成，对班集体和集体所有成员都有一种鼓舞和制约作用，它是在班主任的引导下通过全班同学共同和长期努力逐步形成的一种精神力量。优良的班风主要包括：一是有明确的集体奋斗目标和班级特色，二是体现一定的时代要求和新一代少年儿童精神风貌，三是有鲜明的个人人格修养目标。

班风对学生心理和行为的影响主要有以下两方面。第一，班风对个体人格和行为的作用过程，就是个体社会化的过程。班风体现了校园文化的总目的、总要求，也就是体现了社会主导文化价值对“准社会成员”的期望和要求。如一个尊重后进生、互帮互学、既竞争又合作、少嫉妒多赶超、师生友爱的班集体风范，就体现了面向21世纪现代化国家对青少年的时代要求和期望。班主任在这个过程中要花费大量的心血，他们既是班级的引领者，又是班级的一员，学生的良师益友。因此，班主任的一举一动，哪怕一个姿势、一个微笑、一句评价都会对学生产生某种权威的、终身的影响。第二，班风所蕴含的精神、规范和目标内化为个体的主体意识和自觉行为的过程，是一个文化渗透和浸润的过程，可谓“随风潜入夜，润物细无声”。这就是说，这个渗透过程是通过教师的暗示、表率作用和学生的模仿、认同、从众等复杂的心理活动来实现的。班主任要设法整合自身的影响、任课教师的影响、家庭和社会的影响、学生心理感受等因素，促使学生人格健全和完满地发展。

（二）班训

班训的共性问题，首先要在理论上明晓。纵观我国中小学校训和班训目标，主要是抓学生的文化人格和非智力因素的养育和训导。从理论上说，这些素质是人赖以立志、立业、立言的道德基石，或叫基础文明，像勤奋、朴实、诚实等。从社会实践的角度看，班训及学校教育强调的这些品质，也是符合我们对现代人人格的期望的。据中国人民大学舆论研究所开展的调查显示，在19类社会成员中，教师、军人、工人、科技人员和农民成为中国改革开放社会“最可爱的人”，因为这些人具有普遍令人欢迎的人格特点——正直、善良、真诚、尊重人、乐于助人、不自私、待人平等、忠实可靠、办事公道等。班训是班级个性、特色的高度概括和精神标志，是班风、教风、学风的共同参照目标。特别要指出的是，班训的特色是校长及班主任是否具有自主权、教育观以及创造性地贯彻执行教育方针的胆略、能力的一种反映。

（三）班徽与校徽

班徽往往能表现主体的固有性格和最高理想，是反映班级文化特征和精神的一种形象、物化标志。班徽虽没有校徽的知名度大，为师生所认同，使用也不普遍，但对人格发展的作用机制是一样的。班主任应该具有超前意识，在创设班徽上做些尝试。另外，班徽可佩戴，也可以悬挂在教室里。只要对学生人格发展有益，班徽的形式及其使用可多种多样。校徽是以凝练、简括和明了的形式反映学校精神、理想、风格的一种图案标志。校徽和校歌、校训一样，是任何学校不可或缺的，是反映学校个性和追求的重要文化标志。

（四）班歌

班歌是班级文化的重要内容，它是班级的精神风貌，是一种典型的文化标志。班歌的特点是：第一，要能集中表达班级整体精神风貌、希冀和追求；第二，先定歌词，而后据之作曲，歌词不能随意写，可通过班内外征歌的方法来确定；第三，班歌的旋律活泼、奋进、欢快，不乏端庄、神圣、高雅、气派，班歌在正式场合、非正式场合都可以歌唱，但在正式场合歌唱或演奏更有表现力和教育价值；第四，班歌的格式可以多种多样，但无论何种格式，班歌词中的叠句是非常重要的，反复吟唱，可以让人印象深刻，催人奋进。

四、班主任文化形象的塑造

班主任形象既是一种教育形象，也是一种范型化形象。班主任先进的文化形象，直接影响班级先进文化的形成和学生先进文化素质的发展。因此，班主任必须努力塑造自己的先进文化形象。

（一）善于运用文化包装

班主任的形象塑造不仅依赖于长期的道德修养，而且依赖于一些自我展示、适当宣传、形象设计等方法。

1. 主动传达信念

班主任应该有自己独立的教育旗帜，这种旗帜的本质就是班主任个人的教育信念，它是班主任获得自我形象和自我概念的重要前提。然而，仅仅有了这一点还是不够的，如果别人不能了解，或不能领会和接受你的信念，那么你还是不能算真正树立起了自己的教育形象，至少说你的形象还不能真正发挥其教育的影响作用。因此，班主任不能把自己的教育信念隐藏在自己的心底，也不能仅仅靠行动表现出来，而应十分重视通过恰当的方式把自己的信念传达给自己的学生，并得到他们的理解和认同。

2. 仪表展示内涵

《韩诗外传》中有句话：“智如泉源，行可以为仪表者，人之师也。”关注仪表是历代教育家经常提及的，而且也是许多教育家身体力行的准则。比如，孔子认为君子应有君子的模样，吃饭走路都应有自己的规矩。为什么如此重视班主任的仪表？因为仪表不仅表现一个人的外部形象,而且还影响和显示一个人的内在思想。许多人对仪表可以表现人的思想还是能够接受的,但对于仪表能够影响人的思想却不能理解。心理学研究发现,当一个人穿上潇洒的服装时,会使他增添更多的自信和力量,当面对困难时,换上得体的衣服,会使人忘记心中的烦恼,增加克服困难的信心,这正是仪表影响的体现。人的仪表与人的思想密切相连,透过仪表可以展示人的精神境界。当你以整洁的服饰、高雅的举止出现在学生面前,当你用教育者的微笑、充满自信的神态与学生家长交谈时,你个人的精神面貌就会充分展现在学生、家长的面前,他们会从班主任身上感受到一种积极向上的力量。

3. 大胆参与推销

推销自己是现在比较时髦的用语,作为一名教育者,也应该有推销意识,努力将自己推销给学生与家长、社会与学校。所谓推销意识,即要有自我表现、主动宣传的意识。形象宣传的关键在于班主任是否有这个意识,能够走出陈规陋习的束缚,而不在于宣传的方法。许多班主任在自己的工作中都有很多独到的教育见解和教育经验,但他们没有宣传的意识,因而不能让别人知道他们这些宝贵的教育成果,于是失去了树立自己教育形象的机会。班主任形象宣传最重要的途径是积极参加教育教学的科研活动,这是一种独特的宣传方式。那些知名度高的教师几乎没有只是靠坐在家里"修炼"的,也不只是在联系实际中埋头苦干,而是关注外部世界,积极思考,大胆想象,勇于创新,把科研作为教育使命。教育科研是自我表现的重要环节,有许多教育工作者,他们成功的关键就是积极参与教育教学科研,用科研推销自己的思想和形象。有了科研的成果,就有了宣传的基础和内容,人们从教师科研成果中会获得对教师的认识和了解。一个有成果的教师,其形象会在不知不觉中树立起来。没有人会忽视你,也没有人会忘记你,更没有人会轻视你,因为你已把一个积极的充满教育信念的形象树立起来。

(二) 形象控制艺术

形象是自己的,而印象是形象在他人心中的反映,把握自己的形象表现,达到控制印象形成过程的目的,这是班主任形象塑造的一个重要方面。班主任应该注重自己的素质修养,这是塑造自我形象的根本,但忽视形象塑造的外部动因及其技术细节也是不科学的。注重自己的形象表现,有意识地表现出积极的形象特征,输送积极的形象信息,可以帮助班主任在学生心目中形成更好的印象。如果班主任都学一点心理学知识,那对于提高自身的形象影响力无疑具有十分重要的作用。人的内在品德固然重要,但学会将自己的真实内心表露给他人,让他人感受你美好而友善的心理世界,更是创造形象的关键。印象形成具有一些外在的形式化的因素,不管什么人掌握了这些因素,都可以达到形成良好印象的目的,因此运用形象控制手段可以掩盖消极的形象特征,把积极的形象信息传递给对方,这就称为印象控制。

1. 信任的目光

目光是沟通班主任与学生心灵最重要的渠道。班主任对学生的信赖,自然离不开各种实际的事务,但亲切、和睦、善意的目光会直接给学生信任的感觉。班主任与学生交流接触时,善于利用目光等体态语言,传递信任的信息,可以使内在的教育语言变成直接的教育影响,让学生去感受班主任的教育期望。从班主任的角度讲,学会运用目光的语言,是进行形象控制的一个重要方面。不管自己内心是如何困惑,对学生有多么失望,但班主任一定要把信心带给学生,把失望和疑虑隐藏在目光背后。

2. 爱的微笑

许多班主任不懂得爱是有表情的，心里的爱固然重要，可是如何让学生体验到你的爱却是一个“技术性”的问题。学生还不能从“逻辑”上理解班主任的爱，而只能从表情上“看”班主任的爱。这是学生特有的语言，要让学生知道你是爱他的，你就必须不仅从心底，而且从面容上表现出你对他们的爱。

3. 亲切的语言

班主任不要吝啬自己的语言，把你对学生的鼓励表现在语言上，让他们听到你的声音，这是留给孩子们好印象的重要方面。“你很棒！”“真好，太难得了！”“我支持你！”适时运用这些肯定性语言，它是让学生理解你的媒介，通过这些语言你就会留给学生一个平等民主的印象，你的形象塑造就算完成一半了。

（三）学会塑造自己

学会塑造自己是班主任进行班级文化建设的重要内容。班主任首先自己要有一个积极的文化形象，才有可能用自己的形象教育和影响学生。

1. 自我塑造

班主任的文化形象，是由自己塑造出来的，而不是由别人赋予的。因此，所谓形象塑造，实际就是一个自我创造的过程。形象的自我塑造，应从日常生活中的一言一行做起。班主任的一言一行，不仅是自我塑造的过程，而且也是将积极的自我形象传递给学生的过程，因而也是一个教育过程。自我塑造的关键是自觉意识，有没有主动积极的态度是能否自我塑造的重要环节。有强烈的自觉意识，不管在什么情况下，都可能严格要求自己，并且能够毫不犹豫地改正自己的错误。因此，班主任文化形象的自我塑造，关键是自己的自觉意识，自觉性越高，就越能控制自己，从而塑造一个真正的自我，一个富有教育魅力的教育形象。

2. 积极化与可接受性

班主任不仅要塑造形象，而且要塑造既符合教育要求，又适应儿童特点的文化形象。班主任形象塑造的积极化，是指班主任在塑造自己的教育形象时，不仅要塑造一个形象，而且要塑造一个正面的、积极的教育形象。因为塑造形象的全部目的就在于要教育好学生，管理好班级，因而积极化是班主任形象塑造的关键。班主任不仅要有形象，而且要有积极的形象。可接受性在班主任形象塑造中具有重要意义，形象的积极化比较容易理解，但却不一定能够被学生接受，一个脱离学生心理需要和年龄特征的教育者，他的行为再高尚，也不一定能引起学生学习与模仿的兴趣。

班级文化是班级的灵魂所在，是班级生存和发展的动力。一个班级的文化环境对于学生的熏陶是潜移默化的，它对学生的成长起到举足轻重的作用。班主任应该在班级文化的氛围中定位好自己，确立并塑造好自己的文化形象。

第三节　班级文化建设的现状

在班级文化建设越来越热闹繁荣的背景下，我们也应该来点“冷思考”，只有准确了解和把握班级文化建设的现状，发现班级文化建设存在的问题，找到问题产生的根本原因，才能促进班级文化建设更上新台阶。

一、班级文化建设存在的问题

（一）对班级文化的理解较为肤浅

班主任虽然对建设班级文化具有高度的共识,但在实践活动中却没有表现出与这种共识相对应的深刻理解。首先,对班级文化的理解止于概念的表面意思。一些班主任认为班级文化就是物质文化、精神文化和制度文化的总和,把它静态化,同时还把班级文化仅仅看作是一种管理方式。如此理解,使得班主任把班级文化当作是外在于学生活动的背景因素,是约束、管理学生的手段;使班级文化建设中师生的创造性体验丧失殆尽,只剩下刻板、僵化的教条和固执的偏见;使本应具有朝气、富于冒险、乐于求知的学生失去了锐气,厌倦了学校生活。当班主任把班级文化看作是形成良好班级秩序的时候,虽然能够实现管理的职能,但是却消解了许多内容的教育价值。在静止、秩序平静的班级当中,我们无法开发蕴含在班级互动之中的宝贵资源。健康的班级文化的意义绝不限于班级中的秩序,它是富于激励的学习资源,是通向和谐发展的绿色通道。其次,对班级文化的形成过程认识不足。有些班主任简单地把班级文化建设过程理解为布置班级环境,而且环境一旦布置完成,就置之不顾了。这种班级文化是给定的、外在的内容。对于外部强加的内容,我们不能把它称为班级文化,因而不具有文化的威力,其对学生发展的影响是较微弱的,难以达到理想效果。当我们深入到班级内部时还会看到,班级文化基本上是班主任根据自己的文化取向或者偏好和需求自上而下推行的,尽管一些班主任在这一过程中也想办法让学生参与进来,但这只是形式而已。班级文化的形成不仅仅是环境的布置、规范的建立、知识形态的积淀和教师一厢情愿的主导,它还是师生的一种生存方式或是师生共同创造出来的生活方式。因而班级文化的真正力量就在于它是班主任和学生在日常管理活动中通过碰撞、协商而生成的。班级由一群年龄相近、学习水平相近的学生及班主任组成,他们会经常共同面对一些问题,并出现一定反应,这促使他们彼此间产生了较多的交流和互动,从而形成他们自己的文化,这种文化包括对自身的理解、对所采取行为的定义以及对其他成员的看法。

（二）班级文化建设目标定位存在偏差

班级文化建设需要有清晰的目标定位,从组织层面来讲,班级文化建设要追求班级文化的和谐,呈现良好的班级形象;从主体的层面来讲,班级文化建设要指向参与主体生存状态的改变,尤其是师生的发展与成长。在现实中,班主任对班级文化建设目标的定位存在一些问题,主要体现为"规范说"和"成绩说"两种情况。持"规范说"的班主任认为,班级文化建设的目标在于对学生进行规范。他们往往过于关注纪律因素,热衷于建立各种制度和规范,强调规训、管制、控制和服从,从而导致班级文化的活力和个性难以彰显。持"成绩说"的班主任认为,班级文化建设的目标在于学生学习成绩的提高。他们通常会将成绩作为评定学生的手段和确认自己工作成就的标准,容易对学生的个人兴趣和特点弃之不顾,热衷于按照学生考试成绩来进行班级文化的塑造。在现实中,还有一些班主任会将以上两种看法结合起来,强调管理是保持和提高成绩的基础,严格的管理才能出成绩。

（三）班级文化建设内容过于单一

首先,对学生文化视而不见。学生是校园中一个特殊群体,由于学生身心发展的特定需要,他们会在相互作用中形成自己独有的文化,构成学校文化或班级文化中一种相对独特的文化形态。但有些班主任在构思班级文化建设时,常常把学生视为等待加工、改造、调整的材料，而忽视了作为群体的学生也有属于自己的文化。班主任在行为上常常把学生看作成人，而且总是认为学生应该处于接受教育的地位，或认为与成人相比，学生最明显的特征就是无知。因此，班主任并不发自内心地去了解学生的感受和需要，不关注和理解学生生活世界的情况，只是一味地把成人世界的知识、技能灌输到学生头脑中，使学生过一种“小大人”的生活。学生文化则被严重忽视或受到压抑，班主任经常采用“禁”和“防”的方法，通过规则、限制和惩罚手段，禁止和防范学生生活世界中的某些表现和行为。其次，对社会互动的漠视。班级文化的形成应该建立在多方互动基础上，即师生互动、生生互动、师生与学校互动、班主任或学生与自我的互动。通过社会互动，班级成员之间可以增强理解、认同，推动班级文化的稳定发展。但由于班主任忽视班级中多边的社会互动，从而导致师生之间、生生之间产生不必要的误解或反感，进而缺乏“协同”。

（四）班级文化建设制约因素认识不足

班级文化建设不是将班级孤立出来进行建设，而是在已有的条件和环境制约下进行建设。在对班级文化制约因素的认识方面，班主任还存在一些认识不到位的情况。第一，对班级外部因素认识不足。由于与班级接触比较频繁，再加上对班级内部因素的熟知程度较高而对班级外部的因素认识有限，因而班主任在一定程度上容易忽略影响班级文化建设的外部因素。第二，对隐性因素认识不足。在这里，显性和隐性是针对影响班级文化建设的因素而言的。在班级文化建设中，师生的校服、校徽、个人行为、学校仪式和班级班队活动等影响因素是看得见、摸得着的显性因素，容易受到教师的关注和重视；而学生亚文化、校长的理念、师生的心理状态和人际关系等隐性因素则容易受到忽略。第三，对间接因素认识不足。直接与间接的区分是针对班级文化建设发挥作用的方式而言的。直接因素往往会对班级文化建设带来直接影响，不需要通过中介因素，因此这些直接因素会受到班主任的正视；相反，通过中介形式对班级文化建设进行间接影响的因素通常难以进入到班主任的视野中。

（五）班级文化建设理论意识缺失

一些班主任在建设班级文化时，往往凭借教育习俗、个人经验采取行动，而缺乏运用相关理论指导自己行动的自觉性。由于班主任平时工作较忙，无暇阅读有关班级文化建设的理论书籍，且教育培训机构也缺乏相应的班主任培训项目，致使班主任进行班级文化建设时，不知道该到哪里去寻求理性的支持，只好退而求其次地凭借教育习俗来指导自己的行动。所谓教育习俗，是指“由广大劳动人民在长期的教育活动中所创造、传承和享用的教育方式、手段、制度、谚语、故事、诗歌、仪式等的集合体，是绵延不绝的民间教育智慧”①。但教育习俗并非都是正确的，其中不乏一些糟粕，因而利用教育习俗指导自己的教育活动，可能会陷入肤浅、片面、忽视学生主体作用的泥淖。还有些班主任在建设班级文化时，盲目地移植其他教师的经验或固执地采用自身的不成熟的经验，出现跟着感觉走的非理性行为。由于班主任在班级文化建设中缺乏运用相关理论指导自身活动的意识，导致他们的活动往往是自发性的，使得班级文化建设缺乏连续性，出现波动性，甚至是朝令夕改的现象。

① 石中英.教育学的文化性格[M].太原：山西教育出版社，2001：148.

（六）规范的班级管理制度的缺乏

班级的规章制度分为成文的制度和非成文的制度两种。成文的规章制度包括学校制定的各种规章制度和班级制定的规章制度等。这些成文的规章制度既能保障集体共同目标的实现，也能使个体得到发展。但值得注意的是，班主任过分强调通过成文的规章制度约束学生的思想和行为，就会使得班级建设规范有余而活力不足。班级中非成文的制度是班级中约定俗成的道德行为规范的总和。班级制度建设是学生适应集体生活、进行自我管理的重要手段。大部分学生认为学校及班级的规章制度并非由自己参与制定，制度的变更也不会根据自己的要求而做出相应变化，导致班级制度形同虚设，剥夺了学生进行自我管理的机会，从而制约了班级制度文化建设。

二、班级文化建设的问题成因

（一）社会方面的原因

随着我国社会主义市场经济体制的改革，社会经济成分、组织形式、就业方式、利益关系和分配方式日益多样化，在有利于学生树立自强意识、创新意识、成才意识和创业意识的同时，也带来了不容忽视的负面影响，一些学生不同程度地存在政治信仰迷茫、理想信念模糊、价值取向扭曲、诚信意识淡薄、社会责任感缺乏、团结协作观念较差等问题，这些都对班级文化建设造成了极大影响。

（二）家庭方面的原因

家庭是社会最基本的组成部分。人一生下来，首先接受的便是家庭教育。可以说，家庭是人生第一所学校。在家庭因素中，对人生影响和作用最大的是父母，父母是人生第一位老师。父母的个性特征、作风习惯、兴趣爱好、文化素养、道德水准等，都在潜移默化当中影响着子女。实践证明，家庭教育不同，子女成长不同。家庭教育、家庭氛围、家庭作风尤其是家长作风，家长的人生观、世界观、价值观都极大地影响着子女，并同时把这种影响延伸到社会和学校，延伸到班级中，从而对班级文化建设产生影响。

（三）学校方面的原因

学校因素对班级文化建设的影响主要体现在学校的各级组织和制度上。班级文化的形成需要一定的组织制度作为保障。这一组织制度并非由班级学生自己制定，而必须是学校认可并推广实施的制度。学校的办学思想、管理水平、教育理念无一不对班级文化建设产生巨大的影响。同时，校园文化是所有班级文化生成发展的大环境和源泉，班级文化通过何种活动方式形成和呈现，受校园文化的影响和制约。当前许多学校虽然已经建立了一些促进班级文化建设的组织制度，但实践证明，这些制度较为笼统，浮于形式，针对性和实效性不强。

（四）学生方面的原因

当代学生大多数是独生子女，他们从小生长在以自己为中心的家庭环境中，大部分人往往表现出以下特征：个性张扬，做事考虑问题容易以自我为中心，本位主义严重，韧性差，挫折感强，团队协作精神差。他们进入学校后，在与他人的交往中，往往自以为是，唯我独尊，由此容易形成人际冲突。这往往给他们带来较大的挫折感，容易造成人际关系紧张，对他人没有信任感，缺乏集体归属感和认同感，久而久之使他们渐渐远离集体。

第四节 班级文化建设的途径

班级文化建设在一定程度上支撑着整个班级建设，是将班级群体升华到班级集体的重要内涵构成。作为班级文化建设核心力量的班主任，需要正确认识并引领班级文化，提高自身在班级文化建设中的素养并增强班主任岗位的专业性。班级文化建设若要取得良好效果，需要着眼于提高班主任对班级文化建设的认识水平，以及了解班级文化建设的根本方式是什么，还要注意启发学生的文化自觉。

一、正确定位班级文化建设的目标与内容

班主任对班级文化建设认识的程度决定了班级文化可能达到的高度。在班级文化建设中，班主任要发挥自身的核心力量必须要对认识的对象有清晰的把握。这种清晰的把握是与对班级文化建设的正确定位分不开的，它主要体现在目标和内容的确定上。在目标方面，班主任必须始终具备这样的自觉意识，即班级文化建设是以促进学生个体生命的主动健康发展为最终目标的。尽管班级文化是一种组织文化，但是打造具备良好文化的班级组织只是实现学生个体发展的手段。班级文化对于班级内的每个生命体而言，应该是一个促进个体社会化的资源库和实现个体个性化的培育室。在班级文化建设目标的认识和定位上，班主任必须明白：组织层面的目标同样也是以主体层面的目标为宗旨的。在内容方面，班主任要注重班级文化建设的多维性。所谓多维性，一是指班级文化并不是某种单一主体的文化，而是融合了成人文化与儿童文化、同伴文化与代际文化、主流文化与亚文化等多种形式的文化；二是指班级文化不是单一层面的文化，而是包含物质、制度、精神、行为等多个层面的文化。因而，在班级文化建设的内容上，必须注重体现多主体的文化样态。

二、帮助学生形成正确的班级文化观念

观念体系的确立，是班级文化建设的核心。因为班级学生的言行都是在其思想观念的支配下产生的，因此，班级文化的建设必须首先抓好观念文化的建设。首先，有目的、有计划地按照教育方针和学校培养目标，设计思想教育的活动体系。目标明确，有针对性的思想教育活动，可以引导学生逐步确立正确的人生观、价值观和道德观，培养学生的集体意识、集体荣誉感和责任感，为班级文化的发展打下良好的思想基础。一个班级的学生只有具备了共同的思想意识、价值取向，正确的人生观、价值观和道德观，才能更好地理解班级的奋斗目标，积极参与班级的活动，自觉维护集体的利益。班级可以通过经常开展主题班会或团队会，或者多种形式的座谈会，引导学生就一些大家所共同关心的问题展开讨论，明辨是非，统一认识，从而达到提高思想认识的目的。也可以就学生存在的某些问题或一些社会热点问题组织讨论，但必须注意应根据学生的年龄特点和心理特点来设计，使得教育活动更加具有针对性，也有助于强化教育的效果。其次，要注意教育活动的整体性，使其系列化。引导学生确立正确的观念，并不只是某一方面，而是要注重其全面性和整体性。所谓全面性，是指要帮助学生树立正确的观念体系，而不是仅仅树立某一方面的正确观念。所谓整体性，是指设计教育活动应考虑其系统性，注意整体规划，根据学生的年龄特点和年级特点，逐渐加深和扩展。对于学生来说，观念的形成需要一个理解和深化的过程，只要通过有计划、有步骤

地引导,才能逐步树立正确的观念,并使其自觉落实到行动上。

三、建立健全班级规章制度,形成正确的舆论环境

制度文化对班级学生规范功能的发挥取决于班级制度的健全与否,以及班级是否拥有一个有利于制度文化发挥作用的舆论环境。首先,建立健全班级的规章制度。规章制度是班级科学管理的必要前提。孟子曰:“不以规矩,不能成方圆。”班级的规章制度正是为学生提供了参与班级活动及处理班级事务的规范,也为学生提供了基本行为的模式,使班级学生能够有章可循、有据可依。这些制度同时还为班级学生提供了评价自己和评价他人言行的标准。班级规章制度主要包括学习制度、卫生轮值制度、考勤登记制度、奖优制度、批评制度、民主议事制度等。要注意不断地完善制度,确保制度的落实。其次,把执行制度和教育引导有机结合起来,形成有利于制度落实的舆论环境。制度文化规范功能的发挥程度有赖于班级学生对规章制度的认同和内化,如果规章制度不被学生所认同,那么规章制度就等于是一纸空文,根本谈不上发挥规范功能。要通过教育,引导学生开展讨论座谈,明确建立规章制度的意义和执行规章制度的必要性,形成“依法治班”的舆论氛围。这样,规章制度的执行就由强制性的行为或自发性的行为逐步转变为自觉的行为。

四、引导班级学生的交往,形成良好的人际关系

班级学生的交往,以及由此形成的人际关系和相应的心理氛围,对班级的形成和发展及学生个体的成长都有深刻的影响。首先,引导学生的交往,学会协调人际关系。在交往中教育学生学会处理好同学之间、师生之间、个人与集体之间的关系,使学生掌握处理这些关系的基本准则,使班级形成良好的道德环境。也就是要求学生学会真诚待人、互相帮助、互相支持、团结协作,树立集体主义精神,处理好竞争与合作的关系。并且在班级形成关心同学,为同学的进步而自豪,“人人为集体,集体为人人”的氛围。这样有利于学生发现人性中美好的一面,使学生向往美好的人生,对其良好道德情操的培养具有重要的意义。其次,培养学生共同的心理倾向和良好的心理素质,形成良好的心理环境。共同的心理倾向和良好的心理素质是班集体形成和发展的重要基础,也是班级精神文化的重要内容。共同的心理倾向有助于班级学生产生互相吸引、互相欣赏的亲和性情感,有助于班级亲密的人际关系的形成,使学生之间更加容易互相信赖、互相理解、互相支持,从而产生强大的内聚力,产生强烈的归属感和集体荣誉感,更大程度地认同班级的目标、规范,并能积极参与班级的活动,主动将自己融入集体中,按集体的要求规范自己的言行。因此,应该重视培养学生共同的兴趣、爱好等心理倾向,同时注意培养学生良好的心理品质,教育学生学会自我认识、自我评价、自我控制和自我完善,从而使自己能够得到更好的发展。

五、重视学生个体文化和群体文化的渗透与交融

首先,要重视班级学生个体文化对班级发展的重要作用。班级是由学生的个体集合而成的,班级文化也可以说是在个体文化的基础上整合而成的。因此,应该重视发展学生的个性,丰富学生的个体文化,并且注意促进个体文化与班级群体文化的有机融合,使个体通过吸取班级群体文化的精华,发展和提高个体文化,构建有自己特色的个体文化模型,反过来又通过班级个体文化的互相交流、互相渗透和互相融合,为班级提供更多的文化营养,丰富

和发展班级文化。为此，可以通过组织各种丰富多彩的班级活动，为学生提供展现个性、展现才能的舞台，鼓励学生大胆地表现自我。另外要注意创造一个比较宽松的成长环境，给学生一个自由的空间，允许个体文化中差异性的存在，避免压抑学生个体文化的发展，改变过去强调班级文化的共性，忽视或者压抑个体文化特性的状况，使班级文化的建设能够发展到一个更高的水平。其次，要重视班级教师文化对学生文化的影响，充分利用教师文化的定向和指导功能。教师文化也应该注意通过吸收学生文化来更新和发展自身文化，努力寻求教师文化与学生文化的“共鸣点”，更好地发挥教师文化对学生文化的影响力，有效地引导和教育学生。

六、通过实践活动形成与完善班级文化

人是文化的产物，受制于与生俱来的文化，但这种受制于文化仅仅是相对的，因为人具有主观能动性。这种主观能动性在文化环境中表现为不断超越与创造。人通过具有主观能动性的实践活动反作用于文化，从而把文化作为实践的对象。关于文化与实践活动的关系可以概括为：“文化是实践的历史积淀和对象化；文化又构成实践活动的内在机理和方式。”①身处既定文化环境中的人总是要通过实践活动来完善其所面对的文化。马克思曾从生产实践的角度分析了人的实践活动对文化的推动与完善，从而使文化发展具有了动态性，而非静态性特征。班级文化是人类文化的组成部分，其形成和发展也同样依赖于人的实践活动。班级中的实践活动更多地表现为社会互动。班级活动本身就是一种寻求对话的实践活动，实际上就是信息交流的过程。从这种意义上讲，信息交流是班级活动的中心。班级文化建设正是通过不断调节班级活动，激发学生主动参与，促进班级交流和互动，进而形成良好的班级文化。

① 衣俊卿．文化哲学十五讲[M]．北京：北京大学出版社，2004：30．

第十二章　班级管理的条件:形成教育合力

从今以后,一些专门人员以外的人们从事教育活动是可能的了;垂直的区域正在消灭;学校的领域和所谓平行学校的分界关系、国家与私人事业之间、官方的与正式订有契约的教学专业人员和那些临时担任教学任务的人们之间的区别等等,也都已经不再有任何意义了。

联合国教科文组织国际教育发展委员会:《学会生存》

学生在成长过程中,必然要受到教师、家庭以及社会各个方面的影响。要使学生在德、智、体、美、劳诸方面都得到全面发展,就需要把各种教育影响统一起来,使之相互配合、相互协调,组成立体的大教育网络,产生同步的巨大的教育合力。在这个立体的大教育网络中,学校应充分发挥其主导作用;而在学校教育网络中,特别是在班级教育网络中,班主任又是核心。若没有班主任,优良的班集体便难以形成,各种教育影响作用的发挥也就势必要受到一定的限制。因此,建立教育网络,形成教育合力,是班主任班级管理不可或缺的内容和任务,也是班主任班级管理的一个重要条件。

第一节　协调统一校内教育力量

班主任协调统一校内教育力量的内容很多,包括任课教师的教育力量、学校领导的教育力量、团队组织的教育力量、班级的教育力量等。只有实现教书育人、管理育人、服务育人、文化育人的协调统一,才能更好地对学生施加有效的教育影响。

一、协调统一任课教师的教育力量

一个班总有好几名任课教师,他们不仅要向学生进行文化科学知识的传授,而且要塑造学生美好的心灵。他们和班主任是协调一致,还是各干各的,效果当然不一样。因此,班主任必须有意识地发挥自己的纽带作用,把任课教师的教育力量统一起来,从而做好班级管理工作。

(一)任课教师在班集体建设中的作用

教书育人是教师的神圣职责和光荣任务,每一个任课教师都是班级的教育者和管理者。所以,任课教师以及由任课教师组成的教师集体,在班集体建设中起着十分重要的作用。

1. 为人师表的榜样作用

教师集体是学生成长过程中最早接触的、最为接近的成人集体,它给学生提供了集体的初步观念和榜样。教师集体的团结一致、相互协作的集体主义精神,认真备课、上课、课外辅导、批改作业的工作态度,关心、支持、帮助学生的优秀品质,勤俭节约、艰苦朴素的生活作风，处处为学生树立着榜样，时时刻刻成为学生模仿和学习的对象。学生及学生群体在这样一个教师集体的长期熏陶下，就能逐渐形成正确的集体舆论和优良的班风，对学生的健康成长，对班集体的形成有着不可估量的作用。相反，如果任课教师对工作敷衍塞责，对学生漠不关心，对其他教师进行诋毁、中伤，对自己自我吹嘘，那就会在学生中造成极为不利的消极影响，对班集体的建设也将会是巨大的障碍和阻力。

2. 教书育人的合力作用

一个班级的各门学科的任课教师，如果能携起手来，共建班集体，那么，就可形成一股巨大的教书育人的合力，配合班主任管理育人的力量，共同促进班集体的建设。例如，有的学生在班主任面前各方面表现都很好，遵守纪律，勤奋学习，团结同学，但在任课教师面前却表现很差；还有一些学生对某一门课程兴趣较浓，成绩也很出色，但对另外一些课程则不予重视，成绩较差等。这就需要各科教师经常在一起交流情况，共同研究解决问题的办法，结合自己所教学科的具体内容，在教书的过程中，及时地解决问题。另外，由于各任课教师的能力、气质、兴趣爱好、教学风格、教学态度、教学作风和思想感情不同，致使一些学生喜欢这些老师，而不喜欢另一些老师。各任课教师协调配合，帮助学生提高认识，克服亲疏之分，同时，对平时不喜欢接近自己的学生加强了解，增加感情，增进友谊，这样就可以更好地形成一个教书育人的合力，从而促进良好班集体的形成。教育家马卡连柯曾说："应该有这样的教师集体：有共同的见解，有共同的信念，彼此之间相互帮助，彼此之间没有猜疑，不追求学生对个人的爱戴。只有这样的集体，才能够教育儿童。"①这充分说明了教师集体在班集体建设中的重要作用，这种作用是其他教育力量所不能取代的。

（二）协调统一任课教师教育力量的要求

1. 向任课教师介绍学生情况

开学前，班主任向本班任课教师做综合介绍：全班人数、总的学习状态、班干部配备、有无新转入的学生以及学生家庭概况等。开学后，定期召开任课教师会，介绍全班学生德、智、体、美、劳等方面的发展情况和特殊问题，以及个别学生的特点爱好等，同时听取任课教师对学生有关情况的反映。经过共同商讨，教师集体统一认识，统一对学生的教育要求和教育措施，以利于全面推进学生发展。

2. 有计划地听课，共同研究改进教学

班主任听课的目的是深入实践，了解教与学的情况，为发挥纽带作用创造条件。从教的方面，可以了解教学进度、教学情况；从学的方面，可以了解学习纪律、学习情趣、学习方法、智能发展水平以及师生关系等。这些情况的掌握，有利于班主任进行教与学的协调，从而促进学生的全面发展。还可以邀请任课教师参加学生科代表会，直接听取学生对教学的反映，以利于教师自我调控，改进教学。

3. 协调任课教师布置作业、测验和自习辅导

适当的作业和测验，可以加强学生基本技能训练，了解学生的接受情况，起到改进教学的作用，但过量则有损学生健康。班主任在调整各科作业量和测验次数方面应起"调度"作用，同时要统筹安排好对学生的辅导，避免几位任课教师挤占同一时间的现象。

---

① [苏]赞科夫．和教师的谈话[M]．杜殿坤，译．北京：教育科学出版社，1980：56．

4. 沟通思想,协调配合,加强学生的德育

课堂教学是对学生进行德育的最有效途径。班主任是班级教育的首席责任教师,是对学生进行德育的核心人物。班主任应该与任课教师互通学生的思想情况,取得一致认识,通过多种渠道,发挥德育的合力作用,有效地加强学生的德育。在要求学生履行学校各种规章制度、维护班级荣誉、培养良好的班风等方面,都需要争取任课教师的密切配合。

5. 组织任课教师参加班级目标的制定

每个班级都必须有明确的奋斗目标。在制定班集体奋斗目标时,要组织发动任课教师参加,这不仅能发挥任课教师的经验、智慧,更能使任课教师明确班级发展目标,得到他们的认同,以利于在日常教学活动中去努力贯彻,使之成为班级师生的统一意志和力量,加速学生的成长和班集体的形成。

6. 树立任课教师的威信

班主任要有意识地通过主题班会,或通过组织学生走访任课教师,了解教师工作的辛苦,或利用庆祝教师节来增强尊师爱生的感情,使教学双方都有良好的心理气氛,从而促使双方的潜力都得到发挥。那种只注意树立班主任个人的威信,在学生面前议论任课教师,不满意任课教师谈及班集体存在的问题等做法是极其有害的。

7. 加强与任课教师之间的团结

有经验的班主任深知坚强的教师集体所形成的凝聚力和高质量的教学效果对班级所起的重要作用,因而十分注意维护教师集体的团结。一方面,班主任自己要密切与任课教师,特别是青年教师的联系,体谅他们的疾苦,帮助他们解决困难;另一方面,班主任还要做好任课教师之间的协调工作,防止任课教师之间闹矛盾、不团结。总之,班主任只有与任课教师亲密共事,才能增强教师的凝聚力,才能促进教师与学生两个集体水乳交融,才能有利于学生的健康发展。

8. 积极争取任课教师参加班级活动

这不仅能拓展学生的视野,巩固学过的知识,发展学生的思维,提高课堂教学的“接受率”,而且能增强班主任与任课教师之间、教师与学生之间的团结,提高班级教师集体的凝聚力。

二、协调统一学校领导的教育力量

学校领导与班主任的关系不仅是组织上、工作上的领导和被领导关系,而且还存在通过个人关系反映出来的道德关系。班主任是在学校各级组织领导下进行工作的,因而其工作必然会受到各级领导的认识水平、领导能力和领导态度的制约。班主任是全班学生的领导者,同时又是学校领导的领导对象,学校领导要把政策贯彻给学生,班主任工作是很重要的中间环节。班主任干好工作,一方面需要取得学生的信任和领导的支持,另一方面还要对领导尽职,对学生负责。只有把学校领导的教育要求、工作意图领会透彻,并正确地在学生中传达贯彻,才能更有利于班级工作的开展。班主任应向学校领导经常进行口头或书面请示、报告工作,反映学生的思想动态和状况、存在的困难和问题,提出意见、建议和要求,以作为学校领导研究部署学生思想政治教育工作的依据和参考。班主任应当自觉地把本班的一切工作严格地置于学校领导的监督之下,主动争取学校领导的指导和帮助。班主任协调统一学校领导教育力量的要求有以下几个方面。

（一）尊重领导

从社会主义制度下人人平等的角度说，班主任与领导应彼此尊重；从学校领导与班主任的行政隶属关系来说，班主任更应该尊重领导。对领导布置的工作要努力完成；开会时不轻易打断领导的讲话；对领导的正确意见要接受；在领导的办公室内未经允许不要随意翻阅文件信函等。班主任不能认为自己能力强，就产生工作干得多等想法，而对领导采取不尊重态度，甚至让领导难堪。即使某位领导在某方面水平不高或有这样那样的缺点，班主任也要通过适当的渠道提出批评和建议，千万不可在学生面前发牢骚，更不能以班级利益对抗学校利益。

（二）服从领导

学校领导与班主任之间存在着一种行政上的隶属关系。领导是学校教育教学工作的负责人，班主任当然应服从领导，即使有时领导在某方面所做不妥，班主任也不宜与其大吵大闹，甚至对着干。当然也不能因为对方是领导就表现出自卑或讨好或曲意奉承，而应表现得彬彬有礼、不卑不亢，勇于维护班级学生的合法权益。

（三）支持领导

班主任要参与学校管理，成为学校领导进行管理活动的合作者，而不要成为其反对者或旁观者。在班主任集体或学生集体中，都应自觉维护领导的威信，支持领导的工作。为此，要主动输送信息使领导掌握了解更多的情况，做出正确的决策；要提出积极的建议，帮助领导出主意、想办法，如与领导意见有分歧，可在会上或私下申诉自己的意见；如果领导没有接受，则应按组织原则，服从会议决议或领导的意见，当然可以保留自己的看法，并进一步向有关方面申诉，切不可因为自己正确就吵闹或以搁置工作来要挟领导或到处散布意见等。

三、协调统一班委会的教育力量

班委会是由学生骨干组成的、为班级服务的机构，它接受学校学生会和班主任的双重领导。班委会是班主任开展班级活动的助手，是联系班级学生群体与班主任的纽带，是促进全班学生全面发展的重要手段。班委会的主要工作内容是：协助班主任做好思想政治教育工作，增强组织纪律性，推动班级奋斗目标的实现；配合班主任教育学生努力学习，帮助解决学习困难，提高学习质量；在班主任的领导下，组织全班学生参加公益劳动和富有教育意义的集体活动，提高学生的道德水平和劳动观念；协助班主任搞好课外活动，使全班学生增长知识，发展特长、爱好，增进身心健康。班主任协调统一班委会教育力量的要求有以下几个方面。

（一）双依靠，两统一

“双依靠”，即班主任一方面要依靠教师集体，发挥其对班委会的指导与监督作用；另一方面又要依靠班委会，使其当好班主任的助手。“两统一”，即班级教师对班级工作的要求、计划、安排等的认识统一，以增强整体教育效应；班干部对班级奋斗目标的认识统一，以加强班委会自身的凝聚力，协调配合开展工作。为此，在制订班级工作计划时，要让他们发挥主人翁作用，通过充分的讨论，做到方向明确、步骤稳妥、措施实在、办法有力。在实施计划的过程中，既要具体指导，又要放手让班委会创造性地去开展工作，以培养他们的独立工作能力。

（二）人选得当，结构合理

组建班委会，班干部的基本条件是学习好、思想好、身体好，有一定的工作能力，愿意为大家服务。此外，还应注意班委会成员结构的合理性，即智能与气质特点两方面的合理搭配。班主任要充分了解班干部人选，让各具不同智能和气质特点的学生协调搭配，组成班委会。这不仅是班委会各方面工作角色的需要，而且容易使其成为团结合作、同心协力做好班级工作的领导集体。

（三）严格要求，树立威信

班主任要严格要求班委会，教育他们在班级活动中必须以身作则，发扬民主，尊重同学，带头示范，不能因为他们是工作骨干就迁就放任。若班干部在工作中有过失，班主任应做恰当处理，切不可以维护班干部威信为由而不闻不问，甚至袒护。过失大且在班上影响大的，最好在全班公开自我批评，以挽回影响；过失小、影响小的，可在班委会内做自我批评，以吸取经验教训。威信是班委会开展工作取得成效的重要因素，而威信的树立，既要靠班主任从组织上给予支持，为班委会顺利开展工作创造条件，又要靠班委会及其成员通过自身兢兢业业、任劳任怨、勤勤恳恳的服务去赢得同学们的钦佩和信赖，二者不可偏废。

四、协调统一团队组织的教育力量

教育家克鲁普斯卡娅曾说："我觉得，学校和少年先锋队之间、教师和班主任之间、学校教学大纲和少年先锋队工作纲要之间都应该保持最密切的联系，因为要是没有这种联系，少年先锋队员就不能做到像生活和时代所要求他们的那样切实地去学习。"[①]学校团队组织是在学校党组织领导下的学生的群众性组织，他们是学校党组织和行政领导对学生进行教育的有力助手，也是班主任搞好班级工作的重要力量。班主任要改变只有班级活动，没有团队组织活动的现象；改变只有团队组织形式，没有团队教育作用的现象。班主任在建设班集体的过程中，要主动过问他们的工作和活动安排，关心他们的组织发展，做到和班级活动统筹兼顾、协调合作，充分发挥团队组织的先锋模范作用。班主任协调统一团队组织教育力量的要求有以下几个方面。

（一）协调好班主任与团队组织的关系

学校团队组织是在学校领导下进行的，并不直接受学校行政和班主任的领导。班主任与团队组织的关系，不是上下级的领导关系，而是协调配合的关系。学校的教育工作是在学校行政直接领导和具体安排下进行的。因此，团队工作必须服从学校的教育任务。班主任既要指导本班的团队干部做好工作，使团队活动服从于学校教育工作计划，又要尊重班级团队组织工作的独立性，使他们服从学校工作安排。班级的团队干部既是班主任的依靠力量和得力助手，又是在学校团队组织的领导下开展工作的。因此，班主任在指导团队干部开展工作时，必须取得学校的支持，当班级工作与团队活动产生矛盾时，班主任要顾全大局，积极支持团队工作。

（二）协调好班委会和团队组织的关系

班主任要重视班委会和团队组织之间的协调工作，使他们团结协作，充分发挥各自的作用。班主任要认真选好班长和团队干部，一般来说，对班长人选要着重考察他的管理能力，

① ［苏］克鲁普斯卡娅. 克鲁普斯卡娅教育文选(上)［M］. 北京：人民教育出版社，1959：302-303.

对团队干部人选则须着重考察他的组织能力。班主任要经常帮助和教育他们搞好团结，了解他们工作中遇到的困难，帮助他们解决各种问题。当他们在工作中产生矛盾时，班主任要及时帮助他们消除矛盾，团结一致，做好班级管理工作。

（三）指导团队组织开展工作

第一，协助团队组织制订工作计划。班主任在帮助班级团队组织制订工作计划时，要注意充分发挥团队干部和成员的积极性和主动性，要善于根据学生的特点，开展丰富多彩的活动。第二，帮助团队组织落实工作计划。班主任要经常与学校团队组织取得联系，了解学校团队工作的主要活动安排，使班级组织的活动与学校团队组织的活动步调一致。第三，帮助团队干部提高思想认识和工作能力。第四，协调团队组织进行思想政治教育工作，交流和分析班上学生情况，研究正确而有效的教育措施。第五，班主任也可以向团队组织反映情况、提出建议，协助做好组织发展工作。

五、协调统一班级学生的教育力量

班主任作为学校教育活动的直接承担者，在开启学生的心智、塑造学生的心灵、陶冶学生的情操等方面，起着十分重要的作用。在教育教学过程中，班主任必须和学生打交道，其与学生之间关系的好坏也正是班级工作成败的关键。因此，班主任必须搞好与学生的关系，班主任与学生之间形成协调、融洽的良好氛围，教育教学的过程和目标才能顺利进行和完成。班主任协调统一班级学生教育力量的要求有以下几个方面。

（一）理解是心灵沟通的纽带

班主任与学生之间应该进行心理换位，都能从对方的角度考虑问题，这样才能真正了解对方的心理。班主任如果能深入学生的内心，学生就会感受到自己被理解了、被关心了，从而增强对班主任的信任感，班主任讲道理学生就容易接受。班主任只有理解学生，才能使学生理解自己。每个班主任都盼望着能与自己的学生打成一片，但许多学生却始终自觉或不自觉地对班主任关起情感的大门，痛快一点的也只是半开半闭。显而易见，班主任如果不能了解和贴近学生的内心世界，就会增加施教的难度，降低教育的信度和效率，因而班主任必须努力开启学生心灵世界的大门。要想做到这一点，必须和学生多交流、多沟通。班主任不能凌驾于学生之上，要学会放下“架子”，摆正师生位置，从心底产生与学生交友的愿望，而不能带有丝毫勉强。唯其如此，班主任才能了解他们的所思、所想、所疑、所盼，才能真正把握班级和学生的实际情况，才能有针对性地不断调整自己的教育管理工作，从而取得良好的教育效果。

（二）平等对待每一个学生

班主任应确立平等的观念，做一个公正严明的班级领导者。在同一班级的学生中，可能客观地存在着一些明显的差异，如家庭经济条件的好坏、学习成绩的优劣等，但这些差异应是班主任有针对性地开展班级教育管理工作的出发点和立足点，而不应该是班主任对学生采取不同标准的依据。作为班主任，如果对经济条件不一样、家庭社会背景不一样、学习成绩不一样的学生，给予不平等的待遇，势必会极大地伤害一些学生的自尊心和自信心，同时也就降低了班主任在学生心目中的威信，教育影响也就会大打折扣。

（三）组织活动增进师生间感情

班主任与学生之间和谐关系的形成，需要思想情感的交流与沟通，需要师生之间的相互理解与尊重,而这一切都必须在接触与交往中才能做到。因此,班主任与学生共同参加一些活动,是增进师生情感,形成和谐融洽关系的有效途径。很多活动需要发挥团队精神和合作意识,班主任与学生一起参加这样的活动,必定会增加和学生之间的协调与互动,在合作中增进感情。如可以和学生一起开展体育活动,可以和学生一起开展文艺活动,可以和学生一起进行社会调查活动,可以和学生一起制订和组织策划活动方案等。

(四)正确合理地使用批评

首先需要指出的是,班主任对学生应该多鼓励、少批评,对学生在学习、纪律、思想等方面出现的问题和偏差,应该及时指出,耐心帮助他们、鼓励他们,对他们充满信心。当然,并不是不能批评,更不是不该批评或者认为批评没有任何好处。只是在批评时,班主任要注意方式和方法问题。批评与自我批评是师生之间关系协调的润滑剂,班主任批评学生,是为了提高学生的思想认识,达到改正缺点和错误的教育目的。班主任在对学生进行批评时,应注意批评的艺术和技巧,批评要符合学生的实际,要善于抓住要害;要注意学生的认识态度和情感基础;要注意批评的场合与气氛;要掌握批评的"规模"与"规格";要根据不同的对象,采取不一样的批评方式;要做好批评后的教育转化工作;批评要能触及学生的心灵深处,使学生真正认识到自己的错误,并知道今后如何改正。批评是相互进行的,班主任有时也会犯错误,对来自学生的批评,班主任要有宽广博大的胸怀,要接受学生合理的批评,采纳学生的意见和建议。如果班主任真的错了,就应该公开地向学生说一声"对不起",然后逐步改进自己的错误或不足,使自己能够成为学生的表率和榜样。班主任一方面通过合理的批评,使学生认识到自己的错误并及时加以矫正,这样学生就会不断进步,学生就会在心底感激你;另一方面,班主任也通过自我批评的方式,让学生认识到:原来老师也会犯错误,而且还能进行自我检讨和改正,从而增进师生之间的心理融通和情感交流,进而形成和谐融洽的良好师生关系。

(五)充分运用表扬与信任的力量

每个学生的身上都有"闪光点",而且他们也都有一种希望自己被别人肯定的心理渴求。因此,班主任要抓住学生的这个特点,在进行教育管理的过程中,及时捕捉学生身上的"闪光点"并予以表扬,这将会激发他们身上的潜能,取得事半功倍的教育效果,师生之间的关系必将得到很大的改善。在学生群体中,最令人头痛的莫过于那些学习和思想稍差一些的所谓"后进生"。作为一名班主任,要对他们有一个正确的认识:这些学生在某些方面的确比较差一些,但他们也并不是无药可救,他们也想变好,也想积极上进,也希望被别人肯定和表扬。因此,班主任要一视同仁地对待他们,信任他们。同时,班主任要做一个有心人,在点点滴滴的生活小事中发现他们的优点,及时加以表扬,一步步培养他们的自尊心和自信心。表扬是鼓舞学生前进的明灯,信任是促进学生进步的强大动力;积极的表扬会激发学生美好的感情,真诚的信任会推动学生的巨大进步。班主任的表扬和信任,必将会照亮学生的心田,使学生与班主任老师能够真正心灵相通,心心相印。

(六)提高自身专业素养

班主任与学生之间矛盾的焦点在于班主任如何评价学生的思想与行为,怎样不断塑造自身,使自己成为学生敬重的楷模。这一点是由班主任自身的道德、学识,特别是班主任的个性品质等要素决定的。班主任作为教育者,如果自身不具备优良的素质修养,当然就不会被学生钦佩和信服,学生的内心深处也就不会真正接纳班主任老师。班主任要有崇高的道德修养、优良的心理品质和良好的人格魅力。学生最初的崇拜是盲目的，只有当班主任自尊自爱、自强自信的人格魅力使学生深深折服的时候，他们才会找到人生起步的坐标点。自尊而不自负、自爱而不自封、自强而不蛮干、自信而不盲动，举止得体、儒雅可亲、刚正不阿、一身正气，正是班主任老师人格魅力之所在。班主任还要有积极的创新意识，不断采纳和应用新方法、新途径，不断更新自己的知识体系，只有这样才能真正胜任传道、授业、解惑的基本职责。

第二节　协调统一家庭教育力量

家庭是由两个或两个以上的人基于血缘、婚姻或收养关系而组成的社会单元，是社会的基本细胞。对于学生而言，保护正常发育与健康成长、提供爱和情感上的依恋、促进个体社会化、塑造健全人格等，是家庭教育的基本功能。在学生的成长和发展中，家庭教育起着奠基作用，其影响往往是终身的。

一、家庭教育的特点

（一）天然性

抚养和教育孩子，是父母或其他年长者的天职。孩子一旦成为家庭中的一员，父母或其他年长者就自然而然地成为孩子的养护者和教育者。在基于亲情的家庭人际氛围和生活环境中，父母或其他年长者与孩子之间相互信任、相互依恋。一方面，父母或其他年长者有意识地对孩子施加影响，并通过日常生活的言行举止、思想感情影响孩子，由此履行其作为养护者和教育者的责任；另一方面，孩子依恋父母或其他年长者，从日常生活交往之间获得关爱和温暖，不断成长和进步，由此让父母或其他年长者获得履行义务和职责之后的幸福感，并且在融洽与和谐的家庭氛围中体味着生命的意义与价值。不过，家庭教育的这种天然性也是有一定局限的，特别是家庭结构是否发生变化、家庭成员之间的关系是否融洽，以及父母或其他年长者是否从孩子的成长出发、家长教养方式是否得当等，都会影响家庭教育的效果。

（二）感染性

父母的一言一行、一举一动时时刻刻都在影响儿童的思想、行为和习惯。家长是孩子模仿的榜样。孩子模仿成人，首先是模仿家长，包括好的方面和坏的方面。出于对父母或其他年长者的尊重、依恋、信任、爱戴和感激，孩子往往对他们的言行保持高度的理解、信任、认可和接纳，乃至在不知不觉中习染而成为个人的行为习惯。教育家马卡连柯曾对家长们强调指出：“不要以为在你们同孩子谈话，教训他、命令他的时候，才是进行教育。你们在每时每刻，甚至是你们不在场的时候，也在教育儿童。你们怎样穿戴，怎样同别人谈话，怎样谈论别人，怎样欢乐和发愁，怎样对待朋友和敌人，怎样笑，怎样读报——这一切对儿童都有重要的教育意义。”[①]俗话说：“上梁不正下梁歪”，就是讲的这个道理。一般说来，家长有良好的思想品德，孩子的思想品德往往也比较高尚。反之，家长的言行不正，孩子必然会受到不好的影响。所以，做家长的要随时检点自己的言行，以身作则，有意识地在学习、道德行为方面给

① [苏]马卡连柯．论共产主义教育[M]．陈昌浩，译．北京：人民教育出版社，1953：388．

孩子做出榜样,言教身教一致,才能教育好孩子。

(三) 弥散性

相对于各种自发的环境影响因素而言,家庭教育对于孩子身心的影响是有目的、有意识的。但是,和学校教育相比,家庭教育的这种有目的、有意识的影响,主要是通过日常生活、交往和共同活动得以产生,由父母或其他年长者言传身教加以实现的。家庭没有固定的教育目标和教育内容,也没有固定的教育场所、教育时间和教育方法,它更多地表现为遇物而诲、随境而教的特点。生活所在、交往所在、活动所在,也就是家庭教育之所在。不仅如此,父母或其他年长者的训导虽然很重要,但他们的待人接物、言行举止及其所能体现出来的德行修养等,都会通过耳濡目染而渗透到孩子的心灵之中。这就决定了家庭教育不仅是父母或其他年长者对孩子或其他年幼者的教育,而且也是父母或其他年长者作为公民、作为教育者的自我教育。

(四) 基础性

学生对家庭在物质上的依赖性和在感情上的依恋性,使他们能够对家庭产生心理上的安全感和归属感。孩子在心理上的这种安全感和归属感,不仅是他们道德情感产生的基本前提,而且也是他们接受道德影响并自主发展自身品德所必需的土壤或养分。因此,家庭能够对学生产生先入为主的影响,是他们品德发展和德性成长的重要基础。不仅如此,由于学生自幼生活在家庭之中,他们在性情未定、心智待启之时,便无时无刻不受到父母或其他年长者的影响,并成为日后接受来自其他方面影响的基础,对于其他外在影响在一定程度上具有过滤和选择作用。古人所谓"三岁看老",虽然有些夸大其词,但也在一定意义上昭示了家庭教育的这种特点。直到进入学校以后,家庭教育所具有的这种感染性和弥散性依然起着极为重要的作用,并且无法被学校或社会等其他教育力量所取代。

(五) 终身性

家庭教育与家庭共始终。尽管家庭成员之间的影响是双向、互动的,但对于孩子而言,父母或其他年长者不仅是最早的教育者,而且也是终身的教育者。孩子在父母或其他年长者身边长大,个人的生活习惯、学习方式、兴趣爱好、生活态度、为人处世、价值观念等诸方面,无不受到来自父母或其他年长者的影响,直至成人乃至独立生活、成家立业后,他们仍然与父母或其他年长者保持密切联系,在一定程度上接受来自父母或其他年长者的影响。从这个意义上来说,家庭教育具有持久性和终身性的鲜明特征。家庭教育的终身性,有利于增强父母或其他年长者的教育责任感,有利于密切亲情和人伦关系。不过,由于年龄、性格以及各自生活时代的不同而导致的代际差异,家庭教育也可能发生错位的现象,甚至还会酿成家庭悲剧。不仅如此,随着社会变迁的不断加剧,家庭的结构和功能、人际交往、生活方式等,都在发生较为明显的变化,父母或其他年长者对于孩子在成人以后的种种影响已经变得非常微弱。

二、家庭教育的意义

家庭教育是指由家长和其他年长者按国家、社会的要求,创造一定的家庭环境,通过言传身教或其他教育方式方法,对孩子施以一定影响的教育活动。家庭教育和学校教育、社会教育相比,有自身的特点和优势,在儿童成长过程中起着独特而至关重要的作用。正如德国教育家福禄培尔所说:"家庭生活在儿童生长的每一个时期,不,在人的整个一生中,是无可比拟的重要的。”①

（一）家庭是儿童最先接触教育影响的地方

家庭是人类生活中最基本、最主要的一种社会组织。人们曾把家庭比作社会的细胞，是组成社会的分子。家庭对一个人的影响是很大的，它是个人与社会联系的桥梁，是个人成长的重要的起始教育场所。教育家马卡连柯说过：“家庭是最重要的地方，在家庭里面，人初次向社会生活迈进。在你们的家庭里面，在你们的领导下，成长着未来的公民、未来的事业家、未来的战士。儿童从出生的第一天开始，就接受家庭教育，他们首次从父母那里学习语言，学习认识事物，学习生活习惯。”②所以，儿童在未入学时，家长就开始了精心的教育和培养。启蒙教育是至关重要的。因为儿童的心灵就像一张纯洁的白纸，第一笔怎样画，涂上什么颜色，对以后能否画出美丽的图画，都是非常重要的。家庭教育给儿童的印象是最深刻、最牢固的，它是儿童以后发展成长的基础。

（二）父母和子女之间有着密切而深厚的感情

父母是儿童的至亲，他们共同生活在一个家庭里。孩子从出生到入学，大部分甚至全部时间都在家里生活。即使入学后，在家里生活的时间也远比在学校生活的时间多，因而接触家长和其他成员的时间也远比在学校和老师接触的时间多。并且，家长最了解自己的孩子，正所谓：“知子莫若父，知臣莫若君。”具体了解子女的情况和特点，就可以因材施教，使教育更具有针对性。家长在孩子面前很有威信，孩子也总是把父母视为最可信赖的人，他们比较容易接受家长的教诲。所以父母的教育往往在孩子的心灵上起着决定作用。正如教育家裴斯泰洛齐所说：“孩子受到母亲的照顾，感觉到愉快。爱的种子就在孩子心里发展起来了。”③因此，家长的思想作风、爱好特长、行为习惯都会直接或间接地影响儿童。所以，“孩子是家庭的一面镜子，孩子身上有着父母的影子”，这句话是十分有道理的。

（三）培养适应社会发展需要的道德意识和个性品质

家庭教育是每个家庭的内部事务。但对于绝大多数家庭而言，家庭教育非常容易受到社会文化，也就是广大民众在日常生活中所表现出来的生活方式、价值取向、行为模式以及风俗习惯等的影响。父母或其他年长者对学生的养育，往往基于“自利”的目的，按照自己的亲身经验或从父辈那里接受的影响、从亲友或同事那里获得的认识或信息来进行。因此，相对于学校教育和社会教育而言，家庭教育的自我取向性、现实性、功利性和从众性等特征较为明显。但是，在急剧变迁的社会背景下，过分依从传统、依从社会潮流来养育孩子并不完全恰当。从教育的角度看，它至少具有两个方面的弊端：一是容易忽视个人和家庭的社会特征及其在影响和改造社会方面的功能，不利于社会精神的重塑和个体公民意识的培养；二是容易忽视孩子作为时代背景下的价值主体的特征，不利于个体自主精神的培养，不利于个体的长远、和谐的发展。鉴于此，家庭教育必须站在适应社会发展和个体发展的角度，从尊重孩子的道德自主性出发，促进他们养成适应现代社会发展需要的道德意识和个性品质。需要指出的是，这里丝毫未否认传统美德的现代意义，而是希望从社会精神的重塑、个体的公民意识和自主精神的培养等角度来弘扬、光大和提升传统美德。

---

① 张焕庭.西方资产阶级教育论著选[M].北京：人民教育出版社，1964：317.

② [苏]马卡连柯.论共产主义教育[M].陈昌浩，译.北京：人民教育出版社，1953：380.

③ 张焕庭.西方资产阶级教育论著选[M].北京：人民教育出版社，1964：193.

（四）家庭教育是学校教育的重要补充和延伸

教育家苏霍姆林斯基认为，如果家庭教育不与学校教育相配合，甚至反其道而行之，学校的教育作用就会事倍功半，甚至前功尽弃。家长对婴幼儿担负着主要的或全部的教育任务。孩子入园上学后，家长还应积极与学校配合教育，才能使孩子顺利成长。即使子女走向社会，家长往往还需要对他们进行必要的指导和帮助。所以，家庭是儿童最早的，也是时间最长的受教育场所，家长是他们最早乃至终生的老师。而且儿童在入学前已经在家庭影响下形成一定的思想和行为习惯，在学校教育过程中，家庭教育还继续在影响着儿童的成长。因而良好的家庭教育可以协调学校教育，补充学校教育，促进儿童的健康成长。这正如教育家福禄培尔所说："学校必须与家庭取得联系。学校和生活的一致，家庭生活和学生生活的一致，是儿童时期完善教育的首要和不可少的条件。"①

三、协调统一家庭教育力量的途径

（一）家庭访问

家庭访问，简称家访，是班主任因教育工作需要到学生家里进行调查访问的一种工作方式。它是班主任与学生家长建立联系、协调工作的重要途径。随着社会的飞速发展，工作效率的日益提高，家访的作用更显得突出，意义更加巨大。如何进行家访并达到预期目的，是班主任需要探索的问题。一般而言，家访应当注意遵循以下要求。

1. 明确目的，精心准备

班主任在家访前要明确目的。家访的目的不是为了向家长告状，或是由于自己教育无力而把责任推给家长，而是为了和家长真诚地交换意见，调动家长教育子女的积极性，取得家长的协助，共同把学生教育好。因此，我们在家访前要对被家访的学生做深入的了解，包括他的学习状况、在学校守纪律的情况和生活习惯等，要明确通过这次家访需要解决什么问题，达到什么效果。另外，还要制订详尽而可行的计划，考虑好与学生家长交谈的问题以及如何针对心态不同的家长进行交谈，做到有的放矢。这样就不至于在家访的过程中不知所云，使家长产生班主任对自己的孩子关心太少，家访只不过是形式而已的想法。

2. 预约时间，捕捉时机

什么时候去家访，到哪些学生家中去家访，这些都是比较复杂的问题。有经验的班主任善于根据学生的表现来捕捉家访的时机，根据学生的表现来确定家访的主题。如当班上的一位学生成绩连续出现下滑的情况，老师与其谈话后依然解决不了问题时，班主任就应该想到家访了。班主任通过家访找到这位学生成绩下滑的原因，与家长一起帮助孩子端正态度，弥补不足，努力把学习成绩提升起来。在这种情况下家访，还可以避免学生因成绩下滑而遭到家长的责骂、体罚，从而导致学生情绪低落，产生消极厌学情绪，以致成绩继续下滑，甚至发生逃学、轻生等恶性后果。而当班上的某个学生情绪出现异常时，班主任一定要及时和家长联系，必要时一定要家访。学生在日常学习、生活中，一般都具有相对稳定的个性倾向和行为表现。一旦发现学生出现情绪异常，班主任就要及时与其谈心，并根据了解的情况，进行相应的情绪矫正。如果学生情绪异常的原因来自家

① 张焕庭.西方资产阶级教育论著选[M].北京：人民教育出版社，1964：332.

庭，班主任就要及时通过家访告知家长，与家长共同商议帮学生矫正异常情绪的办法和措施，引导学生尽早度过情绪波动期。

3. 三方互动，沟通心灵

家访和上课一样，切忌满堂灌和一言堂。家访时，班主任要像上课一样，注重互动。班主任要留给家长和学生发表自己观点的时间和机会。首先，班主任要站在家长的角度上家访。班主任与家长是有很多共同语言的，因为都有共同的望子成龙之心。班主任在家访时除了向家长通报学生在校的表现情况外，还要充分听取家长意见。因为学生在学校的表现也许有迫于纪律等因素，也许还有一些伪装成分，而在家里的表现则更真实，从某种程度上讲，家长了解的情况更为真实可靠。其次，班主任要站在学生的角度进行家访。学生一见到班主任来家访，思想上常常有压力，唯恐班主任告状。班主任事先要洞察这种心理，要急学生所急，想学生所想。在家长面前，要多表扬，少批评，在充分肯定成绩的基础上，委婉指出其不足，这样给学生和家长都留足脸面。老师的真诚让学生消除戒备心理，相信老师是真心来帮助他的，家访就成功了一半。接下来的交谈中要让学生成为主角，要给他充分的说话时间。要循循善诱，让学生说出自己内心深处的真实想法，这样才能解决问题，家访的目的才能达到。

4. 深化教育，巩固效果

学生的每一点进步，尤其是后进生的进步往往不是一步到位，必然有一个反复的过程。班主任家访后，要结合家访中了解掌握的资料，对学生重新分析评估，制订新的教育方案和措施，不失时机地对学生进行深化教育，这是家访中一个至关重要的环节。但不少班主任家访后往往会忽略这个关键环节。如果认为家访回来就意味着完成了任务，这更是错误的。家访过后不采取任何措施以加强对问题学生的教育，可以说这样的家访没有任何效果，甚至会在学生心中起反作用。因为家访必定引起学生心理不同程度的震动，学生心里正在进行着积极思想与消极因素的对抗，正急需外部动力的辅助，以达到思想上的净化和改良。如果班主任不作为，就错过了最佳教育时机，老师和家长所做的一切算白费了。

5. 特殊家庭，特别家访

一些地区的发展过程中，留守儿童不断增加，夫妻离异现象呈上升趋势，单亲家庭学生人数在增加，这些都加大了班主任工作的难度。缺少父爱或母爱的学生在成长的道路上，或多或少地留有某些遗憾、痛苦和无奈。所以班主任对这类学生多一点爱，就能减轻父爱母爱残缺带给他的伤害。为此，应先对他们的寄养处进行家访，以便弄清楚这类学生住的相关信息。鉴于这种家访的特殊性，班主任家访时特别要注意分寸，尽量报喜不报忧，少说多听，以免起负面的作用。那么这类学生的真实情况或者存在的问题怎么解决呢？可采用电话家访、网络家访把真实的情况和存在的问题告诉他远方的父母，再通过电话，由他们来配合班主任教育他们的子女。

(二) 家长会

家长会是一种传统的家校合作方式，是做好学生的教育工作，促使“三位一体”的教育网络形成的重要措施。家长会能使每位家长充分认识到学生在校的情况，便于教育和管理；能使学生家长学到教育与管理子女的方法，改变以往的、陈旧的“棒打、严惩”的体罚方式；能够有机会向学生家长宣传和贯彻本班级的工作计划与思路，对不同学生协同家长因材施教；能为班级提供方便，提高工作效率，增多与家长沟通的机会和家访的范围；能够及时了解与掌握家长对学生的希望,更好地指导学生抓好学习;能及时反馈班主任工作情况,悉心听取学生家长对班级工作的意见和建议。家长会的召开,沟通了学校与家庭、班主任与家长、家长与学生之间的关系,为学生的健康成长铺设了一条捷径。

1. 家长会的类型

根据召开的对象和目的,家长会可分为三种:① 优秀生家长会。班主任与家长彼此交换学生在校及在家的学习表现及生活情况,找出存在的问题与家长共同解决,指出今后需注意的问题及努力方向,给家长树立对孩子教育的信心与决心。② 后进生家长会。后进生可分为学习上的后进生、思想品德上的后进生以及两方面都落后的学生。这种家长会的召开,有一定的难度,要使家长看到孩子身上的闪光点,同时明确学生身上存在的问题,找到合理的解决办法,更要树立家长对孩子教育的信心,教给他们教育孩子的正确方法。③ 全体学生家长会。班主任报告本阶段班级工作情况,尤其是每位同学的学习成绩情况,以及下一步工作设想和需要家长协调做好工作的要求。

根据召开的时间,家长会可分为四种:① 开学初家长会。宣布本学期工作设想,进行班级工作计划的传达,与家长开诚布公地谈如何根据班级工作计划,协调好班级工作,与班主任配合起来教育好学生。② 学期中家长会。重点是总结前一阶段工作及计划的实施情况,对每一位同学的情况,特别是思想表现、学习成绩做汇报,找出问题,总结经验,更好地完成下面的工作。③ 学期末家长会。这是在一学期中最关键的一次家长会。在开学初,家长一般对子女的底细不清,期中时又认为学习潜力还没有发挥出来,不能从思想上接受从老师那里得来的信息。到了期末,是一学期的工作总结,学生学习状况及存在的问题班主任已经摸透,此时召开家长会,便可推心置腹,对症下药,便于下一步对学生的管理与教育。④ 毕业班学生家长会。"望子成龙""望女成凤"是每个父母对子女的期望,尤其到了临近毕业,子女的学习、升学情况如何,家长都很想从老师那里了解一些,以便及时地指导子女做好毕业前的前途选择。因此,应抓住这一契机,开好毕业班家长会。不但要谈学生的学习情况,而且要向家长提一些建议,如关于对学生的方法指导及营养的供应问题,避免学生在学习中"疲劳战""营养缺乏"等症状的发生。

2. 家长会的要求

第一,内容充实,有针对性。能够把全班学生的家长集中到一起,是一件非常不容易的事,这就需要班主任在组织家长会时,做好充分的准备,合理地安排家长会的内容,使每位与会家长对子女的学习情况都能有所了解。

第二,不但要谈学生的成绩,而且还要谈学生的缺点和现阶段存在的问题。但无论谈哪方面的内容或针对哪一方面去谈,都要注意语言的艺术。在实际工作中,大部分家长在子女成绩优异的情况下,乐于参加家长会,悉心听取班主任对子女的情况介绍。但有少部分成绩较差的学生的家长,却从狭隘的观点出发,放弃了对子女的希望,因此,在召开家长会时,这一部分家长就不愿意参加。对于这部分学生家长,班主任就要循循善诱,抓住学生身上的闪光点,及时进行教育,从而充分发挥学生的特长,使学生得到全面发展。

第三,定时定点,适时有度。每学期召开的家长会要适时有度,地点要固定,时间要确定。时间的选择一般可选在双休日,这样便于双方都能抽出时间来谈一谈。地点的选择一般可在学生所在的教室内,并且最好能让每位家长坐在自己孩子的位子上,这样能使家长对孩子的学习、生活环境——教室,有一个更全面的了解,从侧面也可增加家长对班主任的了解程度。

（三）书面联系

书面联系是学校或班主任与学生家长保持联系的一种方式，它能使学生家长及时了解学生在校的情况和学校的要求，也能使班主任经常了解学生在家的情况和家长的反映，以便共同教育学生。书面联系有定期和不定期两种。定期联系就是每个学期结束时，将学生手册或成绩单寄去或请学生带回家，请家长填写意见，开学后带回学校；也可以与家庭建立联系卡，一周或一个月与家长联系一次。不定期联系就是当学校或班级开展重大教育活动，或学生做了某些突出成绩，或出现较大的问题时，采用书面形式报告家长。班主任在工作中具体采取何种形式的书面联系，应视具体情况而定，以能获得最佳效果为最终目的。

（四）电话、短信沟通

班主任和家长沟通不一定非要面对面坐下来，一本正经地谈，抽空给家长打个电话、发个短信也是不错的方法。为了便于和家长联系，每次接班后班主任都要及时地把自己的电话告知班级学生家长，同时及时地收集好班级学生家长的联系方式，并将班级所有学生家长的姓名及电话号码都存在手机里，对于一些简单的、一说就明白的问题一般都可以通过电话或短信与其进行沟通。例如，班级哪位同学迟到、缺课、身体不舒服，抑或是学生取得一定的进步、在学校有突出表现时，班主任都要及时给家长打个电话。

四、协调统一家庭教育力量的要求

在影响个体身心发展的诸因素中，除了社会环境、个体活动等之外，家庭中的各种主客观因素也不容忽视。家庭中的客观因素包括家庭结构、家庭经济状况、家庭社会地位、家长职业、家长受教育程度等；家庭中的主观因素则包括家庭生活方式、家长期望、家长教养方式、家庭氛围等。

（一）要始终关注“成人”的根本问题

在家庭教育中，学生的身体健康和学业进步往往是父母或其他年长者关注的重心。但是，对于许多家长而言，孩子“成人”却似乎是自然而然、情理之中的事情，他们虽然知道良好品德的重要性，但时常轻视或忽视“小节”“细节”，加之因亲情、功利心和教育能力缺失而导致的放任、溺爱、过度保护、简单粗暴，往往使得学生的良好个性品质和亲社会情感和行为得不到较好的培养。另外，如今学生的生活空间、交往范围变得广泛，思想意识、行为方式变得复杂，容易引起学生问题行为的出现，甚至出现违法犯罪的现象。因此，家庭教育必须始终关注学生的“成人”问题，要注重日常生活中的“小节”和“细节”，注意良好思想品德、行为习惯的日积月累，以及不良思想意识、问题行为的防微杜渐。

（二）共同活动，共同体验

家庭教育的天然性、情感性和弥散性等特点，决定了家庭教育的落实不可能完全像学校教育那样有目的、有计划、有组织地系统进行。在共同生活中发展，在共同活动中成长，应是家庭教育遵循的基本原则。父母或其他年长者应当尽可能抽出时间与自己的孩子一起共同参与各种活动，包括家务劳动、社区服务和社会实践活动、简单的生产劳动、阅读和欣赏、休闲娱乐或运动等，让学生在与亲人的共同活动中观察生活、感悟生活、体验生活，从中思考和把握生活及人生的真正意义。

（三）遇物而诲，促成反思

教导、示范是家庭教育的基本方式，必须与家庭生活相联系，与学生的生活和身心发展水平相适应，才能做到行之有效。与学校教育和社会教育一样，教导不能等同于说教和灌输，而是要进行有效的指导，也就是在生活中对学生加以指点和引导，并以身示范，促进学生表达积极的道德情感、表现良好的道德行为，帮助他们克服生活中的消极情绪，预防不当或不良言行的发生，努力促成学生对自己或他人的言行、对社会生活中的各种现象或问题进行思考和反省，并学会自主判断和自主选择。

（四）尊重信任，保持人际和谐

随着学生自我意识和自主性的明显增强，他们对来自他人的尊重、信任和接纳的要求也会随之增强，并且这种要求日益成为他们接受外界影响的直接动因和保障，也成为学生信任和接纳影响者、营造和谐的人际氛围的重要条件。对于信任的这种功能与作用，社会学领域的专门研究已经表明："通常来说，给予他人信任有利于唤起他人的积极性。信任释放和调动人的能动性，释放对他人创造的、不受抑制的、革新的、企业家式的积极精神……在有些情形中（托付或唤起信任），可能也有额外的好处：我们的信任可能被报之以相互的信任，因此我们将享受被信任的各种利益。"[①]因此，在家庭教育中，父母或其他年长者应当尽可能做到尊重学生作为社会个体的独立性，尊重他们的人格尊严，在生活和学习中信任他人、接纳他们，相信他们能够在成人的帮助指导下克服困难，改正错误，取得进步。不仅如此，努力保持和谐的家庭人际关系，营造良好的家庭氛围，不仅是家庭幸福的一种标志，而且也是保证家庭教育得以顺利实现的基本条件。

第三节　协调统一社会教育力量

青少年学生都有自己的兴趣和爱好，这些兴趣和爱好若能及早得到培养，就能形成特长，表现出某一方面的才能，这无疑会加速学生的和谐发展。学校教育很难适应同一班级中不同兴趣爱好和发展水平学生的个别需要，而社会教育则可以弥补这些方面的不足。教师根据学生的爱好，有意识地引导他们参加校外教育机构的专门活动，如电脑维修、琴棋书画，使学生在自己爱好的活动中施展才华，发展特长，增长聪明才智，进而独立运用自己的知识和智慧去发现问题、分析问题和解决问题。社会教育为学生全方位的发展提供了一条新路。

一、社会教育的特点

广义的社会教育是指一切社会生活影响对于个人身心发展的教育；狭义的社会教育则是指学校教育以外的一切文化教育设施对儿童、青少年和成人进行的各种教育活动。社会教育对学生和班级影响的特点主要表现为以下几个方面。

（一）选择性

在社会教育活动中，学生可以根据自己的兴趣爱好自由选择适合自己的项目，自愿参加本人所选定的活动。班主任必须培养学生善于选择社会教育的能力。

---

① ［波兰］彼得·什托姆普卡.信任：一种社会学理论［M］.程胜利，译.北京：中华书局，2005：139.

（二）广泛性

社会教育对象广泛，具有全民的性质；社会教育的范围广泛，渗透于社会生活的各个方面；社会教育的形式广泛，有报刊电台的宣传、影视戏曲的感染、群体活动的交往、社会榜样的熏陶等，可称之为“全境式”教育。

（三）多样性

丰富多彩的社会生活决定了社会教育内容的多样性，它能及时反映社会生活的多方面、多角度的发展变化及其对人们的要求；社会教育的方式也是多种多样，不拘一格，不受时空的限制。

（四）复杂性

社会教育范围的广泛性，内容和形式的多样性，决定了社会教育的复杂性。复杂的社会环境、多变的社会生活与众多的教育机构，使积极影响和消极影响混杂在一起，甚至出现与学校教育、家庭教育相抵触的矛盾现象。因此，特别需要班主任指导学生对社会教育进行筛选和引导。

（五）自发性

从对学生的影响来看，社会教育不如学校教育那样有严密的计划性、组织性和系统性。它含有明显的偶然性、片段性和自发性的倾向。因此，培养学生对社会教育影响的判断力和选择力，是班主任的重要职责。

二、社会教育的构成

（一）专门教育机构

社会教育的专门机构包括以下几种：第一，文化馆。文化馆是县和相当县一级所设的社会文化事业单位。文化馆是人民政府为开展群众文化工作，活跃文化生活而设立的事业机构。工人文化宫、工会俱乐部等和文化馆性质相似，只是主办单位和服务对象有所不同。农村俱乐部则是农民在自愿基础上建立的业余性质的群众文化组织。第二，少年宫。少年宫是适应青少年和儿童文化生活的多种需要而设立的青少年和儿童校外教育机构。它的任务在于配合学校培养青少年和儿童的优良道德品质，帮助他们巩固课堂知识，丰富文化生活，发展多方面的兴趣和才能，使他们得到全面发展。第三，图书馆。图书馆是收集、整理、保管并利用图书情报资料为社会政治、经济服务的文化教育机构。按其性质和服务对象可分为：公共、学校、科学、专业、儿童、工会、部队、机关、厂矿、街道、农村等图书馆。第四，博物馆。规模较大者也称博物院，是陈列、保藏、研究物质文化和精神文化的实物以及自然标本的文化教育事业及社会教育机构，以社会全民为施教对象。中国的博物馆主要有革命、军事、历史、民族、地理、自然、艺术、医学、科技等各种类型，它们根据不同性质和任务，系统地陈列实物、模型、标本和其他陈列品。

（二）大众传媒

大众传媒是指一切传递社会信息并广泛影响社会大众的中介媒体及其传播方式，包括印刷媒体和电子媒体两类。由于大众媒体具有信息量大、传播速度快、形式多样化、休闲娱乐功能强、自主选择和参与程度高等特点，所以对学生的影响尤为直接、广泛而深刻。特别是近年来计算机信息技术的崛起，网络已经成为继报刊、广播和电视之后的第四媒体。对学生来说，网络是一处神奇的乐土，他们可以在这片乐土上自由自在地耕耘，无拘无束地遨游。

因此,网络便也成为对青少年开展思想政治教育和传授知识的一块重要阵地。

（三）社区环境

学生的身心发展是在人、环境、行为的互动之中得以发生发展的。在影响个体身心发展的诸因素中,社区被认为是影响个体身心发展的最复杂,也是最难以控制的社会环境。社区里人们的活动方式、交往方式、社会习俗、社会心态、社会风气等,不仅是宏观的社会环境透过社区组织机构、设施、活动等在社区生活中的反映,而且也是该社区人们的生产、生活以及人际交往与互动的真实写照,体现着该社区的道德关系和精神风貌。学生在何种社区,就可能意味着将接受何种性质、何种类型的环境影响。就中国社会来讲,中心城市是贸易、商业、金融、娱乐等的理想场所,集中体现了现代化的各种特征,生活在这里的学生更能得风气之先;但社会秩序不佳、贫富悬殊、商业化、社会阶层过度分化等,又极有可能导致从社会上学到的观念与在家里、学校中所教导的价值之间的直接冲突,使学生产生思想上的困惑和对社会或对家庭与学校的疏离。生活在农村地区,民风相对淳朴,但在不断走向开放化和信息化的时代,农村却又无法避免现代化、城市化的冲击以及对城市生活的向往与追求,生活在这种社区环境中的学生,自然而然就会受到这种复杂的社会意识的强烈感染。不仅如此,社会变迁的加剧也不断地改变着社区的结构、组织和人民的活动与交往方式,改变着学生所生活社区的价值生态,从而以显性或隐性的方式影响着他们的态度、思想和行为。

（四）同龄人群体与青少年亚文化

同龄人群体及其影响不仅是学生身心发展的重要源泉,而且是可以在一定程度上左右其身心发展方向的基本因素。其中,又尤以交友及其影响最为显著,并且这种影响随着学生年龄的增长而不断加深,直至拥有比较完备的自主意识和自主能力。对此,古人早已说得十分明白:"人在年少,神情未定,所与款狎,熏渍陶染,言笑举动,无心于学,潜移暗化,自然似之。何况操履艺能,较明易习者也?是以与善人居,如入芝兰之室,久而自芳也。与恶人居,如入鲍鱼之肆,久而自臭也。墨子悲于染丝,是之谓矣。君子必慎交游焉。"①与同龄人群体及其影响相关的另一个因素就是青少年亚文化。所谓青少年亚文化,是指在各阶层、各地区青少年之中广泛传播并深刻地影响着他们的态度、情感、行为的各种文化因素,如偶像崇拜、时尚追求、漫无目的的消遣、同龄人俚语等。青少年亚文化不仅是其身心发展和年龄特征的正常反映,而且也是同龄人之间交往与互动的必然产物且深受大众传媒的影响,对学生的身心社会性发展的作用不可低估。

三、协调统一社会教育力量的要求

（一）协调社会教育力量

班主任可以依靠学校的力量,积极主动地与社会各方面,特别是校外教育机构、文化团体、工厂、街道办事处(乡政府)等建立经常性的联系,争取他们的配合,共同做好学生的教育工作。协调社会教育力量的方法包括:一是协助学校建立会议制度,形成长效机制;二是及时通报教育信息,使各方面"知情明政";三是征求活动意见,争取各方全力支持;四是针对教育问题,商讨应对策略;五是消除误解,协调分歧,统一行动。

---

① 颜之推.颜氏家训[M].北京:中国纺织出版社,2015:72.

（二）合理使用社会资源

班主任充分利用图书馆、博物馆、文化馆、少年宫、风景区、烈士陵园、革命纪念馆等自然资源和人文资源，组织学生参观学习，发挥这些资源的知识性、教育性。组织活动时，班主任应当明确目的，精心策划，安全实施。

（三）发挥社区人才优势

社区人才资源丰富，教育影响力巨大，班主任要发掘人才，充分发挥社区人才优势，为班级建设服务。英雄人物、模范代表、教育科技专家等就在社区之中，就在学生身边，班主任要将他们请进班级，或聘请为校外班主任，或为学生举办讲座，做到校内外人才资源共享。

（四）组织学生社会实践

班主任组织社会实践活动，一定要认真组织，注重实效，防止表面上热热闹闹，实际上并无多大成效的形式主义；要根据实际情况，灵活安排，采取集中与分散相结合的办法。每次社会实践活动结束，班主任要及时认真地进行总结、汇报、考评，从而使学生通过实践活动真正有所收获。

（五）排除社会不良影响

社会影响是十分复杂的，其中既有积极因素，也有消极因素。特别是在新形势下，一方面由于科技的发展带来了社会的日益进步，另一方面也不可避免地出现了一些消极腐败的东西。因此，班主任要善于抓住社会影响中的积极因素，抵制消极不良因素，从而提高学生的修养水平。

第四节　协调统一网络教育力量

对学校教育工作者、家长、教育行政部门而言，网络首先带来了教育领域的恐慌，网络上的歪理邪说、离经叛道以及上网成瘾等，给原本负担沉重的学校教育带来了严峻压力。但同时我们还必须看到，对教育及教育变革而言，网络不仅意味着挑战与压力，而且也带来了机遇和无限伸展的可能性。

一、网络教育的特点

（一）虚拟性

虚拟性是网络教育最显著的特点，也是网络教育与现实教育最明显的区别。在网络教育中，虚拟性能够发挥其独特的作用。利用一般的虚拟技术以及虚拟现实技术，教育工作者可以构建教育训练的虚拟环境。在这样的虚拟环境中，我们可以设定各种各样复杂的伦理关系、日常生活中可能发生的形形色色的道德难题，并为处理这些关系、解决这些难题提供正确的道德思维方式和途径。当学生进入如此设定的虚拟教育环境时，就可以进行规定的教育训练，根据他们不同的行为习惯和思维观念导出不同的结果，这样受教育者可以身临其境去感受人生哲理和道德准则，同时也可以及时地纠正自身各方面的偏差，避免在现实生活中无谓地受挫。一些无法在实际生活中尝试的问题，都可通过虚拟教育训练使学生身临其境，设身处地去感受做人的道理，使传统的、常规的教育方法解决不了的问题在网络中找到解决的契机。

（二）交互性

网络教育是互动性的,其互动方式有两种:实时互动与非实时互动。实时互动有人机的互动、人与人的互动。人机的互动是指教育工作者针对某一专题预先设计好以实际的道德事件为基础的、虚拟的道德情境或道德困境,围绕这个虚拟的道德情景,设计一系列道德判断题目,当受教育者访问该专题时,由电脑提问或解答,实现人机对话。人与人的互动是指人们通过现代化多媒体网络进行一对一、一对多和多对多的双向交流。教育工作者和学生都可以在"网上聊天室"、"网上论坛"或"在线指导"上发表自己的思想观点,大家一起探讨问题。非实时互动是指人们通过电子邮件等形式来相互传递信息。网络教育的互动性打破了教育者与被教育者的固定地位,变被动式教育为互动式教育。教育工作者与学生都是网络的主体,教育工作者要尊重并认识学生的主体性,在更加平等的环境中共同面对问题。这种教育理念是人本主义的,即相信学生有能力自己发现自己的问题,并通过自我探索,从而获得对自己最有价值的收益。利用网络教育的互动性,教育工作者能更多地与学生交流、沟通、探讨,成为学生的良师益友。

（三）开放性

互联网已经成为一个全球的开放系统,它不独属于任何国家、任何民族和任何组织。任何一个网点引起的涟漪都有可能迅速波及全球各地,辐射到每一个角落,其影响力、渗透力是不可低估的;任何一个学生都有可能为这个网络加载、输入信息,只要坐到联网的计算机前,都可以及时地了解到全球范围的最新消息。网络使世界变小,使人的眼睛变大。因此,通过在互联网上实施教育,突破了时空的限制,实现了学校教育和社会教育、家庭教育的有机整合与共享。

（四）多样性

网络教育可以摆脱形式主义的说教,将使教育内容由静态的文字书本,变成动态的多媒体软件。多媒体技术集文字、声音、图形图像、三维动画及影视于一体,特别是虚拟现实技术的应用,为学生提供了色彩艳丽的图片、悦耳的音乐、活泼的三维动画及其他多媒体仿真画面,给我们的网上课堂带来无穷的乐趣,使学生身临其境,多种感官同时感知,学习的效果明显优于单一感官感知的效果。学生通过教育课件来感受网络教育,甚至可以通过游戏来体验、感受精心设计的教育内容。

（五）快捷性

教育工作者能利用网络迅速跟踪学生思想特征、情感特征、行为特征,方便地观察与思考,从而敏锐地把握教育的制高点,前瞻性地做好教育工作。互联网是目前世界上最高级的"信息高速公路",各种信息在这条"高速公路"上被传播、浏览、吸收,其传递速度之快、传递信息之新,是电视、广播、报纸、杂志等其他传媒所无法比拟的。四通八达、方便快捷的网络,使教育工作者和学生能够快捷地了解国内外正在发生的政治、经济、社会生活各个方面的信息,及时地在网络上发表看法、讨论问题、交流思想。教育工作者从而可以快捷、方便地得到学生的最新思想动态,与学生交流信息。

二、网络教育的原则

作为教育活动的一种类型,网络教育除了要遵循教育活动的一般原则,如启发性原则、亲身体验原则等,同时,作为一种新型的、虚拟的教育活动,它要实现与实境教育的相互促进和配合，还需要遵循以下一些特定的原则。

（一）主动发展原则

在网络成为学生生活的一部分之后，教育工作者必须确立网络教育的阵地意识和责任意识。各种各样的价值观都在网络上展示自己，如果主流价值观不能得到捍卫和张扬，成长中的青少年的内心世界极容易被穿着五颜六色外衣的价值观所吸引、影响，这就是典型的“不是东风压倒西风，就是西风压倒东风”。我国政府高度重视网络思想政治教育的地位，强调各级党政部门、学校要积极占领网络阵地，依托网络平台，传播先进思想文化。

学校主动开展网络教育，包括如下内容：建设教育类网站、论坛，以主流价值观信息引导学生健康成长；开展依托网络的各种趣味性、集体性活动，引导学生善用网络，将网络变成学习和发展的工具；重视网络上的师生对话，以最快的速度回应学生的困惑；加强对不良信息的审查，树立校园网的“绿色防线”，减少学生接触不良信息的机会。

（二）充分准备性原则

班主任的一言一行对学生都有着示范性影响，因而，教育学强调班主任在开展教育之前要进行系统的准备（相关知识的准备、价值立场的准备、话语体系的准备等）。当师生在网络上相遇时，由于网络平台的开放性，学生可能提出极具挑战性的问题，而班主任如果不能随机应变，积极反应，就会影响网络教育的效果。因而，班主任在着手网络教育时需要比实境教育做更多的准备工作。

班主任对网络教育的准备主要包括三个方面：一是知识储备，班主任要对要求学生查阅的信息有大致的了解，对网络教育主题所涉及的背景知识有较为系统的掌握，从而能够回答学生的知识性提问；二是价值观澄清与立场准备，面对学生发表的关于社会生活的似是而非的见解，面对学生提出的生活中相互矛盾的现象，班主任要能够高屋建瓴，指点迷津，而不能让学生继续迷茫，更不能被这些观点所迷惑；三是教育技巧准备，面对一些不能及时解决的问题，班主任要善于使用“这个问题值得深入研究，可以作为我们下一次讨论的主题”等迂回战术和“请你全面地把自己的观点表达一下”等启发学生冷静思考的策略，缓解紧张局面，避免轻易表态。

（三）教育性与吸引力并重原则

网络教育的种种安排，要对学生发挥影响，必须具有吸引力。中小学基于网络的主题活动因为作为教育课的重要安排，所以对吸引力的要求不是很高；但其他的网络教育安排（如论坛讨论、网站浏览、教育游戏等）必须考虑吸引力因素，否则，学生不点击、不发言、不参与，班主任的各种努力都是无用功。因此，教育网站、主题论坛的设计风格要活泼多彩等，促使学生在自由冲浪中得到正确思想的指引，避免让学生产生“受教育”的感觉。班主任在进入网络与学生对话时，可以选择各具特色的网名，在一定程度上打破班主任角色所设定的话语风格（如发送各种 QQ 表情），以拉近与学生的距离。

提升吸引力是为了更好地实施网络教育，因此教育性和吸引力并重应该成为网络教育的基本原则。一些论坛在贴近生活的同时慢慢迷失了方向，放松或者放弃了对学生的思想引导；一些老师一味地“亲民”，对学生在网上的奇谈怪论既不禁止也不能巧妙引导，甚至自己的网络语言也不加检点，这些都不符合教育的要求。实施有吸引力的网络教育，是对班主任教育素养、信息素养以及综合人文素养的全面挑战，要求班主任慎重规划，细致准备，做到走近学生但不迎合学生、理解学生同时引导学生。

(四) 发挥学生主体性原则

年轻人是社会变化的风向标,对于网络上的新鲜技术、热点问题,学生是极为敏感的。一般情况下,学生不愿意经常与班主任面对面,而是更重视同伴群体对自己的评价,重视自己的行动和发展。因此,在网络教育中,班主任一方面要确立"终身学习"的意识和习惯,不断更新自己的知识结构,积极把握时代脉搏;另一方面要明白班主任能力的局限性和集体教育、同伴教育的重要性,积极放权,调动学生参与网络教育,在网络上全面提升自己的热情。

发挥学生主体性首先要重视学生骨干的作用,鼓励学生干部和思想较为成熟的同学成为网络教育的主要承担者。班主任可以通过任命版主、网站管理员、信息员等方式,吸引同学们加入网络教育的管理团队,使教育网站、论坛、聊天群成为学生骨干施展才华、锻炼组织策划能力、发展号召力的实践平台。这样,既能借用同学们的智慧,确保网络教育的丰富与新颖,又能大量地减轻班主任在教育方面的负担,使班主任成为网络教育中的辅导者、支持者而不是事必躬亲的办事员。

班主任在网络教育的实施过程中要注重学生的自主参与和实践。网络教育必须通过学生的参与、感受、反思来引发学生的内在矛盾,从而促进学生的发展。就网络教育而言,大量张贴、滚动发布正面教育信息、先进人物报道等系统的网络宣传工作是必要的,同时,也要多开展学生喜闻乐见、能够有所贡献的互动活动,如"最佳报道评选"、"感动校园年度十大人物评选"等,让学生在网络教育中贡献智慧,分享成长历程中的苦乐和经验,使网络活动成为促进学生冷静反思、细致规划生活的指南针,让学生在不经意间受到网络的积极影响。

(五) 动员各方参与,构建教育网络原则

构建家庭、学校、社会共同参与的教育网络,是开展有效教育的基本原则。网络的开放性,决定了动员各方参与、构建教育网络是有效网络教育的必然要求。学校要明确自己在构建教育网络中的轴心作用,努力向家长、政府、企业及社会相关组织阐发网络教育的重要性,促使社会各界重视网络信息、网络活动对儿童、青少年成长的影响,进而全面规范网络信息,自觉引导学生的网络行为。

政府在规范网络环境方面有着不容推卸的责任。政府应该逐步完善互联网管理规定,禁止网络上虚假、色情、暴力信息的泛滥,加强对网站经营者、网民的管理、监督,创造绿色、安全、和谐的网络空间。政府部门对于网站有着行政权力,目前这一权力的规定和发挥还不够充分,需要在合乎相关法律规定的基础上加以完善。

家长对学生的网络活动要予以重视,一方面要加强规范,如限制上网时间以免影响学习和休息,安装过滤软件以免不良信息干扰;另一方面要善待网络,不要"谈网色变"以致禁止学生的正常网络活动。家长要积极理解网络,学会正确看待网络对青少年发展的影响。

企业、公益组织要重视网站建设,特别要支持教育类网站建设。只有得到各方面的重视和支持,网络上的正面信息才能逐步丰富起来,而网络上的不良信息也就无处藏身了。各网站经营者都要明确网站建设的社会责任,通过正当服务获得利润,减少网站经营中的投机心理和唯利是图心理,从源头上杜绝不良网络信息和网络活动。

(六) 适当开展原则

当前,不同地区、不同学校对于网络教育的需求差别较大,一般而言,城市家庭的电脑普及率比农村家庭要高,城市学生接触网络、使用网络的机会和时间远远高于农村学生。教育工作者要依据本地区、本学校的实际需要,制订网络教育的实施方案。在学生接触网络机会较多的学校,要将开展网络教育作为教育工作的重要一环,慎重规划、全力推进,努力给学生营造绿色安全、精彩充实的网络空间,引导学生自觉使用网络,使网络成为学生全面发展的助手。学校要重视学生的上网指导,防止个别学生在使用网络的过程中迷失方向。同时,学校管理者在进行网络教育规划时,要考虑到网络教育所涉及的班主任工作负担,避免因为教育创新引发班主任的负担过重及职业倦怠问题。

三、网络教育的形式

(一) 即时通信平台(QQ)

传统教育实效不高的一个原因,就是教育者不能进入学生的内心世界去了解其真实情况和实际想法。现在,QQ可以帮助我们较好地解决这一问题。上网聊天、交友是很多学生的爱好。有的学生在现实社会中有很多问题不敢面对,有心事不敢向老师、家长和同学诉说,对学校或班主任有看法也不敢说出来。而一旦进入网络世界,情况就会大为改观,他们会尽情地向他人倾诉。这主要与QQ这种非面对面交谈的形式有关。在QQ中,大家都是陌生人,彼此没有利害关系,也没有隐私被曝光的顾虑,交谈的双方都是平等的。在这种“绝对”安全和自由平等的心理氛围下,学生往往在很短的时间内就会敞开心扉。如果教育者能在这里与学生交流,就可以比较容易地找到学生的心理症结,从而更好地“对症下药”。

(二) 电子邮件(E-mail)

有时班主任需要单独与学生进行教育谈话或进行心理辅导,而有些内容却又不适宜当面讲;有时班主任需要如实地向家长反映学生在校的情况,但又不适合采取面对面的方式;有时学生或家长需要把他们的想法明确地告诉老师,但又苦于找不到合适的时间、地点和机会。在这些情况下,采用E-mail往往比当面交谈、打电话交谈或写信交流等模式更加有效。班主任应该将个人电子信箱的地址向家长和学生公布,鼓励他们把对学校工作的意见、对班主任的看法和他们自己需要老师帮助解决的问题等发送到老师的电子信箱中。班主任应该定期、经常地查看电子邮箱,以便及时地给学生答疑解惑,实施心理辅导,或为家长提供适合的教育方法与教育建议等。

(三) 电子布告栏系统(BBS)

开发和利用BBS的功能,可以充分发挥学生的主观能动作用。在现实的讨论中,有的学生因内向不敢发言,有的害怕说错被人耻笑。但上BBS则没有这些顾虑,因为讨论时可以隐去真实的姓名,可以畅所欲言地讲真话。因此,班主任在BBS上能够及时发现学生的思想动态,纠正其偏差,解决其思想、道德、心理等问题。开发和利用BBS的功能,可以使学生之间相互教育,使他们从纯粹的受教育者的角色中解脱出来,从被动的状态中解脱出来,成为教育的主体;可以引导学生形成正确的集体舆论,从而推动班风、学风和校风的建设;可以调动家长、社会积极参与教育活动,形成教育的整合力量,提高教育的实效。利用BBS这种教育新模式需要注意的是,必须改进和加强网络管理,克服BBS的负面效应,及时清除不当的内容。

(四) 教育主题网站(Web)

教育主题网站能对教育信息进行加工和处理,及时将一些鲜活的教育信息传输上网,特别是运用多媒体技术使传统的教育素材变得形象生动,为学生自主学习、自主教育提供喜闻乐见的素材以及精辟的导读评析等多种帮助,能更加有效地对抗社会负面文化的影响。教育主题网站能利用其互动功能和超链接功能,使学生的才华得到更充分的展示,从而培养学生的动手能力,激发学生的兴趣爱好,发展学生的个性特长,增强学生的自信心。利用教育主题网站这种教育新模式需要注意三个问题:一是栏目形式不能单一,应多样化;二是页面不能成人化,应尽量学生化;三是主题要明确,内容要丰富。

四、网络教育的方法

(一) 积极灌输法

积极灌输法是有组织、有计划地对教育对象传播先进的思想理论,提高教育对象的政治觉悟的方法。例如,可以充分发挥校园新闻网的作用,及时报道国内外大事,传播党和政府的声音。

(二) 心理咨询法

心理咨询法是教育者在教育过程中运用心理学专门知识和技术,通过语言、文字等相关媒介对受教育者的心理、行为施加影响,使其认知、情感和态度发生变化,解决其在学习、工作、生活等方面出现的心理问题,以增强心理素质、维护心理健康的方法。通过网上心理咨询,让学生了解心理健康的一些基础知识,指导学生培养正确的自我意识。特别是对疾病、恋爱、择业等敏感问题,要及时帮助他们排除心理障碍,克服自卑、自负等消极情绪。

(三) 陶冶教育法

陶冶教育法是将受教育者置身于富有一定教育意义的情境中,让受教育者受到感染和熏陶的方法。校园网络文化要弘扬正气,保持蓬勃向上的活力,形成一定的氛围,培养学生网民的爱国主义观念和集体主义精神。

(四) 自我教育法

自我教育法是受教育者根据教育的目标和要求,在自我意识的基础上通过自我教育、自我体验、自我控制,产生积极进取之心,主动接受先进思想和正确行为,形成良好的思想品德和行为的方法。其中“慎独”是主要的方法,而网络教育者的身教尤其重要。

(五) 虚实结合法

虚实结合法把教育工作同解决实际问题结合起来的方法。对 BBS 论坛、校长电子邮箱内学生反映的问题,学校要责成有关部门尽快落实和解决,以防患于未然。

第五节　建立教育网络,形成教育合力

“建立教育网络,形成教育合力”,是指“学校、家庭、社会等方面教育在方向上统一要求,作用上相互补充,时空上密切衔接,形成以学校教育为主导,家庭教育为基础,社会教育为依

托的共同育人力量"[①]。从横向上看，它涉及各种社会环境因素，包括学校、家庭、社会、网络以及各自的内部因素，如学校系统中的学科课程、课外活动、团队工作、学校氛围等，社会子系统中的社会管理机构、社会服务机构、大众传媒等。从纵向上看，它包括自上而下的教育管理与指导体系、自下而上的教育实施体系等。社会系统各要素纵横交错，从促进学生身心发展的视角进行组织、协调、沟通并加以整合，由此体现出教育网络的系统化、多渠道、多层次、全方位的特点。

一、"建立教育网络，形成教育合力"的意义

（一）有利于统一各种教育力量的方向

因为学校教育、家庭教育、社会教育和网络教育既是现代教育体系中的有机组成部分，也是青少年学生生活环境中缺一不可的四个方面。但是四者在施教者、教育环境、教育内容、教育形式、教育方法等方面有所不同，在青少年学生成长中发挥着不同的作用。同时，面对改革开放形势下多元文化价值观念的影响，很容易产生四者方向不同，作用相互抵消甚至负效应，使教育归于失败。建立教育网络，形成教育合力就是使四方面的教育在方向上保持一致，取得教育的整体效应。

（二）有利于各种教育力量的互动互补

因为学校教育、家庭教育、社会教育和网络教育四个方面，各自有其独特的作用，绝不能相互代替。只有相互协调，取长补短，充分发挥各自的优势和多渠道影响的叠加效应，才能取得最佳的整体教育效果。如家庭教育中，亲密的血缘关系，使其带有浓厚的情感色彩和强烈的感染性；学校教育按照国家和社会要求，有目的、有计划、有组织地对受教育者施加影响；社会教育空间广阔、内容丰富、方式灵活、实践性强，有利于青少年学生拓展视野，发展兴趣爱好，展现在学校中无法表现的才华，增强实践能力和创新精神。

（三）有利于形成终身学习的机制

学校教育、家庭教育、社会教育和网络教育组成的现代教育体系，在纵向时间上延伸至人生的两端，把幼儿教育、青少年教育、成人教育乃至老年教育衔接起来；在横向空间上扩展到社会的各个领域，使学校教育与家庭要求、社会要求和网络要求有机衔接，形成跨越时空局限的教育网络。

二、"建立教育网络，形成教育合力"的要求

（一）建立健全相应的组织机构

教育网络中的组织机构有着多种类型，它们分别存在于学校与家庭之间、学校与社区之间、社会教育力量内部以及学校、家庭、社区和网络等之间，由各方力量整合而成。

1. 家长委员会

它是由学生家长代表组成的专门委员会，可分为全校性的和班级的两种类型，其主要职责是组织家长共同研究学生中存在的问题，交流教育孩子的经验；向家长宣传学校的教育要求和措施，动员家长配合学校教育自己的孩子；反映家长对学校教育工作的意见和建议；协助学校开展好校外教育活动等。

---

① 叶上雄.中学教育学[M].北京：高等教育出版社，2004：406.

2. 家长学校

它旨在通过专门的教育教学活动来指导、培训家长,以求提高他们的家庭教育能力和水平。办好家长学校的基本条件和要求:有领导班子,有专人负责;有明确的办学指导思想;有周密的教学计划,内容要少而精,充分考虑家长的文化程度、修养水平等实际状况,既注意科学性又注意大众化;有固定的教学时间和地点,时间安排合理,方法灵活多样,能密切联系实际。

3. 社区教育委员会

它是一个跨行业、跨系统的横向群众性组织,是社会、家庭、学校实行一体化的重要组织形式,经常被视为以社区为单位的教育领导机构。它一般由社区管理机构牵头或者由有关部门出面组织,把社区的小学、中学、大学和机关、厂矿、街道、家庭等组织在一起,共同兴办该社区的教育,由班主任代表、社区管理人员、家长代表、社会其他行业代表等共同组成。

4. 校外辅导站

它一般是由街道居民委员会或村镇管理委员会出面组织,其主要任务是在学生放学后或放假时把他们组织起来共同学习、共同活动。

(二) 充分发挥学校的主导作用

在学校、家庭、社会、网络四方面的联系中,学校要起主导作用。一方面,学校是专门的教育机构,是专门研究教育问题的场所;另一方面,我们的学校是社会主义性质的,它有根据社会主义发展需要而提出的明确的教育目的;有既体现社会的要求,又反映时代精神和符合学生年龄特征的系统的教育内容;有健全的班级和团队等的组织形式;有通过教学和各种活动有计划递进性进行的教育系统;还有经过专业训练,闻道在先,学有专攻并具有一定教育经验和教育水平的校长、班主任。因此,学校完全可以对学生施以有目的、有计划、有组织的教育影响,排除和抵制来自社会或家庭的某些不利影响。不仅如此,学校教育还具有明显的可控性,班主任可根据教育目的对各种客观影响进行选择和调节,使其具有目的性和计划性。也就是说,学校教育可以对社会教育和家庭教育实行有效的调控,注意趋利避害,充分发挥和利用他们对学生成长的积极影响,尽量排除和克服消极影响。

(三) 加强学校对家庭教育的指导

学校应通过班主任或指定专人负责家庭教育工作,将联系和指导家长配合学校教育学生,作为一项重要的工作内容,向他们宣传党的教育方针政策,介绍正确的教育方法,交流情况,统一要求,以便把家庭教育纳入协同育人体系。同时,各地可成立家庭教育研究会,通过书面联系、互访、召开家长会、举办家长学校、开展好家长评选等活动,组织和推动社会各方面力量共同来研究家庭教育的规律和经验,普及科学育人知识,帮助家长搞好家庭教育,提高全社会的家庭教育水平。再者,各地各校还可以设立家庭教育辅导站、家庭教育顾问处或儿童教育联络处,以方便群众,随时给家长以指导。

(四) 强化学校与社会的联系与配合

学校与社会各方面相互联系和支持,可以扬长避短,建立以课堂教学为基础的课内、课外和校外活动相结合的新的教学体系,以发挥学校教育的主导作用,控制学生所处环境,减少消极影响,增加积极影响,促进年轻一代全面发展。学校必须把与社会教育联系配合问题列为学校的一项重要工作，定期讨论研究，并有专人与社会教育机构保持经常联系。学校可要求社会教育组织的领导和班主任参加学校研究教育工作的会议。社会教育机构也应有专人与学校保持联系，将活动计划通过口头或书面通知学校，向学校介绍学生在校外活动中的表现，以便互相配合教育学生。学校应积极鼓励和支持学生参加社会教育机构组织的活动，尽可能地帮助学生解决活动中遇到的问题。学校应经常给校外教育机构提出建议和意见，给予支持和帮助。学校应向教育行政部门反映意见和要求，向群众和学生家长宣传社会教育的重要意义，动员各方面人力、物力兴办校外教育机构，使校外教育越办越好。

附　录

附录一　小学班主任工作暂行规定(1988年)

第一章　班主任的地位、作用及其基本任务

一、班级是学校进行教育教学活动的基本单位。班主任是班集体的组织者和指导者，是学校贯彻国家的教育方针，促进学生全面健康成长的骨干力量。对于学校教育教学计划和其他各项管理的实施、协调本班任课教师的教育工作和沟通学校与家庭、社会教育之间的联系，起着重要的作用。

二、班主任工作的基本任务是在学校校长的领导下，按照德、智、体、美全面发展的要求，开展班级工作；培养良好的班集体，全面关心、教育和管理学生，使他们的身心得到全面健康的发展，长大能够成为有理想、有道德、有文化、有纪律的社会主义公民。

第二章　班主任的职责

三、按照《小学德育纲要》，联系本班的实际，进行思想品德教育，着重培养学生良好的道德品质、学习习惯、劳动习惯和文明行为习惯。

四、经常与任课教师取得联系，了解学生的学习情况，协同对学生进行学习目的教育，激发学习兴趣，培养刻苦学习的意志，教会学习方法，学好功课，并掌握学生的课业负担量。

五、关心学生的身体健康。教育学生坚持体育锻炼，注意保护视力，培养良好的卫生习惯。

六、指导班委会和少先队工作。培养团结友爱，积极向上的班集体。做好学生的个别工作。

七、指导学生参加劳动实践。关心学生的课余生活，支持并组织学生开展各种有益的课外活动。

八、搞好班级的经常性管理工作。对学生进行常规训练，做好学生的品德评定和学籍管理工作。

九、经常与家长保持联系，互通情况，取得家长的支持与配合，指导家长正确教育子女，注意争取社会力量教育学生。

第三章　班主任工作的原则和方法

十、面向全体学生，全面了解学生的思想品德、学习、健康、劳动和生活，对学生全面负责。

十一、正面教育，启发诱导。对学生要采取说服教育的方法，调动各种积极因素，充分发挥榜样的作用。力戒简单粗暴。严禁体罚和变相体罚学生。

十二、热爱、尊重学生，严格要求学生。要尊重学生的人格和自尊心，做学生的知心朋友，调动学生的主动性、积极性、要对学生进行严格的管理和教育，把培养学生正确的道德认识同行为训练结合起来。对有缺点错误的学生，要满腔热情地耐心帮助。

十三、从实际出发，根据小学生的心理特点、思想实际、个性差异以及社会、家庭的影响，提出不同的教育要求，有的放矢地施行教育。

十四、以身作则、言传身教。严格要求自己，增强道德修养，起表率作用。

十五、集体教育同个别教育相结合，要通过开展集体活动，建立正确的集体舆论，培养集体荣誉感、自豪感，形成良好的班风，充分发挥集体教育的作用，同时，要注意培养学生的良好个性品质。

第四章　班主任的任职条件和任免

十六、班主任由学校校长任免。学校校长要按条件选聘班主任，对于不履行班主任职责、玩忽职守或因其他原因不适宜做班主任的工作，应免去其班主任职务。

十七、班主任的基本条件是：

1. 拥护党在社会主义初级阶段的基本路线，坚持四项基本原则；
2. 热爱学生，热爱教育事业，热心班主任工作；
3. 品行端正，能以身作则，为人师表；
4. 教育思想端正，有一定的教育科学知识和一定的教学能力；
5. 有一定的组织管理能力和较强的责任心。

第五章　班主任的待遇和奖励

十八、班主任任职期间，享受班主任津贴。各地可根据财力实际情况，对国家原规定的津贴标准适当提高。民办教师享受与公办教师同等的班主任津贴。所需费用，可由乡人民政府列入教育事业费附加中计征，也可由各地通过其他办法筹措。

十九、建立班主任表彰制度。各地对在工作中做出显著成绩的优秀班主任，要进行表彰和奖励，并作为考核晋级的依据。国家教委对成绩优异有突出贡献的班主任授予荣誉称号。

第六章　班主任工作的领导与管理

二十、班主任工作由校长负责领导。学校要把班主任工作放在重要位置上，定期召开班主任会议，了解情况，听取意见，组织交流经验，研究、指导工作。学校领导要关心班主任的工作和学习，注意调整他们的工作负担。

二十一、班主任工作应有计划、有总结。学校校长要定期考查班主任工作，并归入业务档案。

二十二、教育行政部门应加强对班主任工作的管理和指导，有计划地开展培训，帮助学校组织班主任学习教育理论，交流工作经验，不断提高业务能力。

教育科研部门应开展对班主任工作的研究活动，使班主任在教育科学理论的指导下，遵循规律开展工作。

附录二　中学班主任工作暂行规定(1988年)

第一章　班主任的地位和作用

第一条　班级是学校进行教育、教学工作的基本单位。班主任是班集体的组织者、教育者和指导者，是学校领导者实施教育、教学工作计划的得力助手。班主任在学生全面发展的成长中，起着导师的作用；并负有协调本班各科的教育工作和沟通学校与家庭、社会教育之间联系的作用。

第二章　班主任的任务和职责

第二条　班主任的基本任务是按照德、智、体、美全面发展的要求，开展班级工作，全面教育、管理、指导学生，使他们成为有理想、有道德、有文化、有纪律、体魄健康的公民。

第三条　班主任的职责是：

(一) 向学生进行思想政治教育和道德教育，保护学生身心健康，教育学生热爱社会主义祖国，逐步树立为人民服务的思想和为实现社会主义现代化而奋斗的志向，培养社会主义道德品质和良好的心理品质，遵守《中学生守则》和《中学生日常行为规范》(试行)。

(二) 教育学生努力完成学习任务。会同各科教师教育、帮助学生明确学习目的，端正学习态度，掌握正确的学习方法，提高学习成绩。

(三) 教育、指导学生参加学校规定的各种劳动，协助学校贯彻实施《体育卫生工作条例》，教育学生坚持体育锻炼，养成良好的劳动习惯、生活习惯和卫生习惯。

(四) 关心学生课外生活。指导学生参加各种有益于身心健康的科技、文娱和社会活动。鼓励学生发展正当的兴趣和特长。

(五) 进行班级的日常管理。建立班级常规，指导班委和本班的团、队工作，培养学生干部，提高学生的自理能力，把班级建设成为奋发向上、团结友爱的集体。

(六) 负责联系和组织科任教师商讨本班的教育工作，互通情况，协调各种活动和课业负担。

(七) 做好本班学生思想品德评定和有关奖惩的工作。

(八) 联系本班学生家长，争取家长和社会有关方面配合，共同做好学生教育工作。

第三章　班主任工作的原则和方法

第四条　调查研究、全面了解学生。要从学生特点和思想实际出发，进行工作和教育活动。讲求思想教育工作的科学性、针对性、实效性。

第五条　正面教育、积极引导。寓教育于活动和管理之中。要表扬先进，树立榜样，充分调动积极因素。对学生的思想认识问题，不要简单地批评压制，要循循善诱，以理服人。要引导学生进行自我教育，发扬学生的精神和创造精神。

第六条　热爱学生、尊重学生。对学生严格要求，耐心帮助，热情关怀。要努力做好后进学生的转化工作。工作中发扬民主作风。严禁体罚、变相体罚和侮辱学生人格。注意发挥集体的教育作用,在进行集体教育的同时注意培养学生良好的个性品质。

第七条 以身作则、言传身教。衣着整洁,仪表端庄。在思想、道德、文明行为等方面努力成为学生的表率。

第四章 班主任的条件和任免

第八条 班主任的条件:拥护党在社会主义初级阶段的基本路线,拥护四项基本原则;热爱教育事业、教育思想端正、工作责任心强;作风正派;有一定教学水平和组织管理能力。

第九条 对于不履行班主任职责、玩忽职守或其他原因,不适宜做班主任工作的,应撤销或免去班主任职务。

第十条 班主任由校长任免。

第五章 班主任的待遇和奖励

第十一条 班主任任职期间一律享受班主任津贴。各地可根据实际情况,在国家拨发的班主任津贴基础上,适当增加津贴。

第十二条 建立班主任表彰制度。各地应根据实际情况对教育思想正确,班主任工作成绩显著的优秀班主任进行表彰奖励。国家教委对成绩突出,贡献卓著的优秀班主任予以表彰和奖励。

第六章 班主任工作的领导和管理

第十三条 校长和教导主任应加强对班主任工作的领导,定期召开班主任会议,了解情况,听取意见,指导工作。

第十四条 教育行政部门和学校应有计划地对班主任进行培训,组织班主任学习教育理论、交流工作经验,不断补充进行思想教育所需要的新知识,努力提高班主任队伍的思想水平和业务能力。对于连续担任班主任工作达一定年限的教师,应给予休整、总结、提高的机会。

第十五条 学校建立班主任工作档案,作为考核晋级,评定职务、评选先进的重要依据。

第七章 附　　则

第十六条 本规定自1988年9月1日起施行。

附录三　中共中央国务院关于进一步加强和改进未成年人思想道德建设的若干意见(2004年)

为深入贯彻落实党的十六大精神,适应新形势、新任务的要求,全面提高未成年人的思想道德素质,现就进一步加强和改进未成年人思想道德建设,提出如下意见。

一、加强和改进未成年人思想道德建设是一项重大而紧迫的战略任务

(一)未成年人是祖国未来的建设者,是中国特色社会主义事业的接班人。目前,我国18岁以下的未成年人约有3.67亿。他们的思想道德状况如何,直接关系到中华民族的整体素质,关系到国家前途和民族命运。高度重视对下一代的教育培养,努力提高未成年人思想道德素质,是我们党的优良传统,是党和国家事业后继有人的重要保证。十三届四中全会以来,以江泽民同志为核心的第三代中央领导集体,坚持"两手抓、两手都要硬"的战略方针,采取一系列重大举措,在全面推进社会主义精神文明建设中,切实加强未成年人思想道德建设。十六大以来,以胡锦涛同志为总书记的党中央,从全面建设小康社会的战略高度,对新世纪新阶段进一步加强和改进未成年人思想道德建设提出了明确要求,作出了新的重要部署。各地区各部门认真贯彻中央要求,坚持以邓小平理论和"三个代表"重要思想指导未成年人思想道德建设,深入进行爱国主义、集体主义、社会主义和中华民族精神教育,大力加强公民道德教育,切实改进学校德育工作,广泛开展精神文明创建活动和形式多样的社会实践、道德实践活动,积极营造有利于未成年人健康成长的良好舆论氛围和社会环境,广大未成年人的综合素质不断提高。热爱祖国、积极向上、团结友爱、文明礼貌是当代中国未成年人精神世界的主流。

(二)面对国际国内形势的深刻变化,未成年人思想道德建设既面临新的机遇,也面临严峻挑战。我国对外开放的进一步扩大,为广大未成年人了解世界、增长知识、开阔视野提供了更加有利的条件。与此同时,国际敌对势力与我争夺接班人的斗争也日趋尖锐和复杂,他们利用各种途径加紧对我未成年人进行思想文化渗透,某些腐朽没落的生活方式对未成年人的影响不能低估。我国社会主义市场经济的深入发展,社会经济成分、组织形式、就业方式、利益关系和分配方式的日益多样化,为未成年人的全面发展创造了更加广阔的空间,与社会进步相适应的新思想新观念正在丰富着未成年人的精神世界。与此同时,一些领域道德失范,诚信缺失、假冒伪劣、欺骗欺诈活动有所蔓延;一些地方封建迷信、邪教和黄赌毒等社会丑恶现象沉渣泛起,成为社会公害;一些成年人价值观发生扭曲,拜金主义、享乐主义、极端个人主义滋长,以权谋私等消极腐败现象屡禁不止等等,也给未成年人的成长带来不可忽视的负面影响。互联网等新兴媒体的快速发展,给未成年人学习和娱乐开辟了新的渠道。与此同时,腐朽落后文化和有害信息也通过网络传播,腐蚀未成年人的心灵。在各种消极因素影响下,少数未成年人精神空虚、行为失范,有的甚至走上违法犯罪的歧途。这些新情况新问题的出现,使未成年人思想道德建设面临一系列新课题。

(三)面对新的形势和任务,未成年人思想道德建设工作还存在许多不适应的地方和亟

待加强的薄弱环节。一些地方和部门的领导对这项工作认识不足，重视不够，没有真正担负起领导责任；全社会关心和支持未成年人思想道德建设的风气尚未全面形成，还存在种种不利于未成年人健康成长的社会环境和消极因素；学校教育中重智育轻德育、重课堂教学轻社会实践的现象依然存在，推进素质教育的任务艰巨，教师职业道德建设有待进一步加强；随着人员流动性加大，一些家庭放松了对子女的教育，一些家长在教育子女尤其是独生子女的观念和方法上存在误区，给未成年人教育带来新的问题；未成年人思想道德建设在体制机制、思想观念、内容形式、方法手段、队伍建设、经费投入、政策措施等方面还有许多与时代要求不相适应的地方。这些问题应当引起足够重视，并采取有效措施加以解决。

（四）实现中华民族的伟大复兴，需要一代又一代人的不懈努力。从未成年人抓起，培养和造就千千万万具有高尚思想品质和良好道德修养的合格建设者和接班人，既是一项长远的战略任务，又是一项紧迫的现实任务。我们要从确保党的事业后继有人和社会主义事业兴旺发达的战略高度，从全面建设小康社会和实现中华民族伟大复兴的全局高度，从树立和落实科学发展观，坚持以人为本，执政为民的高度，充分认识加强和改进未成年人思想道德建设的重要性和紧迫性，适应新形势新任务的要求，积极应对挑战，加强薄弱环节，在巩固已有成果的基础上，采取扎实措施，努力开创未成年人思想道德建设工作的新局面。

二、加强和改进未成年人思想道德建设的指导思想、基本原则和主要任务

（五）当前和今后一个时期，加强和改进未成年人思想道德建设的指导思想是：坚持以马克思列宁主义、毛泽东思想、邓小平理论和“三个代表”重要思想为指导，深入贯彻十六大精神，全面落实《爱国主义教育实施纲要》、《公民道德建设实施纲要》，紧密结合全面建设小康社会的实际，针对未成年人身心成长的特点，积极探索新世纪新阶段未成年人思想道德建设的规律，坚持以人为本，教育和引导未成年人树立中国特色社会主义的理想信念和正确的世界观、人生观、价值观，养成高尚的思想品质和良好的道德情操，努力培育有理想、有道德、有文化、有纪律的，德、智、体、美全面发展的中国特色社会主义事业建设者和接班人。

（六）加强和改进未成年人思想道德建设要遵循的原则：(1) 坚持与培育“四有”新人的目标相一致、与社会主义市场经济相适应、与社会主义法律规范相协调、与中华民族传统美德相承接的原则。既要体现优良传统，又要反映时代特点，始终保持生机与活力。(2) 坚持贴近实际、贴近生活、贴近未成年人的原则。既要遵循思想道德建设的普遍规律，又要适应未成年人身心成长的特点和接受能力，从他们的思想实际和生活实际出发，深入浅出，寓教于乐，循序渐进。多用鲜活通俗的语言，多用生动典型的事例，多用喜闻乐见的形式，多用疏导的方法、参与的方法、讨论的方法，进一步增强工作的针对性和实效性，增强吸引力和感染力。(3) 坚持知与行相统一的原则。既要重视课堂教育，更要注重实践教育、体验教育、养成教育，注重自觉实践、自主参与，引导未成年人在学习道德知识的同时，自觉遵循道德规范。(4) 坚持教育与管理相结合的原则。不断完善思想道德教育与社会管理、自律与他律相互补充和促进的运行机制，综合运用教育、法律、行政、舆论等手段，更有效地引导未成年人的思想，规范他们的行为。

（七）未成年人思想道德建设的主要任务是：(1) 从增强爱国情感做起，弘扬和培育以爱国主义为核心的伟大民族精神。深入进行中华民族优良传统教育和中国革命传统教育、中国历史特别是近现代史教育，引导广大未成年人认识中华民族的历史和传统，了解近代以

来中华民族的深重灾难和中国人民进行的英勇斗争，从小树立民族自尊心、自信心和自豪感。(2) 从确立远大志向做起，树立和培育正确的理想信念。进行中国革命、建设和改革开放的历史教育与国情教育，引导广大未成年人正确认识社会发展规律，正确认识国家的前途和命运，把个人的成长进步同中国特色社会主义伟大事业、同祖国的繁荣富强紧密联系在一起，为担负起建设祖国、振兴中华的光荣使命做好准备。(3) 从规范行为习惯做起，培养良好道德品质和文明行为。大力普及"爱国守法、明礼诚信、团结友善、勤俭自强、敬业奉献"的基本道德规范，积极倡导集体主义精神和社会主义人道主义精神，引导广大未成年人牢固树立心中有祖国、心中有集体、心中有他人的意识，懂得为人做事的基本道理，具备文明生活的基本素养，学会处理人与人、人与社会、人与自然等基本关系。(4) 从提高基本素质做起，促进未成年人的全面发展。努力培育未成年人的劳动意识、创造意识、效率意识、环境意识和进取精神、科学精神以及民主法制观念，增强他们的动手能力、自主能力和自我保护能力，引导未成年人保持蓬勃朝气、旺盛活力和昂扬向上的精神状态，激励他们勤奋学习、大胆实践、勇于创造，使他们的思想道德素质、科学文化素质和健康素质得到全面提高。

三、扎实推进中小学思想道德教育

（八）学校是对未成年人进行思想道德教育的主渠道，必须按照党的教育方针，把德育工作摆在素质教育的首要位置，贯穿于教育教学的各个环节。要把弘扬和培育民族精神作为思想道德建设极为重要的任务，纳入中小学教育的全过程。加快中小学思想品德、思想政治课的改进和建设，充分利用和整合各种德育资源，深入研究中小学生思想品德形成的规律和特点，把爱国主义教育、革命传统教育、中华传统美德教育和民主法制教育有机统一于教材之中，并保证占有适当分量，努力构建适应21世纪发展需要的中小学德育课程体系。积极改进中小学思想品德、思想政治课教学方法和形式，采用未成年人喜闻乐见、生动活泼的方式进行教学，把传授知识同陶冶情操、养成良好的行为习惯结合起来。要积极探索实践教学和学生参加社会实践、社区服务的有效机制，建立科学的学生思想道德行为综合考评制度。要因地制宜，积极开展各种富有趣味性的课外文化体育活动、怡情益智的课外兴趣小组活动和力所能及的公益性劳动，培养劳动观念和创新意识，丰富课外生活。要加强心理健康教育，培养学生良好的心理品质。要把思想品德教育与法制教育紧密结合起来，使二者有机统一，相辅相成。要在中小学生中广泛开展"珍惜生命、远离毒品"教育和崇尚科学文明、反对迷信邪教教育，坚决防止毒品、邪教进校园。要加强工读学校建设，对有不良行为的未成年人进行矫治和帮助。

要采取坚决措施，改革课程设置、教材和教学方法，切实减轻中小学生的课业负担，为加强学生思想道德建设，增强创新精神和实践能力，培育德、智、体、美全面发展的社会主义事业接班人创造良好条件。

（九）要依据不同年龄段学生的特点，抓紧修订和完善中小学生《守则》和日常行为规范。对小学生重点是规范其基本言行，培养良好习惯。对中学生重点是加强爱祖国、爱人民、爱劳动、爱科学、爱社会主义教育，引导他们树立正确的理想信念和世界观、人生观、价值观。制定和推行行为规范，要以促进学生全面发展为出发点和落脚点，反映时代和社会进步的要求，体现对学生的尊重与信任，引导学生自觉遵纪守法。

（十）切实加强教师职业道德建设。学校全体教职员工要树立育人为本的思想，认真贯彻《中华人民共和国教育法》、《中华人民共和国教师法》和《中小学教师职业道德规范》，热爱学生，言传身教，为人师表，教书育人，以高尚的情操引导学生德、智、体、美全面发展。教育行政部门和学校要制定和完善有关规章制度，调动全体教师的工作积极性与责任感，充分发挥广大教师在全面推进素质教育进程中的主力军作用。要完善学校的班主任制度，高度重视班主任工作，选派思想素质好、业务水平高、奉献精神强的优秀教师担任班主任。学校各项管理工作、服务工作也要明确育人职责，做到管理育人、服务育人。

四、充分发挥共青团和少先队在未成年人思想道德建设中的重要作用

（十一）加强中学团组织建设，把中学共青团工作纳入学校素质教育的总体布局，推荐优秀青年教师做团的工作。要办好中学生业余团校，配合学校党组织办好高中生业余党校，在确保质量、坚持标准的前提下，做好在高中生中择优培养发展党员的工作。加强对中学学生会工作的指导，更好地发挥他们的作用。

（十二）把少先队工作纳入教育发展规划，把对少先队工作的指导、检查、考核纳入教育行政部门的督导、评估范畴。各级共青团组织和教育行政部门的有关负责同志要参与同级少先队工作委员会工作。中小学校党组织和行政部门要积极支持少先队开展活动，并选派优秀青年教师担任少先队辅导员，把少先队辅导员培训纳入师资培训体系。要建立和完善校外辅导员制度，选聘热心少先队工作、有责任心、有能力、有经验的人士担任校外志愿辅导员。少先队小干部要实行民主选举，定期轮流任职。共青团组织和教育、民政等部门要密切协作，积极推进社区少工委建设，扩大少先队工作的覆盖面。

五、重视和发展家庭教育

（十三）家庭教育在未成年人思想道德建设中具有特殊重要的作用。要把家庭教育与社会教育、学校教育紧密结合起来。各级妇联组织、教育行政部门和中小学校要切实担负起指导和推进家庭教育的责任。要与社区密切合作，办好家长学校、家庭教育指导中心，并积极运用新闻媒体和互联网，面向社会广泛开展家庭教育宣传，普及家庭教育知识，推广家庭教育的成功经验，帮助和引导家长树立正确的家庭教育观念，掌握科学的家庭教育方法，提高科学教育子女的能力。充分发挥各类家庭教育学术团体的作用，针对家庭教育中存在的突出问题，积极开展科学研究，为指导家庭教育工作提供理论支持和决策依据。

（十四）党政机关、企事业单位和社区、村镇等城乡基层单位，要关心职工、居民的家庭教育问题，教育引导职工、居民重视对子女特别是学龄前儿童的思想启蒙和道德品质培养，支持子女参与道德实践活动。注意加强对成年人的思想道德教育，引导家长以良好的思想道德修养为子女作表率。要把家庭教育的情况作为评选文明职工、文明家庭的重要内容。特别要关心单亲家庭、困难家庭、流动人口家庭的未成年子女教育，为他们提供指导和帮助。

要高度重视流动人口家庭子女的义务教育问题。进城务工就业农民流入地政府要建立和完善保障进城务工就业农民子女接受义务教育的工作制度和机制。流出地政府要积极配合做好各项服务工作。民政部门及其所属的儿童福利机构和流浪儿童救助保护机构，要按照《中华人民共和国未成年人保护法》等有关法律法规的要求，做好孤残儿童合法权益的保护工作和流浪儿童的救助保护工作。

六、广泛深入开展未成年人道德实践活动

（十五）思想道德建设是教育与实践相结合的过程。要按照实践育人的要求，以体验教育为基本途径，区分不同层次未成年人的特点，精心设计和组织开展内容鲜活、形式新颖、吸引力强的道德实践活动。各种道德实践活动都要突出思想内涵，强化道德要求，并与丰富多彩的兴趣活动和文体活动结合起来，注意寓教于乐，满足兴趣爱好，使未成年人在自觉参与中思想感情得到熏陶，精神生活得到充实，道德境界得到升华。

面向中小学生开展的活动，要经教育行政部门或学校党团队组织统一协调和部署，把学生安全和社会效益放在首位。要采取多种手段，支持中西部地区和农村开展未成年人道德实践活动。

（十六）各种法定节日，传统节日，革命领袖、民族英雄、杰出名人等历史人物的诞辰和逝世纪念日，建党纪念日、红军长征、辛亥革命等重大历史事件纪念日，"九一八"、"南京大屠杀"等国耻纪念日，以及未成年人的入学、入队、入团、成人宣誓等有特殊意义的重要日子，都蕴藏着宝贵的思想道德教育资源。要抓住时机，整合资源，集中开展思想道德主题宣传教育活动。要组织丰富多彩的主题班会、队会、团会，举行各种庆祝、纪念活动和必要的仪式，引导未成年人弘扬民族精神，增进爱国情感，提高道德素养。每年的"公民道德宣传日"，在面向社会公众开展道德教育的同时，要注意组织好面向未成年人的宣传教育活动。要丰富未成年人节假日参观、旅游活动的思想道德内涵，精心组织夏令营、冬令营、革命圣地游、红色旅游、绿色旅游以及各种参观、瞻仰和考察等活动，把深刻的教育内容融入到生动有趣的课外活动之中，用祖国大好风光、民族悠久历史、优良革命传统和现代化建设成就教育未成年人。

要运用各种方式向广大未成年人宣传介绍古今中外的杰出人物、道德楷模和先进典型，激励他们崇尚先进、学习先进。通过评选三好学生、优秀团员和少先队员、先进集体等活动，为未成年人树立可亲、可信、可敬、可学的榜样，让他们从榜样的感人事迹和优秀品质中受到鼓舞、汲取力量。

七、加强以爱国主义教育基地为重点的未成年人活动场所建设、使用和管理

（十七）充分发挥爱国主义教育基地对未成年人的教育作用。各类博物馆、纪念馆、展览馆、烈士陵园等爱国主义教育基地，要创造条件对全社会开放，对中小学生集体参观一律实行免票，对学生个人参观可实行半票。要采取聘请专业人才、招募志愿者等方式建立专兼职结合的辅导员队伍，为未成年人开展参观活动服务。

（十八）要加强青少年宫、儿童活动中心等未成年人专门活动场所建设和管理。已有的未成年人专门活动场所，要坚持把社会效益放在首位，坚持面向未成年人、服务未成年人的宗旨，积极开展教育、科技、文化、艺术、体育等未成年人喜闻乐见的活动，把思想道德建设内容融于其中，充分发挥对未成年人的教育引导功能。要深化内部改革，增强自身发展活力，不断提高社会服务水平。同时，各级政府要把未成年人活动场所建设纳入当地国民经济和社会事业发展总体规划。大城市要逐步建立布局合理、规模适当、功能配套的市、区、社区未成年人活动场所。中小城市要因地制宜重点建好市级未成年人活动场所。有条件的城市要辟建少年儿童主题公园。经过3至5年的努力，要做到每个县都有一所综合性、多功能的未

成年人活动场所。各地在城市建设、旧城改造、住宅新区建设中，要配套建设可向未成年人开放的基层活动场所，特别是社区活动场所。有关部门要对已建的未成年人活动场所进行认真清理整顿，名不副实的要限期改正，被挤占、挪用、租借的要限期退还。图书馆、文化馆(站)、体育场(馆)、科技馆、影剧院等场所，也要发挥教育阵地的作用，积极主动地为未成年人开展活动创造条件。

(十九)属于公益性文化事业的未成年人校外活动场所建设和运行所需资金，地方各级人民政府要予以保证，中央可酌情对全国重点爱国主义教育基地以及中西部地区和贫困地区的未成年人活动设施建设，予以一定补助。要在国家彩票公益金中安排一定数额资金，用于未成年人活动场所建设。国家有关部门和地方各级人民政府要制定优惠政策，吸纳社会资金，鼓励、支持社会力量兴办未成年人活动场所。

八、积极营造有利于未成年人思想道德建设的社会氛围

(二十)各类大众传媒都要增强社会责任感，把推动未成年人思想道德教育作为义不容辞的职责，为加强和改进未成年人思想道德建设创造良好舆论氛围。要发挥各自优势，积极制作、刊播有利于未成年人身心健康的公益广告，增加数量，提高质量，扩大影响。各级电台、电视台都要开设和办好少儿专栏或专题节目。中央电视台要进一步办好少儿频道，各地要切实抓好中央电视台少儿频道的落地、覆盖工作。省(区、市)和副省级城市电视台要创造条件逐步开设少儿频道。少儿节目要符合少年儿童的欣赏情趣，适应不同年龄层次少年儿童的欣赏需求，做到知识性、娱乐性、趣味性、教育性相统一。各类报刊要热心关注未成年人思想道德建设，加强宣传报道。面向未成年人的报纸、刊物和其他少儿读物，要把向未成年人提供更好的精神食粮作为自己的神圣职责，努力成为未成年人开阔眼界、提高素质的良师益友和陶冶情操、愉悦身心的精神园地。

加强少年儿童影视片的创作生产，积极扶持国产动画片的创作、拍摄、制作和播出，逐步形成具有民族特色、适合未成年人特点、展示中华民族优良传统的动画片系列。积极探索与社会主义市场经济发展相适应的少年儿童电影发行、放映工作新路子，形成少年儿童电影的发行放映院线。

(二十一)各类互联网站都要充分认识所肩负的社会责任，积极传播先进文化，倡导文明健康的网络风气。重点新闻网站和主要教育网站要发挥主力军作用，开设未成年人思想道德教育的网页、专栏，组织开展各种形式的网上思想道德教育活动。在有条件的校园和社区内，要有组织地建设一批非营业性的互联网上网服务场所，为未成年人提供健康有益的绿色网上空间。信息产业等有关部门要制定相关政策，积极推进这项工作。学校要加强对校园网站的管理，规范上网内容，充分发挥其思想道德教育的功能。要遵循网络特点和网上信息传播规律，充分考虑未成年人的兴趣爱好，加强网上正面宣传，唱响主旋律，打好主动仗，为广大未成年人创造良好的网络文化氛围。

(二十二)要充分考虑未成年人成长进步的需求，精心策划选题，创作、编辑、出版并积极推荐一批知识性、趣味性、科学性强的图书、报刊、音像制品和电子出版物等未成年人读物和视听产品。有关部门要继续做好面向未成年人的优秀影片、歌曲和图书的展演、展播、推介工作，使他们在学习娱乐中受到先进思想文化的熏陶。要积极鼓励、引导、扶持软件开发企业，开发和推广弘扬民族精神、反映时代特点、有益于未成年人健康成长的游戏软件产品。

要积极推进全国文化信息资源共享工程建设，让健康的文化信息资源通过网络进入校园、社区、乡村、家庭，丰富广大未成年人的精神文化生活。

（二十三）要积极推动少儿文化艺术繁荣健康发展。加强少儿文艺创作、表演队伍建设，注重培养少儿文艺骨干力量。鼓励作家、艺术家肩负起培养和教育下一代的历史责任，多创作思想内容健康、富有艺术感染力的少儿作品。加大政府对少儿艺术演出的政策扶持力度，增强少儿艺术表演团体发展活力。文化、教育、共青团、妇联、文联、作协等有关职能部门和人民团体要认真履行各自的职责，党委宣传部门要加强指导协调，大力繁荣和发展少儿文化艺术。

九、净化未成年人的成长环境

（二十四）坚持不懈地开展“扫黄”“打非”斗争，加强文化市场监管，坚决查处传播淫秽、色情、凶杀、暴力、封建迷信和伪科学的出版物。严格审查面向未成年人的游戏软件内容，查处含有诱发未成年人违法犯罪行为和恐怖、残忍等有害内容的游戏软件产品。制定相关法规，加强对玩具、饰品制作销售的监管，坚决查处宣扬色情和暴力的玩具、饰品。严格未成年人精神文化产品的进口标准，严把进口关，既要有选择地把世界各国的优秀文化产品介绍进来，又要防止境外有害文化的侵入。

（二十五）加强对互联网上网服务营业场所和电子游戏经营场所的管理。严格执行《互联网上网服务营业场所管理条例》，要按照取缔非法、控制总量、加强监管、完善自律、创新体制的要求，切实加强对网吧的整治和管理。认真落实未成年人不得进入营业性网吧的规定，落实在网吧终端设备上安装封堵色情等不健康内容的过滤软件，有效打击违法行为。推广绿色上网软件，为家长监管未成年人在家庭中的上网行为提供有效技术手段。各有关部门要依法治理利用电子邮件、手机短信等远程通信工具和群发通信传播有害信息、危害未成年人身心健康的违法行为。

加强对营业性歌舞娱乐场所、电子游艺厅、录像厅等社会文化场所的管理。认真落实《互联网上网服务营业场所管理条例》和国务院办公厅转发文化部等部门《关于开展电子游戏经营场所专项治理意见的通知》、《关于开展网吧等互联网上网服务营业场所专项整治意见的通知》规定，进一步优化校园周边环境，中小学校园周边200米内不得有互联网上网服务营业场所和电子游戏经营场所，不得在可能干扰学校教学秩序的地方设立经营性娱乐场所。

十、切实加强对未成年人思想道德建设工作的领导

（二十六）各级党委和政府要把加强和改进未成年人思想道德建设作为一项事关全局的战略任务，纳入经济社会发展总体规划，列入重要议事日程，切实加强和改善领导。要形成党委统一领导、党政群齐抓共管、文明委组织协调、有关部门各负其责、全社会积极参与的领导体制和工作机制。地方各级党委主要负责同志要负起政治责任，经常分析未成年人思想道德状况，及时了解未成年人思想道德建设工作情况，认真研究解决重大问题。各级政府要把未成年人思想道德建设摆在重要位置，狠抓措施的落实；要给予必要的财力支持，并随着财政收入的增长逐步加大支持力度。

（二十七）中央精神文明建设指导委员会负责指导全国未成年人思想道德建设工作，督

促检查各地区各部门贯彻落实中央关于加强和改进未成年人思想道德建设工作部署的情况，组织协调各有关部门和社会各方面共同做好未成年人思想道德建设工作。各地文明委要在同级党委领导下，担负起相应责任。要采取切实措施，充实和加强各级文明委的办事机构，搞好思想建设、组织建设和作风建设，使其更好地履行职能，发挥作用。各级宣传、教育、文化、体育、科技、广播影视、新闻出版、信息产业、民政、公安、海关、财政、税务等部门，共青团和工会、妇联等群团组织，在加强和改进未成年人思想道德建设中担负着重要责任，要结合业务工作，发挥各自优势，明确职责，密切配合，形成合力。要加强对未成年人成长规律的科学研究，为做好未成年人思想道德建设工作提供科学依据。要充分发挥民主党派、工商联和无党派人士在未成年人思想道德建设中的作用。

（二十八）要建立健全学校、家庭、社会相结合的未成年人思想道德教育体系，使学校教育、家庭教育和社会教育相互配合，相互促进。城市社区、农村乡镇和村民委员会，以及其他一切基层组织要切实担负起加强未成年人思想道德建设的社会责任，整合利用各种教育资源和活动场所，开展富有吸引力的思想教育和文体活动，真正把教育引导未成年人的工作落实到基层。要把为未成年人健康成长创造良好社会环境作为创建文明城市、文明社区、文明村镇、文明单位的重要内容。各级党委、政府和社会各界都要认真贯彻《中华人民共和国未成年人保护法》，切实维护未成年人的合法权益。要着力建设好中小学及幼儿园教师队伍，各类文化市场管理队伍，青少年宫、博物馆、爱国主义教育基地等各类文化教育设施辅导员队伍，老干部、老战士、老专家、老教师、老模范等“五老”队伍，形成一支专兼结合、素质较高、人数众多、覆盖面广的未成年人思想道德建设工作队伍。要重视关心下一代工作委员会的工作，支持他们为加强和改进未成年人思想道德建设贡献力量。

加强和改进未成年人思想道德建设，是全党全社会的共同任务。各有关部门和社会各有关方面，都要大力弘扬求真务实精神，大兴求真务实之风，根据各自担负的职责和任务，采取有效措施，狠抓贯彻落实，勇于开拓创新，注重工作实效，切实把加强和改进未成年人思想道德建设的各项工作落到实处。

附录四　教育部关于进一步加强中小学班主任工作的意见(2006 年)

为深入贯彻落实《中共中央国务院关于进一步加强和改进未成年人思想道德建设的若干意见》,充分发挥中小学班主任教师在学校教育工作中的骨干作用,促进学生德智体美全面发展,现就进一步加强中小学班主任工作提出如下意见。

一、充分认识加强中小学班主任工作的重要意义

中小学班主任是中小学教师队伍的重要组成部分,是班级工作的组织者、班集体建设的指导者、中小学生健康成长的引领者,是中小学思想道德教育的骨干,是沟通家长和社区的桥梁,是实施素质教育的重要力量。中小学班主任工作是学校教育中极其重要的育人工作,既是一门科学、也是一门艺术。在普遍要求全体教师都要努力承担育人工作的情况下,班主任的责任更重,要求更高。做班主任和授课一样都是中小学的主业,班主任队伍建设与任课教师队伍建设同等重要。加强中小学班主任工作,对于贯彻党的教育方针,全面推进素质教育,把加强和改进未成年人思想道德建设的各项任务落在实处,具有十分重要的意义。

长期以来,各地教育行政部门和中小学校重视班主任队伍建设,发挥班主任独特的教育作用,积累了丰富的经验,形成了有效的工作机制。广大中小学班主任兢兢业业、教书育人、无私奉献,做了大量教育和管理工作,为促进中小学生的健康成长做出了重要贡献。但是必须看到,中小学班主任工作面临许多新问题、新挑战。经济社会的深刻变化、教育改革的不断深化、中小学生成长的新情况新特点,对中小学班主任工作提出了更高的要求,迫切需要制定更加有效的政策,保障和鼓励中小学教师愿意做班主任,努力做好班主任工作;迫切需要采取更加有力的措施,保障和鼓励班主任有更多的时间和精力了解学生、分析学生学习生活成长情况,以真挚的爱心和科学的方法教育、引导、帮助学生成长进步。

二、进一步明确中小学班主任的工作职责

中小学班主任与学生接触较多、沟通便利,影响深刻,肩负着育人的重要职责。

要做好中小学生的教育引导工作。认真落实学校德育工作的要求,积极主动地与其他任课教师一道,利用各种机会开展思想道德教育,引导学生明辨是非、善恶、美丑,从身边的小事做起,逐步树立社会主义荣辱观,确立远大志向、增强爱国情感、明确学习目的、端正生活态度,养成良好的行为习惯。

要做好班级的管理工作。加强班级的日常管理,维护班级良好的教学和生活秩序。坚持正面教育为主,对学生的点滴进步及时给予表扬鼓励,对有缺点错误的学生要晓之以理、动之以情,进行耐心诚恳的批评教育。做好学生的综合素质评价工作,科学公正地评价学生的操行,向学校提出奖惩建议。努力营造互助友爱、民主和谐、健康向上的集体氛围,形成有特色的充满活力的班级和团(队)文化。加强安全教育,增强学生的自护意识和能力。

要组织好班集体活动。指导班委会、少先队中队、团支部开展工作,担任好少先队中队

辅导员，组织开展丰富多彩的团队活动；积极组织开展班集体的社会实践活动、课外兴趣小组、社团活动和各种文体活动，充分发挥学生的积极性和主动性，培养学生的组织纪律观念和集体荣誉感。

要关注每一位学生的全面发展。教育学生明确学习目的，端正学习态度，掌握正确学习方法，养成良好学习习惯，增强创新意识和学习能力。了解和熟悉每一位学生的特点和潜能，善于分析和把握每一位学生的思想、学习、身体、心理的发展状况，科学、综合地看待学生的全面发展，及时发现并妥善处理可能出现不良后果的问题。注意倾听学生的声音，关注他们的烦恼，满足他们的合理需求，有针对性地进行教育和引导，为每一位学生的全面发展创造公平的发展机会。

班主任是学校教育第一线的骨干力量，是学校教育工作最基层的组织者和协调者。履行好班主任的职责，必须树立正确的教育理念，遵循中小学生身心发展的规律，运用科学的教育方法，善于利用各种教育资源。班主任老师不仅应该努力协调好各任课教师，做好班级的管理和建设工作、学生的教育和引导工作，积极支持少先队、共青团、班委会开展班级活动，还应该成为沟通学校、家庭、社会的纽带，及时了解学生在家庭和社区的表现，引导家长和社区配合学校共同做好学生的教育工作。

三、认真做好中小学班主任的选聘和培训工作

做好班主任的选聘和培训，是加强班主任工作的基础。班主任岗位是具有较高素质和人格要求的重要专业性岗位，应由取得教师资格、思想道德素质好、业务水平高、身心健康、乐于奉献的教师担任。每个班必须配备班主任。中小学班主任一般应由学校从任课教师中选聘，聘期由学校确定。

中小学班主任要忠诚党的教育事业，热爱学生，善于做学生的思想工作，具有符合素质教育要求的教育观和较强的教育教学和组织能力，掌握教育学、心理学的基本知识和方法，熟悉相关法律法规；品德高尚，为人师表，具有团结协作精神和较强的人际沟通能力。

各级教育行政部门应将中小学班主任培训纳入教师全员培训计划，学校也应制订班主任培训计划，有组织地开展岗前和岗位培训，定期交流班主任工作经验，组织班主任进行社会考察，提高班主任的政治素质、业务素质、心理素质和工作及研究能力。教师教育机构要承担班主任的培训任务。教育硕士学位教育中应开设中小学班主任工作方面研修，并优先招收在职优秀班主任。班主任培训所需经费在教师培训专项经费中列支。

班主任教师应把班主任工作作为主业，敬业爱岗，不断提高工作水平，力求工作实效。广大中小学教师要把担任班主任工作作为教书育人应尽的职责，积极主动承担这一光荣任务。

四、切实为中小学班主任工作提供保障

制订和完善促进班主任工作的政策措施，是加强班主任工作的基本保障。各地教育行政部门和中小学校要从基础教育全面贯彻落实树立科学发展观的战略高度，从全面推进素质教育的全局高度，落实“学校教育、育人为本，德智体美、德育为先”的要求，关心班主任教师的学习、工作和生活，促进他们的成长发展，充分发挥他们的作用。

要提高中小学班主任的地位和待遇。班主任工作是中小学教育中特殊重要的岗位，中

小学校要在教师中营造以从事班主任工作为荣的氛围。要将班主任工作记入工作量，并提高班主任工作量的权重。各地要根据实际，努力改善班主任的待遇，完善津贴发放办法。要适当安排班主任的教学任务，使他们既能上好课又能做好班主任工作。

要完善班主任的奖励制度。各地教育行政部门和中小学校要将优秀班主任的表彰奖励纳入教师、教育工作者的表彰奖励体系之中，定期表彰优秀班主任。要树立一批班主任先进典型，宣传他们的先进事迹，充分肯定他们在学校教育中的贡献。中小学校应积极推荐优秀班主任加入党组织，优秀班主任应列入学校党政后备干部培养范围。在努力完善班主任奖励制度的同时，要加强对重视班主任工作学校的典型经验宣传，通过宣传和奖励，鼓励广大中小学校普遍重视和加强班主任队伍建设，充分发挥班主任在学校教育工作中的重要作用，使班主任工作成为广大学校教师踊跃担当的光荣而重要的岗位。

要加强班主任队伍的管理。学校领导要经常研究班主任工作，了解班主任的工作表现，规范班主任的行为。学校应建立班主任工作档案，定期考核班主任工作，考核结果作为班主任和教师聘任、奖励、职务晋升的重要依据。对不能履行班主任职责的，应调离班主任岗位。

要为班主任开展工作创造必要的条件。各地教育行政部门和中小学校应当为班主任开展工作提供支持，制定相关政策和制度，切实维护班主任教师的合法权益，减轻他们过重的精神压力和工作压力，保障他们的身心健康。要及时了解他们在工作和生活中遇到的困难和问题，为他们排忧解难。

高等院校应该在思想政治教育专业中招收有班主任工作经历的老师，开设专门课程，为学生毕业以后从事班主任工作提供必要的理论和技能的训练。各级各类教育科研机构应该加强班主任工作的理论研究，列入重点科研课题，组织专家、提供经费、保障条件，积极探索班主任工作的规律，不断丰富新时期班主任工作的理念和思路。

各地教育行政部门可根据本意见，结合实际，会同有关部门制订加强中小学班主任工作的具体实施意见或细则。

附录五　全国中小学班主任培训计划(2006年)

为了贯彻落实《中共中央国务院关于进一步加强和改进未成年人思想道德建设的若干意见》，提高中小学班主任队伍的整体素质和能力，根据《教育部关于进一步加强中小学班主任工作的意见》的要求制定本计划。

一、宗旨和意义

中小学班主任是中小学教师队伍的重要组成部分，是班级工作的组织者、班集体建设的指导者、中小学生健康成长的引领者，是中小学思想道德教育的骨干，是沟通家长和社区的桥梁，是实施素质教育的重要力量。加强中小学班主任培训是新时期贯彻党的教育方针，加强和改进未成年人思想道德建设的迫切需要，是全面实施素质教育，全面提高教育质量的必然要求，是加强班主任队伍建设的重要举措。实施本计划旨在将中小学班主任培训纳入教师全员培训计划，建立中小学班主任培训制度，全面提高班主任履行工作职责的能力。实施全国中小学班主任培训计划，对于从整体上提高中小学班主任队伍的素质和班主任工作水平，促进基础教育的改革发展具有重要意义。

二、目标与任务

1. 从2006年12月起，建立中小学班主任岗位培训制度。今后凡担任中小学班主任的教师，在上岗前或上岗后半年时间内均需接受不少于30学时的专题培训。

2. 2006年12月底之前已担任班主任工作，但未参加过班主任专题培训的教师，需在近年内采取多种方式进行补修。

三、培训原则

1. 针对性原则

针对小学、初中和高中不同阶段学生身心发展规律，根据不同学段班级管理工作的特点和要求，研究设计培训内容。培训工作采取短期集中培训与在职校本培训相结合，远程培训与面授辅导相结合等灵活多样的方式进行。

2. 实效性原则

坚持理论联系实际，从班主任实际工作和班主任的实际需要出发，面向中小学班级管理和学生管理的实践，针对现实问题设计与安排培训内容，重视经验交流，突出案例教学。

3. 创新性原则

积极创新中小学班主任培训内容、方式、方法、手段和机制，针对中小学教师在职学习的特点，充分发挥现代远程教育手段的作用，不断提高班主任培训工作的效率和质量。

四、培训内容

根据中小学班主任工作的实际需要，培训内容主要包括：班主任工作基本规范、学生心理健康教育指导、班级活动设计与组织、班级管理、未成年人思想道德教育、相关教育政策法规等相关专题。

五、培训管理

凡中小学教师参加县级以上教育行政部门认可的班主任工作专题培训，且培训成绩合格，记入教师继续教育学分，纳入中小学教师继续教育学分管理档案。

六、培训组织

1. 教育部负责对全国中小学班主任培训工作进行宏观指导、协调和质量监控，组织班主任骨干培训者国家级培训，指导并依托全国教师网联相关网络平台开展中小学班主任远程培训。成立“全国中小学班主任培训工作专家指导委员会”，促进班主任培训课程资源建设。

2. 省级教育行政部门组织并委托有关教师培训机构依据教育部有关文件要求，结合本地实际研究制定具体实施计划，组织骨干班主任省级培训，指导督促本省市(地)、县、校开展班主任培训。

3. 各市(地)教育行政部门组织并委托有关教师培训机构，负责本区域内骨干班主任培训，指导县(区)、校开展班主任培训工作。

4. 县级教育行政部门要制订本区域中小学班主任培训规划，并委托有关教师培训机构组织实施本区域内中小学班主任全员培训工作，进行本区域中小学班主任培训工作管理，建立班主任培训学分登记档案。

5. 中小学校要制定本校班主任培训计划，积极组织本校班主任参加各层次的培训活动，组织班主任开展校本研修，进行班主任培训学分登记等。

七、培训经费

要坚持以各级政府财政投入为主，多渠道筹措中小学班主任培训经费。设立中小学班主任培训专项经费。不得向教师个人收取培训经费。

附录六　中小学班主任工作规定(2009 年)

第一章　总　　则

第一条　为进一步推进未成年人思想道德建设,加强中小学班主任工作,充分发挥班主任在教育学生中的重要作用,制定本规定。

第二条　班主任是中小学日常思想道德教育和学生管理工作的主要实施者,是中小学生健康成长的引领者,班主任要努力成为中小学生的人生导师。

班主任是中小学的重要岗位,从事班主任工作是中小学教师的重要职责。教师担任班主任期间应将班主任工作作为主业。

第三条　加强班主任队伍建设是坚持育人为本、德育为先的重要体现。政府有关部门和学校应为班主任开展工作创造有利条件,保障其享有的待遇与权利。

第二章　配备与选聘

第四条　中小学每个班级应当配备一名班主任。

第五条　班主任由学校从班级任课教师中选聘。聘期由学校确定,担任一个班级的班主任时间一般应连续 1 学年以上。

第六条　教师初次担任班主任应接受岗前培训,符合选聘条件后学校方可聘用。

第七条　选聘班主任应当在教师任职条件的基础上突出考查以下条件:

(一) 作风正派,心理健康,为人师表;

(二) 热爱学生,善于与学生、学生家长及其他任课教师沟通;

(三) 爱岗敬业,具有较强的教育引导和组织管理能力。

第三章　职责与任务

第八条　全面了解班级内每一个学生,深入分析学生思想、心理、学习、生活状况。关心爱护全体学生,平等对待每一个学生,尊重学生人格。采取多种方式与学生沟通,有针对性地进行思想道德教育,促进学生德智体美全面发展。

第九条　认真做好班级的日常管理工作,维护班级良好秩序,培养学生的规则意识、责任意识和集体荣誉感,营造民主和谐、团结互助、健康向上的集体氛围。指导班委会和团队工作。

第十条　组织、指导开展班会、团队会(日)、文体娱乐、社会实践、春(秋)游等形式多样的班级活动,注重调动学生的积极性和主动性,并做好安全防护工作。

第十一条　组织做好学生的综合素质评价工作,指导学生认真记载成长记录,实事求是地评定学生操行,向学校提出奖惩建议。

第十二条　经常与任课教师和其他教职员工沟通,主动与学生家长、学生所在社区联系,努力形成教育合力。

第四章　待遇与权利

第十三条　学校在教育管理工作中应充分发挥班主任的骨干作用，注重听取班主任意见。

第十四条　班主任工作量按当地教师标准课时工作量的一半计入教师基本工作量。各地要合理安排班主任的课时工作量，确保班主任做好班级管理工作。

第十五条　班主任津贴纳入绩效工资管理。在绩效工资分配中要向班主任倾斜。对于班主任承担超课时工作量的，以超课时补贴发放班主任津贴。

第十六条　班主任在日常教育教学管理中，有采取适当方式对学生进行批评教育的权利。

第五章　培养与培训

第十七条　教育行政部门和学校应制订班主任培养培训规划，有组织地开展班主任岗位培训。

第十八条　教师教育机构应承担班主任培训任务，教育硕士专业学位教育中应设立中小学班主任工作培养方向。

第六章　考核与奖惩

第十九条　教育行政部门建立科学的班主任工作评价体系和奖惩制度。对长期从事班主任工作或在班主任岗位上做出突出贡献的教师定期予以表彰奖励。选拔学校管理干部应优先考虑长期从事班主任工作的优秀班主任。

第二十条　学校建立班主任工作档案，定期组织对班主任的考核工作。考核结果作为教师聘任、奖励和职务晋升的重要依据。对不能履行班主任职责的，应调离班主任岗位。

第七章　附　　则

第二十一条　各地可根据本规定，结合当地实际情况，制定中小学班主任工作的具体实施办法。

第二十二条　本规定自发布之日起施行。

参考文献

[1] 白铭欣.班级管理论[M].天津:天津教育出版社,2000.
[2] 白铭欣.班主任的科学与艺术[M].北京:华龄出版社,1996.
[3] 班华,陈家麟.中学班主任实施素质教育指南[M].南京:南京师范大学出版社,1999.
[4] 班华.高中班主任[M].南京:南京师范大学出版社,1997.
[5] 曹长德.当代班级管理引论[M].合肥:中国科学技术大学出版社,2010.
[6] 陈家麟.学校心理健康教育:原理与操作[M].北京:教育科学出版社,2002.
[7] 陈善卿.班主任基本技能训练词典[M].南京:南京大学出版社,1995.
[8] 陈宇光.小学班主任工作艺术[M].南京:南京师范大学出版社,1999.
[9] 邓艳红.小学班级管理[M].上海:华东师范大学出版社,2010.
[10] 丁榕.班主任管理科学与艺术:我的班主任情[M].北京:人民教育出版社,2004.
[11] 段作章.班级管理[M].南京:江苏教育出版社,2008.
[12] 傅建明,胡志奎.班级管理案例[M].广州:广东教育出版社,2009.
[13] 耿书丽.班主任能力修养[M].长春:东北师范大学出版社,2010.
[14] 顾明远,孟繁华.国际教育新理念[M].海口:海南出版社,2001.
[15] 胡林.班级管理[M].南昌:江西科学技术出版社,2010.
[16] 胡小萍.班主任与班级管理艺术[M].南昌:江西高校出版社,2007.
[17] 黄正平.专业化视野中的中学班主任[M].长春:东北师范大学出版社,2005.
[18] 赖华强.班主任工作案例教程[M].广州:暨南大学出版社,2005.
[19] 李伟胜.班级管理[M].上海:华东师范大学出版社,2010.
[20] 李镇西.用心灵赢得心灵[M].上海:华东师范大学出版社,2008.
[21] 联合国教科文组织国际21世纪教育委员会.教育:财富蕴藏其中[M].北京:教育科学出版社,1996.
[22] 林崇德.教育的智慧[M].北京:开明出版社,1999.
[23] 林冬桂.班级教育管理学[M].广州:广东高等教育出版社,1999.
[24] 刘超先.情感健康[M].北京:蓝天出版社,1998.
[25] 刘英陶.班主任职业技能[M].北京:教育科学出版社,1996.
[26] 陆海富.班主任班级管理艺术[M].北京:北方文艺出版社,2008.
[27] 马忠虎.基础教育新概念:家校合作[M].北京:教育科学出版社,1999.
[28] 孟繁华.赏识你的学生[M].海口:海南出版社,2003.
[29] 戚万学.小学班主任工作实务[M].济南:山东教育出版社,2007.
[30] 齐学红.班级管理[M].武汉:武汉大学出版社,2011.
[31] 齐学红.新编班主任工作技能训练[M].上海:华东师范大学出版社,2007.

[32] 孙玉洁.给班主任的100条新建议[M].北京:开明出版社,2006.
[33] 孙玉洁.中学班级管理理论与实务[M].哈尔滨:黑龙江人民出版社,2002.
[34] 谭保斌.班主任学[M].长沙:湖南师范大学出版社,1998.
[35] 唐迅.班级教育实验的理论和方法[M].广州:广东教育出版社,2000.
[36] 田恒平.班主任理论与实务[M].北京:首都师范大学出版社,2007.
[37] 涂光辉.班主任工作技能[M].长沙:湖南师范大学出版社,1996.
[38] 万玮.班主任兵法[M].上海:华东师范大学出版社,2004.
[39] 王宝祥,牛志强,陈燕慈.班主任工作全书[M].北京:专利文献出版社,1997.
[40] 王克峰.中小学班级管理问题分析[M].兰州:甘肃教育出版社,2008.
[41] 魏书生.班级管理[M].北京:北京师范大学出版社,2008.
[42] 魏书生.班主任工作漫谈[M].北京:文化艺术出版社,2011.
[43] 吴秋芬.班级管理[M].合肥:安徽大学出版社,2002.
[44] 谢世腰,王力.课堂管理与班级管理[M].西安:陕西师范大学出版社,2006.
[45] 徐长江.班级管理实务[M].北京:高等教育出版社,2010.
[46] 徐复兴.小学班主任工作[M].上海:上海教育出版社,1998.
[47] 许高厚.初中班主任[M].北京:北京师范大学出版社,1995.
[48] 杨文荣.班主任工作新论[M].北京:中国人民公安大学出版社,1995.
[49] 姚文忠.自主教育与班主任工作[M].南京:江苏教育出版社,1998.
[50] 姚鑫山.个别心理辅导[M].上海:上海教育出版社,2000.
[51] 于建福.基础教育新概念:素质教育[M].北京:教育科学出版社,1999.
[52] 鱼霞.基础教育新概念:情感教育[M].北京:教育科学出社,1999.
[53] 俞国良.差生教育[M].长春:吉林教育出版社,1992.
[54] 俞学明.基础教育新概念:创造教育[M].北京:教育科学出版社,1999.
[55] 袁真泉.班主任概论[M].济南:山东教育出版社,1992.
[56] 袁振国.教育新理念[M].北京:教育科学出版社,2002.
[57] 翟广顺.班主任专业化与班级建设纵横谈[M].青岛:中国海洋大学出版社,2005.
[58] 翟天山.小学班主任[M].北京:北京师范大学出版社,1999.
[59] 张春兴.教育心理学[M].杭州:浙江教育出版社,1997.
[60] 张天宝.基础教育新概念:主体性教育[M].北京:教育科学出版社,1999.
[61] 张万祥.破解班主任难题[M].福州:福建教育出版社,2006.
[62] 郑克俭.新时期班主任工作创新[M].西安:陕西师范大学出版社,2005.
[63] 钟启泉.班级管理论[M].上海:上海教育出版社,2001.
[64] 周玫.德育与班主任[M].武汉:华中师范大学出版社,2011.
[65] 朱小蔓.班主任与班主任工作[M].南京:河海大学出版社,1996.
[66] 朱云方.走向生本的班级管理[M].北京:北京教育出版社,2010.